现代外语教学与研究

（2018）

北京市高等教育学会研究生英语教学研究分会

主　编　吴江梅　鞠方安　彭　工

副主编　张永萍　罗凌志　张　程

校　核　张　程

中国人民大学出版社

·北京·

前言

作为北京市高等教育学会研究生英语教学研究分会的学术会刊，一年一度的论文集《现代外语教学与研究（2018）》在会员单位各位老师的鼎力支持之下，在我们分会和中国人民大学出版社的不懈努力之下，终于再次出版了。

论文集收录了58篇论文，作品来自分会所属16所高校、3所科学院、2所军事院校及8所外地高校（由中国人民大学出版社推荐）从事研究生英语教学的第一线教师和中国人民大学出版社的一位外语编辑。论文集多年来一直是我们分会一年一度教师进行学术交流、推进研究生（包括博士生）英语教学的论坛，与分会的年会相辅相成，促进了北京市研究生英语教学的发展，增进了分会教师之间的了解；论文集也为分会成员单位的教师提供了展示科研和教学成果的平台，为教师的职业进步助力。每年都有一些资深教师提出真知灼见，也有一些教师通过自身努力，以规范的论文展示了教学理论研究和教学实践建树。今年的论文集包含17篇校级科研项目、2篇北京市级科研项目、3篇省部级科研项目的文章。

根据稿件内容，论文集分为七个板块：（1）教师职业发展。研究生英语教师不仅及锋而试，进一步探索新教学模式中的教师角色，还高屋建瓴地提出面临挑战将自我培养为复合型人才、成就职业价值最大化的理论。（2）教学新研究新模式。从教学各因素的相关性、学生心理、评价体系做出了切合实际的研究，对翻转课堂、慕课进行了脚踏实地的尝试，将学生综合能力的培养恰如其分地融合在教学中，提出了新的见解。（3）语言技能培训。老树开新花，虽然这是外语语言课的传统培训目标，但应用新的理论，从词汇和语篇层面，对阅读和口语技能，针对不同专业的学生进行创新性教学，显示了教学的活力。（4）学术英语研究与教学。今年比以往的论文数量增加，凸显研究生学术英语教学的方向与趋势。多方位的关注点反映了研究生论文的研究现状和普遍问题，启示了论文语言学理论研究的重点，提供了论文写作教学方式的经验。（5）文化研究与教学。这是研究生英语教学又一个新的发展趋势，不仅有传统的跨文化教学研究，还有持续数年逐步深入扩展的有关中国文化英语教学的各种因素的探究，更有系统成型的中西文化对比的课程教学。（6）笔译与口译研究。以不同的翻译理论对不同类型的文本进行不同形式的翻译。（7）书评与语言研究。对各种作品或语言现象做研究。这是我们论文集的传统模块，今年更集中反映了研究生英语教师的个人兴趣。

多年的论文集编辑显示我们分会教师对研究生英语教学的研究课题一直遵循新形势下的教学需求和规律，在研究方法上注重科学性和理论高度，论文的撰写符合国家规定的范式，体现了作者应有的学术和道德水准。对于极少数论文的缺陷，今后投稿应注意，参考文献一定要在正文中有所引用，否则不可列入参考文献；摘要一定是全文各部分主要观点的高度概括总结，不能抄写部分背景介绍，也不能是没有具体内容的空话；语言要避免口语化。

论文集倾注了分会教师对研究生英语教学的心血、对高等教育事业的热血，也体现了我们分会和中国人民大学出版社办好论文集的拳拳之心。感谢默默奉献的老师们！也感谢北京林业大学外语学院的支持！愿《现代外语教学与研究（2018）》能为研究生英语教学发挥一些作用。

北京市高等教育学会研究生英语教学研究分会

彭　工

2018 年 6 月 16 日

Contents

目 录

第一部分　教师职业发展

第二部分　教学新研究新模式

第三部分　语言技能培训

第四部分 学术英语研究与教学

第五部分　文化研究与教学

第六部分　笔译与口译研究

第七部分 书评与语言研究

第一部分

教师职业发展

中国大学非英语专业学生英语教师的职业发展*

Career Development of Non-English-Major University Students' English Teachers

中国人民大学外国语学院　李桂荣　中国人民大学商学院　刁惠悦

摘　要： 中国大学非英语专业学生英语教师的职业发展在新形势下面临来自多方面的挑战。要迎接挑战并管理好自己的职业发展需要教师认清新形势下自己工作的本质，科学制定发展规划，从合理的出发点、沿着正确的方向发展。在新形势下，要想职业发展顺畅，这些教师必然要成为复合型人才。教学是实践性很强的工作。学生的需要是教学型教师职业发展的催化剂。教学型英语教师在成就学生英语学习价值最大化的过程中成就自己职业价值的最大化。

关键词： 非英语专业学生英语教师　职业能力　职业发展

Abstract: The career development of non-English major students' English teachers are faced with multiple new challenges. For them to face the challenges and manage their career development well, it is necessary to identify their work nature and design their career development scientifically to meet the requirements of their work and benefit their students greatly. Good career development requires proper starting up and good guideline. For these teachers to ensure good career development, they are required by the challenges to be "multi-competent" with their work. For teaching teachers, students' needs are the catalysts for teachers' career development—teaching English teachers' work value is maximized with the maximizing of students' English learning value.

中国各类公立大学非英语专业学生英语教师是一支相当庞大的队伍。进入 21 世纪以后，这些教师的职业发展在很大程度上一直是相关部门和很多教师自己很关注的事。时代发展了，学生的英语基础变化了，社会对学生英语水平的要求提高了，相关部门对这些教师业绩的评价标准也变化了，但是这个庞大的教师群体，除了个别大学中的教师以外，从总体上说没有发生实质性变化。其主流结果就是：社会上很多人批评，学校里领导施压，学生抱怨，教师忙碌、茫然；只有少数学校教师团队和一些学校的教师个体迎接挑战，发展自己，适应需求，将自己的发展与工作需要紧密结合起来，形成良性互动。

要改变这种状况，除了管理部门改变管理规章和管理方式外，最重要的是教师自己的变化和发展。要变化和发展，首要任务是制定符合教学实际需要，能够真正指导自己发展

* 研究项目：2016 年中国人民大学教师教学发展改革项目"中国大学非英语专业学生英语教师的职业发展"。

的职业发展规划；然后切实地把既定规划一步一步变成现实。

一、职业发展规划依据

大学非英语专业学生英语教师（本质上）不是英语专业学生的英语教师。尽管这些英语教师自己都是英语专业毕业，但作为非英语专业学生的英语教师，在做职业发展规划时不要以英语专业学生的需求为基本出发点，而要从非英语专业学生的需要出发（即使是语言文学类学生，也不是英语语言文学专业的学生，否则他们就不会以英语为其外语了）。出发点是发展道路的起点，决定发展的方向。出发点和方向正确，职业发展才会有更好的效率和效果。

制定职业发展规划要结合自己工作的岗位职责和考核办法。通常情况下，岗位职责是管理部门对自己工作性质和工作职责的具体描述，也是评价自己工作的主要依据。大学非英语专业学生英语教师大多数是以教学为主型的教师，其教学活动和科学研究活动的主要目的是提高教学质量和教学效果，而教学质量和教学效果是通过学生的学习质量和效果反映出来的。所以，对于非英语专业学生英语教师来说，教师教学和科研满足学生对于英语教学的需要和教师对自己岗位职责的履行之间非但不互相矛盾，反而极其统一。也就是说，教师在做职业发展规划以及实现自己的规划时，如果把两者割裂开，或使两者相互矛盾，显然是不科学的，必然会给自己的职业发展造成重大损失，至少是某一方面的重大损失。

在很大程度上，学校里的任何学科对学生教育的最终目的都是尽最大可能地提高学生的智慧、增多学生的视角。从这个角度来说，具体的知识和理论只是学生增强心力和脑力、增多视角的训练工具，学习知识和理论的过程是提高智慧、增多视角的过程。在这个意义上，对于非英语专业学生来说，英语是一门用来掌握的语言工具。非英语专业学生的英语教学如果不与学生的专业相结合，必然会脱离教育的最终目的。学生能够理解自己专业领域的知识和理论，但不容易理解不是自己专业领域的知识和理论——跨越专业领域很容易理解的东西，由于深度不够，对学生的心力和脑力训练难以起到较大作用。正因如此，大多数大学非英语专业学生的英语课始终是“公共英语（general English）”；也正因如此，无论“公共英语”教学怎样“改革”，始终难以把学生的英语语言能力提到较高水平。“公共英语”，即“常识性英语”，能够使学生用英语写出从智慧的角度看“孩子们”能够写出的文章，但很难使学生用英语写出从智慧角度看一个受过良好教育的正常的“大人”能够写出的文章。“公共英语”能够使学生用英语“漂亮地”展示自己缺乏深度、缺乏说服力、缺乏逻辑力的演说水平，能够使学生“非常流利地”用英语“侃侃而谈”“我们都知道（as we all know）”的东西，但很难使学生用英语顺畅地表达他们的专业思想和超群的智慧。没有用英语“见”过也没有用英语“想”过，更没有用英语艰难地“思索”和“推理”过，怎么可能会用英语（包括书面语和口语）表达一般人需要经过思索和推理才能表达出来的东西呢?

英语课虽然是外语课，但却是学生课程体系的一个重要部分，应该和课程体系中其他课程的水平保持一致，应该在课程体系统一作用中发挥正向作用，为最大可能地提高学生智慧、增多学生视角做出贡献。

具体来说，非英语专业学生学习英语的主要目的是通过获取和表达承载英语文字的思想来感知英语的本质，掌握英语的言语生成机制，使英语成为自己除汉语以外的另一种工作语言。对非英语专业学生来说，专业思想是载体，英语是附着在专业思想上的工具；没有用专业思想承载的英语，就没有英语这个语言工具；如果不在自己专业领域操练英语语言，就很难真正把握英语语言。隔行如隔山，如果无法在自己的专业领域使用英语，就很难在其他领域使用英语。所以，为了提高非英语专业学生英语学习的效率和效果，非英语专业学生英语教师在做自己的职业发展规划时应该把学生的需要放在第一位。从教师的工作机会的角度说，在当今社会，学生就是自己的饭碗，没有这些学生就没有教师岗位；不以学生的需要为前提的英语教学和职业发展最终会困难重重。

教师因其工作依岗位而存在，教师工作评价的主要依据是岗位职责。在做职业发展规划时，不仅要按照不同等级岗位的职责列出自己职业的起始点、至高点和两者之间的各个结点，还要进行任务分解，即把从起始点到至高点整个过程中各个阶段的岗位职责分解为自己为实现职责而做的具体任务，从而把比较笼统的岗位职责变成需要一个个去实行的具体目标，避免虽有“雄心壮志”，却日日“蹉跎岁月”，最后只能“望洋兴叹”。

学校文件中列出的岗位职责是“普适性”的。教师在做自己的规划时要根据教学对象的需求和职业发展各个阶段的具体目标，形成自己“独有”的路线图和路线图上一个个清晰的标志。非英语专业学生英语教师虽然传统上被称作“公共”英语教师，但是这是对群体的称谓，作为教师个体而言，最好不要把自己看成是“公共”英语教师——教师自己把自己当作“公共”英语教师的时代（除非有奇迹出现）应该永远一去不复返了。这些教师一入职，就要了解学校的整体状况，特别是学科状况和学生英语水平状况，从而经过认真研究和思考确定自己英语教学的学科领域和语言理论重点研究对象。这些研究对象包括典型语言现象，如语法学、词汇学、修辞学、文体学上一直研究的语言现象；典型语言现象密集出现的经典作品，如经济管理领域的 *An Inquiry into the Nature and Causes of the Wealth of Nations* (Smith 1999), *The Economic Consequences of the Peace* (Keynes 1997), *Innovation and Entrepreneurship: Practices and Principles* (Drucker 1985), *Economics: An Introductory Analysis* (Samuelson 1964) , *Managing in the Next Society* (Drucker, 2002) 等；语言水平堪称经典水平的人物，如经济管理领域的亚当·斯密、彼得·F. 德鲁克、约翰·M. 凯恩斯、保罗·A. 萨缪尔森等。不同学科领域，从语言角度看，经典作品不同，语言上经典的人物也不同。对中国大学来说，特别是对致力于建成世界一流大学的大学来说，对非英语专业学生的英语教师个人而言，比较理想的状态是：最好不存在“公共英语教师”，只存在具体的某个学科领域的英语教师；即使是目前，在分工还处在初级阶段的情况下，也最好只存在学科大类领域的英语教师，如“经济管理类学生的英语教师”“政治法学类学生的英语教师”、“理学类学生的英语教师”“人文类学生的英语教师”等。从这样的职业定位出发，非英语专业学生英语教师做出来的职业发展路线图不再是“原地转圈”的样子，而是一条有明确方向的清晰的、向前延伸的道路。这条道路上的不同标志既代表着教师职业能力的不断提高，也代表着教师个人职业成就的不断提升。

二、职业能力评价元素

作为以教学为主型的教师，非英语专业学生英语教师的主要工作职责是教学，其科学研究工作的现实需求主要来自教学工作，科学研究工作的成果主要用于提高教学质量、把握教学发展方向、推动教学水平提高。教师职业能力最直接地表现为教学能力和科研能力，其科研能力主要表现为能够直接转化为教学能力。文化能力和专业性社会服务能力也是其职业能力的重要组成部分。文化能力对教师教学能力和科研能力起着重要的启迪和支撑作用，专业性社会服务能力是教师职业能力在本职工作以外的重要体现，也是教师不断提高核心职业能力的重要推动力。如笔者下表所提，非英语专业学生英语教师职业能力评价元素主要由四部分构成：教学能力、科研能力、文化能力和专业性社会服务能力。

表1　非英语专业学生英语教师职业能力评价元素表

职业能力水平（100%）		初级	中级	弱高级	高级	超高级
教学能力（35%）	用英语设计课程的能力	一般	好	好	非常好	非常好
	用英语进行课堂演说的能力	好	好	好	非常好	非常好
	用英语进行课堂现场掌控的能力	弱	一般	好	非常好	非常好
	现代电子工具教学运用能力	好	好	好	非常好	非常好
	培育和增强学生用英语进行创造性思维的能力	一般	一般	好	好	非常好
	英语语言科学的理论知识能力（语法学、语音学、修辞学、文体学、词汇学、语言学、创作写作学等）及其在教学过程中的实际运用能力	一般	好	非常好	非常好	非常好
	不涉及学生专业领域思想深度时的英语沟通能力	好	好	非常好	非常好	非常好
	涉及学生专业领域思想深度时的英语沟通能力	非常弱	弱	一般	一般	好
	及时发现、总结、分析学生英语语言知识弱点和英语语言实践问题的能力	一般	好	非常好	非常好	非常好
	有效解决学生英语语言知识和实践问题的能力	一般	好	好	非常好	非常好
	创造性地支持和引领学生在学生自己学科领域内高效率、好效果地运用英语语言表达自己专业思想的能力	非常弱	弱	一般	一般	好
	创造性地支持和引领学生用英语高度智慧地即兴公开演讲学生自己普适性思想的能力	非常弱	弱	一般	好	非常好
科研能力（35%）	科学地分析大众性日常生活性英语语言实践案例的能力	一般	好	非常好	非常好	非常好
	科学地分析学生学科领域英语经典作品语言的能力	非常弱	弱	一般	好	好
	科学地分析学生学科领域英语语言实践案例的能力	弱	一般	好	好	非常好

续前表

职业能力水平（100%）		初级	中级	弱高级	高级	超高级
	科学地分析普适性英语经典作品语言的能力	一般	好	非常好	非常好	非常好
	科学地分析不涉及学生专业领域知识的英语课上学生英语语言实践案例的能力	一般	好	非常好	非常好	非常好
	科学地分析涉及学生专业领域知识的英语课上学生英语语言实践案例的能力	弱	弱	一般	好	好
	在英语语言文学领域国际会议上用英语演讲自己研究成果的能力	一般	好	好	非常好	非常好
	在英语语言文学领域英文期刊上发表自己研究成果的能力	一般	好	好	非常好	非常好
	在学生学科领域国际会议上用英语演讲自己研究成果的能力	非常弱	弱	一般	好	好
	在学生学科领域英文期刊上发表自己研究成果的能力	非常弱	弱	一般	好	好
	创造性地使用现有教学思想和教学方法的能力	弱	一般	好	非常好	非常好
	发现和实践新的教学思想和教学方法的能力	弱	弱	一般	好	非常好
文化能力（20%）	在英语语言文学领域的知识能力	一般	好	非常好	非常好	非常好
	在其学生学科领域的知识能力	非常弱	弱	一般	好	好
	人类普适性经典著作熟知能力	一般	好	好	非常好	非常好
	创作性作品写作能力	一般	好	好	非常好	非常好
	音乐作品、书法作品、绘画作品、雕塑作品、舞蹈作品、摄影作品等艺术作品的鉴赏和创作能力（单项或多项）	弱或一般	弱或一般	弱或一般	一般或好	好或非常好
专业性社会服务能力（10%）	在国际、国内英语教学领域以“教学专家”身份工作的能力和在其学生专业领域以“英语语言专家”工作的能力	弱	弱	一般	好	非常好

如上表所示，评价非英语专业学生英语教师职业能力的四大类元素中都有起点较高的能力，即起点是“好”或“一般”的能力；也有起点很低的能力，即起点是“非常弱”或“弱”的能力；还有在评价时被认为影响不特别直接的能力，即在“弱”或“一般”时对

其他方面职业能力即教学能力、科研能力和专业性社会服务能力没有特别大的影响，只是在“好”或“非常好”时才被看作对其教学能力、科研能力和专业性社会服务能力产生比较大的影响——启迪灵感、提高悟性、产生激情、敏捷思维、拓宽视野，是教师情感能力和工作动力的重要源泉。

如上表所示，起点比较高的能力与这些英语教师作为学生时的专业训练有关，起点比较低的能力与目前这些英语教师在其学生专业领域的专业性训练有关。可以看出，导致非英语专业英语教师职业能力高低不同的关键元素是与这些教师在其学生专业领域用英语表现的知识能力和沟通能力有关的元素。如果以权重的方式给各项职业能力元素打分并算出总得分，更容易看出这些元素中哪些元素是基础性的，是初级的、原始的，哪些元素是高级的、亟待加强的。

三、职业发展规划样例

如果与其他类别的大学教师一样，把非英语专业学生英语教师的职业生涯看成是 30 年或 40 年，以其变化的显性标志即职称变化看，这些教师职业发展的轨迹是助教、讲师、副教授、教授。如果教师职业发展比较顺畅又没有被“特批”的话，这个轨迹需要 15 年到 20 年，教师从入职到获得教授职称；如果教师继续努力，用 15 年左右的时间，从教授四级升至教授三级、二级或一级；然后以三级、二级或一级教授身份在自己的工作岗位上再工作 10 年左右的时间。就像“公共英语教师”是对非英语专业学生英语教师群体的称呼一样，“非英语专业学生英语教师”也是对这类教师群体的称呼，对教师个体的称呼应该是具体的，如“法学学生的英语教师”“管理学学生的英语教师”“经济学学生的英语教师”“文学学生的英语教师”“化学学生的英语教师”等——在很大程度上说，英语教师的教学分工越细，其教学效率和效果越好（就学校资源而言，能否做到是另外的话题；就学校和外国语学院领导的视野和胆识而言，是否愿意做也是另外的话题）。教师个人角度设计的职业发展规划的标题应该是“学生所在的学科 + 学生 + 英语教师职业发展规划”，或者“英语教师 + 教师名字（教师工作岗位确定，教师名字代表具体的工作岗位）+ 职业发展规划”。如果教学分工还不能做到更细更具体，至少可以按学生所在学科分成大类，如经济管理类、人文类、公共管理类、法学类、理学类等。从学生所在学科的大类来看，如果一个英语教师的工作对象是经济管理类的学生，那么这个教师职业发展规划的标题就是“经济管理类学生英语教师职业发展规划”。以教师张三为例，就是“英语教师张三的职业发展规划”。从中国人民大学学生情况出发，以中国人民大学教师职业发展的重要文件(中国人民大学，1998A；1998B；1998C；1998D；1999；2007A；2007B；2007C；2015A；2015B) 精神为基础，以入职教师（“张三”）是英语语言文学专业从大学本科不间断一直到博士毕业就业的非英语专业学生的英语教师为例，这个职业发展规划可以简化如下：

表 2　经济管理类学生英语教师职业发展规划（英语教师“张三”的职业发展规划）

发展阶段（40 年）		初级阶段（10 年）	中级阶段（10 年）	高级阶段（10 年）	超高级阶段（10 年）
发展目标	自我提升	系统掌握英语教学理论和教学法；基本掌握学生专业领域知识系统； 提高自己本专业领域理论水平；提高教学实践水平	向国内外、行业内外专家学习，积极进行实践、经验和理论提炼，使自己成为专业理论和教学实践都很优秀的教学工作者	向国内外、行业内外经典学习，通过大量阅读和广泛学习，形成系统专业思想和英语教学思想；向国内外、行业内外专家学习，通过研究和实践，使自己变成行业内积极奉献、名副其实的“专家”	通过“跨界”研究和英语教学实践，丰富教学理论和教学法；通过拓宽研究视野，开拓新的实践领域，进一步提升自己的工作价值，为社会做出更大的贡献
	英语教学	把英语语言理论系统融入英语教学实践，探求学生高效率、好效果地学习英语的路径；积极研究教学理论和教学法，积极进行教学创新	实践“公共英语”“专业化教学”的教学思想，提炼学生“公共英语”“专业化教学”的实践经验，构建自己“公共英语”“专业化教学”的教学体系	开发和推广致力于学生高效率、好效果地学习英语的教学理论和教学法；通过试点实践，积极改进和发展“公共英语”“专业化教学”的教学体系，形成相应的教学理论和教学法	推广“公共英语”“专业化教学”的英语教学体系；在不同大学设立试点，推动实现中国优秀学生的“外语”“非外语化”
	科学研究	熟悉自己本学科领域和学生学科领域国际学术刊物和国际学术组织；通过投稿和国际会议等学术活动确定自己的主攻研究方向和主要学术活动领域	通过自己学科领域科研成果和学术活动进入自己学科领域内自己研究方向的国内主流学术队伍；通过学生学科领域学术活动加入学生学科领域学术队伍	通过自己学科领域科研成果和学术活动成为自己学科领域自己研究方向的“专家”；通过学生学科领域学术活动进入学生学科领域主流学术队伍；以自己专业视角研究学生学科领域经典语言文本	在自己学科领域开展“专家”性学术活动，产生“专家”级学术成果；以自己专业视角研究学生学科领域经典语言文本，产生跨专业研究成果
发展途径	继续教育	通过自学进一步提高自己本专业领域理论水平；通过自学或学历学位教育或学力教育系统学习学生学科领域科学知识和发展状况；积极学习教学理论和教学法	以提高教学质量和英语教学价值为核心的自学，积极向国内外、行业内外专家学习，积极实践、总结经验、提炼理论	以提高教学质量和英语教学价值为核心的自学，积极向国内外、行业内外专家学习，积极实践、总结和提升经验；积极拓宽实践范围，开拓新领域	积极拓宽实践范围，开拓新领域，总结经验，创新理论

续前表

发展阶段（40年）		初级阶段（10年）	中级阶段（10年）	高级阶段（10年）	超高级阶段（10年）
	组织培养	教学实践，出国访学，短期或中长期培训	教学实践，出国访学，短期或中长期培训，校内管理能力锻炼和视野拓宽	教学实践，校内管理性工作能力锻炼和视野拓宽，国内校外组织管理能力和专业能力锻炼	教学实践，国内校外组织管理能力和专业能力锻炼，国际组织管理能力和专业能力锻炼，视野拓宽
	社会实践	教育领域或英语教学领域非课堂教学性社会兼职	国内政府组织或教育领域或英语教学领域专家级兼职工作	国内政府组织或教育领域或英语教学领域专家级兼职工作；国际文化教育类组织兼职工作	国内政府组织或教育领域或英语教学领域专家级兼职工作；国际文化教育类组织兼职工作；国内外其他有利于文化发展和社会进步的专家级兼职工作
具体任务	教学活动	摆脱“为考试而教学”的影响进行教学；为提高学生英语学习的效率和效果，积极学习学生专业领域（经济管理领域）专业知识并将所学积极纳入教学中；教学的结果实现双重目的：使学生的实际英语应用能力提高，使学生能“居高临下”在“公共英语”考试中“裸考”出好成绩	在积极学习学生专业领域系统知识的前提下，积极实践“公共英语”“专业化教学”思想，积极推动经济管理领域学生英语教学从“公共英语”教学模式向“专业化英语”教学模式的转化，提高经济管理类学生英语实际应用能力；积极参与构建“公共英语”“专业化”教学的教学体系	积极与其他教师合作构建和优化经济管理类学生英语教学体系，积极开发和推广致力于学生高效率、好效果地学习英语的教学理论和教学法；积极实践和检测“专业化”英语教学的实际效果，将其逐步改进和发展	积极推广和发展经过实践、行之有效的经济管理类学生英语教学体系；积极推动实现经济管理类优秀学生的“外语”“非外语化”
	科研活动	通过学术活动建立长期合作性学术刊物联系；至少1部自己研究方向自己学术体系的奠基性著作；至少	积极进行英语语言文学领域和学生专业领域学术活动；以英语语言文学类学术研究为主的前	成为自己学科领域自己研究方向的“专家”，积极帮助和推动中青年教师科研工作；确立学生学科领	以自己学科领域“专家”级水平积极推动中青年教师科研工作；继续进行学生学科

续前表

发展阶段（40年）		初级阶段（10年）	中级阶段（10年）	高级阶段（10年）	超高级阶段（10年）
		1篇教学理论或教学实践论文；至少1篇学生学科领域研究性学术论文；每年不少于1篇自己学科领域或与自己工作密切相关的学术论文	提下，积极参加学生学科领域学术活动；至少2部自己研究方向自己学术体系的著作；至少1篇教学理论或教学实践论文；至少1篇学生学科领域的英文学术论文；至少1次学生学科领域国际学术会议并发表英文论文；每年不少于1篇自己学科领域或与自己工作密切相关的学术论文	域中自己的学术研究方向并将研究常态化；出版至少2部自己研究方向自己学术体系的著作；至少1篇教学理论或教学实践论文；至少1篇学生学科领域英文学术论文；常态化参加学生学科领域英文国际会议并提交会议论文；每年不少于1篇从自己学科视角以学生学科领域文本为分析对象的学术论文	领域中自己的学术研究；出版至少2部自己研究方向自己学术体系的著作；至少1篇教学理论或教学实践论文；至少1篇学生学科领域英文学术论文；常态化参加学生学科领域英文国际会议并提交会议论文；每年不少于1篇从自己学科视角以学生学科领域文本为分析对象的学术论文
	职称	作为教学工作和科研工作的副产品，顺利获得讲师职称和副教授职称	作为教学工作和科研工作的副产品，顺利获得教授职称	作为教学工作和科研工作的副产品，顺利获得教授更高级职位	在教授较高级职位上或以退休人员的身份继续高质量、高价值地为英语教学事业工作
	文化活动	常态性英文创作性写作：英文散文、英文诗歌、英文小说、英文速评等	常态性英文创作性写作；常态性经济类、管理类英文叙事作品纪实性写作和（或）创作性写作	常态性英文创作性写作并结集出版；常态性经济类、管理类英文叙事作品纪实性写作和（或）创作性写作并结集出版	常态性英文创作性写作并结集出版；常态性经济类、管理类英文叙事作品纪实性写作和（或）创作性写作并结集出版
	专业性社会服务活动	积极参与教育领域或英语教学领域非课堂教学性社会活动，常态化长期性服务；其他政府或非政府行为性教育或教学类社会活动	积极参与教育领域或英语教学领域非课堂教学性社会活动，常态化长期性服务；其他政府或非政府性教育或教学类社会活动	国内外政府或非政府性文化教育类组织兼职工作/活动	国内外政府或非政府性文化教育类组织专家级兼职工作

以常识看，教师任职的基本条件应该是一般教师常态下经过努力可以顺利实现的条件。如上所列，发展顺畅的教师用20年左右时间成为教授，然后用10年左右到20年左右时间工作直至退休，这是一条效率比较高的职业发展道路。然而，纵横观看非英语专业学生英语教师有多少是比较顺畅地发展的？那么大多数非英语专业学生英语教师的发展都不顺畅，主要原因是什么？单从职称来看，很多教师用30年到40年的时间（入职时间不同）走其他专业领域教师20年走完的路，有相当一部分教师用30年走其他专业领域教师用10年走完的路。从职业发展的角度看，这条路走的效率不高。发展效率不高的“公共英语”教师职业生涯实际上也映射着“公共英语教学”质量和发展状况有差距。

四、接受职业发展过程中的挑战

上述非英语专业学生英语教师职业发展规划样例除了传统“公共英语”教师职业发展规划显示的基本元素——进行英语语言文学领域专业性研究并将英语语言文学专业知识运用于公共英语教学——之外，还明确显示了一条非传统元素——从一入职就开始抽出时间学习自己学生（其中也包括人文类学生）所在领域的专业知识，并逐步进入到学生所在领域学术研究的行列。规划样例中显示的教学理论和教学法研究是非传统元素。尽管中国大学英语教师传统职业发展规划中有教学理论和教学法的研究，但基本局限在英语作为“外语”教学的理论和实践研究，研究的是“外语”教学理论和教学法。本文显示的教学理论和教学法研究与其有质的不同，对非英语专业学生英语教学的指导意义也有质的不同。

如规划所示，这个规划对非英语专业学生英语教师意味着很大的挑战，但这却是或早或晚这类教师——特别是致力于建成世界一流大学的大学中的这类教师——必走的路。“或早或晚”具有双重意义：走的早，中国非英语专业学生的英语教学质量会较早有质的变化，中国非英语专业学生英语教师的职业发展会较早改观，中国非英语专业英语教学对学生的发展会较早起到更好的支持和推动作用；走的晚，目前现状会保持更长一段时间。

对具体教师而言，要按照这个规划的精神管理自己的职业发展，实现这个规划的目标，走这个规划的道路，在目前的中国英语界，还需面对几个方面的挑战：来自自身的挑战、来自学生的挑战、来自现有制度的挑战、来自保守同行的挑战和来自英语界“行业保护主义”领导的挑战。从改革开放后近20年中英语及英语从业者在中国社会的“宠儿”地位逐渐演化到新千年以来中国社会对“公共英语”从业者工作效果抱怨的现状，非英语专业学生英语教学领域形成了沉重的非积极性思想：教师们说，“我们教英语是我们自己的事情，他们这些外人（“这些外人”指非英语专业学生的导师、非英语专业出身的领导）凭什么对我们指手画脚”；外国语学院领导说“他们（“他们”指教育部和学校）拿外语专业要求的成果来考核我们（“我们”指外语学科），我们只能让大家做我们该做的（指能为外语专业学科评价得分的科研成果）”；也有不少教师把这样的话挂在嘴边：“学得好（指所谓积极进取者）不如嫁得好（指丈夫事业很成功者）”；还有一些领导和教师说，“绝对不能让这种叛徒（指适应现实需要而倡导和积极进行英语教学改革者）得逞，一定要把它（指改革者的改革思想和行为）掐死在摇篮里”。这些非积极性思想给本来就需要革命性变化的非英语专业英语教师的任务设置了一道道障碍，使这些英语教师宁愿待在“安乐窝”里，对外面的世界掩耳盗铃，或者在短暂的行动后又“退守”到“安乐窝”里。可是，如果“再想想”，公平地按事情的本来面目看问题，就会看到：与非英语专业学生英语教师职业发展最直接相关、起决定性作用的是这些教师和他们的教学对象学生。教师的教学决定着学生的英语学习时间的价值和学生的英语能力对其未来职业生涯的影响。如果教学水平不高（除了能帮学生修够学分，顺利获得学位之外），不仅不会起好作用，反而会对学生造成某种损害：浪费学生学习时间、误导学生、把成年学生的思维控制在“孩子”状态。学生实质上是教师工作岗位的提供者。除了反映教师和学生关系的教学工作和对教学工作产生影响的教师的科研活动之外，其他的行为和活动实质上都是这种关系的副产品，在教师职业管理决策中所占比重应该很少。在目前非英语专业学生英语教学领域“是非”依然很复杂的局势下，无论是要对学生的时间价值负责，还是要对教师自己工作价值的最大化和职称晋升负责，“功到自然成”是非英语专业学生英语教师职业管理的最好策略。

目前，中国大学非英语专业学生英语教师要想自己职业发展比较顺畅，必然要成为复合型人才：既是英语语言专家，又系统掌握自己学生所在专业领域的专业知识。这类教师要想使自己的职业发展效率高（成果多，职称晋升不拖延）、效果好（学生受益大，教师工作价值高），最直接的道路就是以英语语言的科学知识分析和生成学生专业领域的语言文本：在语言应用领域，教师就是“师傅”，学生就是“徒弟”;“师傅”把“徒弟”领进门，“徒弟”才能好好“修行”。这类教师职业发展效率和效果最弱（迟迟不出成果，职业发展初级阶段持续延长，学生实际收益不大，教师工作价值不能最大化）的道路就是教师始终不进入学生专业领域，也由于没有科研成果考核要求的压力而停止了在自己本学科（英语语言文学）领域的学术活动；教学内容始终不能超越“常识性”英语语言文本；教师科研工作始终达不到“水到渠成”的状态。而这类教师职业发展虽然看似很顺畅（科研成果多，职称晋升快），但也没有实现效率和效果最大化。教师的学术活动始终坚持在英语语言文学领域并始终以中国英语语言文学领域传统上所接受的文本为研究对象进行学术活动，教师的学术活动基本上与自己学生所在专业领域中所认定的“漂亮”英语语言文本没有直接关系，教师的教学基本上停留在“公共英语”教学阶段，基本上与自己学生的高层次实质性需要没有直接关系。这些教师之所以能够取得成就，主要是因为他们勤奋、上进心强、英语语言文学专业理论基础好；如果他们的教学能够适应学生需要，如果他们的研究能够加上学生需求这一催化剂，他们的成就会更大。

参考文献：

[1] 中国人民大学 . 中国人民大学关于申报教授职务基本条件的暂行规定 [Z]. 北京：中国人民大学，1998A.

[2] 中国人民大学 . 中国人民大学关于申报副教授职务基本条件的暂行规定 [Z]. 北京：中国人民大学，1998B.

[3] 中国人民大学 . 中国人民大学关于申报讲师职务基本条件的暂行规定 [Z]. 北京：中国人民大学，1998C.

[4] 中国人民大学 . 中国人民大学关于教师及其他专业技术职务评审条件的补充规定 [Z]. 北京：中国人民大学，1998D.

[5] 中国人民大学 . 中国人民大学教师及其他专业技术技术职务聘任实施办法 [Z]. 北京：中国人民大学，1999.

[6] 中国人民大学 . 中国人民大学教师岗位设置与聘用管理办法 [Z]. 北京：中国人民大学，2007A.

[7] 中国人民大学 . 中国人民大学教师科研工作考核办法 [Z]. 北京：中国人民大学，2007B.

[8] 中国人民大学 . 中国人民大学教师职务任职基本条件 [Z]. 北京：中国人民大学，2007C.

[9] 中国人民大学 . 中国人民大学教师岗位设置与聘用管理办法（征求意见稿 II）[Z]. 北京：中国人民大学，2015A.

[10] 中国人民大学 . 中国人民大学教师职务任职条件（征求意见稿 IV）[Z]. 北京：中国人民大学，2015B.

[11] Drucker P F. *Innovation and Entrepreneurship: Practices and Principles* [M]. New York：Harper & Row Publishers, 1985.

[12] Drucker P F. *Managing in the Next Society* [M]. Oxford：Butterworth-Heinemann, 2002.

[13] Keynes J M. *The Economic Consequences of the Peace* [M]. New York：Prometheus Books, 1997.

[14] Samuelson P A. *Economics: An Introductory Analysis* (6th ed.) [M]. New York：McGrw-Hil, 1964.

[15] Smith A. *An Inquiry into the Nature and Causes of the Wealth of Nations* [M]. Beijing：China Social Sciences Publishing House Chengcheng Books, 1999.

研究生英语教师职业发展的学术文化动因

Academic and Cultural Development of English Teachers for Non-English-Major Postgraduates

昆明理工大学　蒋倩昱

摘　要：在中国英语教育接受国际学术文化交流的标准之际，研究生英语教师的学术文化发展引领英语教学改革的目标方向。英语教师的职业发展根植于英语语言教学的本质功能，跟随国际学术文化交流的趋势发生变迁；因而国内英语教师教育应该以特定的教学文化环境为基础，建立自己的教学内容方法体系。研究生英语教师职业发展的学术文化动因揭示出当代英语语言教学的学术文化含义，是促进国际学术文化交流的积极因素。

关键词：研究生英语　教师职业发展　学术文化交流

Abstract: As English educators in China accept international standards of academic and cultural communication, the professional development of English teachers for non-English major postgraduates directs the academic trends of English teaching reforms. This article argues that English teachers' professional development stems from the nature of language teaching, which varies according to the needs of international cultural exchanges. Therefore, Chinese educators could decide the scope and content of teachers' education according to our own cultural contexts, so that English teachers would reveal the academic meanings of language teaching, and play a more positive role in cross-cultural communications.

随着我国英语教育进一步的深化改革，研究生英语教学面临国际学术交流的机遇与挑战。目前国际上盛行的交际教学法、任务型教学法、专门用途英语（ESP）等教学理论已经成为国内外语界热议的话题，然而这些热门方法概念所蕴含的学术文化意义却没有引起足够重视。当前研究生英语教学的目标已经从灌输语言语法知识转变为提高学生用英语进行学术交流、研究的能力，因此英语教师不仅要接受外来的教学理论方法，而且必须应对传统学科地位缺失、英语课程学时学分减少的职业困境。不断变化的课程要求给教师带来再次接受专业学习的挑战，而英语教师的学术发展仍是解决英语教育职业困境的出路。由于研究生具备一定的独立思考能力和专业知识背景，所以研究生英语教学的学术性集中表现于语言所传达的专业知识和现实文化意义。研究生英语教师职业发展研究揭示出国内英语教学改革的学术文化动因，对于探索适应于中国语言文化环境的英语教学内容方法至关重要。

一、研究生英语教师职业发展的历史文化背景

虽然学习英语的热潮早已席卷全球，但由于国外的外语教师教育与发展研究相对滞后于语言习得和教学研究，因而国内此起彼伏的英语教学改革浪潮带来的英语教师职业教育研究和学术文化环境研究也相对较少。国外语言教育专家提出，英语作为第二语言的教师教育包括教学理论、教学技巧、交际技巧、语言主题知识、教学推理决定技巧，以及语言文化环境知识等 6 个方面（Richards 2006：39-42）。尽管其中的教学理论、交际技巧、教学推理决定技巧，以及语言文化环境的认知、识别能力都与教师的职业信念、教育哲学观点直接相关，但是国外学者很少从英语教学的文化背景来考察英语教师职业发展的学术方向。究其根源，英语语言教学所涉及的学术交流、知识经济竞争、个人发展机会都曾经引起国家之间的竞争、合作或冲突。因此，英语语言教学本身所牵涉的学术文化、意识形态争议都让他（她）们望而却步。诚然，教育领域的英语语言教学有别于政治领域的意识形态、权力之争，然而过去几百年以来，英语语言教学范围规模不断扩大的原因确实来自教育学术文化领域之外。

只要回顾一下英语教学在世界范围内兴起的历史进程，我们就会发现，西方强国的对外扩张和经济文化影响是英语语言发展为国际通用语的直接原因。英语从英国的民族语言发展成为国际通用语的历史证明，语言交际活动本身就具有复杂的社会文化背景。早在16 世纪，昔日资本主义头号强国英国的殖民主义扩张是英语开始在世界范围内广泛使用的直接原因；“二战”后产油国家、新兴的发展中国家都需要大量引进英语国家的资金和技术，所以英语作为一种国际语言的教学（English as a Lingua Franca）在世界范围内广泛兴起；1960 年代以后，旨在满足学习者的职业、学术发展需要的专门用途英语（ESP）加入了国际科学、技术和经济交流，以及世界经济全球化的浪潮。可见，西方发达国家的政治霸权和文化渗透是英语语言教学在国内外广泛兴起的历史原因，但过去几百年来，英语语言教学理论却很少关注非英语国家的语言文化环境。

二、研究生英语教师职业发展的学术文化现状

英语成为国际通用语言的历史文化背景不可逆转，而当代研究生英语教师职业发展的学术文化动力仍旧来自国际科学、技术和经济交流的现实需要。国外教育家将英语教学与人类学、社会科学、科学技术学科的学术研究联系起来，提出语言教学不仅传递外国文学文化信息，而且教授文本展现的内容事实 (Kramsch 2006：227-253)。当然，英语语言媒介也是西方发达国家传播政治文化影响力的一个途径，但是政治强权控制学术教育研究的时代已经过去，任何反对英语语言教学的空洞口号都无益于维护发展中国家的民族独立和国家利益。事实上，英语语言教学的学术文化研究既是引进发达国家先进科技的必要过程，也是推动当代英语教师职业发展的主要动力。唯有批判、反思西方列强的侵略历史，摒弃英语语言文学的殖民主义色彩，发现语言教学的本质规律，才有利于促进国内英语教师职业发展，建立起英语语言学科的稳固地位。

从语言教学的本质来看，英语语言教学的性质在很大程度上取决于特定的语言文化环境，所以许多国家的英语语言能力界定都超出词汇、语法结构的范畴。语言是人性的本质特征之一，人类语言普遍具有类似的语法组织原则，但是这些普遍的语言范式、规则都存

在于特定的文化环境，无法通过人的生理或基因遗传机制习得（Widdowson 1996：4）。尽管语言学家假定，人类语言具有普遍的语法规则体系，人类可以用语言符号系统进行自然平等的交流，但真实文化环境中语言交际的意义、功能都超出了词汇、语法等语言学知识范畴，语言在社会文化环境中的社会政治功能就更加难以统一概括。1960年代以后，非洲的喀麦隆等国家都相继摆脱西方列强的殖民主义政治统治，然而殖民主义的教育文化影响仍然难以涤除，渗透在地方部落民族的语言文化生活之中。因此，南非的英语教师将英语语言教学的能力要求重新界定为，应用英语语言知识结构表达学习者的观点，抵制英语文化影响的能力，试图用这一国际语言建立起独立的本土民族语言文化立场，脱离西方的文化、意识形态控制 (Kramsch 2006：227-253)。可见，殖民主义的教育遗风已经将英语语言教学的学术内容和政治功能混为一谈，后殖民主义时代语言交流的人际情感价值与国际科技和经济交流的需要互相关联。面对世界经济全球化的强大力量，国内的英语教学改革不能单一地引进国外教学方法、模式、技巧，而是要立足本国的历史文化环境，寻求研究生英语教师职业发展的学术途径。

三、研究生英语教师职业发展的学术途径

为了彻底批判国外殖民主义教育的残余影响，国内研究生英语教师职业发展理应立足于本国的学术文化实践，区别英语语言教学的方法和学术内容，构建恰当的语言教育文化环境。目前的英语教师教育研究大多侧重语言知识、技能和教学方法研究，但脱离学术文化内容的语言教学理论只会让教学改革的效果流于形式，而英语教师的职业发展是一项牵涉语言教学理论方法、文化含义和多学科学术内容的复杂工程。20世纪语言教学方法从结构主义的语法、语音教学过渡到后结构主义交际教学法的历程表明，英语语言的含义变化和语言教学方法的革新都与具体的社会文化环境有关。不同的社会文化环境决定各种语言之间的本质差别，交际教学理论正是应1960年代之后大批移民、劳务工人的学习需要，以及英国、欧洲语言教学实践环境的变化而产生的（Richards 2006：39-42）。尽管如此，开展交际教学的前提在于人类具有共同的人性经历，来自不同文化群体的学生可以使用相同的语言符号构建他（她）们的社会文化环境，从而增进相互理解。因此，英语教学的任务就是用不同的语言建立跨文化、跨学科的人际交流渠道，让来自各个学科专业、文化环境的研究生发现他（她）们共同的人性价值。

由于当代语言交际教学实践涉及语言文化含义和学术研究的现实差别，而教育学术文化交流的成果在很大程度上与语言文化交际的效果有关，所以研究生英语教师职业发展的动力也来自各专业学科研究的前沿领域。研究生都是热爱祖国传统文化的高级专门人才，他（她）们需要增进同行之间的专业技术交流，但是又感到难以应对不同语言媒介带来的文化差异。再加上“文化”的概念含义复杂多样，所以英语语言意义的文化差别不仅表现于日常生活习惯，而且普遍存在于各个学科的学术研究，即使他（她）们用英语表述同一个学科的专业知识，也会因为各自不同的文化背景而产生不同的学术思想、情感价值。比如，“工程师”一词在法国、德国的职业含义分别是具备专业知识、能够用抽象的数学方法解决工程问题的专家，以及能够用现代技术解决复杂科学问题、遵守职业道德、承担环保责任的高级专门人才 (Kramsch 2006：227-253)。如果不了解这一概念的文化含义差别，理工科的学术交流也可能出现误解。可见，研究生英语教学的价值在于发现各个学术文化领域之间的共性和差异，扩大国际学术文化交流的积极作用，这样才能肃清过去殖民主义教育

遗留下来的文化交流或负面人际情感障碍。

四、结语

在历经几十年的改革发展之后，我国的英语教育已经成为一个容纳众多中国教师的学术职业。生长在中华民族的语言文化环境之中，非本族语英语教师容易在教学工作中感觉到自己的语言劣势；因此国内的教师习惯于接受国外语言专家的理论观点，实践从国外引进的教学技巧方法，研究学生的学习行为、动机、策略，取得的成效有目共睹。然而，广大英语教师对学生的奉献精神也让我们忽视自身的发展。我们未能强调教育文化环境对语言教学立场、态度、观点的影响力，很少对比英语语言的跨文化含义差别，因而难以发现英语语言教学的学科专业地位。本文论述表明，国外教育专家提出的交际教学法、以学生（学习）为中心的教学方法、专门用途英语（ESP）等理论都是确定英语教学大纲、教材的依据，然而只有符合中国社会文化实际的学术研究才能有效地促进中外学术文化交流，克服国外英语教学的历史文化积弊。各专业学科的国际学术文化交流是推动研究生英语教师职业发展的现实动力，而英语教师的职业发展和英语语言学科的前景也是促进国际学术文化交流的必要因素。

参考文献：

[1] Kramsch C. Context and Culture in Language Teaching[M]. Shanghai: Shanghai Foreign Language Education Press, 2006: 227-253.

[2] Richards J C. Beyond Training[M]. Cambridge: Cambridge University Press, 2006: 39-42.

[3] Widdowson H G. Linguistics[M]. Shanghai: Shanghai Foreign Language Education Press, 1996: 4.

“互联网+”教育时代翻转课堂教学中教师角色探析*

Role of Teachers in the Flipped Classroom via the Internet

北京林业大学外语学院 王 玮 娄瑞娟 姜 佳

摘 要： 随着我国互联网技术的普及，高校外语教学的改革从模式、内容到理念都发生了根本性的变化。翻转课堂作为互联网+教育时代教学模式变革的一个典型代表，受到了学者专家以及教师的关注。本研究对翻转课堂这一新的教学模式，尤其是翻转课堂与慕课的融合进行了分析，同时对互联网+教育时代下教师的角色定位作了探讨和总结，提出了互联网+教育时代翻转课堂教学模式改革中遇到的难题，希望能给教师带来思考和借鉴。

关键词： 互联网+教育 教师角色 翻转课堂 英语教学 互联网信息技术

Abstract: With the development and popularization of Internet technology in China, the reform of foreign language teaching has changed remarkably in many aspects ranging from model, content to concept. Flipped classroom, as a representative reform in the teaching model in the era of Internet+ education, has aroused concern among scholars and instructors. This study intends to analyze the problems in the integration of the flipped classroom and MOOCs, especially the teachers' role based on this mode, and attempts to summarize and put forward the teaching principles in the flipped classroom, hoping to give instructors some suggestions as a reference and for reflection.

Keywords: Internet+ education; teachers' role; flipped classroom; English teaching; Internet information technology

一、引言

自从2015年3月李克强总理在政府工作报告中提出“互联网+”行动计划以来，移动互联网、云计算、大数据、物联网等新一代信息技术与各个行业的融合得到迅猛发展。互联网+教育，作为现代信息技术与教育融合的产物，日益受到关注并且逐渐深入高等院校，专家学者和教师从不同的角度对此都做了相关的研究。高朝邦等在《互联网+教育——教学软件课堂应用与评价》一书中对“互联网+”教育中现代信息技术与教学软件的融合做了全面的研究。首先是现代信息技术促进教育教学软件发展的四个过程：单机教育教学软件阶段；网络教育教学软件的发展阶段；基于移动互联网的教育教学App的发展阶段

* 2017年北京林业大学教育教学研究项目：大学生词块学习与写作能力培养的研究；项目编号：BJFU2018JY077。2017年度北京林业大学教改项目：“互联网+”在外语类公选课中的应用研究与实践；项目编号：BJFU2017JYZD010。

和基于“互联网 +”新技术的教育教学软件的发展阶段。至此，“互联网 +”教育赋予了教育新的理念和手段。该书总结了现代信息技术与教学软件的融合体现在以下四个方面：“互联网 +”教育教学资源推送与发布；“互联网 +”教学管理与评价；“互联网 +”教育教学授课助手；互联网 + 教学微课的制作（高朝邦，梁华，周强 2017：2）。郑勤华、陈丽、林世员认为 MOOCs 的出现是互联网教育应用的一个分界点，是互联网背景下全新的大学课程组织实施模式（郑勤华，陈丽，林世员 2016：4）。以翻转课堂、慕课、微课和雨课堂为代表的全新的教育教学模式在互联网和现代信息技术的支持下，突破了传统的教育理念，改变着教育模式、教育内容和教育评价。

二、“互联网 +”教育时代翻转课堂教学模式

翻转课堂是突破传统、打破常规的教学模式。在这种模式下，教师使用慕课的优质在线资源，与自己的教学相结合，设计混合学习方法。在课下指导学生进行视频内容的学习，练习习题，参加论坛交流；在课堂上，进行学习内容的重点分析、知识总结，解决学生存在的问题，并进行反馈评价。翻转课堂模式赋予学生更多的自由，使学生能够选择最适合自己的方式，把知识内化的过程放在教室内，以便学生之间、学生和教师之间有更多的沟通和交流。翻转课堂改变了传统的教学方式，增强了师生交互与个性化沟通，有助于学生的学习兴趣效果（焦建利，王萍 2017：107-108）。随着慕课的出现，大量的视频可以通过互联网提交给学习者，为翻转课堂模式的应用提供了优质的教学资源。翻转课堂与慕课的结合，促进了教学的有效性和先进性。焦建利、王萍在《慕课——“互联网 +”教育时代的学习革命》一书中设计出的基于慕课的翻转课堂教学模式为我们提供了一个有效的借鉴（见图 1）。

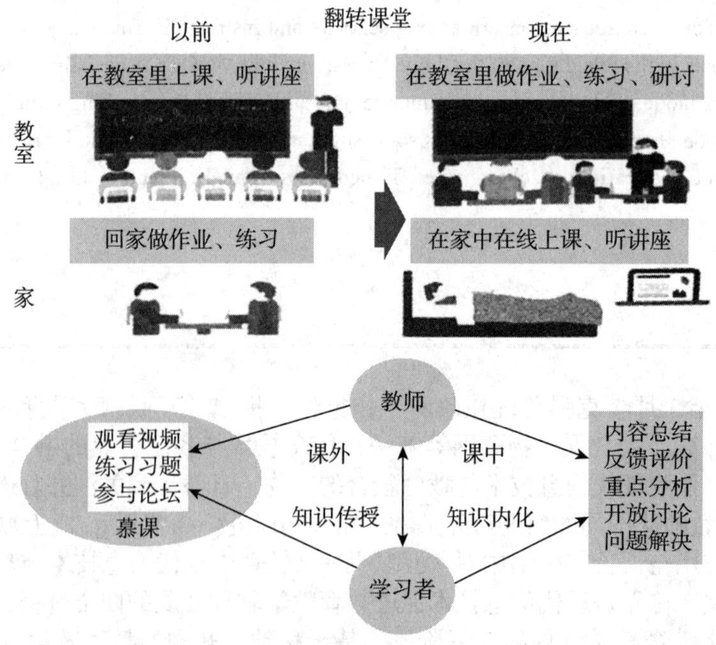

图 1　基于慕课翻转课堂教学模式

三、"互联网+"教育时代翻转课堂教学中教师角色定位

随着互联网在学校教育中的应用越来越深入，技术介入所引发的新型师生关系——老师和学生之间的关系被实践不断地推动发展，产生着细微的变化（赵新龙 2017：54）。因此以学生为中心的教育也在发生着众多变革。赵新龙在《"互联网+"教育：以学生为中心的教育变革》一书中总结出六大变革：学生需求变革；学生认知变革；教育服务变革；学习空间变革；教育实践变革和学校发展变革。

传统课堂中教师的地位毋庸置疑，教师是主导者，教师传道授业解惑是真理。自从以学习者为中心的教学理念得到认可和接受后，教师的主导地位被动摇。"互联网+"教育时代的到来，更是颠覆了传统理念，教师不再单单是传道者、授业者、解惑者，更是学习者、参与者和管理者。加拿大数字学习专家斯蒂芬认为，21 世纪的老师已经无法像从前一样，只是高高在上，把知识灌输给学生，而是兼具 4 种不同的角色：专家、教练、设计者和学习者（焦建利，王萍 2017：108）。我们认为，"互联网+"教育时代的教师最重要的定位是学习者和参与者。

◆ 学习者

"互联网+"教育带给教师最大的挑战是新技术的应用，无论是软件系统还是硬件的配置，教师只有跟进时代，了解并学习网络和其他相关信息技术，才能不断提升自身的教学能力，因为"互联网+"教育时代的教学离不开网络和社交通讯平台。学生本身就是各种网络和通信技术的引领者，这样的学习者无形中给教师带来了巨大的压力，要想得到学习者的认可，取得良好的教学效果，教师们必须学习并学会在教学中使用新技术。"互联网+"教育时代的教师们绝不能拘泥于传统的教学理念、框架和模式，应该知道什么是 MOOC，知道如何制作微课，如何使用雨课堂进行教学和句酷网在线平台批阅作业，而不能只是一味地照本宣科或者仅仅使用 PPT 在课堂上演示。比如，在 MOOC 课程教学的过程中教师们必须学着走出传统教学模式的围墙，适应新的教学模式。教师可以对学习者的学习状况进行跟踪调查，获得大量的互动数据，包括学生与教学资料以及学生与学生之间的互动等，教师可以将这些数据应用到传统的教学中，这对于习惯了传统教学模式的教师来说确实是一个不小的挑战（王晨，刘男 2015：200）。但是只有这样，才能做到教学相长，共同进步。

◆ 参与者

作为教育者，教师要了解学生的学习动态，认真分析学生的学习状况和成绩表现，这样才能做到因材施教，达到理想的教学效果。在"互联网+"教育时代，教师与学习者的交流和沟通不再局限于面对面的交流和一对一的辅导，而是更大的平台、更多人的参与和更快捷的方式。从最初的互联网 E-mail、QQ 到现在的微信，"互联网+"教育为师生间的交流沟通提供了更便利的全方位的渠道。教师可以通过各种方式与学生进行时时在线交流沟通，既可以单独与个别学习者交流，也可以群体讨论；既可以在线辅导、发通知，也可以在线布置和批改作业，出测验题；既可以发布预习文档、视频和试题，也可以发布参考书目、网址和图片。在这些过程中，教师不仅执行着传道授业解惑的使命，更是与学生平等交流沟通、进行教学活动的参与者。

在翻转课堂模式下，虽然学生拥有了更大的选择自主权和话语权，但教师的指导和监督尤为重要（叶玲，章国英，姚艳丹 2017：6）。郑勤华等在对师生教学交互状况的调查中发现：48% 的学习者喜欢用实时交流的同步交互方式；52% 的学习者喜欢与教师在论坛

进行异步交互。在交互内容方面，47.2% 的学习者认为，教师主动调查学习者的学习需求，对学生的学习最有帮助，其次是课程答疑和课程内容的讲解。同时，更多的学习者认为，以学生为中心的师生交互内容对学习者的促进作用更大（郑勤华，陈丽，林世员 2016：160-161）。

四、问题与思考

翻转课堂等新的教学模式对学校课程的整体设计提出了较高的要求。学校要通过翻转课堂模式，改变教与学的方式，提升课堂教学质量，首先要做到的是对所有课程进行统一设计，而不是局部或零星的调整（赵新龙 2017：56）。教育和教学的改革既不是一朝一夕的事，更不是教师能力所能完全实现的。改革是全方位的，学校的支持，教育部门的认可都是必不可少的条件，“互联网 +” 教育时代的改革尤为如此。教学条件的改善、教学设备的更新和教学软件的开发都离不开相关部门的支持，教学体系建设、课程的安排和学生的管理也同样需要管理部门的协调。

教师无疑是教学改革的主角。“互联网 +” 教育给教师带来的压力是前所未有的。教师除了需要提高自身业务能力、不断学习新的信息技术外，还需应对更加繁重的工作。如果教师承担课程所付出的时间超过了其所能承受的极限，翻转课堂的开展就会受到很大的影响（赵新龙 2017：56）。调查发现，一位教师如果要在 MOOC 平台上进行教学，需要花费 100 多个小时的时间来准备，而在传统的授课中只需要花费几十个小时。而且在 MOOC 上课时，教师还会收到学生发来的大量邮件，需要花时间去回复，为学生们答疑解惑（王晨，刘男 2015：200）。教师普遍反映学生数量多、课程多应付不过来。许多教师认为本来在学校就要操心很多事，现在还需要抽出大量的时间来处理邮件，有时候甚至因为处理铺天盖地的邮件而耽误正常的工作。教师的时间有限，根本满足不了众多学生提出来的疑问，因而如果在运行 MOOC 的过程中仅仅依靠教师的力量是不太现实的，学校应该自主制定相应的规则，在保证课程顺利进展的同时减轻 MOOC 教师的工作量，保证他们正常的生活（王晨，刘男 2015：199）。翻转课堂和慕课都是互联网技术发展带来的产物，是互联网与教育结合的印证。“互联网 +” 教育给教师带来的压力也是动力。翻转课堂不仅翻转了课堂课外的 “教” 和 “学” 的方式，也翻转了教师的角色。教师作为学习者和参与者，一方面要学习新技术并运用便捷的互联网技术引导和参与学生的学习和讨论，解答他们的问题；另一方面，在与学习者交流沟通的同时也能从中了解新信息、学习到新技术的使用；从而真正做到 “教学相长”。

参考文献：

[1] 高朝邦，梁华，周强 . 互联网 + 教育——教学软件课堂应用与评价 [M]． 北京：科学出版社，2017（6）：2.

[2] 焦建利，王萍 . 慕课——互联网 + 教育时代的学习革命 [M]． 北京：机械工业出版社，2017（1）：107-108.

[3] 王晨，刘男 . 互联网 + 教育移动互联网时代的教育大变革 [M]． 北京：中国经济出版社，2015（6）：199-200.

[4] 叶玲，章国英，姚艳丹 . “互联网 +” 时代大学英语翻转课堂的研究与实践 [J]． 外语电化教学，2017（6）：6.

[5] 赵新龙 ."互联网 +" 教育：以学生为中心的教育变革 [M]． 北京：科学出版社，2017（5）：54-56.
[6] 郑勤华，陈丽，林世员 . 互联网 + 教育——中国 MOOCs 建设与发展 [M]．北京：中国工信出版集团电子工业出版社，2016（8）：4，161.

Teacher's Role in Teaching English for Legal Purposes (ELP)*

中国政法大学外国语学院　刘　艳

Abstract: The paper is aimed at discussing the role of the ELP (English for Legal Purposes) teachers. It first defines and categorizes the English for Specific Purposes (ESP) in English Language Teaching (ELT). Then, the characteristics of ELP courses and needs analysis of the students are presented. Finally, different roles of an ELP teacher, who as an organizer, motivator, student and researcher, are explored. Taking into account of the most challenging features of the ELP course, the paper is suggesting the kinds of roles for the teacher to assume so as to help them adapt to the new requirements.

Keywords: English for Specific Purposes (ESP); English for Legal Purposes (ELP); The teacher's role

1. Introduction

The rapidly increasing need for English has given rise to the new trends of the teaching of English for Specific Purposes (ESP) in English language teaching (ELT). ESP is a subcategory of English as a second or foreign language. Focusing on content-based instruction in view of the discipline or professional area, it includes two major areas. They are English for Occupational Purposes (EOP) and English for Academic Purposes (EAP). EOP is concerned with "the preparation for the professional occupations students are likely to go into when they graduate" (Flowerdew, Peacock 2001 : 11), including English for Professional Purposes (EPP) and English for Vocational Purposes (EVP). EAP, on the other hand, refers to any English teaching that relates to a study purpose (Dudley-Evans, St. John 1998), involving English for (Academic) Science and Technology (EST), English for (Academic) Medical Purposes (EMP), English for Management, Finance and Economics and English for (Academic) Legal Purposes (ELP). English for Occupational Purposes (EOP) is particularly concerned with enhancing job-related language skills so as to better communicate in job-related contexts. English for Academic Purposes (EAP) specially focuses on those students whose eventual purpose is to improve their language skills for their education including studying abroad.

English for Legal Purposes (ELP) is designed for learners who need to use English in the legal profession. As China commits itself to opening its legal service market internationally, it will undoubtedly have a significant impact on most aspects of the legal and judicial systems.

* 本文为中国政法大学校级人文社会科学研究项目"从通用英语向学术英语的转型研究"（项目号 14ZFG74001）的研究成果。

Meanwhile, English has always acquired the status of an international *lingua franca* in the international legal community. Against such a background, many university law schools even require their students to study at least one course in a foreign language for legal purposes. Demand has therefore never been so great for English for Legal Purposes (ELP).

2. Characteristics of ELP Courses

When it comes to the teacher's role in ELP teaching, we need to look into the characteristics of ELP courses. There are three features as far as ESP courses are concerned.

2.1 Authentic materials

Authentic materials have been approached from different perspectives. They are defined as red-life texts, not written for pedagogic purpose (Wallace 1994 : 145). Beckman and Klinghammer (2006 : 84) define authentic materials as those used in the target culture for actual communicative needs. They should enable the learner to hear, read and produce language as it is used in the target culture. Alejandro G. Martinez (2002) also deals with the term. Authentic materials are sometimes called "authentic" or "contextualized"; real-life materials are those that a student encounters in everyday life but that weren't created for educational purposes. They include newspapers, magazines, and websites, as well as drivers' manuals, utility bills, pill bottles, and clothing labels." They are "…materials that have been produced to fulfil some social purpose in the language community." (Peacock (1997), as opposed to non-authentic materials that are especially designed for language learning purposes. In one word, authentic materials are materials created for native speakers of the language and used in a class in its original form and design.

As ELP indicates a medium to a high degree of specialization, authentic materials are particularly used in the courses which are designed to prepare students for the specific discipline of law. By bringing students into direct touch with English of a reality level, this real language has not been made especially easy for learners as it is used by law people for communication. For ELP teaching, contracts, agreements, judgments, etc. are good examples of authentic materials.

2.2 Content-based orientation

Content is interpreted as the use of subject matter as a vehicle for second or foreign language teaching or learning. Content-based orientation draws emphasis on the topic or subject matter, i.e., language comes second to content. The topics could be anything that interests students in the field of law, such as organ transplant, death penalty, animal rights, gun control, etc. Students learn about the subject using the language they are trying to learn, rather than their native language, as a tool to develop their knowledge and so they develop their linguistic ability in the target language. It is thought to be a more natural way of developing the students' language ability and the way that corresponds more to the way we originally learn our first language. It is important to note that English ends up as a subordinate material, although the teacher must recognize it and be prepared to help students with their language skills.

2.3 Simulation of communicative tasks

Simulations are goal-oriented activities in which students use language to perform authentic relevant tasks in communicative situations. The fundamental purpose of a simulation is to make the participants gain the experience of certain aspects of the real world by recreating social situations in which students are encouraged to use language spontaneously. Carter (1983) cites the student simulation of a conference, which involves the preparation of papers, reading, note-taking, and writing.

In the context of ELP, students need to practice their linguistic ability in the legal field of study. Usually the form of projects is designed and it includes the use of the necessary computing and information gathering techniques at their disposal.

In view of the above features, ELP is intended to help the law students who are planning to study law in English. Therefore, attention should be paid to students' needs.

3. Students' Needs Analysis

Needs analysis was introduced into language teaching and learning through the ESP movement in the 1960s (Richards 2001). In the foreign language teaching and learning, needs analysis is a necessary starting step for designing and carrying out the language curriculum.

English for General Purposes (EGP) does not specify needs traditionally as there is always identifiable need of sorts. However, ELP is distinguished by its high awareness of needs due to the content. As an ELP teacher, a major part of his or her job is to collect and analyze a large amount of information in order to make sure that the teaching is as effective and efficient as possible. Students' needs analysis can show two sorts of information. The first sort reflects the learners' heeds "possession" — their current level in L2-ELP. The second sort stands for what learners want to achieve — what traditionally has been called the "ESP needs." Fortunately, ELP practitioners have developed a number of tools and techniques which are of help, such as questionnaires, interviews, observation, task-based assessment, target situation analysis, corpus analysis and discourse analysis, etc.

Needs analysis has a vital role in the process of designing and carrying out any language course, whether it is ESP or general English course, and its centrality has been acknowledged by several scholars and authors (Munby, 1978 ; Richterich and Chancerel, 1987 ; Hutchinson and Waters 1987 ; Berwick 1989 ; Brindley 1989 ; Tarone and Yule 1989 ; Robinson 1991 ; Johns 1991 ; West 1994 ; Allison *et al.* (1994))

4. The Teacher's Role in Teaching ELP

Ellis and Mcclintock define "role" as the part taken by a participant in any act of communication (Huang Shuyun 2004). Jack Croft Richards states that when roles are compared, they have the following characteristics: they involve different kinds of work and different levels of responsibility; they involve different kinds of relationships and different patterns of interaction and communication; they involve different power relationships (Huang Shuyun 2004).

ESP teachers are almost always the teachers of English for General Purposes, and their switch into this field is sudden (Strevens 1988). Making decisions on what to teach and how to do it with students with different needs constitutes a great challenge for any teacher. What is more, the highly technical nature of legal discourse poses great challenges for English teachers because of their potential lack of expertise in this domain. The ELP teacher is supposed to face and tackle the problem of semantic interpretations over the laws and statutes associated with the taught content.

On the basis of the conceptions of what ELP really is and on that of the different needs from various students, the ELP teacher should assume the following roles: organizer, motivator, student and researcher.

4.1 As an organizer

The teacher's job is to set long-term goals and short-term objectives and then transform them into an instructional scheme with the timing of various communicative activities. Bearing in mind the potential of the students, the ELP teacher is responsible for designing a syllabus with realistic goals that takes into account the students' concern in the learning of legal knowledge.

The ELP teacher also needs to design courses and provide learning materials. Anthony (1998) argues that choosing a published textbook is not in line with the basic principles of ESP. Unless a teacher is extremely fortunate, no published textbook will exactly match the needs of the target students or the goals of a particular course. What is more, the materials are quite different in the grammatical structures, functions and discourse structures depending on different disciplines. The problem will be sure to occur when the materials are redundant and confuse the students as to what is appropriate in the field of law. Another problem is the lack of ELP materials. The more specialized the course is, the greater the rarity of the teaching materials is. Therefore, the teacher has the responsibility to select and assess the effectiveness of the teaching materials while identifying the needs of students. Wherever it is necessary, the task of the teacher also includes the modification of those materials when they are unsuitable so as to ensure the students to attain the goals of the course. It is argued that the closer and the more relevant the ESP materials are to the field of the learners, the more successful and motivated they will be.

4.2 As a motivator

The teacher's role in student motivation is emphasized by Dörnyei. He (1994) suggests that teachers could enhance students' interest and involvement in the tasks by implementing varied and challenging activities and make sure that each activity is fresh and distinguishable perhaps by including game-like features. This implies that the lessons are varied and non-monotonous. According to Dörnyei, the teacher should have three significant personality traits, which are empathy, congruence and acceptance. Empathy means that the teacher should be sensitive to students' needs, feelings and perspectives. Congruence means that a teacher should be able to be true to himself or herself and not hide behind facades. Acceptance means that a teacher should be "non-judgemental, have positive regard, acknowledging each student as a complex human being with both virtues and faults." The teacher is indeed an important figure and in the meanwhile has a unique position in the classroom environment.

In the context of ELP, motivation falls into the intrinsic and extrinsic categories. As far as the intrinsic motivation is concerned, the topics of the materials must be closely related to the interests and experiences of the students so as to create and maintain students' curiosity. As for the extrinsic motivation, the teacher helps the students develop realistic but positive attitudes towards ELP learning. By facilitating the communication process to all the participants in the classroom, students are made more aware of their practical and real needs. Building relaxed and friendly relationship is also very important as it helps the teacher analyze students' psycho-pedagogic needs more subtly. In this kind of circumstance, teachers' role is of great significance. The teacher has to decide what should be done so as to be constructive enough to adopt innovative methods and to motivate the students and retain their interest in learning the language.

4.3 As student and researcher

The ELP teacher is different from the EGP teacher in that the latter can assume a somewhat "expert" status for the students in view of imparting knowledge and skills. However, for ELP courses, the teacher will undoubtedly know more about the language through which meaning is negotiated, but the students often have a greater understanding of the core concepts, and depending on their age, even some of the conventions and diosyncrasies of the discourse community (Swales 1990). In this sense, the ELP teacher is quite similar to students in their desire to know more about the language of the legal field.

The ELP teacher's role as "researcher" is especially important. He needs to be always in touch with the updated research, and pays attention to the new trends in that field. Regarding the research in ELP, the teacher discovers the advantages of new technologies, e.g. video cameras and networked computers, and resulting access to virtually real-world situations. Technology facilitates not just the recording, collecting, and analyzing of the real interactional data but also the generation of teaching materials from those actual profession — lawyer. There is also a growing interest in knowing about the legal genre, the language and the skills involved in the legal communication. In fact, no matter what research the teacher has carried out, he always needs to incorporate the findings with the classroom teaching.

5. Conclusion

Over years of vigorous development of English for Specific Purposes (ESP) in English language teaching (ELT), ELP has been regarded by many as a distinctive domain. It will exist for its development with the ELP teacher's continuous exploration and attempts. When ELP courses are taught to students as a second language, there are at least two language-related challenges. The first is the peculiarities of the vocabulary and complexities of sentence structures. And the second is the different connotations between specific national common law jurisdictions. Moreover, the legal profession perhaps demands its practitioners the highest standard of language competency. In view of such a background, the ELP teacher has to not only take into account the linguistic features and teaching theories, but also to have insights in the recent development of the field of law. In addition, he has to face the new technologies that are offered so as to help improve their methodology. With the most challenging features of the English for Legal Purposes, the ELP teacher is suggesting ways and assuming kinds of roles to adapt to the new requirement.

References

[1] 陈冰冰 . 国外需求分析研究述评 [J]. 外语教学与研究，2009(2)：125-130.

[2] 黄淑云 . 对中学英语教师角色的反思，提高职业自我发展意识 [D]. 辽宁师范大学硕士学位论文，2004.

[3] 教育部高等教育司 . 大学英语课程教学要求 [J]. 北京：外语教学与研究出版社，2007.

[4] 束定芳 . 外语教学改革：问题与对策 [M]. 上海：上海外语教育出版社，2004.

[5] 夏纪梅，孔宪 . 外语课程设计的科学性初探 [J]. 外语界，1999(1)：26-31.

[6] Anthony L. Defining English for Specific Purposes and the Role of the ESP Practitioner. Center for Language Research 1997 Annual Review，1998：115-120.

[7] Baumgardner. ESP in the Classroom：Practice and Evaluation (ELT Documents 128). London：Modern English Publications in Association with the British Council，1988：39-44.

[8] Belkman lyle F，Adrain S Pr. Language Testing in Practice. Oxford：Oxford University Press，1996.

[9] Carroll D W. Psychology of Language. [J] Beijing：Foreign Language Teaching and Research Press，2008.

[10] Carver D. Some Propositions About ESP. *The ESP Journal*，1983：2，131-137.

[11] Dornyei，Zoltan. Motivational Strategies in the Language Classroom. Cambridge：Cambridge University Press，2001.

[12] Flowerdew J，Peacock M. Research Perspectives on English for Academic Purposes. Cambridge：Cambridge University Press，2001.

[13] Wallace C. Reading. Oxford：Oxford University Press，1992.

[14] Cook G，Seidlhofer B. Principles & Practice in Applied Linguistics [M]. Oxford：Oxford University Press，1995.

[15] Hutchinson T，Waters A. English for Specific Purposes：A Learning-Centered Approach. Cambridge：Cambridge University Press，1987.

[16] Janice Yalden. Principles of Course Design for Language Teaching [M]. London：Cambridge University Press，1987.

[17] Munby J. Communicative Syllabus Design. Cambridge：Cambridge University Press，1978.

[18] Nunan. Designing Tasks for the Communicative Classroom [M]. London：Cambridge University Press，1989.

[19] Richards J C. Curriculum Development in Language Teaching. Cambridge：Cambridge University Press，2001.

[20] Strevens P. The Learner and the Teacher of ESP，1988.

[21] Swales J M. Genre Analysis: English in Academic and Research Settings. Cambridge：Cambridge University Press，1990.

[22] William Littlewood. Communicative Language Teaching [M]. London：Cambridge University Press，1981.

[23] Willis，A Framework for Task-Based Learning Addison [M]. London：Wesley Longman Limited，1996.

第二部分

教学新研究新模式

“翻转课堂”应用于英语教学的有效性分析 *

Feasibility Analysis of “Flipped Classroom Mode” Applied in English Teaching

北京林业大学外语学院　姜　佳　娄瑞娟

摘　要：“翻转课堂”这一新型的教学方式在国外已经开始应用并取得较好的教学效果。如何通过“翻转课堂”模式提升我国高校的英语教学效率已成为外语界专家和学者关注的焦点。本文通过对“翻转课堂”概念和特点的研究，分析“翻转课堂”模式应用于我国英语教学有效性方面的优势，并指出实施“翻转课堂”模式需要面对的挑战。

关键词：翻转课堂　英语教学　自主学习　有效性分析

Abstract: Having been applied in other countries with Satisfactory results in teaching, “flipped class” has become the focus of attention in the foreign language circle as to how to increase efficiency of college English teaching in China. This paper studies the concept and features of “flipped class,” analyzes the feasibility of applying “flipped class” to English class in China and points out the challenges it should meet.

Keywords: flipped class; English teaching; learning autonomy; feasibility analysis

“青年兴则国家兴，青年强则国家强。”青年是国家未来发展的希望。怎样在基础且重要的课堂学习中使每一位学生最大程度地学有所获，是每位教育者应关注的主题。随着现代信息技术的不断发展，越来越多的教育新理念冲击着传统课堂。英语教学也应该不断与信息化的教育手段和渠道接轨，改变“填鸭式”的教学模式，克服教学中的各种弊端，实现学生的个性化自主学习。“翻转课堂”模式在英语教学中的应用，将能在一定程度上提升英语教学的有效性。

一、翻转课堂的起源和发展

1. 翻转课堂的起源

“翻转课堂”（Flipped Classroom，或译作“颠倒课堂”）近年来成为全球教育界关注的热点。1996 年，莫里·拉吉 (Maureen Lage) 和格兰·波拉特 (Glenn Platt) (1996) 首次提出“翻转课堂”的设想；2000 年，韦斯利·贝克 (Wesley Baker) (2000) 提出“翻转课堂模型”；2007 年春，美国科罗拉多州落基山林地公园高中的两位化学老师——乔纳森·伯尔曼 (Jon

* 项目名称：“互联网 +”在外语文化类公选课中的应用研究与实践；项目编号：BJFU2017JYZD010；北京林业大学。

Bergmann) 和亚伦 · 萨姆斯 (Aaron Sams) 为了解决学生经常由于各种原因无法按时到学校上课而跟不上教学进度的问题，开始录制教师实时讲解的视频，并将其上传至网络供学生下载播放，以期帮助学生进行补课。之后，由于这些在线教学视频也有利于其他学生进行学习而被广泛接受。经过一段时间以后，两位教师逐渐以学生在家看视频、听讲解为基础，腾出课堂的时间为完成作业或实验过程中有困难的学生提供帮助。这样，课堂模式发生了翻转——由传统的“课堂听讲解、课后写作业”变成“课前学习、课堂内化”模式。

2. 翻转课堂的发展

翻转课堂的发展与三年后“可汗学院”的兴起密切相关。“可汗学院”的创始人萨尔曼 · 可汗 (Salman Khan) 为了亲戚家的小孩学习数学进行远程辅导，录制了数学教学视频，并把它上传到网上，也供其他有需要的人士免费学习。2007 年，可汗又把教学视频和练习软件进行整合，创立了非营利教学网站，并于 2009 年将其正式命名为“可汗学院”。可汗学院提供教学视频，解答网上学生提出的问题，提供在线练习、自我评估、学习进度自动跟踪等学习模块。2010 年秋天，可汗学院在梅琳达 · 盖茨基金会和谷歌公司的资助下进一步扩大了影响范围。它制作的优质教学视频，大大降低了广大教师使用“翻转课堂”的门槛，从而推动了“翻转课堂”的普及。

二、翻转课堂的意涵及其旨归

翻转课堂常常被理解为学生借助网络信息技术，课前观看教学视频，课内完成作业、讨论等任务的实践活动。但透过技术或工具层面，翻转课堂模式背后的精神意涵和教学论深意应该得到更深刻的领悟。

1. 强化了学生中心地位

翻转课堂的有效实施离不开高质量的教学视频，然而，其核心是个性化学习。“学生中心”是翻转课堂成功实施的关键因素之一，也是翻转课堂与非翻转课堂的重要差异之一。教师的教学实践从以“教师中心”的教学环境转换为以“学生中心”，翻转学习即产生。强调“学生中心”意味着教师从对知识的传授者转变成对学生学习的辅助者，学生的主动学习代替了被动学习 (刘震，曹泽熙 2013)。

传统课堂中，教师控制着课堂节奏。这种单一、固定的课堂节奏对学习能力处于中等水平的学生适用，而学习能力较高或较低的学生则极易“游离”于课堂教学之外。实施翻转课堂模式，学生课前可根据自身实际，自行决定学习的时间和地点、学习的次数或节奏；可以随时停下来进行思考，而不是被传统课堂“满堂灌”，有利于激发学生的学习热情。课堂上，教师不再像以前那样仅仅从事单向的教学活动，而是重点通过引导学生参与知识分享与讨论、个案研究以及真实情景模拟应用等活动，促进学生深入思考，进行有意义、有收获的学习。翻转课堂尊重学生的独立性和好奇心，重视学生天赋特质上的差异性，突破教室空间和课堂教学时间，使学生可以在更大的“教学场域”中参与学习，提高自主学习能力。而一旦学生的自主学习能力得到发展，他们将拥有无限的创造力和学习热情。

2. 体现了深度学习的思想

20世纪50年代中期，依据获取信息和加工方式的不同，费尔伦斯 · 马顿 (Ference Marton)

和罗杰·赛尔乔 (Roger Saljo)（1976）将学习者划分为浅层水平加工者和深层水平加工者两种类型，第一次明确提出“浅层学习”和“深层学习”的概念。“浅层学习”常与机械、被动地记住一些无关联的信息相关；“深层学习”也称深度学习，强调学生对学习材料的意义建构，注重学习者的批判性理解。翻转课堂对学习流程的“颠倒”促成了知识内化的多次发生。上课前，学生自主阅读资料或观看教师视频开展学习，并尝试解决教师提出的“热身问题”，此时学生头脑中的旧知识与新知识开始发生联结，实现第一次知识内化。课堂上，师生通过讨论、探究等实践活动使学生构建起对知识内容的新理解，并与课前学习建立的“旧知识”进行再次碰撞，实现第二次知识内化。当新概念、新知识与学习者原有认知结构中存在的概念建立起实质性联系时，有意义的学习就会发生。有意义的学习意味着学生批判地学习新知识、获取新思想，这种对知识深层加工的过程实质上属于“深度学习”。

佩蒂托 (Petitto) 与邓巴 (Dunbar)（2004）研究发现，当呈现的新概念或新知识与学生的初始认知一致时，容易被学生接纳并整合进已有认知结构；反之，新概念的获得或新知识的重组将比较困难甚至会受到抑制。由此，他们提出抑制性知识建构的观点。新知识与学生已有知识体系相互作用，有部分知识始终有利于学生的认识结构但不被吸纳。随着学生经验的丰富和认识的深入，部分知识片段在多次与学生的认知体系作用后，融入原有知识体系，逐渐被内化，实现知识的建构。翻转课堂模式中，学生可以随时随地、反复观看教学视频或研习学习材料，这种学习方式让新知识与学生已有的知识体系多次发生作用。在反复接触中，学生悄然地在大脑中建构起对知识的理解，实现渐进式的知识建构。这种渐进式的知识建构策略，在新旧知识、学科知识及多渠道信息之间建立起联系，这与“浅层水平”学习存在明显区别。

3. 推进了个性化学习的实践

“掌握学习”是翻转课堂的重要理论基础。布鲁姆 (Brumm) 认为，只要给学生提供恰当材料，给予学生充分的学习时间并提供及时的帮助，那么，几乎所有的学生都能掌握规定内容，达到规定目标（巨瑛梅，刘旭东 2004）。翻转课堂一改传统教学模式整齐划一、统一步调的习惯做法，承认学生学习风格的个体差异，实施分层教学。课前，学生可快速、跳跃观看教学视频，也可采取暂停、重复播放的方式，反复观看视频。学生自主选择学习策略，自定节奏地开展学习。课内，针对学生存在的问题，教师做出差别化反馈，“以学定教”。在技术支撑下的协作学习环境中，“因材施教”不再仅仅是一种美好的愿景。实施翻转课堂，更富弹性的教学设计和安排让不同学习风格的学生充分发挥自主性，推进了学生个性化学习的实践。

三、翻转课堂应用于英语教学的有效性分析

有效教学的理念源于20世纪上半叶西方的教学科学化运动，主要关心某种教育活动怎样最好地促进学生的理想学习。有效的教学活动是指教师遵循教学活动的特殊规律，以尽可能少的精力和物力投入，取得尽可能多的教学效果，从而实现教学目标，满足社会和个人的教育价值需求而组织实施的活动（程红，张天宝 1998）。翻转课堂在克服我国部分高校英语教学效率低这一问题上可以发挥其自身优势。其优势分析如下：

1. 符合学生的学习特点和需求

现代的大学生喜欢尝试和挑战新鲜事物，对于新鲜事物的适应和学习能力正在不断增强。丰富的网络知识资源使得大学生们的学习方式呈现多样化的特点，他们已经不再满足于传统的教学模式，而是希望能够自主地来选择学习自己薄弱或者感兴趣的知识。其次，大学生拥有更多的课外学习时间，能够灵活地安排时间，完成课前学习任务。再次，大学阶段的学生开始建立自己对事物的观点和态度，能更清晰地表达和交流自己的观点，展开讨论。“翻转课堂”教学模式能够满足学生的这种学习需求，特别是在学生英语水平不断提高过程中，能够运用英语进行讨论和交流，从而提高英语表达能力。

2. 缓解课堂授课课时不足的问题

目前在英语课程改革的驱动下，英语课程目标要求课堂教学在培养学生英语语言运用能力之外涉及一些西方文化和中国文化知识。笔者所在的学校，每学期英语课程教学任务包括英语课本和文化课本的学习。如果按照传统教学模式，教师很难在课堂中深入地讲授语言和文化内容，只能走马观花，或者略去一部分教学内容，只专注于个别重要的语言和文化知识点进行授课。在翻转课堂模式下，原来课堂讲授的内容通过计算机网络技术由学生课前自学完成，把课堂授课时间留给师生进行交流和更深入的探讨。比如，教师可以让学生在课堂上展示课下学习成果，互相扩充课本知识，让学生更全面地了解有趣的文化知识。学生的参与度提高，上课兴趣也随之提升。同时，教师也可以在不增加课时的情况下，顺利完成授课内容。

3. 增加教学中的交流互动

传统的英语课堂以教师为中心组织教学，将有限的课堂时间变为知识传授的过程。教师将自己要讲的内容做成教学课件，在多媒体的辅助下进行展示教学，往往把课堂变成教师一人的“满堂灌”。但英语语言学习的最终目的是用来交流，提高学生的语言运用能力，尤其是听说能力。实际情况是，学生在接受了近十年的英语教育之后，英语的应用能力普遍较差，“哑巴”英语、“聋子”英语并不少见。语言教育学家 Brown（2000）指出，课堂互动在整个语言教学过程中占有核心地位。多年的语言教学和研究发现，学习交际的最好方法就是交际本身。同传统教学模式相比，“翻转课堂”教学模式为教师和学生之间的交流、以及学生与学生之间的交流提供了充足的机会和时间。学生能够用大部分时间进行小组讨论或师生间的深入探讨，完全符合语言学习的目的——交流。翻转课堂能从一定程度上改善学生张不开嘴、不敢说的“哑巴”英语状况，符合语言学习的规律和目的。

4. 促进学生对知识的内化

传统的英语课堂模式，由于课时不足，教师在课堂上讲授速度相对较快，学生的理解速度跟不上教师的讲课速度，学生还没有理解消化当前讲授的内容，PPT 就已经翻到下一页了。在大量新知识的冲击下，学生通常借助记笔记的方式进行课堂的“学习”，但是由于担心跟不上老师的教授进度，只有把大量的内容机械地记录下来，课堂上没有充足的时间进行知识的建构，更无法从学习中发现问题从而上升到学习的更高层面。在课堂中减少教师的讲授时间，留给学生更多交流时间是翻转课堂的核心特点。在不减少基本知识传递的基础上，增强课堂中教师和学生的交互性，通过将“预习时间”最大化来完成“教”与“学”时间的延长，实现知识的深度内化，从而提高教学效率。

四、翻转课堂实施中教师面临的现实挑战

近年来，我国英语教学一直采取传统的教学模式，学生的自主学习能力不能得到很好的发展，在一定程度上扼杀了学生学习的主动性和积极性。翻转课堂模式相比传统课堂模式在教学效果上有很大的优势，提高了学生的学习兴趣和自主学习能力。但同时，翻转课堂也为广大师生带来了各种挑战。

首先，教师要做好观念上的转变和技术上的准备。翻转课堂模式既要求教师有足够的学识和经验把握课堂、引导学生学习，敏感地意识到大多数学生存在的困惑，并及时形成解决方案，对学生进行持续的观察，对学习进程进行评估；又要求教师掌握计算机基本技能，还要学会录制、编辑视频，并利用信息技术工具搜集、加工、处理有价值的信息，以供学生参考学习。但是目前翻转课堂利用的软件设备在程序的设置上脱离使用者，软件程序过于繁杂，老师和学生操作起来不习惯，从而影响教学进度，使教学效果大打折扣，而且这些都需要教师投入大量额外的时间和精力，严重挤压教师从事翻转课堂研究的时间。

其次，学生的自主学习能力将受到挑战。目前，绝大多数学生在中小学接受的教育都是应试教育。课上被动地听，课下完全按照老师的要求完成作业。在这种模式的影响下，学生普遍缺乏主动性和创新性。翻转课堂需要学生自主完成课前视频学习，课上参加讨论，对学生的自主学习能力提出了较高的要求。学生必须转变传统的学习方式，否则将因无法适应新的教学模式而增添学习压力与烦恼，教师的教学任务也将由于缺乏学生的配合而无法顺利完成。翻转课堂对学生的自律性和意志力要求较高，对英语基础差、学习方向不明确、学习方法不当、学习效率低、自律能力较差的学生，应该采取怎样的措施来监督他们在课堂外有效学习是值得思考的问题。

五、结语

翻转课堂仅仅是众多教学模式中的一种选择，一定的教学模式总是根植于一定的社会、文化背景之中，不存在一种万能模式。因此，无论教育理论研究者抑或是教育实践工作者，对翻转课堂模式均应保持理性态度。翻转课堂为外语教学带来了新鲜血液，但同时也给教师和学生带来了各种挑战。面对挑战教育者应该投以更充足的知识储备、更完善的专业水平和更积极的教学改革态度。在教学实践中不断思考总结、发现问题和解决问题，使“翻转课堂”更好地为英语教学服务。

参考文献：

[1] 程红，张天宝 . 论教学的有效性及其提高策略 [J]. 中国教育学刊，1998（5）：37-40.

[2] 巨瑛梅，刘旭东 . 当代国外教学理论 [M]. 北京：教育科学出版社，2004（8）：24-25.

[3] 刘震，曹泽熙 . “翻转课堂”教学模式在思想政治理论课上的实践与思考 [J]. 现代教育技术，2013（8）：17-20.

[4] Baker J W. The “Classroom Flip”: Using Web Course Management Tools to Become the Guide by the Side [R]. Florida：The 11th International Conference on College Teaching and Learning，2000.

[5] Brown H D. Principles of Language Learning and Teaching [M]. Englewood Cliffs NJ：Prentice Hall，2000.

[6] Maureen L，Glenn P，Inverting the Classroom：A Gateway to Creating an Inclusive Learning Environment [J]. Journal of Economic Education, 1996(1)：30-43.

[7] Ferenee M，Reger S，On Qualitative Differences in Learning：I-Outcome and Process [J]. British Journal of Educational Psychology，1976(1).

[8] Petitto L A，Dunbar K，New Findings from Educational Neuroscience on Bilingual Brains，Scientific Brains，and the Educated Mind，2004. http://www.utsc.utoronto.ca/~dunbarlab/pubpdfs/pettitodunbarIP.pdf.

研究生公共英语阅读课程翻转课堂模式研究

Flipped Classroom Model in General English Intensive Reading for Graduate Students

中国农业科学院研究生院　赵铁洁

摘　要： 翻转课堂是一种新兴的信息教学模式，是未来教育信息技术发展的趋势。为了优化研究生公共英语阅读教学，提高阅读内容与学生专业的契合度，改进教学模式，本文运用课堂观察及问卷调查等方法，对多媒体网络环境下研究生公共英语阅读课程进行创新，探讨翻转课堂模式的实现方式。结果显示，运用翻转课堂模式有利于推动学生自主能力、高阶思维能力的培养，将知识传递过程提到课堂教学之前，使学生真正做到带着问题学习；阅读材料贴近学生专业研究，创设学习机会，使得小组合作成为常态，并且构建平等的师生关系，不失为一种有意义的尝试。

关键字： 研究生公共英语　翻转课堂　阅读课程　教学模式

Abstract: Flipped classroom model is a burgeoning informational teaching model and represents the tendency of future educational technique development. With an aim to optimize general English intensive reading course for graduate students and to reform its teaching model, the paper employs in-field observation and questionnaire to innovate general English intensive reading course for graduate students and discusses realization of flipped classroom in the course. Results show that flipped classroom model enables to promote students' autonomy and higher-order thinking, moves knowledge delivery ahead of classroom instruction, makes teamwork a norm in class and constructs an equal teacher-student relationship. It is a meaningful attempt.

近年来兴起的"翻转课堂"模式极大地挑战了传统课堂教学模式，从根本上颠覆了教师的课堂中心地位（赵兴龙 2014：55），其基本要义是教学流程变革所带来的知识传授的提前和知识内化的优化（赵兴龙 2013：65）。目前国内研究主要集中在大学公共英语教学（崔艳辉，王轶 2014；胡杰辉，伍忠杰 2014），尤其是写作、口语、听力课程等领域（陈立青 2011：7）。而阅读课程作为培养外语能力的重要输入环节，特别是对具有较高认知能力、自主学习能力的研究生群体，翻转课堂模式却罕有研究提及。

传统研究生公共英语阅读课程（以下简称"阅读课"）枯燥乏味，主要体现为教师主讲，内容以单词、短语、搭配、句法、篇章结构为主（陈立青 2011：25）；近年来，随着教育信息化水平的不断提升，出现了立体化教材，包括多媒体课件、网络视频内容等，教学模式改为课上教师播放多媒体课件并对重要内容进行点评，课下学生对相关内容进行扩充，在多媒体网络教室进行自主学习（卢海燕 2014：34）。但是教师与学生的地位与作用并没有发生本质变化。教师仍为教学的承担者，在课堂中起到决定性作用，学生跟随教师引导进行学习。根据笔者对本院 2014 级硕士研究生进行的研究生公共英语课程满意度调查，学生对阅读课程的总体满意度（非常满意 + 满意）仅为 80%，远低于口语、写作等课程（97% 甚至更高），学生对阅读科技论文、专业材料等呼声较高。同时过于注重单个语法项目的教学模式有悖于实现教育所追寻的终极目标，无法培养独立、有强烈自主学习意识的学生（陈立青 2011：89）。因此，从教学方式、教学内容等方面都有必要对阅读课进行创新与变革。

为了优化英语阅读教学，提高研究生英语学习积极性，增加阅读内容专业相关性，改进教学模式，本文对多媒体网络环境下研究生公共英语阅读课程进行创新，探讨翻转课堂模式的实现方式，以期对阅读教学及其改革提供有益启示。翻转课堂可以提高学生的学习兴趣，充分培养学生的自主学习能力，调动学习积极性，发挥学生运用专业知识的能力，建立平等的师生关系，不失为一种有益的创新性探索。

一、理论依据

翻转课堂（Flipped Classroom，也译作“颠倒课堂”“颠倒教室”）是一种新出现的课堂教学组织形式，起源于美国科罗拉多州落基山林地公园高中的 Jon Bergmann 和 Aaron Sam 这两位化学老师，他们将结合实时讲解和 PowerPoint 演示的视频上传到网络供学生学习，之后利用课上时间与学生共同完成作业、进行讨论，这一模式引起众人关注。具体而言，翻转课堂是指在信息化环境中，课程教师提供以教学视频为主要形式的学习资源，学生在上课前完成视频等学习资源的观看和学习，师生在课上一起完成作业答疑、协作探究和互动交流等活动的一种信息教学模式（钟晓流，宋述强，焦丽珍 2013：58）。根据新近发布的《2014 地平线报告（高等教育版）》预测，随着终端运用的普及和云服务的广泛覆盖，加上学校个体单位对环境的营造以及教师个人的教学创新，翻转课堂将成为未来教育信息技术发展的趋势（杨晓哲 2014：111），其基本流程图如下（卢海燕 2014：35）：

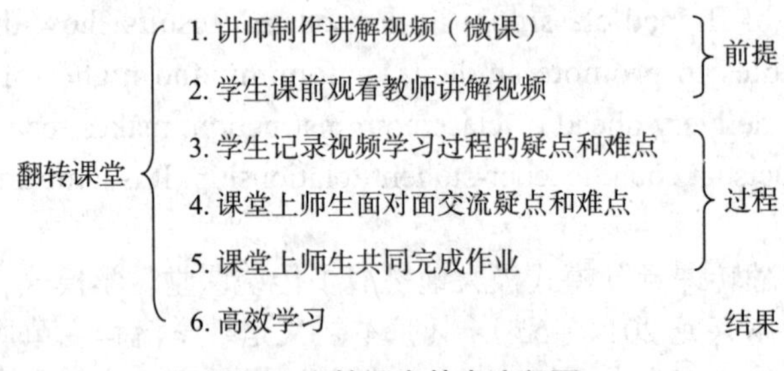

图 1　翻转课堂基本流程图

二、研究生公共英语阅读翻转课堂教学模式实施情况

本项目实验对象来自中国农业科学院研究生院 2015 级硕士一年级学生中随机选取的 2 个自然班，共 52 人，其中男生 34 人，女生 18 人，年龄在 22 岁至 26 岁之间。大部分已经在大学本科阶段通过大学英语四级考试，部分通过大学英语六级考试，具备基本的英

语阅读能力，掌握了一定的英语阅读技巧。他们全部来自农业相关专业，包括作物学、植物保护、遗传育种、农业经济等专业。

实验课程在 2016 年春季学期实行，每周 2 课时，共计 10 周。通过课堂观察与调查问卷了解实验课程的有效性与受欢迎程度。学期末对全体实验对象进行问卷调查，问卷设计为开放式问答，包括对实验课程的态度、看法、喜爱程度以及意见与建议。

1. 学期初测试

翻转课堂有利于分层教学的进行（刘锐，王海燕 2014：26），因此在学期初对全部选课学生进行外语水平等级测试，并依照测试结果进行分层分班。分班后进行英语阅读技能诊断测试。以期对学生的英语阅读技能强弱形成客观详细的认识，并依此开展针对性、个性化教学。

1.1 英语水平测试

英语水平测试借助信息化手段，采用机适性 (Computer Adaptive Testing) 原则设计，使用 Questionmark 软件作为编辑平台，测试材料改编自 SRA Reading for Understanding 分级阅读测试题目。测试根据学生英语阅读水平分配题目，每位学生的答题量在 20~28 题之间。此测试系统经过横向测试对比验证，具有较高的信度和效度（梁丽娟 2014：91），可快速有效地定位参试者的英语水平。题目设计涵盖 10 种阅读技能：词汇、排序、举例、主旨大意、获得结论、寻找细节、目的、确定因果关系、推理判断、对比。测试结果由低到高分为 Starter 1~2、Primary 1~3、Middle 1~2 与 High 1~3 共 10 个级别。下图为英语阅读水平测试反馈界面举例。

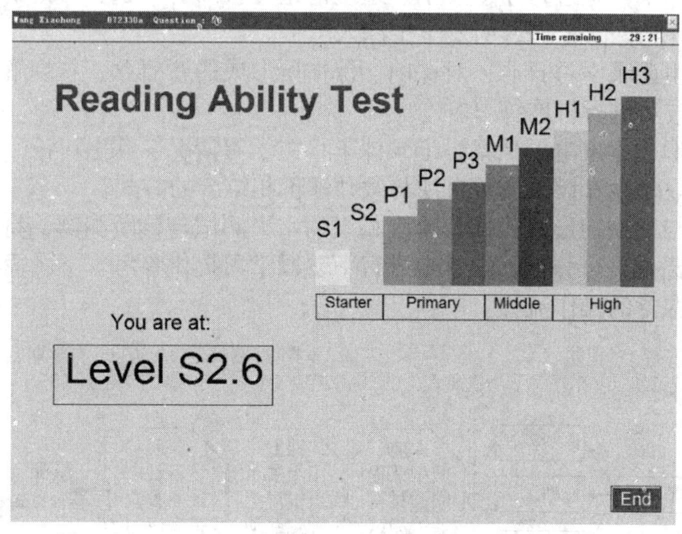

图 2　英语阅读水平测试反馈界面举例

1.2 英语阅读技能诊断测试

英语阅读技能诊断测试使用 Questionmark 软件作为编辑平台，采用机适性原则设计，根据学生在阅读技能探测卷中表现分配题目，每位学生的答题量在 20 题左右。题目设计涵盖 5 种主要阅读技能：主旨大意、推理判断、获得结论、确定因果关系以及对比，是确定学生整体英语水平后详细了解个人英语阅读技能强弱的有益补充。测试结果由低到高分为 Weak、Fair 和 Strong 三个级别。下图为英语阅读技能诊断测试反馈界面举例。

Your performance is

Getting the Main Idea — Strong
Making Inferences — Weak
Drawing Conclusions — Fair
Identifying Cause and Effect — Fair
Comparing and Contrasting — Strong

Continue

图 3 多项技能诊断测试反馈界面举例

2. 学期中翻转课堂模式

正式进入教学后，在每周课程之前，教师利用录音设备、PowerPoint 录屏软件、交互式课件制作软件 Articulate Storyline 等设备制作微视频，重点聚焦一项特定的阅读技能，时长 8~12 分钟，供学生课下自行观看学习。并布置针对性的通关练习 Ability Builder Quiz，以检验学习效果，引发学生进一步思考。

课上时间多用于学生进行小组展示、组织讨论，教师对展示、讨论中出现的问题、重点、难点进行点评与深入挖掘，引发学生深入思考。

课后布置学生记录学习日志，对课前、课中所形成的新概念、新理解进行梳理，记录疑惑，并对阅读技巧进行扩展练习。

学习过程中形成学生电子档案，记录课下自主学习情况、课上讨论、展示情况、课后学习日志等，采取学生互评、学员自评与教师评价相结合的方式。

学期末采用与学期初形式相同、难度相当的水平测试与诊断测试，将学生的期末表现与期初表现相对比并进行分析，为学生进行下阶段学习提供参考。下图简要标明研究生公共英语阅读翻转课堂的操作流程。

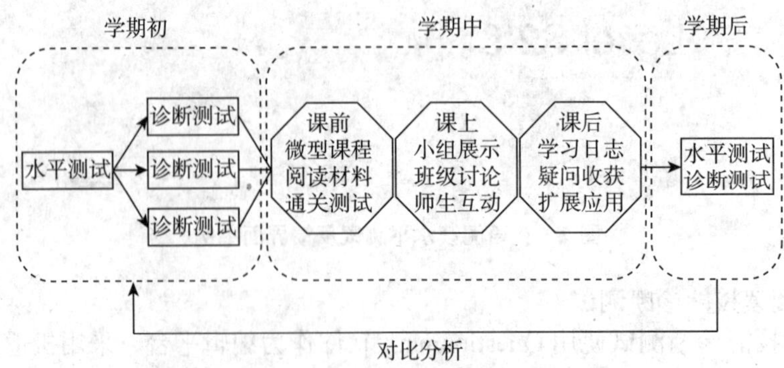

图 4 研究生公共英语阅读翻转课堂流程图

三、讨论

1. 知识传递提前化

课堂教学结构变革是整个教育系统结构性变革的主体与核心（何克抗 2014：5）。学习过程包括两个阶段：知识传递与知识内化。传统教学模式在课堂上进行知识传递，将重要的内化过程放在课下，依靠学生自行完成。而翻转课堂在学习过程方面进行了颠覆，即知识传递过程在课堂教学开始前已经完成，吸收内化的过程放在课堂上（Brunsell & Horejsi 2013：1），因此翻转课堂模式更加符合人类的认知规律。

在课堂中减少教师的讲授时间，留给学生更多的学习活动时间是翻转课堂的一个核心特点。翻转课堂利用信息技术营造出一种信息化的教学环境，该环境应能支持情境创设、启发思考、信息获取、资源共享、多重交流、自主探究、协作学习等多方面要求的教学方式与学习方式（何克抗 2011：1）。课前的教学视频需要活力、教育、创新、引发思考、易懂、相关及愉悦（LECTURE：lively，educative，creative，thought-provoking，understandable，relevant，and enjoyable）（张金磊 2013：59）。研究生具备较高的认知能力和一定的自主学习能力，因此可以与翻转课堂教学模式较好地适应与匹配，通过观看教学视频，不仅锻炼、培养了学生的自主学习能力，养成对自己学习负责的态度，掌握自主学习的必要方式和方法，并且调动了学生的学习积极性，提升了深入思考探究的能力。有学生反映，“原来没有预习的习惯，懵懵懂懂地进了课堂，发现老师讲的跟不上，慢慢也就不爱学习了。现在课前看视频已经是学习过程中必要的一环了，必须参与。和大学本科的学习有很大不同。必须得对自己的学习负起责任来”。也有学生反映，课下观看微课视频时，本来认为自己完全掌握了，可是进行通关测试的时候，却发现又有新问题出现，不能将所学内容恰当合理地应用到阅读材料当中，这样带着问题进入课堂，向老师请教，尤其是和同学们交流讨论，感觉理解又深入了一层。

2. 阅读内容专业化

相关有趣的专业学科内容是阅读课翻转课堂的核心。阅读材料的选择和调整上坚持多样性和广泛性原则，增加阅读材料的专业相关性，在主题上选择信息性和论述性较强的学术文章，把课文当作信息的载体和培养学术技能的载体，体裁上偏向说明文和学术论文，注重定义、分类、举例、顺序、因果关系、比较与对比等学术语篇结构的教学，还涉及定量定性调查方法、实验和调查步骤的描述和结果的汇报讨论等（蔡基刚 2016：10）。学生课堂活动所需的背景知识和为完成作业所搜集的各种信息都能作为可以选用的教学资料（廖春红 2011：13）。语言教师与学科教师的合作在英语阅读翻转课堂中起着十分重要的作用。语言教师从语言结构或词汇用法等方面对专业文献进行解析，将阅读材料放在专业学习的大环境中，可以帮助学生增加对阅读文章内容的全局把握和构建，完成对作者传递信息和思想的重塑。同时，语言教师从多个角度积累学科专业知识，可以丰富教学内容，灵活教学手段（卢鹿 2016：89）。

学生在问卷中表示，每周通过课前观看视频，课上与同学和老师交流，就像是科研过程中的充电，英语更是一种工具与助手，而不是游离在科研之外的门槛或阻碍。

3. 协作学习常态化

翻转课堂的真正含义是基于“以学生为中心”的思考，其成功则得益于探究性学习和基于项目学习的主动学习（汪晓东，张晨婧仔 2013：11）。采用此种模式后，学生在课下掌握了必要的英语阅读技巧，在课上进行头脑风暴或小组讨论时就更加有针对性、深度和广度。首先就课题的内容进行讨论，组员分头搜集材料，进行小组集中，综合评价搜集到的信息和数据，专人撰写报告或制作 PowerPoint 交全组讨论修改，最后由专人在全班范围内进行交流。这样可以使同伴合作常态化，获得最大量的可理解性输入，成为语言习得的源头（王初明 2009：59）；同时激发学生的竞争意识，促进学习。教师将学生课上小组演示、讨论情况纳入形成性评估之中，进行有效的监管和督促，提高学生对同伴合作的重视，避免期末突击学习，既培养了学生的独立探究能力，又提倡了协作学习，既鼓励了独立思考，又促进了团队合作。

学生们在课下进行小组演示的准备中会进行积极充分的讨论，而提问、交流有利于学生批判性思维和思辨能力的培养（理查德·保罗，琳达·埃尔德 2014）。经常会有演示者说："这个问题我是这样想的。虽然我们小组的其他成员也有不同的意见，但是我们讨论过后，我认为这个是更合理的解释"。因此，一份阅读材料已经超越了阅读本身，成为思辨的工具，以及学生进行分析、归纳、总结、高阶思维的材料，锻炼了学生提问、归类、交流、比较、联系、对照、精细加工、评价的能力，大力促进了学生理性思维的提高（Campbell 2003：64），符合高等教育发展和高等人才培养的目标与走向（钟志贤 2007：88）。

4. 师生关系民主化

翻转课堂通过教师与学生角色的颠倒，使得教师的责任更大了，这种课堂需要的是有责任、有爱心、懂设计的专业教育者（张金磊，张宝辉 2013：73）。改变传统的角色，要求教师从讲授者的单一角色向多样化的角色转变，如导师、促进者、研究者和学生等。学生的角色在教师的引导下也应当转变为主动的、建构的、协作的、自觉的、情境的和反思的学生（刘春燕，钟志贤 2005）。指令性和专断的师生关系将难以维持。一名有创造性的教师更多的是一名向导和顾问，而不是机械地传递知识的简单工具（Rassekh & Vaideanu 1996：105）。形成平等的新型师生关系，提倡师生在教学过程中的双向交互，回归学生的话语权与学习中的主体地位，促进学习机会最大化、语言输入语境化与学生自主发展(Kumaravadivelu 2006)。师生对话应是意义生成、知识建构和心理发展的主要方式，也是新型师生关系的主要特征。

教师应具备四个方面的基本素养，即用好"活书"的能力、选好资源的能力、设计好虚拟环境的能力和学会信息化教学方式的能力（陈坚林 2010）。对语言教师的要求首先是转变思路，放松对课堂的把控，不要担心课堂失控，放弃课堂绝对权威的地位，愿意同学生共同学习，请教专业知识；面对可能增加的工作量，做到备课、备学生、备"微课"，达到自我实现，不断调整适应，逐步完善。

四、不足与展望

本文通过教学实验的方式，对翻转课堂教学模式在硕士生公共英语阅读教学中的具体应用进行了探讨。教学实验中尚存在一些有待改进的方面，笔者在后期的总结与反思中对研究设计存在的不足和相应的解决策略作如下分析：

翻转课堂包括三个基本构成要素：技术要素、流程要素和环境要素（赵兴龙 2014：61），由于篇幅有限，本文重点关注流程要素的翻转，未对技术及环境进行阐述；实验课程班级人数较少，具有天然优势，有利于教师组织课堂，进行小组合作，如果是常规的40人左右的班级，是否仍然具有可行性不得而知；由于研究生院总体安排，春季学期课时较短，总共10周，并不是常规学期时长，教学活动组织不够完整；未进行不同教学模式的对比试验，无法得知相对传统教法的优劣。

总之，阅读课程翻转课堂是研究生公共英语课程改革的一项创新性尝试，可以将学生的学习时机前移，最大化课堂的讨论、交流、知识内化机会、团队合作能力、高阶思维能力的培养，增加公共英语学习的专业相关性，帮助学生进行意义构建，创设新型平等的师生关系，不失为研究生公共英语教学改革的有益尝试。

参考文献：

[1] 蔡基刚 . 中国高校学术英语存在理论依据探索 [J]. 外语电化教学，2016（2）：9-16.

[2] 陈坚林 . 计算机网络与外语课程的整合 [M]. 上海：上海外语教育出版社，2010.

[3] 陈立青 . 英语阅读后方法教学模式研究 [D]. 上海外国语大学，2011.

[4] 崔艳辉，王轶 . 翻转课堂及其在大学英语教学中的应用 [J]. 外语电化教学，2014（11）：116-121.

[5] 何克抗 . 我国教育信息化理论研究新进展 [J]. 中国电化教育，2014（1）：1-19.

[6] 何克抗 . 从“翻转课堂”的本质看“翻转课堂”在我国的未来发展 [J]. 电化教育研究，2014（7）：5-16.

[7] 胡杰辉，伍忠杰 . 基于 MOOC 的大学英语翻转课堂教学模式研究 [J]. 外语教学与研究，2014（11）：40-45.

[8] 理查德·保罗，琳达·埃尔德 . 批判性思维工具（第三版）[M]. 侯玉波，姜佟琳等译 . 北京：机械工业出版社，2014.

[9] 梁丽娟 . 基于计算机的适应性英语阅读测试的可行性验证 [D]. 上海：上海外国语大学，2014.

[10] 廖春红 . 内容依托教学模式中学科知识习得研究：一项基于法律英语课程的案例研究 [D]. 上海：上海外国语大学，2011.

[11] 刘春燕，钟志贤 . 论学习环境中教师—学生角色与关系的转型 [J]. 电化教育研究，2005（12）.

[12] 刘锐，王海燕 . 基于微课的“翻转课堂”教学模式设计和实践 [J]. 现代教育技术，2014（5）：26-32.

[13] 卢海燕 . 基于微课的“翻转课堂”模式在大学英语教学中应用的可行性分析 [J]. 外语教学与研究，2014（7）：33-36.

[14] 卢鹿 . 基于自动评价系统的第二写作过程研究 [J]. 外语界，2016（2）：88-96.

[15] 汪晓东，张晨婧仔 .“翻转课堂”在大学教学中的应用研究——以教育技术学专业英语课程为例 [J]. 现代教育技术，2013（8）：11-16.

[16] 王初明 . 学相伴用相随 [J]. 中国外语，2009（5）：53-59.

[17] 巫正洪 . 翻转课堂模式在大学英语教学中的应用 [J]. 中国劳动关系学院学报，2015（8）：121-125.

[18] 杨晓哲 . 2014 地平线报告（高等教育版）正式发布 [J]. 中国电化教育，2014（3）：111.

[19] 张金磊，张宝辉 . 游戏化学习理念在翻转课堂教学中的应用研究 [J]. 远程教育杂志，2013（1）：73-78.

[20] 张金磊 .“翻转课堂”教学模式的关键因素探析 [J]. 中国远程教育，2013（10）：59-64.

[21] 赵兴龙 . 翻转教学的先进性与局限性 [J]. 中国教育学刊，2013（4）：65-68.

[22] 赵兴龙 . 翻转课堂中知识内化过程及教学模式设计 [J]. 现代远程教育研究，2014（2）：55-61.

[23] 钟晓流，宋述强，焦丽珍 . 信息化环境中基于翻转课堂理念的教学设计研究 [J]. 开放教育研究，2013（1）：58-64.

[24] 钟志贤 . 大学教学模式改革的十大走向 [J]. 中国高教研究，2007（1）：88-91.

[25] Brunsell E，M Horejsi. *A Flipped Classroom in Action*[M]. Washington：The Science Teacher，2013.
[26] Campbell I. Mindful Learning：101 Proven Strategies for Students and Teacher Success. Thousand Oaks，CA：Gorwin Press，Inc.，2003：77，64-65.
[27] Kumaravadivelu B. Understanding Language Teaching：From Method to Postmethod. Mahwah，New Jersey: Lawrence Erlbaum Associates，Inc.，2006.
[28] Rassekh S，C Vaideanu. 教育内容发展的全球展望 [M]. 马胜利等译 . 北京：教育科学出版社，1996：105-106.

慕课热潮下博士研究生英语教学现状探析及对策

Current Situation and Countermeasures of English Teaching for PhD Students Under the Upsurge of MOOC

中国社会科学院研究生院　刘钊宏

摘　要： 目前我国博士研究生英语教学中普遍存在教学方式欠佳、课程设置不够合理、学生英语水平参差不齐、个性化教学程度低等问题。随着互联网技术的飞速发展，传统的信息获取方式发生了巨变，在此背景下慕课应运而生并在全世界盛行。慕课丰富的教学资源、可延展的教学时空、可转换的教学中心等优势为博士生英语教学的改革和发展提供了重要补充。

关键词： 慕课　博士研究生英语教学　现状与改革　大规模开放在线课程

Abstract: Problems widely exist in English teaching for PhD students in China, such as outdated teaching methods, unreasonable curriculum, students' uneven English proficiency and low degree of individualized teaching. With the rapid development of Internet technology, great changes have taken place in the traditional ways of information acquisition. Against this background, MOOC has emerged and prevailed throughout the world. The advantages of MOOC for abundant teaching resources, extended teaching space and time, and transferable teaching center have provided an important supplement for the reform and development of English teaching for PhD students.

一、引言

在全球化时代背景下，中国的科技、经济、文化、法治等多方面已逐步与国际接轨，英语在国际交流过程中的纽带作用逐渐凸显。然而，目前许多高校博士生的英语水平，尤其是英语交际能力水平无法满足国际交流的需求，英语语言理论知识与实际应用能力严重失衡。近年来，慕课（MOOC）作为一种新兴的、开放式的教学方式应运而生，并在教育界掀起了一场风暴。有数据表明，知名慕课平台 Coursera 的用户增长速度甚至超过了社交平台 Twitter。着力于改变传统教育模式，慕课正在创立一所使任何人在任何时间、任何地方都能获取任何知识的“泛在大学”。慕课的兴起与发展为博士生英语教学提供了新思路、新视角。

二、博士研究生英语教学现状与困境

随着教育事业的蓬勃发展，近年来我国在校博士生人数快速增长，这给外语教学，尤其是英语教学带来了前所未有的挑战与压力。纵观现状，虽然多数高校在博士生英语课程设置、教学计划及教学过程中都投入了大量的时间与精力，但是仍有相当一部分博士生“听不懂”“记不全”“讲不出”。

2016 年 9 月至 2017 年 7 月，作者陆续走访了北京十余所高校，调研博士生公共英语课程教学现状，主要情况汇总如下：

表 1　北京高校博士生公共英语课程教学现状

博士生人数	各博士点、各高校每年所招收的博士生人数差别较大，从 10~20 人到最多的 500~700 人不等，平均在 100~200 人之间。
学分设置	各高校对博士生英语课的学时要求和学分设置差异较大，从 32 学时到 150 学时不等，多数高校的博士生英语课占 4 学分，也有占 6 学分的。
课型设置	各高校的博士生英语课型设置迥异，89% 的院校开设听说课程，78% 的院校开设写作课，63% 开设阅读课，42% 设有翻译课。也有个别院校开设不分课型的综合英语公共课。
因材施教	个性化教学程度较低，走访的近 20 所高校中，只有 3 所（仅占调研高校的 16.7%）对博士生进行分级考试从而因材施教，这 3 所学校的招生人数都在 200 人以上。
外籍教师	外籍教师参与博士生英语教学的人数不多，调研的高校中只有 3 所院校有聘用全职或者兼职外教教授听说课，教授阅读课的有两所、写作课的只有一所。
授课教材	多数院校博士生英语课主要采用国外原版教材或者自编讲义，本土主流出版社，如：高等教育出版社、外语教学与研究出版社，而近年来推出的优秀教材使用比例较低。

中国社会科学院研究生院是我国最早成立的研究生院，也是我国第一所人文哲学社会科学研究生院，其主要任务是培养人文和哲学社会科学各学科博士和硕士研究生。笔者于 2017 年 9 月至 10 月对本学年负责的 4 个博士英语教学班共计 126 人就“博士生英语学习需求与现状”问题进行了课下座谈调研，结合上述“博士生英语教学现状”调研结果，主要情况汇总如下：

1. 英语实际应用能力参差不齐

经过连年扩招，博士生在校人数增多的同时生源质量也存在差异化。我院每年招收近 400 名来自不同省市地区、不同类型学校、不同专业领域的博士生，其教育背景大不相同。由于应试需求，通过短期大量针对应试的强化训练，多数博士生在词汇量、语法逻辑、阅读能力等方面已达到一定水平，但在英语听力、口语表达方面存在较大差异。部分博士生能够胜任学术英语的交际任务，而有的博士生却无法完成最基本的日常口语交流。

实际交际能力是检验一个人语言水平高低的最有效方法，语言教学的目的不仅是教授抽象的语言表达规则，更是帮助学生在不同语境中恰当使用这些规则来成功地理解和产出语言（Nattinger & Decarruci 1992）。一直以来，我国对英语教育十分重视，大部分地区从小学低年级就开设了英语课，但通过十几年甚至二十年的英语学习，仍有许多博士生对于英语存在畏惧感。

2. 学习积极性不高

目前大部分高校博士生英语课程设置还是以“老师讲,学生听”的传统教学模式为主，整堂课以老师为中心，学生完全是在被动状态下被灌输课堂内容。虽然大部分在校博士生已深刻认识到英语的重要性，并且有提高英语综合水平的强烈意愿，但在完全被动的英语课堂中，学生无法真正参与课堂教学，语言运用的练习参与度较低，学习的主动性和积极性大大降低。2014 年教育部在向各研究生培养机构提出《教育部关于改进和加强研究生课程建设的意见》中强调，要高度重视课程学习在研究生培养中的重要作用，立足于研究生能力培养和长远发展加强课程建设。课程教学要以研究生成长成才为中心，重视激发研究生的学习兴趣，发掘并提升研究生的自主学习能力，注重培养其独立思考能力和批判性思维，全面提升创新能力和发展能力。而传统的英语教学方式在提高学生学习主观能动性方面通常会遇到瓶颈。

3. 个性化教学程度低

历年来，我院博士生公共英语课一直坚持小班教学，每班人数控制在 30~35 人。在课程设置方面，我院博士生的公共英语课分为听说课程和读写课程两个部分，每周各一次，每次 3 课时，学时 17 周，共计 102 个课时。博士生英语听说课主要是加强学生对英文学术讲座的笔记训练以及英文演讲的技巧培养；读写课则通过英文学术文章的系统阅读及框架分析，要求学生独立完成一份完整的英文学术论文。尽管如此，仍然无法满足所有学生多元化、个性化的学习需求。因此优化博士生英语课程内容，注重专业前沿引领和方法传授是我们需要努力的方向。

由于博士研究生的扩招和师资专业局限等客观因素的限制，大多数高校的博士生英语教学采用大班授课方式，每班人数在 70~100 人不等。学生的英语学习需求也有所不同，有的希望提高口语交流能力，有的希望提高写作水平。班级人数较多，学生的英语水平差异较大，师生比例失调，导致老师难以全面了解每个学生的情况，无法真正实现因材施教。造成的结果是，一部分学生“跟不上”，而另一部分学生则“吃不饱”。

4. 开设专业学术英语课程难度大

在课程设置方面，我院虽已开设学术英语读写课程，但依旧缺乏针对不同学科方向专业内容的全面涉及。作为高层次的专业性人才，博士生的英语语言应用能力直接关系到先进科研成果的输入与输出，进而将影响我国科学技术世界地位的提升。

教育部颁发的《非英语专业研究生英语教学大纲》中明确指出，非英语专业的博士生英语教学的目的是为了使学生更好地掌握并且运用英语这门工具，促进相关领域的专业学习、研究以及国际交流与合作，以满足新世纪对高层次人才的要求。目前很多高校虽然已经开设如学术论文写作、学术阅读等相关基础课程，旨在培养学生的英文学术论文写作、学术讨论的能力，但是仍有一大部分学校缺乏开设学术英语课程的能力。据调研，目前大多数博士生英语课程设置还是以传统的英语精读、泛读为主，仅少数学校目前已开展博士生英文学术写作、学术研讨等专业课程。

三、慕课——博士研究生英语教学的重要补充

慕课（MOOC）是“大规模开放性在线课程 (Massive Open Online Course)”的英文缩写。

其特有的大规模、网络化、开放性的资源共享等特点，在学习主动性、网络化和多元交流化方面都足以为博士生英语教学提供较有效的辅助手段。针对当前博士生英语教学的问题与现状，慕课的特有优势能够从多个方面为其加以补充与改善。MOOC 资源作为新兴的网络化课程，具有开放性、智能性、在线性等特点，合理利用其资源不仅可以改变固有的教学传统，更能加强学生的自主学习程度，改善教师与学生的课堂关系等。

1. 强大的师资力量给予博士生以宽领域的权威指导

据大纲要求，非英语专业研究生英语教学目标是“能够以英语为工具进行本专业的学习和研究。”由于博士生英语实际应用水平参差不齐的现状，现实课堂中无法满足所有学生的需求，此时慕课的优势突显。慕课的课程基本涵盖了各个学科领域的基础课程及深度课程，博士生们可以根据自己的实际水平、专业方向和兴趣有选择地听课。慕课平台上开课的教授均是全球范围各领域内的权威专家，内容专业、信息前沿；此外，有些慕课平台，如 Coursera 开发的提问模式——学生票选问题，教师择高回答，即学习者可以向授课教师提出自己的问题，再由所有学习者投票，得票率高的问题能够得到授课教师的回答，这使得博士生有机会与一流专家对话。此外，这种模式保证了非名校名导和偏远地区的博士生们享受到优质的教学资源，国内的博士生们接触到全球最前沿的学术信息。一些缺乏专业基础的跨学科博士们也可以在平台上选择必修的专业基础课，补充基础知识的不足。

2. 独特的互动和互评方式补充单一的评价机制

慕课有着丰富的互动方式，包括学习者和授课者之间的互动和学习者之间的互动，比如前文提到 Coursera 平台的学生票选问题，教师择高回答。还有一些慕课课程开展了同伴互助和同伴互评活动，学习者互相解决问题，并互相评价对方的学习成果。目前，很多博士生在写论文时面临“单打独斗”的问题，自己写出来的论文只有导师会看，同伴间的互评很少，缺乏就某一专业问题交流的机会。在慕课平台上，学习者将自己的学习成果以论文或调查报告等形式公开发布，来自全球的学习者都能够看到他人所发表的成果，并对此表达自己的看法和观点，提供对此论题的建议。由此，在如此大规模的全球学习者的专业眼光下，博士生们不但可以获得同行们对自己学术成果的评价，加强与国内国外学术圈的交流，还可以间接提高学术自主能力与创新能力。

3. 促进实现个性化教学

幕课在线资源网络化、公开化、多元化的特点为博士生英语个性化教学提供了新的辅助手段和切入点。传统的英语教学以老师授课为主，在规定课时内完成教学计划。课时量的约束很难再有所拓展，无法真正做到因材施教。幕课足以为老师和学生搭建一个基于网络的教学载体，将课堂教学延伸到课下。学生可以根据不同的学习内容和方向，在幕课平台上查找相关课程与资料。在多年英语应试化导向下，多数学生被英语单词和语法所束缚，导致读到博士阶段依旧无法使用英语与外界交流。作者认为，英语的实际应用能力是“练”出来的，而不是“教”出来的，幕课上的内容丰富，资源不仅仅局限于英语语言学习，还涵盖了人文、历史、科技、经济、政治等多个领域，足以与不同专业的博士生兴趣点相契合，在促进博士生英语水平提高的同时，也巩固了专业知识。

4. 全球性学术资源的在线共享

慕课平台上的课程均是由来自全球各国家、各地区的知名高校开发，授课者多为各领域的知名教授和专家学者，课程的专业性和权威性得以保证（黄林林 2017）。非名校和偏远地区的地方高校的博士生们可以通过慕课平台的学习，接触到最专业的知识和最前沿的学术信息，开阔知识面，得到与优秀同行和学者沟通交流的机会，对改善目前学术资源分布不均衡的问题十分有利。

四、慕课的不足与本土化启示

慕课以在线授课视频为主的形式呈现，必然有其不足与局限性，如教育理念的缺失、社交链接的局限性、评价体系的漏洞等。多数慕课平台，如 Coursera，仅提供 Twitter、Facebook、Google+ 等比较流行的社交软件的链接。受制于我国互联网的管制，大多学习者无法登录此类软件，所以，国内学习者的交流仅仅限于电子邮件，大大降低了交流的效率。互联网技术的迅猛发展催生了慕课的大规模爆发，慕课拥有来自全球各地的数千万学习者，不同国家和地区的学习者所处的文化背景和教育环境也不尽相同。如何找出一条合理的道路去适应不同文化背景和知识水平的学习者的需求是慕课所要面对的一大挑战。

博士生的英语课程不仅担任着博士生英语综合水平整体提高的重任，还关系到国际学术视野的开拓以及与全球接轨的科研能力的培养。作为人数相对较少的高水平专业人才，博士生的英语应用能力不仅应该满足单纯的日常交流，而且应当更有助于促进其在专业学术领域的交流与发展。慕课特有的开放性、大规模、灵活性、趣味性、大数据分析的特点优势在多个方面足以为博士生英语教学提供相应的补充。

参考文献：

[1] 黄林林 . MOOCs 资源与大学英语课程教学：理论、技术、实践 [M]. 北京：外语教学与研究出版社，2017.

[2] 人民出版社 . 国家中长期教育改革和发展规划纲要 [M]. 北京：人民出版社，2010.

[3] 杜威 . 经验与教育 [M]. 北京：人民教育出版社，2005.

[4] Nattinger J，Decarrico J. Lexical Phrases and Language Teaching [M]. Oxford：Oxford University Press，1992.

Effect of Cooperative Learning on Chinese Graduates' L2* English Communication Competence

首都师范大学　姜　育

Abstract: Cooperative learning, one of the advanced learning approaches based on the communicative approach, is promoted more and more in the L2 English classroom. Chinese graduates' L2 English is becoming more adaptable to advanced teaching approaches. This study examines the effect of cooperative learning on Chinese graduates' L2 English communication competence. The researcher respectively implements formal and informal cooperative learning with two graduate L2 English classes and the results are discussed from three aspects: use of social skills, multiple strategies in the discussion and teachers' intervention in the learning process. The study provides practical references for future L2 English teaching of Chinese graduates.

Keywords: Cooperative learning; Chinese graduates' L2 English; Communication competence

1. Introduction

Cooperative learning is found on the basis of social interdependence theory that involves cooperation, competition and individualistic efforts, which has been validated by hundreds of research studies (Johnson & Johnson 2009). The idea was promoted into regular classroom teaching practice by American educator, John Dewey in the early 20th century in the U.S. and it was further developed in public schools in the 1960s and 1970s. It has been recognized that peer-mediated learning can promote learning in pedagogical practice from preschool to tertiary education both in formal and casual social meetings. Cooperative learning allows students many opportunities to learn and develop a greater understanding of each other with diverse interpersonal adjustment and learning needs (Shachar 2003, Stevahn & King 2005). The approach was suggested as one of the greatest educational innovations in recent years by Slavin (1999) and it has been used in every subject area with students of every age.

* The term, L2 English, is used as a common expression of English as a second language throughout this article.

2. Theoretical perspectives on cooperative learning and L2 graduates' English learning in China

2.1 Cooperative learning

Cooperative learning is regarded as a way of promoting communicative interaction in the L2 language-teaching classroom and it is a learner-centered approach (Richards & Rodgers 2003). Three types of cooperative learning were proposed: formal, informal and cooperative base groups (Johnson & Johnson 2008). Because of limited space and the relevance of the current study, formal and informal cooperative learning will only be reviewed in the following paragraphs.

In formal cooperative learning, students work together to achieve shared learning goals and complete joint tasks or assignments. Teachers provide guidance and assistance during the learning, including making preinstructional decision, explaining the instructional task and cooperative structure, monitoring the students' learning and intervening to provide assistance, assessing students' learning and helping students to process their group functions. Formal cooperative learning could be conducted for a specific task and it can last from one class period to several weeks.

In informal cooperative learning, teachers keep students focused on discussion before and after the lesson, and intersperse pair discussion throughout the lesson. Two important aspects are suggested, making task and instruction explicit and precise and requiring the groups to produce a specific product, such as a written answer. The procedure is as follows:

1) Introductory focused discussion: assigning students to pairs or triads and explain the task;

2) Intermittent focused discussion: dividing the lecture into 10- to 15-minute segments;

3) Closure focused discussion: giving students an ending discussion task. Informal cooperative learning can last from a few minutes to a class period.

2.2. Brief review of previous findings

The central role of social interaction is primarily advocated in cooperative learning. Learners develop communicative competence in languages by conversing in socially or pedagogically designed situations. Appropriate use of social skills can greatly influence members' achievement and productivity especially on a long-term basis and in free exploratory activities (Johnson & Johnson 2008). Group members take the opportunity to look closely at the group process and find their role in it. When individuals define themselves in terms of their group membership, they are more willing to contribute more toward the public good (De Cremer & Van Vjugt 1999). Furthermore, an individual's performance affects the success of group members and also seems to create "responsibility forces" that increase the individual's efforts for achievement, completing one's share of the work and facilitating the work of other group members. The "responsibility forces" create the concept of "ought to" to group members' motivation: one ought to do one's part, pull one's weight, contribute and satisfy peer norms (Johnson 2003, Johnson & Johnson 2005).

Cooperative learning can be fitted in any particular form of language syllabus. Group discussion, group work and pair work are generally used to increase the amount of learners' participation in lessons especially when they are designed in a collaborative way. Webb & Mastergeorge (2003) studied helping behavior within peer-directed groups and found that precise questions and persistence in seeking help would lead to effective learning in small group learning activities. In addition, McDonnell (1992) proposed many reasons why learners are more proficient in language as a result of group work, including more comprehensible input through peer interaction, progressing to a more varied and complex use of language, having longer conversational turns than in the whole-class teaching situation, etc.

Extensive research explored the development of cooperative learning in L2 language learning, in which the key role of teachers in implementing the approach is regarded as one of the important parts (Kessler 1992, Gillies, Ashman & Terwel 2008). Gillies (2008) proposed that teachers played a critical role in promoting interactions and facilitating discussions among students. The researcher specifically explored teachers' and students' verbal behaviors in cooperative learning. Through comparing teachers' verbal behaviors between cooperative learning and small group learning, the results showed that students in cooperative learning engaged in more helping behaviors. Furthermore, teachers received additional training in the communicative skills presented by more mediated-learning behaviors in the teaching, and students in trained teachers' classes also showed more interactive learning behaviors.

2.3 Chinese graduates' L2 English learning

Since the communicative approach and communication competence were highlighted in the new education reforms, the curriculum and course design have been adjusted. Even so, there are still many difficulties and constraints in the implementation of the advanced teaching approach (Ryan 2011, Jiang 2013).

As to English teaching at the graduate level, L2 English has been assigned as one of the compulsory subjects for all year-1 graduates in China regardless of the students' majors. Students generally take two-hour English classes each week, which are given by local English teachers or by both local English teachers and English teachers from English-speaking countries. Most students started formal English learning in primary school and thus had more than 10 years' formal English learning before their graduate study. However, students' English proficiencies differ because they were recruited from different areas of China based on different requirements for choosing different majors. According to the updated Non-English Major Graduate Student English Course Syllabus, one of the English language subject's aims is to improve students' communication competence, take advanced teaching approaches and develop students' learning autonomy. English teaching at graduate level has thereby drawn more and more attention from researchers in recent years.

One of the recent studies is by Yu (2009), which explored cooperative learning approaches in advanced L2 English teaching with English major students. The study found that cooperative learning cultivated the learners' autonomy and developed the learners' communication competence. The researcher advocated that cooperative learning can improve current teaching practice in the advanced English classroom of English majors, in which the traditional approach prevailed. Compared with advanced L2 English teaching, non-English major English teaching, including graduate-level English, is also dominated by the grammar-translation and teacher-centered practice. Thus, it is helpful to explore advanced teaching approaches for graduate L2 English teaching.

2.4 Rationale of the study

The cooperative learning approach is based on the communicative approach. Group activities and pair work, as the major mode of learning, have often been advocated in teaching practices because group work can maximize students' interaction and facilitate students' contribution to each others' learning. If cooperative learning works in advanced L2 English classes, as Yu (2009) suggested, it is worthwhile to explore whether this approach works in other levels of L2 English classes. Therefore, the current study aims at examining the effect of formal and informal cooperative learning on Chinese graduates' L2 English communicative competence, which will enrich the findings of this approach with Chinese L2 English teaching in different teaching environments and the results will also provide practical references for the teaching practice with Chinese graduates' L2 English teaching in the future.

3. Studies on formal and informal cooperative learning respectively

The research tries to explore the effect of formal and informal cooperative learning on Chinese graduates' L2 English learning through comparing two L2 English classes, which applied formal and informal cooperative approach respectively. The study was conducted in November 2016. All participants were year-1 postgraduate students, majoring in different subjects, including arts, education, engineering, history, psychology, etc., 52 (8 males, 44 females) in formal cooperative learning class and 51 (9 males, 21 females) in the counterpart's class. The participants in formal cooperative learning class had built stable group membership since the very beginning of the term; the participants in informal cooperative learning class were usually divided into groups randomly in previous classes but they were re-grouped according to the order of their ID numbers only for this research. The classes lasted 90 minutes and were given by the same teacher. The teacher tried to minimize the variables between two studies, including choosing the same classroom, using the same teaching materials, giving the class at the same time within two days, etc. The teacher followed the procedures of formal and informal cooperative learning based on Johnson & Johnson (2008) when she carried out the teaching with two classes.

3.1 Formal cooperative learning class

The teacher firstly divided the class into groups of four and also assigned a group leader for each group. After distributing the teaching materials to each group, the teacher explicitly explained the tasks which each group needed to finish. The teacher used the cooperative lesson planning form as a guidance that was proposed by Johnson & Johnson (2008). During the discussion, the teacher had time to check whether each group member had the role in completing the assignment and whether each group was on the right direction in doing the assignment. At the same time, the teacher monitored the rate of the discussion process of each group, reminded the students of social skills which the students were expected to use, provided assistances, assessed the individual's and the group's productivities and gave positive feedbacks to individuals' work. At last, the teacher asked group leaders to provide a general report for their assignments so that all students reached an agreement for the answers. After finishing the assignments, the teacher had the students briefly discuss how effectively they worked together and brought closure to the lesson by putting forward suggestions for further improvement next time.

3.2 Informal cooperative learning class

According to the procedure of informal cooperation learning in Johnson & Johnson (2008), the teacher gave relevant homework to all the students for preparation before the next class. In the class, the teacher firstly assigned the students to triads and started the lesson by asking the students to present what they knew about the topic in a 4- to 5-minute period. Then the teacher began the lecture by playing a video and asking the students to focus on the questions given. After students each formulated their own answer, they were asked to share their answer with their partners. They would often create a new answer, which could be superior to their initial formulation after the discussion. During the discussion, the teacher had time to move around the class and listen to what the students were saying. Then the teacher asked two students by volunteering them for providing their answers so as to make sure that the students reached an agreement on the answers. The second step was repeated twice till the targeted lecture was finished. In each session, the teacher made sure that the students were actively involved and understood what was being presented. Thirdly, the teacher asked the students to have a final discussion on what they had learned from the whole lecture. To end the lecture, the teacher finally assigned homework for the next class.

3.3 Data collection

The classes were videoed and the data were collected through observation and interview. According to McDonough & McDonough (2000), the interpretation of observation can be made with the collaboration of the participants and the researcher through stimulated recall, which can reveal what had been going on in the class and their perceptions at that point. Besides, after-class interviews were conducted so as to find out the participants' instant feedback about the class. The questions include 1) Which part of the class do you like most? 2) Which part of the class is helpful to you? 3) How much did you get involved in the discussion activities? etc. All answers were coded and categorized for discussion.

4. Results and Discussion

4.1 Use of social skills

The observation and stimulated recall showed that the participants in the two classes had effective communication on the assigned task. They rehearsed and practiced oral presentations with each other and asked for feedback from other members. They strongly felt "responsibilities" for their assigned work and did not want their individual part to hamper the whole group's performance. This result agreed with previous findings by De Cremer & Van Vjugt (1999), Johnson (2003) and Johnson & Johnson (2005). Furthermore, the students in formal cooperative learning class indicated that they could get the task done faster than previously because they spent less and less time assigning work among members. If a member did not follow the instruction or encountered difficulties in doing his or her task, he or she did not hesitate or feel shy in asking for help from other team members. The students in informal cooperative learning class indicated that they could have effective communication, but sometimes they were afraid of making mistakes or tried to avoid any embarrassing situation. If they were confused, they preferred to "wait and see," instead of asking for help straight away. Johnson & Johnson (2008) mentioned that students involved in long-term learning experiences trusted each other and communicate accurately and unambiguously. Students in informal cooperative learning classes were regrouped before the class so the group members were not familiar with each other or even did not work together before the class while their counterparts in formal cooperative learning had stable group membership and teamwork experiences before the class. However, all students indicated that they accepted and supported each other, and at the same time, they also contributed to building more positive relationships during the discussion.

4.2 Multiple strategies in exchanging needed information

Some participants self-reported that they had better and better listening skills and also received immediate responses from other members more frequently the longer they worked together. They also tended to actively build on talk, consultation or conversation to seek opinions or information in order to complete the given tasks. They mostly focused on the meaning of conversation, rather than on accuracy, spelling or pronunciation of the language. Participants with lower English proficiencies tried to speak less but still could positively interact with other members, even use extralinguistic supports to aid understanding, such as facial expression, drawing, gestures, etc. All members in group discussions tried to provide each other with efficient and effective help and assistance, exchanging needed resources, providing feedback in order to improve the subsequent performance of their assigned tasks. This result agreed with the findings of Yu (2009) and McDonnell (1992). Moreover, it was suggested that frequent use and extended interaction in the target language is necessary for L2 language acquisition (Coelho 1992). Students interacted on meaningful tasks in L2 English, which provide students with more opportunities to use their L2 English. All of the aforementioned cooperative activities can improve students' communication competence in L2 English.

4.3 Teacher's intervention

All participants agreed that the teacher's explicit illustration and individual explanation to each group are important to promote their discussion during the learning. However, participants in informal cooperative learning classes showed more dependence on the teachers' explanations as assistance in the discussion while their counterparts in formal cooperative learning classes mostly regarded the teachers' explanation as a support to their own remarks in the discussion.

Most agreed that the teacher's consultation with individuals or each group was more specific and helpful to their learning. Furthermore, some learners from both classes were found modeling teachers' discourses in the discussion. Gillies (2008) mentioned that teachers in cooperative learning used more mediate-learning and questioning behaviors, which inspired students' thinking and learning. Also, teachers' verbal behaviors play a critical role in promoting interaction among students and involving them in the learning process.

5. Conclusion

Providing students with opportunities for language usage is a primary concern in current graduate L2 English teaching. Cooperative learning approaches could allow students to explore English and develop their linguistic capacity from richer classroom-based learning experiences. The amount of time for oral interaction was increased for each student and the quality of the interaction was greatly improved. Students benefited from pair work or group discussion. The more opportunities students have for talk or practice, the better communicative skills students will acquire. At the same time, they developed learning autonomy and positive interpersonal relationships in the discussion with their peers. Johnson & Johnson (2008) proposed that successful cooperative learning experience could lead to higher level reasoning and problem-solving, greater efforts to achieve, enhanced relationships among group members and even improve psychological health.

6. Limitations and further research

Gillies (2008) found that teachers' discourse is enhanced after they obtained specific training in communication skills in cooperative learning. Although the teacher in the current study is an experienced language instructor and linguist, specific training would probably improve her teaching skills in some way. While considering the research purpose, this will not affect the results of the current study. However, specific training of communication skills for teachers is strongly recommended because it will benefit the implementation of the approach. Secondly, it is not measured whether there are gender differences, because each class was only around one-sixth male. The researcher evenly distributed male participants into different groups so as to minimize the effect which gender factors could cause. Furthermore, Richard & Rodgers (2003) suggested that cooperative group activities can be associated with other approaches in teaching practices. It is worthy to explore the combination of cooperative learning with other approaches in the future, which probably contributes more benefits to graduates' L2 English learning.

References

[1] Coelho E. Cooperative Learning : Foundation for Communicative Curriculum[M]. Cooperative Language

Learning：A Teacher's Resource Book. New Jersey：Prentice-Hall，1992：31-50.

[2] De Cremer D, Van Vjugt M. Social Identification Effects in Social Dilemmas：A Transformation of Motives [J]. European Journal of Social Psychology，1999，29：871-893.

[3] Gillies R M. Teachers' and Students' Verbal Behaviors During Cooperative Learning [M]. The Teacher's Role in Implementing Cooperative Learning in the Classroom. Boston：Springer，2008：238-257.

[4] Gillies R M，Ashman A F，Terwel J. The Teacher's Role in Implementing Cooperative Learning in the Classroom [M]. Boston：Springer，2008.

[5] Jiang Y. Gender Differences and the Development of L2 English Learners' Motivational Self System and International Posture in China [D]. London：University of London，2013.

[6] Johnson D W. Social Interdependence：The Interrelationships Among Theory，Research，and Practice [J]. American Psychologist，2003，58(11)：931-945.

[7] Johnson D W，Johnson R. New Developments in Social Interdependence Theory[J]. Genetic，Social and General Psychology Monographs，2005，131(4)：285-358.

[8] Johnson D W, Johnson R T. Social Interdependence Theory and Cooperative Learning: The teacher's Role [M]. The Teacher's Role in Implementing Cooperative Learning in the Classroom. Boston：Springer，2008：9-37.

[9] Johnson D W，Johnson R T. An Educational Psychology Success Story：Social Interdependence Theory and Cooperative Learning [J]. Educational Researcher，2009，38：365-379.

[10] Kessler C. Cooperative Language Learning：A Teacher's Resource Book [M]. New Jersey：Prentice-Hall，1992.

[11] Mcdonell W. Language & Cognitive Development Through Cooperative Group Work [M]. Cooperative Language Learning：A Teacher's Resource Book. New Jersey：Prentice-Hall，1992：51-64.

[12] Mcdonough J，Mcdonough S. Research Methods for English Language Teachers [M]. Beijing：Foreign Language Teaching and Research Press，Edward Arnold (Publishers) Limited，2000.

[13] Richards J C，Rodgers T S. Approaches and Methods in Language Teaching [M]. Combridge，UK：Cambridge University Press，2003.

[14] Ross J，Cousins J. Giving and Receiving Explanations in Cooperative Learning Groups [J]. The Alberta Journal of Educational Research，1995，41：103-121.

[15] Shachar H. Who Gains What from Cooperative Learning：An Overview of Eight Studies [M]. Cooperative Learning：The Social and Intellectual Outcomes of Learning in Groups. London：Routledge，2003：103-118.

[16] Slavin R. Comprehensive Approaches to Cooperative Learning [J]. Theory into Practice，1999，38：74-79.

[17] Stevahn L，King J. Managing Conflict Constructively. Evaluation：The International Journal of Theory[J]. Research and Practice，2005，11：415-427.

[18] Terwel J，Gillies R，Van Den Eden P，Hoek D. Cooperative Learning Processes of Students：A Longitudinal Multilevel Perspective [J]. British Journal of Educational Psychology，2001，71：619-645.

[19] Webb N. Testing a Theoretical Model of Student Interaction and Learning in Small Groups [M]. Interaction in Cooperative Groups. Cambridge，UK：Cambridge University Press，1992：102-119.

[20] Webb N，Mastergeorge A. Promoting Effective Helping in Peer-directed Groups [J]. International Journal of Educational Research，2003，39：73-97.

[21] Yu C Z. Cooperative Learning in Advanced English Classroom [J]. Education and Teaching Research，2009，23 (7)：87-89.

研究生法律翻译课堂讨论教学法探究

Discussion Method in Graduate Legal Translation Class

中国政法大学外国语学院　李　昕

摘　要： 研究生法律翻译课旨在培养学生翻译理论知识和法律翻译实践能力，在教学中运用讨论教学法能够激发学生的课堂参与热情，提高其主动学习和解决问题的能力。本文通过相关文献分析和教学示例，从课堂讨论阻因、小组分组策略、讨论形式选择和讨论效果评价四个方面探究讨论教学法。

关键词： 讨论教学法　研究生法律翻译课　教学策略

Abstract: Graduate students are expected to grasp the knowledge of legal translation theory and improve their translation skills. Applying the discussion method in teaching helps students actively engaged in learning, enhance their problem-solving ability and empower students in class. This paper will explore the difficulties in class discussion, grouping strategy, types of discussion and evaluation of discussion method for teachers to consider their teaching.

在我国大学课堂上，教师们普遍采用讲授教学法，这种单一的教学方法引发了不利于教学的影响：从学生学习角度看，学生机械学习，思考问题的能力、解决问题的能力、创新能力的培养严重缺失（杨惠芳 2003，真虹 2007）；从教学活动角度看，现行教学活动存在师生交往的单向性和片面性（陈秀兰 2007）；从知识传承和创新看，灌输性、重内容的教学重知识记忆，缺乏学生对知识的主动建构（张学新 2014）。

近几年来，研究生教学创新教学方法，开始倡导讨论教学法。讨论教学法是为了实现课程目标，师生作为协调者和参与者，通过言语、非言语、倾听的手段进行交流的一种策略（Gall & Gillett 1980）。讨论教学法重视师生间和学生间的交流，它能够激发学生的思考能力、沟通能力、表达能力；知识和经验在讨论中得以理解和建构（史蒂芬 2002：25-26）；它是一种积极的学习方式（麦肯齐等 2005：24）。讨论教学法的理念和外语教学中备受推崇的交际法教学不谋而合。交际法把交际能力培养作为外语课程的主要目标，注重学生的语言理解能力、表达能力和思想交流能力，同时注重学生在教学活动中的主体性（李予军 2001）。从这个意义上看，讨论教学法将丰富外语教学交际活动，促进培养学生的交流能力。

研究生法律翻译课程旨在培养熟悉法律文化与法律知识、掌握法律文本口笔译能力的跨学科实用型人才（张法连，叶盛楠 2010），培养目标决定了法律翻译教学强调对学生解决问题能力的培养，从翻译实践角度激发学生的主动性学习。那么，侧重培养解决问题的能力和交流能力的讨论教学法在一定程度上可以提高法律翻译课堂的教学效果。为更好地在法律翻译课堂上进行有效讨论，本文结合相关文献分析和教学示例，将从课堂讨论阻因、小组分组策略、讨论形式选择、讨论效果评价四方面探究讨论教学法。

一、课堂讨论阻因

讨论式教学在实践中会遇到各种障碍和阻力。课堂讨论的一个主要障碍是学生不积极参与，造成这一局面的原因主要有以下几点：其一，学生没有进行课程内容的准备；其二，学生缺乏讨论能力的自信；其三，学生处于被动接受的学习常态。

我们知道，在法律翻译这样的双语课堂上，在没有对相关学习内容进行预习的情况下开展讨论十分困难。教师可以从以下几方面尝试解决问题：课前，布置具体的讨论问题、收集资料和文本阅读任务；课上，概括讨论要点、浏览相关内容。同时，与培养听说读写能力一样，讨论能力也是需要培养的技能。教师可以首先通过教学视频材料或示范讨论等环节为学生演示讨论的基本过程：提问——倾听——回应——评价；教师也可以通过教学讨论案例让学生意识到讨论这一学习方法的重要性和意义。对于不善于言语表现的学生，教师可以考虑让他们把对问题的思考要点写下来；同时，努力创造轻松的讨论氛围，如设计环行座位安排、提出不存在判断对错的一般性问题等教学策略，鼓励学生积极参与。

课堂讨论的另一个主要障碍是教师在讨论中的不平衡参与。史蒂芬等人（2002：41-42）发现，教师对知识本质的误解、教学目标不清、低估学生能力、高估教师发言价值等原因导致很多课堂上的讨论仍以教师为中心。那么，教师在运用讨论教学法时需要做到如下几点：讨论前，给予学生足够的时间进行思考；讨论中，避免打断学生的讨论而进行独白式的讲授；赋予讨论小组更多责任，教师巡回参与各小组的讨论。另一种倾向是教师沉默少语，完全任由学生进行“散漫性”讨论，这种做法会造成课堂讨论的失控。教师需要认识到讨论教学的目标是促进学生参与解决问题，教师需要承担起组织讨论、示范、引导、反馈和评价的责任。有效的课堂讨论需要师生双方共同努力，发挥教师作为协调者和学生作为参与者的作用（Gall & Gillett 1980）。

二、小组分组策略

虽然讨论教学法可应用于任何规模的课堂教学，但是课堂规模大小会影响不同讨论教学的效果。一般而言，“五人小组”讨论（five participant rule）被视为理想的讨论规模，原因在于增加人数会使讨论不够充分，而减少人数会影响讨论的质量和水平（史蒂芬等 2002：120）。如果法律翻译课堂学生人数不多，这一模式可以适用。但是随着近几年研究生人数的增加，法律翻译课需要其他有效的分组策略，以下几种分组策略适合学生人数较多的课堂教学。

第一种是小组讨论（small group discussion）。这一模式最早由美国教育者 Joseph Axelrod 提出，初衷是为了避免普遍存在的全班讨论只发生在少数学生身上的现象。由教师把全班分成几组，每组选择一名学生主持讨论并记录，从而使所有学生都能参与到讨论当中。但是这一模式需要小组成员比较适应小组合作并且具备基本的讨论技能，这两点的缺乏将影响讨论的效果。

第二种是“嘁喳”小组讨论（buzz group discussion）。这一模式小组规模小，两三个学生就可自由成组，就某个问题作自主性的简短讨论。它比较适合桌椅不那么灵活的教室，同排学生或前后排学生自发形成小组进行主动性学习，就其学习实质而言，它类似于同伴学习方式（麦肯齐等 2005：34）。根据教师在讨论中的参与程度，可以分为松散型讨论和结构型讨论。学生自由地互相提问和发表见解是这一讨论的主要优点，但是对于自主讨论中无法解决的问题最后可返交教师帮助解决。这一讨论方式比较适合具备一定法律翻译基础，进行提高阶段学习的学生。

第三种是"鱼缸式讨论"（fishbowl discussion），这一讨论模式广为商业咨询行业所采用，但它同样适用于不同学科的教育领域。"鱼缸式讨论"教学的出发点是"以学生为中心"的教学（Wood & Taylor 2007）；在法律翻译课堂上，它更多培养学生翻译实践或翻译理论的学习能力。在这一讨论模式中，学生座位的安排被分为内圈座位和外圈座位。法律翻译课堂如果设在桌椅比较灵活的教室，比如"智慧教室"，可以采用这一讨论模式。每次课教师指定几名学生（通常为 3~5 名）坐在内圈，形成讨论小组（fishbowl group），教师分发文本或播放视音频材料，布置翻译练习任务或案例分析进行讨论，其余学生坐在外圈位置，围绕讨论小组进行观察和记录，在小组讨论结束后，其余学生纠正、补充和完善讨论小组的讨论和解决方案；教师给出主观评价，或提出问题供全班思考，或给出修改的建议。"鱼缸式讨论"为全班范围有效开展"小组讨论"提供了模式。例如，教师为了让学生更好理解法律翻译和法律文化的关系，可以首先采用"鱼缸式讨论"模式作为本节内容的导入，让学生通过讨论方式分别比较以秩序为中心的传统中国法律文化和以权利为中心的西方法律文化，激发学生主动学习的热情，使学生意识到法律翻译不只是技术性的字面工作，更需要深刻的法律文化自觉意识，因为法律文化是法律翻译的基础。

三、讨论形式选择

在教学实践中，教师可以采用的讨论形式是多样的，教师需要根据具体的教学目标选择具体的讨论方式。常见的讨论形式主要有：苏格拉底式讨论、话题导向讨论、主题内容讨论、解决问题讨论。

苏格拉底式讨论即传统讨论法，采用这一讨论教学的教师试图让学生从具体事例得出一般性原则，再将这些原则应用到新的特殊事例上，从而培养学生的知识应用能力（麦肯齐等 2005：30）。在法律翻译课堂上，教师可以通过具体翻译实例，让学生讨论其中普遍存在的翻译规律，进而演绎得出一般性的翻译原则，再把这一原则应用到更多的翻译实例中。比如，教师向学生提问 material breach 中形容词 material 的释义、identity crime 中 identity 的释义，学生会意识到这些释义有不同于它们常用词义的理解，进而了解法律英语词汇的一个特点：常用词语的不常用含义。

话题导向讨论重点在于学生就复杂话题表达观点，这一讨论方法会在某种程度上引起学生对某一复杂话题观点态度的变化，培养学生的表达能力和批判性思考能力。很多法律翻译中的汉英互译并不存在对等性，学生需要改变对等性翻译的惯有思维。例如，我国民诉中的陪审员就不能简单理解为英语中的 juror，而 judicial assessor 的翻译更为贴切。话题导向讨论可以让学生通过探究不同法律文化下陪审员的权利义务的区别，从而更好掌握法律术语翻译这一难题。

主题内容讨论，顾名思义是为了实现掌握课程主题内容的教学目标而进行的讨论。在学生学习相关内容后，为了让学生更好地掌握概念、定义等主题内容，教师主要通过提问方式开展讨论。这一讨论方法有效进行的关键是教师提问的方式。例如，教师可以通过一系列提问英语发展历史的方式来循序渐进地引出法律英语的历史形成，学生通过讨论—回答建立起法语、拉丁语和法律英语之间的历史必然联系，从而更清楚地了解这种自上而下设立的“法言法语”的历史传统。

解决问题讨论最主要的做法之一是头脑风暴 (brainstorming), 学生对于问题的解决给出不同的方案。比如，在对 WTO 法律文件进行翻译练习时，学生可以先分组给出不同的翻译方案，然后从术语翻译、句式翻译原则、语言模糊性特点等法律翻译需要特别注意的问题出发，共同讨论出最佳的翻译方案。这样，学生在讨论中能够更好地习得翻译理论和翻译技巧，也可以提高课堂学习的参与性。

四、讨论效果评价

教学效果一般通过学生成绩、同行和学生评价进行反馈。讨论式教学的师生参与性质决定了它的教学效果评价更加复杂和多元化。

首先，借鉴教师行动研究方法，教师可以通过课堂教学设计、教学备忘、教学日志、教学录像等手段系统记录自己的讨论教学活动；并在教学初期调查学生对讨论活动的预期，在教学中期调查学生参与讨论活动意见并及时改进讨论教学设计，在教学活动结束后邀请学生对课程学习收获进行座谈，并形成教学反思性总结；此外，有研究者（Henning 2008：198）发现，通过教学同行组成观察小组进行定期的合作式研究，这将提升教师的讨论式教学能力。

其次，来自学生的评价可以多样化。主观评价可以采用双栏表方式，即让学生同时表达个人通过讨论教学的学习收获和对这种教学方法的进一步期待；也可以设计量化的教学效果表让学生分档打分，教学效果表的设计可以借鉴史蒂芬等人（2002）基于讨论教学优点的 15 点总结。从而客观评价讨论教学手段是否很好完成了预期的教学目标，还可以以小组形式进行学生间的互动式评价。

总之，讨论教学法能够调动学生的学习积极性，促进学生思考能力、解决问题能力、知识应用能力的提高，值得在研究生法律翻译课堂上进行尝试和推广，让大学课堂成为“学生的课堂”。

参考文献：

[1] 陈秀兰 . 走向师生自觉交往中的建构——我国大学教学改革的理性思考 [J]. 高等教育研究，2007（4）：51-57.

[2] 李予军 . 交际法研究在中国：问题与思考 [J] . 外语界，2001（2）：13-19.

[3] 麦肯齐等 . 麦肯齐大学教学精要：高等院校教师的策略、研究和理论 [M]. 徐辉译 . 杭州：浙江大学出版社，2005.

[4] 史蒂芬等 . 讨论式教学法——实现民主课堂的方法与技巧 [M]. 罗静，褚保堂译 . 北京：中国轻工业出版社，2002.

[5] 杨惠芳 . 从中西对比看我国高校教学方法与教学手段的改革 [J]. 教育探索，2003（8）：71-73.

[6] 张法连，叶盛楠 . 法律翻译教学刍议 [J]. 中国翻译，2010（3）：48-51.

[7] 张学新 . 对分课堂：大学课堂教学改革的新探索 [J]. 复旦教育论坛，2014（1）：5-10.

[8] 真虹 . 中美大学课堂教学比较研究 [J]. 高教发展与评估，2007（2）：106-111.

[9] Gall M D, Gillett M. The Discussion Method in Classroom Teaching [J]. Theory into Practice, 1980, 19（2）：98-103.

[10] Henning J E. The Art of Discussion-based Teaching: Opening Up Conversation in the Classroom [M]. New York：Routledge，2008：198.

[11] Wood K D，Taylor D B. Research into Practice：Fostering Engaging and Active Discussions in Middle School Classrooms [J]. Middle School Journal，2007，39（1）：54-59.

信息化背景下研究生英语翻译教学模式探讨

Graduate English Translation Teaching in Education Informatization Era

贵州大学　杨　萍

摘　要： 英语教学是我国高校培养复合型人才的重要环节，翻译能力是检验英语语言综合运用能力的主要标准，因此，研究生阶段翻译教学不容忽视。现阶段研究生英语翻译教学呈现教学内容单一、教学方法过时、教材陈旧等突出问题。本文结合信息化教育时代背景，设计将慕课、微课等模式引入研究生英语翻译教学，探讨改进翻译教学的措施。

关键词： 信息化　研究生英语　翻译教学　教学模式

Abstract: English teaching is an important part of training internationalized talents in Chinese universities. Translation is a key criterion to test the comprehensive ability of English learners. Therefore, translation teaching at the graduate level can not be ignored. At present, graduate English translation teaching presents notable problems such as dull teaching content, outdated teaching methods and obsolete materials. To improve translation teaching of graduate English, this paper discusses and designs the combination of traditional teaching method with modern technology, based on a number of network measures: MOOCs (massive open online courses), micro-lesson and flipped classroom.

一、翻译教学对于提高研究生英语语言、学术能力的重要性

高等教育是我国培养高层次复合型人才的重要手段。《国家中长期教育改革和发展规划纲要 (2010—2020 年)》提出，现阶段我国高等教育的发展任务是“加快创建世界一流大学和高水平大学的步伐，培养一批拔尖创新人才，形成一批世界一流学科，产生一批国际领先的原创性成果，为提升我国综合国力贡献力量”。在新的发展要求下，研究生英语教学的主要任务是顺应时代要求，培养既精通专业，又深谙英语的复合型国际化人才。因此，如何提升研究生的国际化水平，培养学生的语言运用能力，是研究生英语教学长期的焦点。

经过大学本科四年的学习，非英语专业研究生已经具备了一定的专业能力及英语语言运用能力。本科阶段传统的“精读”与“听说”课程已难以满足研究生英语学习的要求，大部分学生认为有必要开设“学术英语交流”及“科技英语（阅读、翻译、写作）”课程（俞惠 2014：81-84）。因此，研究生阶段的英语学习主要是以英语为工具，“进行本专业

的学习、研究与国际交流”。具体来说，研究生阶段学生应该掌握利用英语查阅相关文献、撰写学术论文、展示研究成果及进行学术论文宣读和问答等。事实上，研究生利用英语进行本专业学习、研究与国际交流的过程中，翻译的活动是随时发生的，例如相关英文文献的查阅以及研究成果的国际展示等等，因而翻译能力是检验学生英语综合运用能力的基本标准。

英语学习的五项基本技能（听、说、读、写、译）中，写和译属于语言书面语输出的两大主要途径，而且二者互相促进、不可分割。翻译和写作有着相似的理论基础和指导原则，都是需要经过反复训练才能习得的技能。翻译可以为写作提供素材、框架、句型和词汇结构。以翻促写、翻写结合的方法可以营造积极的氛围，拓展学生的写作思路，激发学生的写作兴趣与写作创造力，促进规范的学术写作（唐金莲 2016：112-114）。

此外，自 2013 年 12 月的大学英语四、六级考试题型的调整起，翻译所占的分数比例由原来的 5% 上升到 15%，原来的单句汉译英调整为段落汉译英，翻译内容涉及历史、社会、经济、文化等，这对大部分本身翻译能力就欠缺的学生来讲，将是一个新的挑战。因此，分析现阶段研究生翻译教学的现状，找出翻译教学存在的问题，改革翻译教学的方法，提高研究生的翻译水平及能力，对于提高研究生英语运用能力及学术能力，有着至关重要的意义。

二、研究生英语翻译教学的现状与问题

作为英语学习的五项基本技能（听、说、读、写、译）之一，翻译能力是衡量中国学生英语综合能力的重要指标。《非英语专业研究生英语教学大纲》指出，研究生阶段翻译的要求为“英译汉：能借助词典，将有相当难度的一般性题材文章译成汉语，理解正确，译文达意。笔译速度达到每小时 350 个左右英文单词。汉译英：能借助词典，将一般难度的短文译成英语，无重大语言错误，笔译速度达到每小时 250 个左右汉字。”然而由于没有明确的考试要求及考核标准，翻译教学一直未受到重视。总的来看，研究生阶段的英语教学主要强调“较强的阅读能力”，认为学生只要掌握相关阅读技巧和能力，能读懂相关专业文献就够了，翻译是下一步理所当然的事。另外，大学英语四、六级的题型和分值比例也对翻译教学起着指挥棒的作用。多年来，翻译题型占英语四、六级考试总分的比例不大（2013 年 12 月前为 5%，2013 年 12 月后为 15%），多数学生对翻译部分望而生畏，加上要提高翻译能力费时耗力，翻译学习因而被边缘化，导致翻译学习一直未得到教师和学生的足够重视。

由于长期未受到重视的原因，研究生英语翻译教学在教材、教法及考核方面存在很多不足之处。首先，研究生英语翻译课堂教学仍然沿袭以教师为中心的教学模式。由于缺乏专门的翻译教材，多数教师在课堂上对于翻译方法的讲解只能随性发挥，学生通过课后作业完成翻译练习，然后教师公布翻译参考答案，翻译教学过程即完成。其次，研究生阶段对翻译的测试方式也较为单一，一般是老师考前划定出题范围，学生通过机械记忆，备考翻译（刘性峰 2014：64-67）。这种方式能实现师生双方的皆大欢喜，但实际上对提高学生的翻译能力作用不大。

整体来看，现阶段的研究生英语翻译教学呈现教学内容单一、教学方法过时、教材陈旧等问题，难以满足学习者的专业性需求以及个性化学习的要求，这对于高校培养国际化复合型人才将是一个巨大的挑战。新一轮的研究生英语教学改革应着力解决研究生英语综

合能力提高的制约因素，实现新形势下复合型专业人才的培养目标。

三、信息化背景下研究生英语翻译教学的新思考

现代科学技术的发展推动了教育的重大变革，信息技术介入英语教学的各个环节，改变了教学生态系统的种种关系，为英语教学的成功推进提供了更好的语言学习环境。信息化背景下，慕课、微课、翻转课堂等已成为现代大学英语教学研究领域的热词。传统的英语课堂教学已无法满足现代化、国际化背景下翻译人才的需求。同样，研究生英语翻译教学应转变教学理念，改变翻译课堂以教师为中心的教学模式，实现以学生为中心的新型教学模式，充分调动学生的学习积极性和学习潜能。其次，翻译教学应结合现代信息技术，充分利用现代信息及多媒体技术，完善教学环境，创新教学模式，优化课堂教学。另外，翻译教学还应改革测试评估方式，实现对翻译过程的方方面面进行测试与评估，让学生学有所获，提高学习的成就感，达到以评促学。

1. 教师应转变传统教学理念，改革翻译教学课堂模式

传统的翻译教学以课堂环境为教学大舞台，教师利用课本、电脑等媒体向学生传授翻译内容，讲解翻译理论与实例，学生听课、做笔记，整个过程基本上围绕教师展开。由于课堂上课时间及内容的限制，翻译课堂上基本上是老师“一言堂”“满堂灌”。这种模式的优势在于，教师能将翻译的理论与知识系统地传授给学生，但弊端也比较明显：学生参与度不高，师生互动较少。现代翻译教学中教师应转变教学理念，转变自己在课堂上的权威地位，做到以学生或以教学内容为中心，多多采取让学生发言、提问、分组讨论等形式，充分调动学生的学习积极性，真正做到让学生自主参与，增强学生学习成就感，优化教学效果。

信息化教育给课堂模式带来的革新之一就是课堂学习决定权的转变，即翻转课堂的实现。翻转课堂重新调整了课堂内外的时间，将学习的决定权从教师转移到学生。翻转课堂利用丰富的信息化资源，让学生逐渐成为学习的主角。在这种教学模式下，教师不再占用课堂时间来讲授信息，这些信息需要学生在课后完成自主学习。利用课堂上的宝贵时间给予学生有效的辅导，也能有更多的时间与学生交流。另外，学生之间的相互交流也有助于促进其知识的吸收与内化。翻译能力是外语语言学习者综合能力的体现，学生对翻译理论与方法的掌握需要学生亲身实践与练习。传统课堂有限的学习时间及条件无法满足学生进行有效翻译的需求。翻转课堂模式使翻译实践具有了更大的灵活性。网络平台介入翻译教学，如学生可利用“百度翻译”“有道翻译”等工具进行参考和借鉴。学生也可以通过网络交流平台实现与同伴及老师的交流，分享翻译经验与成果，从而调动自己动手翻译的积极性。

2. 翻译教学应结合现代信息技术，实现翻译教学的信息化

“教育的信息化，指的是在教育中普遍运用现代信息技术，开发教育资源，优化教育过程，以培养和提高学生的信息素养，促进教育现代化的过程（南国农 2002：3-6）。教师通过信息化教学改变教学模式，创新教学方法，将学生带入信息化环境中，实现翻译教学的现代化。

2.1 慕课（massive open online courses）

顾名思义，慕课是指集“大规模”“开放”“在线”为特征的“课程”教学。在互联网时代，慕课为翻译教学提供了新的思路。利用计算机与网络新技术，可以实现优质翻译资源的共

享，突破传统教学的时空限制。通过设计优良的翻译慕课，可以让学生感受来自不同高校的英语翻译教学资源，实现博采众长、优势共享（朱兵艳，刘士祥 2016：175-177）。同时，慕课可以让学生从课堂知识的被动接收者变为积极主动的自主学习者，教师也可以从“一言堂”的知识传授者转变为学习资源的建构者，与学生在线上线下进行相互交流，为学生答疑解惑。因此，慕课为翻译教学开阔了视野，增添了活力。

2.2 微课（micro-lesson）

“微课”是指以视频为主要载体，记录教师在课堂教育教学过程中围绕某个知识点而开展的教与学的全过程。“微课”时长一般为 5~8 分钟，相对于传统课堂，“微课”的特点在于问题聚集，主题突出，内容精简，因此又可以称为“微课堂”。“微课”设计主要是为了突出课堂教学中某个学科知识点（如教学中重点、难点、疑点内容）的教学，更适合教师的需要。对于学生来说，微课视频可反复观看，可有效避免课堂听不懂的焦虑。微课学习时间自由，学习环境轻松，更有利于学生的自主学习。

从实际情况来看，微课较适用于非英语专业学生的翻译教学。因为非英语专业没有开设专门的翻译课，因此老师对于翻译方面的讲解一般属于临场发挥，见缝插针。因此，教师可根据教学实际情况，将英汉翻译基本方法、技巧等以微课形式呈现，学生可在课上、课下进行反复学习。

3. 对翻译教学的改革应改变测试评估方式

传统教学对翻译的检测一般融汇在期末测试里，测试方法单一，往往是教师给出需要英汉互译的句子或段落，让学生翻译，最终学生获得的成绩是一个综合的卷面成绩，难以判断翻译的实际水平。网络环境下教师可充分利用网络平台，尝试建立翻译作业发布、提交、反馈及评估平台，变终结性评估为过程性评估，实现对学习翻译教学过程的实时指导，对学生的翻译水平及翻译活动进行客观的评价，让学生学有所获，增强学生学习的成就感和学习动力。

四、信息化背景下研究生翻译教学设计尝试

目前，多数高校没有开设专门针对非英语专业研究生的翻译教学课程，研究生公共英语课程中也没有翻译教学的学时计划。因此教师只有充分利用现有教材及网络的优势，因势利导，见缝插针，有计划、有步骤地开展研究生英语翻译教学。现以笔者所在高校（贵州大学）所从事的研究生英语教学实践为例，探讨研究生翻译教学的新的尝试。

我校研究生英语教材选用的是中国人民大学出版社出版的《研究生英语阅读教程（数字教材版）》，配套“人大芸窗”网络学习平台。网络学习平台为学生课后学习延伸提供了有力的保障，也为教师教学模式的改革与创新提供了技术上的支持。以下以《研究生英语阅读教程提高级（数字教材版）》中的 Lesson 11 Mind over Machine 为例，探讨在读写教学中穿插翻译教学的尝试。方法及步骤如下：

1. 微课设计

本课（Lesson 11 Mind over Machine）为一篇科技英语阅读范文，教师可利用本课为例，向学生讲授英汉翻译基本技巧。例如可将英汉翻译中名词的翻译技巧做成 5 分钟左右的微课放在数字网络平台上，让学生课前观看、讨论与学习。

2. 翻译实践

本课课内阅读教学完成后，挑选其中某个部分，让学生完成段落翻译，作为课后作业。学生可选择利用词典、在线翻译软件等辅助工具，完成翻译作业，并进行在线提交。

3. 分享与讨论

学生在课后完成作业过程中如遇到问题，可通过数字网络平台向教师或同学提问，教师可在线回答，及时解决学生的疑问。同时，学生也可以通过网络平台分享翻译经验。

4. 作业评定及总结

教师根据学生作业完成情况，完成成绩的评定与记录，将该成绩作为平时成绩，纳入期末课程成绩的评定。同时，根据学生翻译作业的完成情况，教师可总结翻译过程中出现的问题，并及时通过网络平台向学生反馈。

通过以上方法及步骤可以看出，信息化背景下利用网络及数字化平台，可以实现研究生公共英语“零学时”情况下比较有效的翻译教学。教师可对学生翻译过程出现的难点问题进行实时指导。同时，对学生翻译成绩评估也实现形成性评估，能对学生的翻译水平给出客观的评价，这对学生今后翻译学习的改进将会有积极的指导作用。有条件的学校也可向学生推荐一些与翻译有关的慕课（如精品课程），让学生进行系统的翻译在线学习。当然，以上这些都需要通过教师精心准备，同时还需师生双方的共同努力及学校硬件软件设施方面的支持。

五、结语

在当今经济全球化、高校学术交流国际化背景下，社会越来越需要既有专业技术又有较高外语综合能力的复合型人才。翻译水平是一个人外语综合能力的重要体现，提高学生的英语翻译能力，不仅是全国外语水平考试改革的要求，而且是现代化建设的需要。因此，充分利用现代教育信息化优势，全方位调动学校、教师和学生三方面的积极因素，优化大学英语翻译教学，是提升研究生的英语翻译能力及语言综合应用能力的重要方略。新一轮的研究生英语教学改革，必须充分提高研究生运用好英语这门工具，进行专业学习及国际交流的能力，为社会建设培养更多的英语翻译方面的人才、促进我国与世界的经济与学术交流，做出自己的一份贡献。

参考文献：

[1] 刘性峰 . 数字化时代英语翻译教学模式探索 [J]. 南京工程学院学报，2014（6）：64-67.

[2] 南国农 . 教育信息化建设的几个理论和实际问题（上）[J]. 电化教育研究，2002（11）：3-6.

[3] 唐金莲 . 基于写作与翻译的共性指导英语写作过程研究 [J]. 太原市城市职业技术学院学报，2016（9）：112-114.

[4] 俞惠 . 国际学术交流背景下研究生英语教学体系优化研究 [J]. 河北农业大学学报，2014（6）：81-84.

[5] 朱兵艳，刘士祥 . MOOC 视角下的大学英语混合式教学模式构建 [J]. 中国校外教育，2016（11）：175-177.

英语教学中学生自主学习能力的培养

Cultivation of Autonomous Learning Ability in English Teaching

北京林业大学外语学院　姜　佳　白雪莲

摘　要： 随着传统教学模式不断受到挑战，“以教师为主体”的教学模式逐渐被“以学生为中心”的新模式所取代。这意味着学生要增强学习的自主性，承担更多的学习责任。本文探讨了自主学习的含义，简要分析了影响自主学习的因素，并阐释了如何促进学生英语自主学习。

关键词： 自主学习　学习动机　学习策略

Abstract: Being constantly challenged, the traditional “teacher-centered” teaching mode is gradually replaced by the “student-centered” teaching mode, which means that students should enhance learning autonomy and be more responsible in learning. This paper probes into the meaning of learning autonomy, analyzes the factors affecting learning autonomy and explains how to improve learning autonomy.

Keywords: learning autonomy; learning motivation; learning strategy

自主学习能力是确立学生未来竞争力的关键因素，在当下充满变化与革新的时代，不会主动学习的人势必将被社会发展的潮流所淘汰。学校教育特别是大学教育大力提倡对学生综合素质的培养，自主学习能力是培养综合素质的助推器，也是综合素质的重要体现。20 世纪 60 年代以来，围绕着怎样培养学生的自主学习能力，以“学习者为中心”的教学观开始确立，使外语教学研究从研究教师“如何教”转到学生“如何学”上。20 世纪 80 年代，随着学习者自主性方面的理论研究取得丰硕成果，培养学习者自主性（learner autonomy）已成为外语教学界教育工作者和研究人员的共识。学习者自主性被看作语言学习的先决条件，教师的责任转向培养学生的学习自主性，为学生终身学习打下坚实的基础。

一、大学里英语教学的特点

我国的英语教学是通过教师在课堂环境中传授知识而习得的外语教学，缺乏像英语国家那样在生活中通过使用语言而习得的条件；研究生英语教学的对象是非英语专业的学生，与英语专业学生的学习需求和目标有明显的不同；连续几年的扩招使高校学生的数量剧增，教学资源配置愈发紧张，英语班级人数增多，学生英语水平良莠不齐，因此在课堂上进行充分交流的机会相对减少，这与英语教学的目标相冲突。在这种语言学习环境下，如何按照学生个体的需求与特点，在英语教学中发展学生的学习自主性、改善学习效果是广大教育工作者不得不面对和思考的问题。

二、自主学习

1. 自主学习的含义

什么是自主学习？自主学习的本质特征是什么？现代学习理论家主张从自主学习动机、学习内容、学习方法、学习时间、学习过程、学习结果、学习环境、学习的社会性等八个方面来加以界定。充分的自主学习应该具备以下特征：（1）学习的动机是内在的、自我激发的；（2）学习的内容是自己选择的；（3）学习的方法由自己选择并能有效地加以利用；（4）学习时间由自己进行计划和管理；（5）对学习过程能够进行自我监控；（6）对学习结果能够进行自我总结、评价，并据此进行自我强化；（7）能够主动组织有利于学习的学习环境；（8）遇到学习困难时能够主动寻求他人的帮助（庞维国 2000）。20 世纪 80 年代，Holec（1981）将自主学习理论引入外语教学领域。他将“自主”界定为一种担负起自己学习责任的能力，这种能力不是先天就有的，而是要靠后天的培养。他认为自主学习是指学习者能够管理自己的学习，依据自己的情况确立学习目标、制订学习计划、选择学习地点、内容和方式、控制学习过程以及学习计划的实施、学习技能的运用和发展、自我检查评估等。大量的语言学研究发现，成功的语言学习者的自我管理能力一般都比较强，他们不仅掌握了从事各种学习活动、解决各种学习困难的技巧和策略，而且能够根据具体的学习任务选择适当的处理方式。总之，自主学习强调的是学生自觉、自愿地学习。

2. 影响学习自主能力的主要因素

2.1 学习动机

外语教学界普遍认为，学习动机是影响外语学习效果的主要因素之一。Crookes 与 Schmidt（1991）指出，动机体现了学习者获得第二语言目标的心理倾向。这种倾向一般分为：“融合性”（integrative ）和“工具性”（instrumental）。“融合性动机”的学习者喜欢并欣赏所学的语言以及与所学语言相关的文化，希望自己像目标语社会中的一个成员，并能为目标语社会所接受。“工具性动机”的学习者则把目标语看作一种工具，希望掌握目标语后能给自己带来实惠，如获得某种语言考试证书或找到一个更好的工作等。近年来，又出现了第三种动机——“个人动机”，即为了个人娱乐，如看外语影视作品、读外语书籍报纸、听外语歌曲、出国旅游等。受不同动机的驱使，学习者的学习目标与学习兴趣也各不相同，这就要求我们为学习者提供一个自主学习的教学氛围。

2.2 学习策略

Wenden（1998）认为，学习策略是学习者用于学习一种新语言的“心理步骤或心理操作”，学习者经常按照这些心理步骤去学习。语言学习策略一般指有助于语言学习的学习方法和行为，包括认知策略（cognitive strategy）和元认知策略（metacognitive strategy）。认知策略指能直接促进学习的具体行为，比如重复、查阅资料、翻译、记笔记、推理、转换以及提问等；元认知策略是用来计划、监控以及评估学习活动的技能，如注意力导向、注意力选择、自我监控、自我评估及自我加强等策略。Brown（1987）指出学习策略的训练会对外语学习有一定的效果。因此，教师应帮助学习者使用更有效的学习策略，这就要求针对学生的特点采用灵活多样的教学方法，为学生提供更多自由和选择，提倡自主学习。

三、如何促进学生英语自主学习

学习者不是生来就知道自我管理和自我决策的，尤其是接受了十几年的中小学应试教育的中国学生，他们往往倾向于依赖别人的帮助而不是主动采取措施。因此，教师应在语言教学过程中不断开发和培养学生的外语自主性。在实践中可以从以下方面做起：

1. 转变教学观念，转换教师角色

传统的外语教学以“教师主体”为原则，把课堂当作传授信息和知识的“输送带”，教师如同知识与信息的供应商，学生只是被动地接受知识，很少有语言的实践机会，学习自主性受到很大程度的压制。要想培养学生的学习自主性，教师应该注意学习者在学习过程中的主体地位，尊重学习者的需求和选择，营造自主学习的课堂氛围。同时，教师要改变观念，改变自己在课堂上的传统角色，变英语知识的传递者 (deliver) 和教导者 (instructor) 为课堂教学的组织者 (organizer)、管理者 (manager)、促进者 (facilitator) 和英语学习上的顾问 (counselor)，给学生充分使用语言的机会和自由，放手让学生自己解决问题，适时地向学生提供学习资源，创造“以学生为中心”的教学氛围（肖飞 2002）。教师的责任更多地是培养学生独立学习的良好习惯和信心，挖掘他们自主学习的潜能，激发学生的动机，教会他们如何学习。有了动机，有了方法，学生才会有自主；有了自主，学生就会自觉学习，而自觉学习就会提高学习效果（杨淑梅 2003）。这对教师提出了更大的挑战，教师不仅要精通教学内容，还要针对学生设计出“以学生为中心”的教学实施方案。在实践中，教师可采取以下几种办法：教师和学生协商教学内容和学习活动，开展学生对教师及其自身角色所期待的活动、教师根据学生的实际情况设计出一套“以学习者为中心”的教学实施方案等。

2. 培养学生自主意识，增强自主学习能力

自主学习并不是完全意义上的自主，学生学习自主性并非意味着教师要放弃对课堂教学的控制，相反，由于学习自主性是在学习过程中不断培养而获得的，它需要以接受教育的经历为基础，需要不断地“教育干预”(educational interventions)（Candy 1991）。

2.1 课堂教学中的策略培养

鉴于自主学习能力和学习策略之间的关系，自主学习能力的培养可采取策略培养模式。策略培养由认知策略和元认知策略的培养两部分组成。通过认知策略的培养，使学生了解并掌握各种学习策略技巧，如听力技巧、交际策略、阅读策略、写作技巧、翻译技巧和解题技巧。通过元认知策略的培养，使学生养成制订学习计划、选择学习方式、安排学习任务、监控学习过程、评估任务完成情况的习惯，从而走向自主学习。策略培养可在课堂教学中进行，包含五个步骤：（1）展示（presentation）：交代所要训练的策略；（2）示范（teacher's modeling of strategies）：老师展示策略的操作方式；（3）训练（training）：提供材料所展示的策略进行专项训练；（4）评估（evaluation）：检查学生对新学策略的掌握情况；（6）扩展（expansion）：提供更多的机会，让学生综合训练所学策略（王笃勤 2002）。策略培养对激发学生学习的动机，提高学生的认知和元认知水平，优化学习方式，增强学生自我监控能力，以及提高学业成绩都具有积极的作用。

2.2 开展合作式学习

独立学习不仅意味着独自学习，独立不是自主学习的唯一特征，合作也是提高学生学习质量的重要方法。一对一或者小组形式的合作学习可使学生不再单纯依赖教师，而是与

小组其他成员一起交流、协商、合作，共同解决问题。小组合作过程中，群体的思维和智慧可以被共享，不同观点的碰撞有利于培养学生的思辨能力。同时，学习空间可以拓展到课外，学生相互促进监督，这样有利于激发学习者的学习兴趣，促进学习动机，培养学生自主学习的习惯。更重要的是，学生在人格平等的环境里学习，有利于开动脑筋，发挥想象力和创造力，更自觉地承担起自主学习的责任，小组成员由最初的相互依赖逐渐走向独立。教师可以将学生按寝室或成绩分成小组，指定组长，对小组活动进行组织和监督。小组成员共同完成教师布置的预习作业或其他任务，还可以定期举办小组之间的英语活动，互相评估，互相学习，共同提高。

2.3 帮助学生进行自我评估

学期开始时，教师可通过设计问卷，学生填写问卷的形式，帮助学生对自己的短期需要和长期需要作出分析，按教学大纲的要求，结合学生实际，确定学习短期目标和长期目标。学期末时，教师应要求学生进行自我评估。自我反思和评估的目的是使学习者对其语言学习活动中的规划、实施和监控更加敏感。这种自我反思、评价的方法不仅能提高学生对其采用的学习策略的认识，更能由此评估学习策略的可行性。学生在反思中能进一步认识自己，给自己一个正确的定位，并在此基础上制订出更适合自己的学习计划和学习策略。因此，自我反思和评估能使学习者对学习责任更加关注，有利于自主学习的培养。Wenden（1998）认为，如果没有这种意识，学生就会重新掉进老套的学习观和学习行为的陷阱里，完全自主学习的目标将永远无法实现。实践中，可让学生写日记或周记，参加访谈或讨论等。

四、结语

现代社会对于学习概念的认识已经不仅局限于校园学习，随着信息技术的不断进步，学习资源的不断丰富，学习更是校园以外的活动，是一项终身要完成的事情。校园学习的一项重要任务就是培养学生的自主学习能力。只有具备自主学习能力，坚持学习自主性，我们才能完成终身教育的课题。

参考文献：

[1] 庞维国 . 现代心理学的自主学习观 [J]. 山东教育科研，2000（7）：54.

[2] 王笃勤 . 大学英语自主学习能力的培养 [J]. 外语界，2002（5）：18.

[3] 肖飞 . 学习自主性及如何培养语言学习自主性 [J]. 外语界，2002（6）：27.

[4] 杨淑梅 . 调动学生自主性是加快输入到输出过程的关键 [J]. 外语教学，2003（2）：95-96.

[5] Brown H D. Principles of Language Learning and Teaching [M]. Englewood Cliffs NJ：Prentice Hall，2000.

[6] Candy V. Self-direction for Life-long Learning [M]. California：Jossey-Bass，1991.

[7] Crookers G. Schmidt R. Motivation: Reopening the Research Agenda [J]. Language Learning，1991（44）：417-448.

[8] Holec H. Autonomy and Foreign Language Learning [M]. Oxford：Pergarmon Press，1981.

[9] Wenden A. Learner Strategies for Learner Autonomy [M]. Great Britain：Prentice Hall，1998.

法律翻译人才培养智慧教学模式研究

Smart Teaching Model for the Cultivation of Legal Translators

中国政法大学　徐　明

摘 要： 随着中国法治化社会的发展和中国外交事业的进步，法律翻译的重要意义日益凸显，法律翻译教学任重道远。目前，法律翻译教学在课程设置、教材选择、人才培养方式、翻译实践、非通用语法律翻译等方面存在问题。本文采用定性研究的方法，运用智慧教学设计理念，探索法律翻译人才培养新模式，提高法律翻译教学水平。微观上，本文将从教材的选择及翻译素材的更新、人才培养层次、教学活动及组织形式、教学方法及手段等方面创新法律翻译智慧教学课堂模式；宏观上，将提出法律翻译人才培养实践领域的策略，以培养更多高质量的法律与翻译的复合型人才。

关键词： 法律翻译　智慧教学　课堂设计　复合型人才

Abstract: With the development of the society under the rule of law and the progress of Chinese diplomacy, legal translation is of greater significance but the legal translation teaching has a long way to go. At present, there are some problems in legal translation in terms of curriculum setting, teaching materials, personnel training methods, translation practice, and non-general language legal translation. This article adopts qualitative research methods, applying the concept of smart teaching design, to explore new models for the cultivation of legal translators and improve the level of legal translation teaching. On the micro-level, this article innovates smart teaching model for the legal translation from the selection of teaching materials and the updating of translation materials, personnel training levels, teaching activities and organizational forms, teaching methods and means; on the macro-level, this paper puts forward tactics for personnel training of legal translation in practice to cultivate more high-quality, comprehensive talents of law and translation.

一、法律翻译教学现状

法律翻译包含法律和翻译两个领域，目前国内高校还未将法律翻译设为独立学科。首先，从课程设置方面来看，法律翻译课程主要分为笔译和口译，课程设置单一。其次，从教材选择方面来看，法律翻译教材固定，虽然可以延续优秀教学传统，有利于教师积累教学经验，但同时会使得教学灵活性和创新性下降。而翻译素材的选择也会直接影响学生对各个领域翻译技巧的掌握程度。第三，从培养方式来看，人才培养模式单一，缺乏多样化的智慧教学。第四，从翻译实践来看，因法律翻译知识和技能不充足，学生获得大型法律翻译实践的机会较少，而缺乏实践的机会，不利于学生提高法律翻译知识和技能，如此就形成了消极的循环模式。第五，法律翻译人才的语种多为通用语，非通用语法律翻译人才较少。

二、法律翻译智慧教学的必要性

1. 提高法律翻译教学质量的必要性

在历史发展的长河中，法律翻译对不同种族与文化之间的沟通和交流起到重要的作用，更促进了当今世界全球化的发展。在全球化过程中，以及在国与国、民族与民族之间的互动日益增强的趋势下，法律翻译具有十分重要的意义（Deborah Cao 2008：2）。随着中国依法治国实践的加深，国内法律事业迅速发展，法律翻译是建设法治社会的内在要求；中国与世界的交流逐渐加深，如 2017 年，中国的大国外交战略取得显著成就，从年初的达沃斯经济论坛，到“一带一路”国际合作高峰论坛，上合组织峰会、德国汉堡 G20 峰会、厦门金砖国家领导人会晤、越南 APEC 领导人非正式会议，中国的外交政策与战略逐渐成熟。加强法律翻译教学研究，提高法律翻译教学质量，培养涉外法律服务人才，是新时期对法律翻译教学的明确要求。

2. 法律翻译课堂教学采用智慧课堂设计的重要性

法律翻译课堂需要改革传统的教学模式，国外首先提出了智慧教学模式。[1] 2006 年 6 月，新加坡宣布实施 iN2015 计划，该计划的重要组成部分是智慧教育，目的是使公民运用信息技术手段随时随地进行个性化学习与终身学习。2010 年 11 月，美国教育部发布最新一轮《国家教育技术计划》，倡导进行信息技术支持的教育系统变革，其核心是学习、评价、教学、设施和绩效五大智慧教育要素。韩国教育科学技术部于 2011 年 10 月发布了《推进智慧教育战略》，目标是进行智慧教育变革，改造课堂，提高技术支持的学习效果，培养创新型国际人才。2012 年 3 月，我国教育部发布《教育信息化十年发展规划》，提出了包括推动信息技术与高等教育深度融合、创新人才培养模式等八项任务(周云 2016：79-85)。智慧教学是一种新颖的教学理念和课堂设计，是对传统教学模式的创新，智慧教育是我国教育发展的必然趋势。在国际智慧教育发展的大背景下，在《国家中长期教育改革和发展规划纲要（2010—2012 年）》指导下制定中国特色的智慧教育发展战略和路径，是当前我国教育领域综合改革的重要任务（杨现民等 2004：12-19）。国内目前的智慧教学主要针对高中英语的课堂设计，而高校法律翻译教学也可采用智慧教学模式，这样既是对传统模式的改革，又能提高法律翻译教学质量。

1　目前来说，智慧教学模式的定义还不明确，新的课程理念认为，课堂教学不是简单的知识学习的过程，它是师生共同成长的生命历程，是不可重复的激情与智慧综合生成的过程。

三、法律翻译人才培养智慧教学课堂模式解析

1. 法律翻译教材的选取及翻译素材的更新

有学者搜集了近 30 种法律翻译教材与相关研究著作，不少都是作为系列丛书或系列教程推出的，如北京大学推出的“新世纪翻译系列教程”中的《法律翻译理论与实践》（李克兴著，2007 年）。除了明确为翻译系列教材的，还有另一类探讨法律翻译的著作或教材，这类著述的出发点在于法律语言，在研究法律语言的基础上导向法律翻译。如傅伟良编著的《法律英语翻译》（石油工业出版社，2010 年），该书为法律英语证书全国统考用的参考书；中国政法大学法律英语教学与测试中心编的《法律英语教程》（中国法制出版社，2013 年）（许多 2015：59-62）。近年来法律翻译教学受到越来越多的关注，关于法律翻译的著作和教材陆续出版，高校对法律翻译教材的选择越来越多样化。在选择教材时，要以学情、校情、教情为前提，以教材或著作的教育理念、内容设置等方面为参考，综合考量进行选择。

世界日益变化，法律翻译素材也不断更新，教学课堂应该基于政治、经济、文化、科技、体育、教育、卫生、医疗等一系列方面，结合时事热点进行素材的选取。以 2017 年 5 月的“一带一路”建设国际高峰合作论坛为例。首先，从选材角度分析，“一带一路”国际高峰合作论坛是全面总结该战略建设的积极进展、展现早期收获成果、共商下一阶段重要合作举措、进一步推动各方加强发展战略对接、推动国际合作的重要会议。会议涉及签署的重要文件、协议需要法律作为保障，如中国财政部与相关国家财政部共同核准的《“一带一路”融资指导原则》、中国政府有关部门发布《推动“一带一路”能源合作的愿景与行动》、中国工业和信息化部与阿富汗通信和信息技术部签署《信息技术合作谅解备忘录》等，而且这些文件、协议所涉及的政治、经济、能源、科技等领域是法律翻译的重要素材。教师进行法律翻译教学时，选择该会议内容作为翻译素材，既能加深学生对相关领域术语的了解，提高其翻译技能，又能促进学生了解当下热点，紧跟时代发展趋势。

2. 法律翻译人才培养要注意渐进性

2.1 法律翻译人才培养课堂设计渐进性 [1]

从微观上看，法律翻译人才培养课堂设计需要渐进性，外语学习是一个渐进性的过程，而每一个法律翻译教学课堂设计也要遵循渐进性原则。外语学习的渐进性是从词汇到短语、句子、语篇层面的过程；从语言学角度来说，是从语音学到音系学、形态学、句法学、语义学、语用学的过程。特别需要注意的是，在短语层面，教师要注意学生的可接受性和可产出性，因为短语层次是由单词层面到句子层面的过渡，也是由接受知识到产出信息的转化过程。达到句子层面之后，教师要进行语篇的输入，语篇输入可以和语言学和应用语言学相结合。语言学可以帮助教师教学，语言学理论如言语行为理论、合作原则等可以帮助学生理解语篇、进行语篇分析；而应用语言学是语言学和各个学科相结合的科学，以语言学理论为指导，可以将外语学习扩展到各个领域。

法律翻译课堂设计渐进性以“一带一路”国际合作高峰论坛为例，该论坛涉及政策沟通、设施联通、贸易畅通、资金融通、民心相通 5 大类，共 76 大项、270 多项具体成果。[2]

1　课堂设计“渐进性”一词来自中国外语与教育研究中心、外语教学与研究出版社于 2017 年 10 月 28—29 日举办的高校外语课堂的智慧教学设计研修班所作记录。

2　“一带一路”国际合作高峰论坛 [DB/OL]. [2018-03-21]. https://baike.baidu.com/item/“一带一路”国际合作高峰论坛 .

词汇层面，有对国家、区域、专有名词的翻译，如“老挝、柬埔寨、缅甸、匈牙利”；短语层面，如英国提出的“英格兰北方经济中心”、越南提出的“两廊一圈”、哈萨克斯坦提出的“光明之路”、土耳其提出的“中间走廊”、波兰提出的“琥珀之路”;句子层面，如“中国政府与有关国际组织签署‘一带一路’合作文件，包括联合国开发计划署、联合国工业发展组织、联合国人类住区规划署、联合国儿童基金会、联合国人口基金、联合国贸易与发展会议、世界卫生组织、世界知识产权组织、国际刑警组织”。对此例句的翻译，学生首先须克服词汇和短语障碍，其次要疏通句子逻辑关系，以求精准翻译。因此，要求教师在进行法律翻译教学时遵循词汇——短语——句子层层递进的原则。

2.2 法律翻译人才培养阶段渐进性

从宏观上看，法律翻译人才培养的整个过程需要渐进性。无论是对本科生还是对翻译硕士的培养，要根据学制将培养目标进行阶段性的划分，要求学生在阶段内达到某个要求。教学内容要根据不同阶段目标递增难度。尤其是对非通用语种人才的培养尤为紧迫，通常，非通用语学习者起步较晚，学习总长度较短。承担着非通用语种人才培养重任的高校，面临着新的挑战，这些挑战也在考验着高校的教育机制改革创新的智慧和能力（赵阳 2017：28）。

3. 改革法律翻译教学组织形式，创新教学方法

教学活动是一个完整的教学系统，由一个个相互联系、前后衔接的环节构成，教学组织形式和教学方法是有效提高教学活动质量的主要方面。教学组织可以是个人的形式，也可以是对子、小组及全体的形式。教学方法多样化，根据法律翻译课堂特点，笔译和口译课堂要采用不同的教学方法。相对于笔译教学，口译课堂的教学方法更多样化，其中视听法和交际法是最基本、较传统的教学方法：视听法强调视觉（图片影视）与听觉（录音）感知相结合，交际法是运用语言进行交际的教学方法。也可采用情境模拟的教学方法，让学生通过角色扮演来模拟法庭、模拟联合国会议、模拟小型会议、模拟商务谈判。翻转课堂是目前国内教学比较流行的教学方法，日本的口译课堂采用要点重现法、接龙传达法、小鸟口述法，[1] 是比较创新的教学方法。

4. 法律翻译智慧教学设计评价机制

法律翻译课堂是否高效、创新、合理，需要运用评价指标进行衡量。智慧教学设计评价指标包括教学目标恰当性、材料选择与活动策划促成性、评价方式合理性。其中，教学目标恰当包括驱动性、可教性、细分性、逻辑性和可测性。材料选择与活动策划促成性包括精准性、渐进性和多样性。评价方式合理性包括对接目标度、评价效度、反馈及时性和促成效果（文秋芳 2016：37-43）。 教学目标的驱动性要求法律翻译教学目标具有驱动导向力以推动教学发展；可教性要求法律翻译教学内容符合实际、学生具有可接受性；细分性要求法律翻译教学目标具有层级性，大目标可分成子目标；逻辑性要求法律翻译课堂设计具有层次、符合逻辑思维；可测性要求法律翻译教学可以测试学生对知识的掌握程度。材料选择与活动策划中的精准性要求法律翻译材料、教学活动、教学内容与目标对接精准，渐进性要求法律翻译教授内容由易变难、循序渐进，多样性要求法律翻译教学活动丰富新

1　要点重现法：A、B 学生各负责一篇文章，分别记下要点 X、Y，然后口述给对方；根据对方口述内容记下要点 y、x；最后，A、B 双方分别核对要点 x、y 是否一致。接龙传达法：学生接龙传达所听内容，由最后一名同学进行口译，然后与原文进行对比，核对是否一致。小鸟口述法：将学生分为 3~4 人一组，担任小鸟角色的学生准确记忆所听内容，口述给小组成员，小组成员分别进行复述，并核对与原文是否一致。

颖，具有创新性。评价方式中的对接目标度要求法律翻译教学目标与教学结果有较高的契合程度，评价效度要求法律翻译教学评价能够较高地反映学生的真实程度，反馈及时性要求法律翻译教师对学生作出及时回应，促成效果要求法律翻译教学的结果要使学生学到教授内容，达到教学目标。

除了教学评价标准，也应该注重译文评价标准。对译文的评价有不同的参考标准，克里斯蒂安·诺德（Christiane Nord）就提出了四种翻译问题，翻译问题被视为客观的或起码是跨主观的。为了教学目的，翻译问题可以分为语用、文化、语言和文本问题（Christiane Nord 2001：59）。每种翻译类型包括法律翻译都会有翻译问题，它们并不等同于翻译困难，也并不是翻译错误，而是可以评价、衡量翻译是否规范的标准。

四、法律翻译人才培养智慧教学实践模式策略

智慧教学不仅要求教学课堂设计上要合理、创新，而且要求在教学实践中符合实际，通过实践巩固理论。

1. 开拓法律翻译教学翻译实践领域

法律翻译教学实践形式多样，法律翻译要形成政产学研一体化的语言服务人才培养模式。国际法律文件，如大型国际组织 UN、EU、WTO 等的法律文件及其他国际公约、条约、协定、盟约（covenant）、议定书的翻译涉及许多因素，包括概念术语的界定、不同的文本格式、文本涉及的主体事项、国际法律文本的语篇特征等（Deborah Cao 2008：134-149），这些都需要法律翻译者有丰富的法律翻译实践经验。国内国际政治、经济等领域论坛，法律学术会议，校企合作，都是法律翻译实践机会。这些会议论坛既能够作为法律翻译素材让学生进行翻译练习，又能够开阔学生视野，了解各领域最新的法律资讯。

2. 计算机辅助法律翻译教学

随着网络的迅速发展，互联网技术革新为共建共享资源、线上线下联动提供了新的机遇。计算机辅助翻译以其便捷、迅速的特点被越来越多的人接受。网络环境下的高校计算机辅助翻译教育模式在教育方式、教育内容上的灵活性、生动性，以及之后语料库的充实和实用性都成为地方高校培养应用型翻译人才最有效的手段和最重要的内容（李轶琳，刘晓东 2017：74-77）。计算机辅助翻译的核心技术是翻译记忆和数据库技术，这使得法律专业术语的翻译比人工翻译更具有准确性。前面提到词语层面也就是专业术语的翻译，可以用计算机辅助翻译。如国家名称的翻译，在“一带一路”国际高峰论坛期间，中国政府与乌兹别克斯坦、埃塞俄比亚、斐济、阿塞拜疆、格鲁吉亚、亚美尼亚、阿尔巴尼亚、黎巴嫩、波黑、黑山、塞尔维亚等 30 个国家政府签署经贸合作协议。这些国家或者名字较长，或者不常见，而计算机的数据库技术可高效高质量地完成各个语种的转换。国内主要计算机辅助翻译软件有 iCAT、Transmate：iCAT 支持谷歌机器翻译，翻译过程中支持疑问格式修改，有大量权威的云术语库可供使用，可以多人协同翻译，文档还原性好；Transmate 可以双语对齐和术语萃取，方便制作术语语料。国际法律文本翻译中经常使用多语词汇数据库（multilingual terminology database）、文本数据库。不过值得注意的是，计算机翻译仅作为辅助工具，仍然需要人工进行校对。法律翻译教学不仅要培养通晓语言和法律知识的人才，也要注重培养技术性人才。

3. 法律翻译人才培养彰显中华文化

根据奈达的“动态对等”理论，文化差异的处理是与从语义到文体将源语再现于目的语紧密相连的。只有当译文从语言形式到文化内涵都再现了源语的风格和精神时，译作才能被称得上佳作（张法连 2009：103-104）。新形势下的法律翻译教学需要培养具有跨文化知识，长于传播中华优秀文化，具有全球视野，知识、能力、素养并重的法律翻译人才。文化是国家软实力的体现，在国内政治会议或国际外交演讲中，中国领导人经常引用古代名言、中国典故、俗语和成语，展示出博大精深的中华文化。法律翻译人才不仅要通晓国内、国际法律，而且要了解中国优秀传统文化。比如习近平主席在庆祝全国人民代表大会成立 60 周年大会上讲话时，就引用了韩非子“奉法者强则国强，奉法者弱则国弱”，强调依法治国的重要性；在中共中央政治局第十八次集体学习上提到了“礼法合治”，是指治理国家要将教化与法律相结合；在和平共处五项原则发表 60 周年纪念大会上提到“法者，天下之准绳也”，是出自春秋时期文子《文子》，指法律是天下人做事的共同遵循，也是统治者裁量是非的根本依据。法律翻译在保证译文严谨性、准确性的同时，也要注重彰显博大精深的中华文化，注重人文交流，法律翻译教学要培养具有大国情怀的法律翻译人才。

五、结语

全球经济一体化的发展为法律翻译人才培养提供了机遇和挑战。新时代的教育要求创新法律翻译人才培养模式，开启智慧教学模式，提高法律翻译教学质量。本研究为新时代下的法律翻译教学提出建议，笔者认为法律翻译人才培养智慧教学模式亟须更全面、更专业的研究并广泛推广。无论在创新型国家建设中，还是在开放型国际竞争的舞台上，都需要通晓外语、了解国内国际法律规则的法律翻译人才。法律翻译教学应该顺应时代潮流和政策发展趋势，探索教学新规律，培养具有扩文化视野，知识、能力与素养并重的法律翻译人才。

参考文献：

[1] 李轶琳，刘晓东 . 网络环境中高校计算机辅助翻译人才培养模式探究 [J]. 中北大学学报，2017（4）：73.

[2] 文秋芳 .“师生合作评价”：“产出导向法”创设的新评价形式 [J]. 外语界，2016（5）：37-43.

[3] 许多 . 文本选择、文体把握与术语翻译 [J]. 中国翻译，2015（3）：59.

[4] 杨现民等 . 我国智慧教育发展战略与路径选择 [J]. 现代教育技术，2014（1）：12-19.

[5] 张法连 . 法律英语翻译 [M]. 山东：山东大学出版社，2009.

[6] 赵阳 .“一带一路”背景下的多语种人才培养研究 [M]. 北京：社会科学文献出版社，2017.

[7] 周云 . 移动互联视域下的大学英语智慧教学模式研究 [J]. 现代教育技术，2016（12）：80.

[8] Deborah Cao. Legal Translation[M]. Shanghai：Shanghai Foreign Language Education Press，2008.

[9] Christiane N. Translating as a Purposeful Activity：Functionalist Approaches Explained [M]. Manchester：St. Jerome Publishing，1997.

[10]“一带一路”国际合作高峰论坛 [DB/OL]. [2018-03-21]. https://baike.baidu.com/item/“一带一路”国际合作高峰论坛 .

英语写作成就目标与写作策略以及写作成绩的关系研究

Relationships of EFL Achievement Goal Orientations, Strategy Use and Writing Performance

北京师范大学外文学院　李　航

摘　要： 本研究通过量化手段调查非英语专业大学生写作成就目标与写作策略以及写作成绩的关系，并进一步探究英语学习者个体情感因素成就动机对其写作行为与策略使用的影响。研究发现，英语学习者的写作成就动机与各种写作策略，尤其是反馈求助、自我激励等社会 / 情感类策略高度相关；具有掌握型成就动机定向的学习者能更有效地运用各种写作策略，写作成绩也显著高于表现型成就目标定向学习者。

关键词： 成就目标　掌握目标　表现目标　写作策略　写作成绩

Abstract: This study probes into the relationships between EFL achievement goal orientations, strategy employment and writing performance of first-year non-English majors. Results indicate that these students' writing performances are closely related to their achievement goals as well as strategy use, social/affective strategies like feedback-seeking and self-encouraging in particular. Students with mastery of goal orientation tend to employ various writing strategies more effectively, thus achieving better performances in EFL writing.

一、引言

写作是一个复杂的心理过程，涉及许多因素，而用第二语言英语写作又添加了新的影响因素，加剧了写作过程的复杂性。英语写作教学一直是国内外语教学中的薄弱环节，教学效果差强人意，张省林（2005）认为这都源于缺乏对学生积极学习情感的关注与培养，导致学生产生写作心理障碍。总体而言，我国的英语写作教学研究更多地侧重于写作认知过程、母语在英语写作中的影响、教师同伴的反馈作用、教学法（成果法与过程法）、写作文本分析与语料库篇章分析等，关于写作者内部动机系统如成就目标等个体情感因素的研究并不多。在我国的英语教育环境下，开展对于学习者英语写作动机如目标定向的研究，不仅迫切而且必需，很有必要了解学生的内部动机变量如目标定向与写作者策略使用的相互关系以及它们对学生写作成绩的影响，从而探索提升学生写作动机与积极性的有效途径。本研究拟以非英语专业大学生为研究对象，探究他们作为写作主体表现出来的内部动机因素，如成就动机定向与写作策略的关系，并深入探讨二者对写作成绩的影响。

二、理论框架

1. 成就目标定向与写作研究

成就目标定向是动机研究中一个非常重要的领域，是指个体在达成目标的过程中所反映出来的不同价值取向（Pintrich et al. 2003）。根据比较传统的划分，可分为掌握目标与表现目标。掌握目标是指个体在努力达到目标的过程中关注对学习内容的掌握、自己的理解程度，他们关心的是能否掌握任务，而不是和他人相比；表现目标是指个体努力的目标是为了向其他人证明自己的能力，在竞争中超越别人，体现出一种社会同伴比较的优越性与外在心理满足感（Kaplan et al. 2009）。研究发现，具有掌握目标的学习者善于自我调节，会选择使用较高水平的认知策略，在完成任务时具有更高的自我监控与认知监控，面对困难时更加坚持，更愿意寻求有关进步的反馈，自我评价能力也更高（Kaplan et al. 2009：52）。相反，具有表现目标的学生为了避免在他人面前"丢面子"或露怯，可能会采用一些回避策略，更容易采用一些不良的自我调节策略。二者尤其会在反馈寻求（feedback-seeking）方面体现出非常明显的差异（Don 2003）。

在写作学习中学生写作的动机目标也会体现出差异，如有的学生是为了在写作任务中取得更高的分数，取悦老师，并且展示自己的写作水平优于其他同学，体现出明显的表现目标，而有些学生具有内在的成就目标，不介意同伴或者老师的负面评价或分数，只希望能通过写作练习掌握必要的写作技能。当然也可能两者兼而有之。目前的研究发现，掌握目标定向的学生在学习策略的使用与学习成绩方面都优于表现目标的学生，但这种结论是否可以迁移到英语写作研究领域尚需探究。

2. 写作策略研究

对于写作这样一种复杂的认知活动，学生必不可少地会借助各种策略完成相应的写作任务。根据 O'Malley & Chamot（1990），语言学习策略可以分为元认知、认知策略和社会/情感策略。在写作策略研究中这也是比较通用的分类方式。

在 2003 年之前，关于写作策略的研究"几乎是一片空白"（修旭东，肖德法 2006：461）。但在吴红云与刘润清（2004) 之后有逐年增加的趋势，比较集中于元认知领域的文献综述或者元认知策略干预训练效果等实证研究。目前关于写作元认知策略，尤其是写作前的计划、列提纲等元认知策略干预研究开展得比较多，普遍得出结论：写作前的元认知策略知识以及对于写作图式知识的激活可以有效提升学生写作成品的质量甚至可以培养学生的写作思维能力（纪康丽 2005；姜英杰，董奇 2006；路文军 2006；李俊，倪杭英 2007；韩松 2008；李志雪 2008；王玉雯 2009；肖武云 2011；阮周林 2011)。除此之外，在写作中的认知策略研究主要是通过"出声思维"的方式来研究的，涉及的层面因素非常多，如母语的作用、补偿回避策略、注意策略、自我激励策略、求助策略等（王俊菊 2005）。修旭东等（2006：461）指出，"在某种意义上，定义和分类的分歧并不非常重要"，最好的方法是列出策略的主要特点。本研究在前人关于写作策略的研究基础上，归纳提炼出比较具体的一些写作策略如计划、内容监控等，拟深入细致考察各种具体写作策略与目标动机的关系，探索其中的关联性。

三、研究方法

1. 研究工具

1.1 成就目标定向量表

本研究采用了徐方忠等人（2000）修订 Button & Mathieu (1996) 编制的成就目标定向量表。该问卷把成就目标定向分为表现目标和掌握目标定向两个维度，每个维度有 6 道题，共 12 道题。采用 5 点记分，分数越高，表示该成就目标取向越强。经试测内部一致性系数分别达到 0.75 与 0.74。

1.2 写作策略问卷

采用李航（2013）编制的写作策略问卷，包含 30 个项目的策略问卷大致分为注意监控、自我激励、计划、内容监控、读者意识、组织、修改检查、反馈求助、资源利用等 9 个类别的策略（相关内部一致性系数参见表 1）。这些策略反映了写作本身的特点，可以包括课外写作练习与课堂限时写作采用的措施（内部和 / 或外部的），体现了过程写作教学中学生可以采用的有效策略，可以出现在写作前、写作中或者写作后的不同环节，涵盖了元认知、认知策略与社会 / 情感策略。

表 1　写作策略问卷项目题目数与内部一致性系数

	题目数	Cronbach's Alpha
注意监控	3	.857
自我激励	3	.502
计划	2	.748
内容监控	3	.647
读者意识	3	.743
组织	2	.510
修改检查	5	.663
反馈求助	5	.797
资源利用	4	.616

2. 调查对象

在北京市某重点高校非英语专业大学生中随机抽取 4 个班级共 168 名学生发放三份问卷，收回有效问卷 153 份。他们来自全国各地，其中男生 54 人，女生 99 人，具有一定的代表性。

3. 施测程序

在给学生发完问卷后，要求学生在 30 分钟内当场完成一篇作文。问卷与作文答题纸统一编号，确保作文成绩与问卷结果对应。为保证写作成绩的有效性，根据四级考试评分标准由两名有经验的英语写作教师对每份作文进行评分，最后取二者平均值作为最后写作成绩。三份问卷数据统一录入 SPSS 数据库，利用 SPSS16.0 统计软件进行数据分析及处理。

四、结果及分析

根据结果对学生写作成就目标定向、写作策略运用以及写作成绩的关系进行分析。数据显示（见表 2），掌握目标与写作成绩存在显著性相关（r=0.170，p<0.05），而表现目标与写作成绩没有相关。

表 2　写作成绩与目标定向的相关

项目	1	2	3	4
1. 写作成绩	1	.306**	.140	.170*
3. 表现目标	.140	.175*	1	.564**
4. 掌握目标	.170*	.377**	.564**	1

注：** P<0.01　* p<0.05, N=153

数据还显示（见下表 3），掌握目标和表现目标与所有的写作策略也都存在显著性相关，但其最为显著的相关项目则存在差异，如与掌握目标最为相关的两项策略分别是注意监控（r=0.556，p<0.01）与反馈求助（r=0.537，p<0.01），而与表现目标最为相关的两项写作策略分别是读者意识（r=0.529，p<0.01）与修改检查（r=0.525，p<0.01）。

而写作策略中有反馈求助、修改检查、自我激励、计划、内容监控等项与写作成绩显著相关，这似乎与以往强调元认知写作策略的很多研究结果有些出入。因为在该研究中加入的反馈求助、自我激励等社会 / 情感策略是以往的研究比较忽视的部分，但也因此证明了写作策略内涵的丰富性需要挖掘。

表 3　写作目标定向与写作成绩、写作策略的相关

项目	写作成绩	表现目标	掌握目标
注意监控	.112	.280**	.556**
自我激励	.192*	.266**	.484**
计划	.162*	.340**	.484**
内容监控	.162*	.373**	.480**
读者意识	.107	.415**	.529**
组织	.113	.188*	.386**
修改检查	.228**	.396**	.525**
反馈求助	.287**	.262**	.537**
资源利用	.096	.341**	.365**

注：** P<0.01　* p<0.05，N=153

五、讨论

本研究结果表明，英语写作者作为主体的内部动机因素如成就目标定向确实与他们的写作策略与写作成绩体现出高度的相关性，不仅有效证明了以往各种相关研究结论（蒋京川，刘华山 2004，2005），而且进一步揭示了它们的内部相关性质。

之前有研究表明，成就目标定向和反馈寻求行为之间存在非常显著的相关，成就目标定向影响着反馈寻求行为的努力和数量(王雁飞等 2004)。本研究结果也与之吻合。根据相关分析数据来看，写作掌握目标与反馈求助策略具有非常高的相关。根据 Don（2003：585-592），具有不同目标定向的学习者对于反馈寻求的价值 (value) 与成本 (cost) 具有不同的态度，直接导致了他们在反馈寻求行为的频次、时机、反馈来源、性质乃至方式方面的差异。根据 Don（2003）的分析，具有表现目标的学生倾向于获得积极肯定的反馈评价，但会刻意回避消极负面的评价，而且他们更愿意从老师而非同伴那里获得反馈，更加认可老师鼓励性的反馈意见，更注重结果反馈而非进步反馈等等。而具有掌握目标的学生则对反馈具有更加积极主动的寻求行为，并且不怕接受消极但对自己进步有帮助的反馈意见，对于同伴的反馈意见也很欢迎接纳。对于英语写作来说，反馈是写作过程中非常重要的一个环节，能否或善于积极主动地获得来自教师和同伴的反馈对于提升自己的写作水平具有非常重要的作用。

在成就目标定向方面，本研究表明掌握目标与写作成绩显著相关，再次验证了掌握目标在激发学生内在学习动机与高效运用相关策略以达成目标方面的功效。掌握目标与注意监控和反馈求助等写作策略高度相关，表明具有掌握目标的学习者更加关注任务的要求与掌握相关写作技能，并且愿意得到关于自己写作成品的反馈以提高自己的写作质量。而表现目标与读者意识与修改检查高度相关，表明具有表现目标的学生非常在乎在教师或者同伴这些“读者”面前展示自己的写作水平，为了体现自己的写作水平而愿意反复修改自己的作品。这两种目标其实都可以激励学生努力提升自己的写作水平。

六、启示

首先，现在关于成就目标定向已经开始向三维甚至四维关系发展，开始区分表现—趋近、表现—回避目标甚至掌握—趋近、掌握—回避目标，未来可以在研究中引入更加细致的区分维度，更进一步考察写作动机中目标定向差异与写作策略的关系，更完整地体现表现目标的内在成分功能。

最后，鉴于成就目标定向作为重要的情感因素对于写作策略运用乃至对写作成绩的预测作用，在课程教学目标设置中引导学生树立正确的以学习目标为导向的成就目标，让他们关注写作任务本身，注重自身写作能力的提高，降低对外界因素如教师评价、分数的关注，在教学中通过合理的写作活动设计，采用合作学习的写作任务，关注学生写作过程中写作意识和写作能力的提升，改变终结性单一的评估方式，替代以档案评价、小组写作项目等可以培养写作真实交流意图的多元评价方式，都可以促进学生写作成就目标的提升。

参考文献：

[1] 韩松．元认知在非英语专业研究生英语写作中作用的实证研究．外语与外语教学，2008（10）：53-56.

[2] 纪康丽．如何提高学生的元认知知识——英语写作教学实验．外语教学，2005，26（2）：61-64.

[3] 姜英杰，董奇．EFL 大学生英文写作元认知的因素及发展趋势．心理科学，2006，29（02）：283-285，270.

[4] 蒋京川，刘华山．成就目标定向与学习策略、学业成绩的关系研究综述．心理科学，2004，27（1）：168-170.

[5] 蒋京川，刘华山．中学生成就目标定向与学习策略、学业成绩的关系研究．心理发展与教育，2005，21（2）：56-61.

[6] 李航．非英语专业大学生英语写作效能感与写作策略运用对写作成绩的预测．北京第二外国语学院学报，2013，35（02）：55-61.

[7] 李俊，倪杭英．非英语专业学生元认知策略的介入性研究．外语界，2007（2）：49-53.

[8] 李志雪．英语专业学生写前计划变量对其写作成绩影响的定量研究．外语教学与研究，2008（3）：178-183，240.

[9] 路文军．元认知策略与英语写作的关系．外语与外语教学，2006（9）：25-27，39.

[10] 阮周林．二语写作元认知知识与写作思维能力培养．中国外语，2011（3）：59-65.

[11] 王俊菊．英语写作认知心理研究．济南：山东大学出版社，2005.

[12] 王雁飞，凌文辁等．成就目标定向、自我效能与反馈寻求行为的关系心理科学，2004，27（1）：203-206.

[13] 王玉雯．写前策略培训及其效果研究．外语与外语教学，2009（5）：23-27.

[14] 吴红云，刘润清．二语写作元认知理论构成的因子分析．外语教学与研究，2004（3）：187-195，241.

[15] 肖武云．元认知策略培训提高学生英语写作水平的实证研究．外国语文，2011（5）：124-127.

[16] 修旭东，肖德法．英语写作策略、八级写作认知过程及成绩关系的结构方程模型研究．外语教学与研究，2006，38（6）：460-465.

[17] 徐方忠，朱祖祥，林芝．目标倾向测量及其与绩效的关系心理发展与教育，2000（02）：1-6.

[18] 张省林．英语写作心理障碍及其调适——过程写作法教学中的积极情感因素培养．外语与外语教学，2005（5）：24-27.

[19] Don V. A Goal Orientation Model of Feedback-seeking Behavior. Human Resource Management Review，2003，13（4）：581-604.

[20] Kaplan A，Lichtinger E，Gorodetsky M. Achievement Goal Orientations and Self-regulation in Writing：An Integrative Perspective. Journal Of Educational Psychology，2009，101（1）：52.

[21] O’Malley J，Chamot A. Learning Strategies in Second Language Acquisition, 1st ed. Cambridge: Cambridge University Press，1990.

[22] Pintrich P，Conley A，Kempler T. Current Issues in Achievement Goal Theory and Research. International Journal of Educational Research，2003，39（4-5）：319-337.

学习者因素对非英语专业研究生英语学习焦虑的影响

Impact of Learner Factors on Non-English-Major Graduate Students' EFL Learning Anxiety

北京大学外国语学院　程　英

摘　要：本研究以北京某高校 253 名非英语专业研究生为研究对象，采用多因子方差分析和逐步线性多元回归的方法调查和分析了学习者的自然因素（性别、年龄）、社会因素（工作经历、家庭背景）和课堂学习因素（英语水平）对其英语学习焦虑的影响和预测力，并根据研究结果提出了降低非英语专业研究生英语学习焦虑的建议。

关键词：学习者因素　英语学习焦虑　非英语专业研究生

Abstract: This study examines the effects of gender, age, work experience, family background and English proficiency on EFL learning anxiety of 253 non-English-major graduate students of a university in Beijing. It was discovered by GLM-Univariate that MA students of lower English proficiency are significantly more anxious than MA students of higher proficiency and PhD students. Stepwise Linear Regression Analysis showed that subjects' EFL learning anxiety can be predicted by lower English proficiency and countryside family background. Suggestions based on this study are offered to reduce the EFL learning anxiety of non-English-major graduate students.

一、前言

1. 文献综述

综合国内外的焦虑研究结果，影响外语学习者焦虑的因素大体可分为三类：1）自然因素，如性别、年龄等；2）课堂学习因素，如外语水平、学习信念、学习经历等；3）社会因素，如家庭背景等（Elkhafaifi 2005；MacIntyre et al. 2003；Matsuda，Gabel 2004；Rodríguez，Abreu 2003；Yan，Horwitz 2008；Young 1991；王才康 2003）。这三类因素相互作用，共同影响着学习者的外语学习焦虑。然而，就这些因素对外语学习焦虑的影响而言，国内外实证研究所得出的结论却不太一致，有些甚至相互冲突。如，在性别和年龄上，Aida（1994）和 Yan（1998）的研究均发现，男女本科生的外语焦虑水平无显著差异；殷红梅等（2012）也发现，对于21~30岁的非英语专业研究生，不同年龄组间的英语学习焦虑均不存在显著差异。而王才康（2003）却发现，男本科生的英语学习焦虑显著高于女本科生。Elkhafaifi（2005）对6所美国大学的233名初学阿拉伯语的本科生和研究生的考察发现，女生总体的外语学习焦虑显著高于男生，但在听力焦虑上二者无显著差异。因此，单纯考察年龄和性别对外语学习焦虑的影响并没有太大意义，在研究影响外语学习焦虑时，学习者的经历和对目标语的参与程度都应重点加以考虑。在与课堂学习有关的焦虑研究上，有研究者（Clément et al.1980；刘梅华，沈明波 2004）指出，在所有影响外语课堂焦虑的内在因素中，根本原因是学生的英语水平，或者是学生对自己外语水平的看法。这一观点也得到了国内外很多实证研究的佐证（Liu，Jackson 2008；MacIntyre et al.1997；Matsuda，Gabel 2004）。上述这些量的研究往往只单独考虑自然因素（年龄、性别）和课堂因素，或二者的交互作用对外语学习焦虑的影响，却忽略了社会因素的作用。Yan & Horwitz（2008）通过质的研究发现，地区差异是影响外语焦虑的主要动因（primary driver），但该结论仍需实证研究的检验。

综上所述，影响外语学习焦虑的自然、社会和课堂学习因素很多，影响方式复杂且程度不一。总体上，目前大多数的实证研究只侧重考察自然因素和课堂学习因素，对社会因素的考察严重不足，尤其缺乏对自然、社会和课堂因素三者同时进行考察的实证研究。

2. 研究问题

本研究的具体问题为：

非英语专业研究生的英语学习焦虑在性别、年龄、工作经历、家庭背景、英语水平等个人因素上是否存在显著差异？

上述哪类因素对非英语专业研究生的英语学习焦虑有显著的预测力？

二、研究设计

1. 测量工具

本研究问卷包括两部分。第一部分“学习者的个人因素”包括：自然因素（年龄、性别）、社会因素（工作经历、家庭背景）和课堂学习因素（英语水平）。第二部分“英语学习焦虑”采用了经Yan（1998）修订的具有中国文化色彩的39个题项的外语课堂焦虑量表的中文版（简称Y_FLCAS，下同）。Y_FLCAS采用了从“非常不同意”（1分）到“非常同意”（5分）的李克特五级量表形式。其中，项目分析显示，Q37的临界比率值（CR值）在t检验中未达到显著，鉴别力不佳，应从量表中剔除。删除Q37后的量表信度为Cronbach α =.924。

2. 受试者

本研究的受试是北京某高校253名非英语专业研究生，英语是他们的必修课。其中，男生156人，女生96人，性别不详者1人；有工作经历者137人，无工作经历者116人；22岁以下者17人，23~26岁者134人，27~30岁者52人，30岁以上者50人；农村学生71人，中小城镇学生107人，大城市学生74人，家庭背景不详者1人；博士生98人，甲硕97人，乙硕58人。乙硕的英语入学成绩在60分以下，甲硕在60~70分。博士生的整体英语水平在理论上应高于硕士生。故在英语水平上，本研究将博士生视为高水平组，甲硕为中水平组，乙硕为低水平组。

表 1 各因素组上的样本数及百分比

学习者因素		人数	有效百分比（%）
性别	男生	156	61.9
	女生	96	38.1
年龄	22 岁以下	17	6.7
	23~26	134	53.0
	27~30	52	20.6
	30 岁以上	50	19.8
工作经历	有	137	54.2
	无	116	45.8
家庭背景	农村	71	28.2
	中小城镇	107	42.5
	大城市	74	29.4
英语水平	乙硕	58	22.9
	甲硕	97	38.3
	博士	98	38.7

3. 测量步骤

研究问卷均在受试者的听说课上发放。为保证调查结果的真实可靠，问卷均由受试按问卷的说明和要求匿名作答。笔者回收问卷后，将全部测量结果输入计算机，采用 SPSS（13.0）进行检验。

4. 测量方法

根据研究问题，本研究的量化考察用 SPSS（13.0）软件对数据进行分析，采取了以下测量方法：1）以性别、年龄、工作经历、家庭背景、英语水平为自变量，以英语学习焦虑为因变量，进行多因子方差分析（GLM-Univariate）; 2）用逐步线性多元回归（Stepwise Linear Regression）考察上述五个学习者因素对英语学习焦虑的预测力。

三、结果和讨论

1. 英语焦虑水平在个人因素组上的差异

将措辞为负的题项得分反转后，采用方差分析的方法，检验受试的英语学习焦虑在性别、年龄、工作经历、家庭背景、英语水平上的差异。方差检验表明（表 2），受试的英语学习焦虑仅在不同的英语水平组上存在显著差异（F [2, 227] = 3.187, p=.044）。多重比较分析显示，乙硕的焦虑程度显著高于甲硕（MD = 9.29, p=.039）和博士生（MD = 12.54, p=.003），但甲硕和博士生的英语学习焦虑水平不存在统计上的显著差异。

表 2 不同英语水平组的焦虑差异比较

英语水平	样本数	M ± SD	F	Sig.
乙硕	48	115.71±18.30	3.187	.044
甲硕	91	106.42±18.65		
博士	89	103.17±21.36		

2. 个人因素对英语学习焦虑的预测力

将上述五个学习者因素先转换成虚拟变量（dummy variables）作为自变量，英语学习焦虑作为因变量，进行多元回归分析，以探讨它们之间的线性关系。

表 3 学习者因素对英语学习焦虑的预测力

选出的变量顺序	多元相关系数 R	决定系数 R^2	增加解释量 △ R	F 值	净 F 值	标准化回归系数 Beta	t 值	显著性 Sig.
乙硕	.221	.049	.049	11.598	11.598	.220	3.413	.001
农村	.255	.065	.016	7.827	3.907	.127	1.977	.049

结果显示（表 3），进入回归方程的只有家庭背景中的“农村”和英语水平中的“乙硕”因素。多元相关系数（R）为 .255，其联合解释变异量为 .065，即这两个变量能联合预测英语学习焦虑 6.5% 的变异量。就个别变量的解释量来看，“乙硕”对英语学习焦虑的预测力最强，其解释量为 4.9%；“农村”对英语学习焦虑也有一定影响，但其解释量只有 1.6%。标准化回归方程式为：英语学习焦虑＝ 103.203+.220× 乙硕＋ .127× 农村。该回归方程表示，无论受试的年龄、性别、入学前是否参加过工作，当受试来自中小城镇和大城市，如果是乙硕，则其焦虑程度就会增加 0.220；当受试是甲硕或博士生，当他来自农村时，其焦虑程度会增加 0.127；当受试既是乙硕又来自农村时，其焦虑程度会增加 0.347。这表明，低下的英语水平和农村的社会成长背景均会加重学习者的英语学习焦虑。

3. 讨论

在本研究中，受试的英语学习焦虑只在英语水平上存在显著差异，且“乙硕”变量对英语学习焦虑有显著的预测力。这说明，非英语专业研究生的英语学习心理已经相当稳定，年龄、性别和工作经历等因素已不会对他们构成主要干扰，能影响他们焦虑的主要因素只有其自身的英语学习水平。这一发现支持了 Aida（1994），Cheng et al.（1999），Liu & Jackson（2008），MacIntyre & Gardner（1991），Saito & Samimy（1996），王才康（2003）等人的研究结论。此外，MacIntyre et al.（1997）的研究表明，学习者个人所认识的自身的外语水平和其实际的外语水平是非同态的 (not isomorphic)，但二者之间存在显著正相关。实际外语水平愈高的学生愈倾向于认为自己的外语水平高；实际外语水平愈低的学生愈倾向于认为自己的外语水平低；焦虑水平愈高的学生愈倾向于低估自己的外语水平，焦虑水平愈低的学生愈倾向于高估自己的外语水平。这说明，研究生要有效减轻自己的英语学习焦虑，需提高自己的实际英语水平，或改善自己的英语学习效能感。

在社会因素上，农村的家庭背景对研究生英语学习焦虑有显著的预测力，而工作经历对研究生的英语学习焦虑无显著的预测力。这表明，和后天的工作经历相比，一个人先天的成长环境对其后天的学习心理起着举足轻重的作用。程建华（2011）指出，农村学生的英语学习焦虑主要源于升学压力、父母和亲人的期待、英语交际能力不足和英语水平不足导致的失败体验多于成功体验等原因。到了研究生阶段，在英语学习焦虑上，农村学生虽然已和中小城镇以及大城市的学生无显著差异，但仍高于后两者。这说明，农村的学生到了研究生阶段仍未能完全摆脱先天学习条件不足所带来的负面影响。

四、结论与教学启示

通过对 253 名非英语专业研究生的考察，本研究结论如下：

对非英语专业研究生而言，自然因素（年龄、性别）对其英语学习焦虑已无显著影响；先天性的社会因素（家庭背景）对其英语学习焦虑的影响远超过后天性的社会因素（工作经历）；而课堂学习因素（学习水平）是影响其英语焦虑水平最直接和显著的因素。

故笔者建议，在英语教学上，为有效帮助非英语专业研究生减少英语学习焦虑感，教师应当致力于提高学生的英语水平，或者通过各种手段提高他们的英语学习成就感。尤其对于来自农村的学生，要让他们认识到，一个人不能选择自己的出身，但可以通过加倍努力补偿或超越家庭背景所带来的干扰，通过获得实实在在的进步来减少自己的英语学习焦虑。

本研究的局限性是，由于研究条件的限制，对受试者英语水平的划分还不够严谨；所考察的社会因素和课堂学习因素中包含的变量太少，还有很多其他因素有待考察，如社会因素中的父母职业，课堂学习因素中的学习者的英语学习信念、出国学习经历等。故本研究只是对影响外语学习焦虑根源的一项初级实证研究。有兴趣的研究者可以在本研究的基础上作进一步的深入探索，一定能得出更全面、更有意义的发现，以便教育者们为非英语专业研究生创造出一个低焦虑的外语学习环境。

参考文献：

[1] 程建华 . 农村学生外语学习焦虑探究 [J]. 发展，2011（5）：130.

[2] 刘梅华 . 沈明波，外语课堂中的焦虑研究 [J]. 清华大学学报（哲学社会科学版），增，2004（1）：100-104.

[3] 王才康 . 外语焦虑量表（FLCAS）在大学生中的测试报 [J]. 心理科学，2003（2）：281-284.

[4] 殷红梅，王颖，刘开泰 . 非英语专业硕士研究生英语学习焦虑状况调查 [J]. 中国公共卫生，2012，28（6）：808-809.

[5] Aida Y. Examination of Horwitz，Horwitz，and Cope’s Construct of Foreign Language Anxiety：The Case of Students of Japanese [J]. The Modern Language Journal，1944，78(2)：155-168.

[6] Cheng Y S, E K Horwitz，D L Schallert. Language Anxiety: Differentiating Writing and Speaking Components [J]. Language Learning，1999，49(3)：417-446.

[7] Clément R.，Gardner R C，P C Smythe. Social and Individual Factors in Second Language Acquisition [J]. Canadian Journal of Behavioural Science，1980，12 (4)：293–302.

[8] Elkhafaifi H. Listening Comprehension and Anxiety in the Arabic Language Classroom [J]. Modern

Language Journal，2005，89 (2)：206-222.
[9] Liu M，J Jackson. An Exploration of Chinese EFL Learners' Unwillingness to Communicate and Foreign Language Anxiety [J]. Modern Language Journal，2008，92 (1)：71-86.
[10] MacIntyre，Peter D，Susan C，Baker，Richard Clément，Leslie A. Donovan. Sex and Age Effects on Willingness to Communicate，Anxiety，Perceived Competence，and L2 Motivation Among Junior High School French Immersion Students [J]. Language Learning，2003，52 (3)：537–564.
[11] MacIntyre P D，Noels K A，R Clément. Biases in Self-ratings of Second Language Proficiency：The Role of Language Anxiety [J]. Language Learning，1997，47 (2)：265-287.
[12] MacIntyre P D，R C Gardner. Methods and Results in the Study of Anxiety and Language Learning：A Review of the Literature. Language Learning，1991，41(1)：85-117.
[13] Matsuda，Gabel. Anxiety and Predictors of Performance in the Foreign Language Classroom [J]. System，2004（32）：21-36.
[14] Rodríguez M，O Abreu. The Stability of General Foreign Language Classroom Anxiety Across English and French[J]. The Modern Language Journal，2003，87(3)：365-373.
[15] Saito Y，K K Samimy. Foreign Language Anxiety and Language Performance：A Study of Learner Anxiety in Beginning，Intermediate，and Advanced-level College Students of Japanese [J]. Foreign Language Annals，1996，29(2)：239–251.
[16] Yan X. An Examination of Foreign Language Classroom Anxiety：Its Sources and Effects in a College English Program in China [D]. Unpublished Doctoral Dissertation，University of Texas，Austin，U.S.A.，1998.
[17] Yan J X，E K Horwitz. Learners' Perceptions of How Anxiety Interacts with Personal and Instructional Factors to Influence Their Achievement in English：Qualitative Analysis of EFL Learners in China [J]. Language Learning，2008，58 (1)：151-183.
[18] Young J D. Creating a Low-classroom Environment：What Does Language Anxiety Research Suggest? [J]. The Modern Language Journal，1991，75 (4)：426-439.

自动评分系统在英语学习中的应用研究综述

Application of Automatic Scoring System in English Learning

北京林业大学　马慧芳　张　涛　曹荣平

摘　要： 近年来，随着形成性评价体系在英语教学中的不断应用和完善，形成性评价工具在英语教学中的应用得到了有效推广和普及。自动评分系统作为形成性评价工具的有效代表一直都是大家探讨的主要对象。文献显示，自动评分系统的出现解决了教师少、学生多、教师反馈不及时的弊端，同时也提高了学生们的自主学习能力，但是自动评分系统在英语学习过程中也存在着教师定位不当、学生利用率低等问题。本文以写作自动评分系统为研究对象，选取并讨论了中国知网 (CNKI) 2007—2017 年的相关文献，进而分析自动评分系统在英语学习过程中的应用现状，发现目前教学中在线形成性评价模型缺失、对自动评分系统定位不准确等因素是影响自动评分系统更好地应用到教学中的关键因素。笔者希望借此研究可以为计算机信息技术应用于教学提出有价值的建议并推测自动评分系统进一步的发展方向。

关键词： 自动评分系统　外语教学　形成性评价　形成性评价工具

Abstract: In recent years, with the continuous application and improvement of the formative assessment in English teaching, the application of formative assessment tools in English teaching has been effectively promoted and popularized. The automatic scoring system as an effective representative of the formative evaluation tool has been the main object of discussion for everyone. Literature shows that the emergence of the automatic scoring system has solved the shortcomings such as less teachers dealing with more students, and less timely feedback from teachers. It has also improved the students' ability to learn autonomously. However, the automatic scoring system has also shown improper positioning of teacher during English learning and also problems such as low student utilization. This paper takes the automatic writing scoring system as the research object, selects and discusses the related literature of China Knowledge Network (CNKI) from 2007 to 2017, then analyzes the application status of the automatic scoring system in the English learning process, and finds that there currently exists problems such as inaccurate positioning of the automatic scoring system and lack of online formative evaluation models in the application of automatic scoring systems. It is hoped that this paper can provide valuable suggestions for the application of computer technology in teaching and conjecture the further development directions of the automatic scoring system.

一、引言

现代信息技术的发展，为提高教学效率带来了新的发展契机（周颖 2011：88-92）。最早开始于20世纪60年代的美国写作自动评分系统，是计算机自动评分系统的先驱(Shermis & Burstein 2003)，至此自动作文评分系统这一方向的研究已经历时50余年。初期，由于教师定位不当等原因，自动评分系统并未得到大家的认可（唐锦兰，吴一安 2011：273-281），但是随着交互式教学等教学方法的不断出现和完善，自动评分系统开始被广泛地应用于外语教学中，并获得了教师和学生的普遍认可。文中，笔者以写作自动评分系统为代表对形成性评价工具近10年的应用进行梳理，总结其中的经验启示，探寻新的研究方向。

二、自动评分系统的研究现状

文献中的数据显示，目前学者们对自动评分系统的研究主要集中在系统本身的效度、自动评分系统在外语教学过程中的应用以及对自动评分系统反馈与其他反馈方式的应用研究（唐锦兰，吴一安 2011：273-281)。文中笔者主要以写作自动评分系统为例，从自动评分系统的发展、自动评分系统的理论基础及其在课堂教学中的应用三个方面入手，希冀可以为接下来的研究提供新的思路。

1. 研究趋势

笔者从中国知网（CNKI）中国学术期刊网络出版总库记录的218篇以“自动评分系统”为主题词的全部期刊、核心期刊文献按照发表的时间、研究内容进行分类统计。

表1　CNKI中国学术期刊网络出版总库记录以“自动评分系统”为主题词的文献数量统计（2018年3月24日数据）

年份/篇数	2007	2008	2009	2010	2011	2012	2013	2014	2015	2016	2017	总数
总篇数	17	4	13	19	30	22	17	23	26	22	25	218
核心期刊篇数	5	1	5	3	1	2	1	4	5	4	1	32

由图1可以看出，自动评分系统在近10年的发展中呈现曲折上升趋势。表1统计数据显示，2008年论文发表数量达到了历史最低，在2009年尽管发表论文总量并不大，但是核心期刊发表数量占比达到了38%，说明2009年学者们重新对自动评分系统进行了深入研究；2008—2011年间，论文发表数量总量呈明显上升趋势，但此期间的核心期刊数量却呈下降趋势，说明此时自动评分系统研究热情一度高涨，但是研究深度有待提高；经历了短暂滑坡之后，2013—2015年，自动评分系统的论文发表数量呈现上升趋势，与此同时，核心期刊数量也开始上升，并在2015年占比达到19%。图1显示，国内近10年的核心期刊发表数量呈现曲折下降趋势，表明外语领域相关论文的写作质量还有待提高。

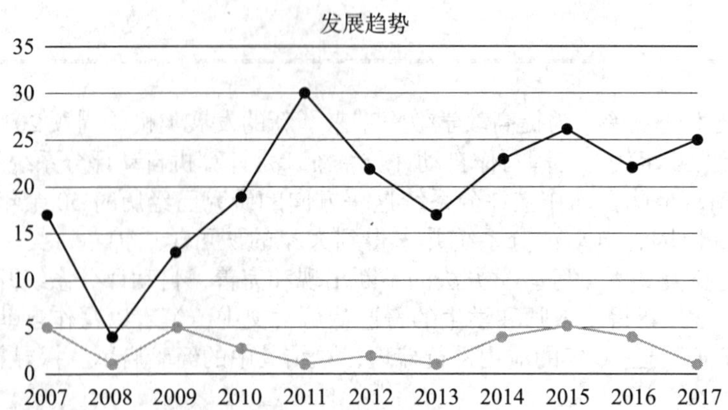

图 1　CNKI 中国学术期刊网络出版总库记录以"自动评分系统"为主题词的文献数量统计

2. 研究领域分布

Chapelle 和 Doughlas (2006：2) 指出，计算机在语言测试中得到了广泛应用，现在学者们无论在哪里，都会用到计算机辅助进行的语言测试。本文就自动评分系统在英语教学中的应用为主要研究方向，对近 10 年相关论文的应用领域进行了分类整理。

表 2 显示：在过去几年中，自动评分系统应用到教学尤其是英语教学领域逐渐提高，到 2017 年达 93 篇，占比 43%，基本与应用到其他领域的研究持平；而应用到其他领域的占比则一直呈下降趋势。这说明近年来，自动评分系统辅助教学逐渐引起学者们的关注并开始探索将其应用到教学中。

表 2　2007—2017 年自动评分系统应用于不同领域的数据统计

年份 / 分类	2007	2008	2009	2010	2011	2012	2013	2014	2015	2016	2017	总数
应用于教学	7	1	2	5	6	12	8	11	17	9	15	93
年度百分比（%）	41	25	15	26	20	55	47	48	65	41	60	43
应用于其他	10	3	11	14	24	10	9	12	9	13	10	125
年度百分比（%）	59	75	85	74	80	45	53	52	35	59	40	57

三、自动评分系统概述

目前，英语教学中最常见的自动评价系统是写作和翻译，由于翻译自动评分系统的发展还不太完善，本文主要以计算机自动评分系统的先驱写作自动评分系统为例，分析其发展历程、理论基础及应用研究以期提出对自动评分系统发展有用的建议。

1. 写作自动评分系统的发展

作文自动评分系统 AES (Automated Essay Scoring) 是机器自动评分系统的先驱。AES 是指能够对作文进行评价、评分的计算机技术 (Shermis & Barrera 2002)。1966 年，第一个机器自动评分系统是 Ellis Batten Page 研制的 PEG (Project Essay Grader) 作文评分系统。后来由于种种实际困难在 20 世纪 70 至 80 年代初受到冷落。Page（2003：45）用“休眠状态”(sleep mode) 来描述这段时期的 PEG。到了 80 年代末，PEG 系统进入了“重新觉醒期”(reawakening period) (Page 2003：45)，并获得了新的机遇。90 年代以后，出现了 IEA (Intelligent Essay Assessor)、E-rater (Electronic Essay Rater) 和 Intelli Metric 等主流作文自动评分软件。

在国外，目前比较流行的是 IEA (Intelligent Essay Assessor TM)、E-rater (Electronic Essay Rater) 和 PEG (Project Essay Grader) (Ramineni & Williamson 2013：25-39)。这些 AES 系统各有优点，但它们主要是针对英语本族语学习者，对于以英语为外语或二语学习者的英文写作不太适用。由于一语和二语学习者的作文在写作过程和写作文本特征方面存在显著差异 (Silva 1993：657-677)，因此，开发一个针对非本族英语习得者写作特点的 AES 系统是非常必要的。

在国内，梁茂成 (2005) 研制了适合中国英语学习者的作文自动评分系统；该系统吸收了国外自动评分系统的长处，兼顾中国英语学习者的特点。批改网 (www.pigai.org) 是以自然语言处理技术和语料库技术为基础，通过分析学生作文和标准语料库之间的距离对学生的英语书面作文进行即时评分并提供改善建议和内容分析结果的在线自动作文批改系统，目前已引起部分学者的关注。自动评分系统其实是一种在学习过程中进行评价的反馈形式，其理论基础为形成性评估。

2. 自动评分系统在课堂教学中的理论基础

形成性评估是近年来兴起的一种评估方式，为自动评分系统奠定了理论基础。它与考试等终结性评估相对应，注重学生的学习过程和发展，并通过提供评估反馈来促进学生学习（Black & William 1998：7-74）。它强调评价过程，在学生学习的过程中给予阶段性的评价，及时发现问题并解决问题，激发学生学习的兴趣和自信心，从而帮助学生达到一个良好的学习效果。与终结性评价相比，形成性评价更能体现出民主与人文精神。

胡曼君（2009）认为，在阅读课堂积极开展形成性评价是适应新时期教学改革形势、充分考虑和满足学生学习需求的有效举措之一。刘雨（2007）和曾利霞（2009）认为将形成性评价体系运用在综合课程当中能够激励学生学习英语的兴趣并激发其自我表现的欲望，而且能够培养其自主学习的能力，促进学生自主、合作学习。曹荣平、张文霞、周燕（2004）认为，形成性评估在写作课堂上的运用能提高学生的自主学习能力，也为课堂教学提供了有效的评价工具。形成性评估的实施既可以对学生的口语能力进行评价，也可以起到“促学”作用（唐雄英 2006）。

3. 写作自动评分系统在课堂教学中的应用研究

唐锦兰（2012）运用了实验、调查问卷、学生和教师访谈、开放式问卷等综合性研究方法，通过设立实验组和对照组的方式对 500 多名学生进行实验研究，最后总结了教师将教学软件有机地应用于教学中也是一个重要的影响因素。另外，还总结了机构管理层对于教学改革的认识，有关技术的硬件设施和技术工具软件环境、信息技术工具应用于教学的模式以及学生对于技术工具应用的认识都是相关的影响因素。其中教师对于信息技术工具作用的认识和自身角色的变化与王守仁（2008：4-10）的观点一致，即计算机和课程的新教学模式能否成功，在很大程度上取决于教师能否将教学软件的使用与课程教学有机地结合起来。

Attali (2004) 的研究发现，学生的个人使用情况也是影响自动评分系统使用效果的一大重要因素。调查发现，71% 的作文没有用系统进行修改而是直接提交，但是对于提交次数在 1 次以上的作文中，得分都有所提高，不过修改仅仅局限在单词拼写、语法而非文章结构方面。该发现与 Warschauer & Grimes (2008：1-24) 的研究发现一致。

Chen E & E Cheng（2008）通过调查问卷和访谈以及作文样本和系统反馈的收集整理，调查了不同反馈形式下的学生对自动评分系统的使用状况。研究发现，单纯地依靠系统反馈并不能满足学生的学习需求，甚至会使其陷入焦躁不安的状态，阻碍学生写作能力的发展。教师对于计算机的态度及评价，和学生自身特点及其学习写作的目的也会影响系统的有效程度。最后，研究结果显示，将系统评价与教师以及同伴评价相结合是最佳的反馈形式。因而，从另一种层面上来说，教师的教学理念和态度直接影响到学生对工具的接受程度。

周颖（2011：88-92）通过调查问卷、设置实验组和控制组的方式对学生在使用自动评分系统过程中遇到的各种问题进行了调查，研究数据显示，自动评分系统能够提高学生的写作水平，调动学生的写作积极性。同时，周颖也认为教师们应该正确定位在线形成性评价工具的价值。在线形成性评价工具是教学的辅助工具和助手，是能够激励学生写作的工具，但是并不是学生写作的指南或标准，更不应该是教师的替代者。

至此，以往的文献数据显示自动评分系统对于提高学生的写作能力和学习积极性有着一定的促进作用。只是不同的教学者由于教学方法以及客观技术支持的不同，自动评分系统的功能开发程度也不一样。同时文献数据也启示着我们形成性评价工具在辅助教学方面能够起到积极的作用。

四、自动评分系统应用的反思

综合上文评述，笔者认为目前自动评分系统在应用中存在两个问题：一是教师对在线形成性评价工具定位不准确；二是在线形成性评价模型的缺失。

外语课堂上运用自动评分系统，教师怎样协调自己、系统以及学生之间的关系，不仅能够将自动评分系统更好地运用到英语课堂教学中，而且能够激发学生使用自动评分系统的动力和热情。教师有责任和义务带领学生认识系统、熟悉系统，并且帮助学生将系统合理地应用到自己的学习当中。有些教师认为既然有了自动评分系统的反馈，那么教师的反馈就可以束之高阁，只要在期末给出综合成绩即可，这种想法是错误的。学生对于系统并没有对于教师那么信任，很多时候他们对系统的利用率很低（Shermis et al 2004）或者没有利用就直接提交作文（Attali 2004）。这些都是源于教师管理缺失，导致系统没有得到充分利用，学生自主学习能力低。

另外，在线形成性评价模型缺失也是自动评分系统没有能够充分发挥作用的一个原因。课堂引进了自动评分系统，在减轻教师繁重的修改任务的同时，也对教师的监督引导作用提高了要求。杨敬清（1996：41-45）认为学生自评在英语写作教学中对提高写作水平起到了积极的促进作用。莫俊华（2007：35-39）对同伴互评在提高学生作文水平中起到的较为显著的积极作用持肯定态度。左年念（2002：355-359）认为教师评价是学生修改作文的准绳，教师对学生的英语作文做出何种评价都会直接影响到学生学习写作甚至是学习英语的积极性。由此可知，只有将自动评分系统的反馈和同伴反馈以及教师反馈结合在一起，才能够更好地促进学生外语学习的进步。随着信息技术的不断完善，自动评分系统可以实现自评、同伴互评以及教师评价的功能（梁茂成 2005）。但这也要求教师主动寻求各方面的支持，解决教学中遇到的各种问题，探索出一套高效合理的教学模式（田育英，2011：92-98）。

五、总结

自动评分系统等信息技术引进课堂不仅仅是技术层面的问题，它也触动了已有的教学秩序（唐锦兰，吴一安 2011：273-281）。随着对形成性评价工具探索的不断深入，教师们普遍开始接受形成性评价工具在课堂的应用，同时也不断地调整教学方式去适应信息技术的发展。只是应用过程中还是会出现定位不准确、教学模式粗糙等一系列不当的问题。本文希望对形成性评价工具的应用及其影响因素的总结会对信息技术在其他教学领域的应用起到启示的作用。

参考文献：

[1] 曹荣平，张文霞，周燕 . 形成性评估在中国大学非英语专业英语写作教学中的运用 [J]. 外语教学，2004（5）.

[2] 胡曼君 . 阅读课堂形成性评价活动的设计与应用 [J]. 三峡大学学报（人文社会科学版），2009（31）.

[3] 梁茂成 . 中国学生英语作文自动评分模型的构建 [M]. 外语教学与研究出版社，2011.

[4] 刘雨 . 英语专业综合英语课程形成性评价模式研究 [J]. 黑龙江教育高教研究与评估，2007（01/02）.

[5] 莫俊华 . 同伴互改：提高大学生写作自主性 [J]. 解放军外国语学院学报，2007（3）：35-39.

[6] 唐锦兰，吴一安 . 在线英语写作自动评价系统应用研究述评 [J]. 外语教学与研究（外国语文双月刊）2011（2）：273-281.

[7] 唐锦兰 . 信息技术应用于教学的关键要素探究——一项教学实验的启示 [J]. 北京：中国远程教育，2012（07）.

[8] 唐雄英 . 中国大学英语教育中的一项促学形成性评价研究 [D/OL]. 上海：上海外国语大学，2006. http://kns.cnki.net/KCMS/detail/detail.aspx?dbcode=CDFD&dbname=CDFD9908&filename=2007011071.nh&uid=WEEvREcwSlJHSldRa1FhcTdWajFuQ2FSMWRpaEFoQ1VCeGxsT2FGbzhlQT0=$9A4hF_YAuvQ5obgVAqNKPCYcEjKensW4ggI8Fm4gTkoUKaID8j8gFw!!&v=MDk3NTVUcldNMUZyQ1VSTEtmWk9ScUZ5amxWTHJOVjEyN0diTzVIOUhMcnBFYlBJUjhlWDFMdXhZUzdEaDFUM3E=.

[9] 田育英 . 运用基于现代信息技术形成性评价工具建构和完善大学英语写作课 [C]. 北京：外语教学与研究出版社，2011：92-98.

[10] 王守仁 . 进一步推进和实施大学英语教学改革——关于《大学英语课程教学要求（试行）的修订》[J]. 中国外语，2008：4-10

[11] 杨敬清 . 提高英语写作评改有效性的反馈机制——实验与分析 [J]. 外语界，1996（3）：41-45.

[12] 左年念 . 外语作文评阅与学生写作能力提高之间的关系研究综述 [J]. 外语教学与研究，2002（9）：355-359.

[13] 周颖 . 在线形成性评价工具在英语写作中的应用 [J]. 现代教育技术，2011（21）：88-92.

[14] 曾利霞 . 形成性评价在英语专业综合英语教学中的实践和探索 [D/OL]. 南京:《中南大学》，2009：84-86. http://kns.cnki.net/KCMS/detail/detail.aspx?dbcode=CMFD&dbname=CMFD2010&filename=2009241008.nh&uid=WEEvREcwSlJHSldRa1FhcTdWajFuQ2FSMWRpaEFoQ1VCeGxsT2FGbzhlQT0=$9A4hF_YAuvQ5obgVAqNKPCYcEjKensW4ggI8Fm4gTkoUKaID8j8gFw!!&v=MTE0NjZHOEg5SE1wNUViUElSOGVYMUx1eFlTN0RoMVQzcVRyV00xRnJDVVJMS2ZaT1JxRnlqbFZydlBWMTI3Rjc=.

[15] Attali Y. Exploring the Feedback and Revision Features of Criterion[R]. Paper Presented at the Annual Meeting of the National Council on Measurement in Education，San Diego，CA.，America，2004.

[16] Black P，D William. Assessment and Classroom Learning [J]. Assessment in Education，1998：7-74.

[17] Chapelle C A，Doughlas D. Assessing Language Through Computer Technology [M]. Cambridge：Cambridge University Press，2006：2.

[18] Chen E，E Cheng. Beyond the Design of Automated Writing Evaluation：Pedagogical Practices, and Perceived Learning Effectiveness in EFL Writing Classes [J]. Language learning & Technology, 2008, (12)：94-112.

[19] Warschauer M，D Grimes. Automated Writing Evaluation；Defining the Classroom Research Agenda [J]. Language Teaching Research，2008，10（2）：1-24.

[20] Page E B. Project Essay Grade：Peg [A]. In Shermis M D, Burstein J (eds.). Automated Essay Scoring：A Cross-Disciplinary Perspective. Mahwah，N J：Lawrence Erlbaum Associates，2003.

[21] Ramineni C，D M Williamson. Automated Essay Scoring：Psychometric Guidelines and Practices [J]. Assessing Writing，2013（18）：25-39.

[22] Silva T. Toward an Understanding of the Distinct Nature of L2 Writing：The ESL Research and Its Implications[J]. TESOL Quarterly，1998（27）：657-677.

[23] Shermis M D，Barrera F. Exit Assessments：Evaluating Writing Ability Through Automated Essay Scoring [R]. New Orleans：The Annual Meeting of the American Educational Research Association，2002.

[24] Shermis M D，J Burstein. Automated Essay Scoring：A Cross 2 Disciplinary Perspective[M]. Mahwah，N J：Lawrence Erlbaum Associates，2003.

[25] Shermis M，J Burstein，L Bliss. The Impact of Automated Essay Scoring on High Stakes Writing Assessments [R]. San Diego：The Annual Meeting of the National Council on Measurement in Education，2004.

海纳百川　博采众长
打造学生真心喜爱、受益良多的高校公外研究生英语课
——教材建设、教学方法、教学评估探讨与分享

Reform and Development of English Teaching for Non-English-Major Graduates in University Rely on Studying Intensively and Extensively
—Teaching Materials, Methods and Evaluation Model

四川大学外国语学院　冯　娅　张春燕

摘　要：高校公外研究生英语教学改革与发展在于海纳百川、博采众长，以适应培养国际化、高层次、引领新时代高校拔尖创新人才的要求。公外研究生英语教学创新实践依靠挖掘课程资源以筛选实用教材和制作精美课件；注入丰富多彩的教学方法以激活课堂教学和带动课堂活动；创新多元化、人性化的教学评估模式以调动师生的积极性、增强学生学习动力和实际运用能力，全力打造出学生真心喜爱、受益良多的高校公外研究生英语课。

关键词：公外研究生英语　教材选择　教学方法　教学评估　创新实践

Abstract: The reform and development of English teaching for non-English-major graduates in university rely on studying intensively and extensively to meet the needs of cultivating top-notch creative university talents in the new era of the internationalization of China. The innovative practice of English teaching depends on exploring curriculum resources to single out practical teaching materials and make exquisite coursewares, pouring into colorful and wonderful teaching methods to activate classroom teaching and promote classroom activities, innovating diversity and humanized teaching evaluation model to arouse the passion to teach and to learn and to enhance graduates' learning motivation and practical application ability, thus to create the beloved and benefited English classes for non-English major graduates.

一、前言

“研究生教育是科学研究和高层次人才培养的载体，其结构的合理性、适应性程度既会对一个国家和地区研究生教育的发展产生重大作用，也会影响一个国家和地区的经济社会发展”（颜建勇 2014）因此，“提高研究生教育质量和创新人才培养水平成为研究生教育改革发展的核心任务”（杜玉波 2011）高校公外研究生英语教育教学质量直接关系到科学研究和高层次人才英语实际运用能力和学术交际能力的培养。然而，我们所面临的多数学生的英语学习在中学受高考的导向、在大学受四六级考试的导向、受考研的导向，应试型的英语教学使他们很难成为国际化的应用实践型人才。加之，我校研究生硕士英语精读与博士英语阅读、写作课程只有一个学期 17 周一周 4 个课时（共计 68 个学时）的学习时间，如何在有限的教学时间里，用短平快和多元化的教学方式最大程度地满足学生的英语学习需求，充分调动和激发学生的学习主动性和创新性，筛选实用教材、丰富教学方法和创新评估模式势在必行。为打造学生真心喜爱、受益匪浅的公外研究生英语课，在教学中我们要注重挖掘课程资源、制作特色课件、激活课堂教学、带动课堂活动、创新评价方式；关注公外研究生英语学习的合理性、现实性和应用性，不断尝试公外研究生英语教育教学的发展与改革。以新颖的教育教学理念为目标，以培养研究生英语综合实用能力为导向，体现教学的知识性、文化性、趣味性、可行性、可学性和实用性；调动教师和学生的积极性、教师与学生重视科学教学的实效性；增强学生的英语学习兴趣、学习动力、学习自主性；促进其英语实际运用能力和学术交际能力的发展，使他们在学习、工作、社会交往和国际学术交流中能有效自如地使用英语，顺利迈入新时代，牢牢抓住新机遇，从容应对新挑战。

二、筛选实用教材

众所周知，教材是各项教学活动的基础，“教材是教学理念的集中体现，是教学目标的重要保障，直接关系到教学改革的顺利进行”（顾非 2017）。为了适应教学改革的发展和社会的需求，培养高校公外研究生实际运用语言的能力，教学材料的选用至关重要。教学材料必须内容广泛、材料翔实、例证丰富、语言规范；必须真实可靠，有时代气息；必须选自正式出版的教材和原版的期刊、书籍、网络；必须涉及对学生有实用价值和学生感兴趣的各个领域。同时，教材必须提供对学生有用的各种实用文体的文章，尤其是学术类文章。“随着日渐深化的高等教育国际化，英语在国际交流和学习中的作用越来越重要。在高等教育国际化背景下，国际学术领域各学科的主要著作、期刊论文、研究成果等大都以英语为媒介公开发表，由此可见，需要使用学术英语的机会越来越广泛”（焦双静 2017）。随着国际学术交流和合作的加强，学生参加学术交流的机会也越来越多，因此学术交流能力也越来越受到重视。他们需要进一步提高写作和口语表达能力。公外研究生英语教学的语言材料还应该具有可变性、发展性和开放性，以便随时补充鲜活生动的学习内容。我们深知教师和学生是通过教材去理解，体现教学大纲所规定的教学思想，“教材是教学中的要素之一。研究发现 98% 的课堂知识来自教材而非教师，90% 的学生课后作业也是由教材来指导的。高质量的教材对教师、学生、教学过程以及教学结果都起着积极的作用”(魏旭涛 2009)。本着不拘一格选教材，海纳百川、博采众家之长的宗旨，筛选实用教材时，我们及时从各类英语书籍、期刊或网站上更新选择材料，以期达到与时俱进，满足社会和学生需要的目的。

考虑到公外英语研究生的个性特征和实际需求，我们力求从实际出发，注重教学材料的前沿性、实用性、针对性和导向性，内容更高深、更前沿、更新颖、更实用。按“硕博一体化”课程设置进行教材取舍，我们从以下四个方面筛选教学材料。一是英语语言技能：VOA/BBC/CNN/TED/电影音频视频材料、《新世纪研究生公共英语教材阅读》B 级（王哲 2008）、《剑桥雅思》1—13（剑桥大学出版社）、《雅思考试技能训练教程》听说读写（王玉西 2005）、《新托福考试综合教程》（美国作家 Deborah Phillip 2010）、《新托业考试官方指南》（加拿大作家 Trew G 2010）、《新托业考试全真模拟》（韩国作家 金学仁 2011），主要用于听说读写译实践，通过听、读语言知识输入和说、写、译语言知识输出，培养和提高公外研究生英语综合实力。二是英语文化文学知识：《新世纪研究生公共英语教材阅读》B 级（王哲 2002）、《英美文学鉴赏导读》（魏健 2008），学习东西方文化知识、赏析英美文学名诗名篇；三是英语情景交流：2 部经典影片及电影剪辑、《英语中高级口语教程》（吴祯福 1997）、《英语口语突破》（彭青龙 2000）、《国际会议交流英语》（董琇 2011），强化英语在交际场合中的实际使用；四是英语实际应用：胡庚申主编系列教程《文献阅读与翻译》、《英语论文写作与发表》、《国际会议交流英语》、徐玉臣主编的《学术英语写作》和《英汉翻译教程》（张培基 2009）、《英汉翻译教程》（孙万彪 2009）、《英语口译——理论、技巧与实践》（潘能 2009）、《汉英口译入门》（李长栓 2005）、《汉译英口译教程》（吴冰 2005）、《中高级口译教程》（梅德明 2006）、《高级汉英口译教程》（王逢鑫 2001）等口笔译教程。训练学生英语文献阅读、口笔翻译与论文写作发表技能，有效帮助有学术英语需求的学生在学术英语阅读能力、学术英语论文写作发表及参加国际会议听说、口笔译方面得到专业指导，全面培养学生的学术英语实际应用能力。唱歌也能学英语，为此经典英语歌（徐玉臣 2013）也进入了我们的选材之列。通过充分利用所选教学材料，我们制作设计了多个丰富多彩的精美课件，使得课堂教学更加生动形象。

三、丰富教学方法

“英语仅仅作为一门外语来学习的时代即将结束。学习者需要的变化和市场经济的变化导致英语教学正在同传统的英语教学方法决裂”（陈美华 2013）。单一的英语教学方法已不再适应当今高校公外研究生英语教学的实际情况。为培养知识型、应用型、综合型和创新型研究人才，公外研究生英语教学需要多元化的方法，真正激发学生的求知欲望，提高课堂教学的实效性。研究生入学时英语水平参差不齐，所学专业各不相同，英语需求不尽相同，加之我校公外研究生英语课程时间有限，因地制宜探索和创建适合我校校情和具有我校特色的公外研究生英语课程体系很有必要。著名的教育学家叶圣陶说过“教学有法，教无定法，但贵在得法”（何守仁等 2012），博采众家之长、海纳百川的教学方法为公外研究生英语教学注入丰富多彩的课堂活动，让学生学有所乐、学有所获。

《新世纪研究生公共英语教材阅读》B 课文文章选自国外出版社的教材、书籍以及权威的报刊杂志，语言真实，具有一定的深度和难度，内容多是学生感兴趣的热门问题，有助于实施以内容为主线的多元化教学法（王哲，王善平等 2008）。讲授法、交互式、研讨式、参与法、辩论式、演示法、情景法、探究型、任务型、读书指导法、口笔译法各教学方法的单独和综合运用，充分体现课堂教学中以教师为主导、以学生为主体的教学理念，培养全面发展的新型人才。

1. 讲授教学法 运用于《聚会之道》，一篇选自专栏作家的美文，篇幅长、结构繁、文辞难、难度大。运用具有简捷、高效、兼顾整体、信息庞大优势的讲授教学法，问题迎刃而解，有效帮助学生全面、深刻、准确地掌握教材，促进其知识学习能力的发展。

2. 交互－研讨式教学法 在教学中有利于促进师生之间、学生与学生之间的互动，使学生掌握学习策略，有效提高学生理解能力和语言表达能力，构建新型师生关系，重视师生的交互性和研讨性。《新派单身一族》的教学实践将交互－研讨式教学法引入到课堂，探讨剩男剩女的产生与现代社会变革密切相关，剩男剩女数量呈上升趋势的原因，单身有何利弊，单身对社会、经济有何影响，单身为何全球化，为何在中国被称作“剩男剩女”，而在西方却是“单身贵族”？根据课文内容，教师课堂讲授课文难点，各小组课后以记笔记/表格的方式归纳全文,通过PPT做课堂讨论汇报,使教师讲授与学生学习有机结合起来，将学生融入课堂教学活动中，激发学生学习的主动性和积极性，使其将所学知识真正理解、消化、吸收，并在实践中加以正确、灵活地应用。分小组讨论既给学生提供了口头操练的机会，也是一个集思广益和相互学习的过程，有助于学生发现问题、分析问题和解决问题。

3. 参与－辩论式教学法 让学生去真正体验、深刻感悟、用心创造，以小组为单位共同协作参加课堂活动也培养起学生团队精神，增强了凝聚力。《医生进退维谷：维持治疗还是听人死亡》教学中，讨论明知生还已无望，医生是救还是不救？首先让学生跳读略读课文，快速找到正反方的辩词，组织学生抽签分组，每个班组成正反双方三对辩论队。教师精心设计辩题、制定辩论规则、讲授辩论技巧方法、播放国际国内经典辩论赛；学生毛遂自荐担当辩论主持，教师任命各组组长担任辩论评委。课外，学生认真阅读教师提供的、学生网上收集的大量相关的信息资料，筛选、归纳、总结出正反方有力的辩词，主持、评委自学自练如何主持、点评。最终，学生围绕辩题：“安乐死是否应该合法化”展开了一场知识竞赛、思维反应能力竞赛、语言表达能力竞赛、综合应用知识能力竞赛，锻炼和提高思维反应能力、语言表达能力、综合应用知识能力 (https://baike.baidu.com/item/%E8%BE%A9%E8%AE%BA%E8%B5%9B/3807685? fr= aladdin)。辩论赛中，辩手们通过你来我往、唇枪舌剑可以极大提高语言能力。

4. 情景教学法 再现课文《空间的文化模式》所描绘的情景表象。不同的文化对空间有着不同的感觉，不仅是东西方在空间模式上存有差异，西方不同文化中城市规划也体现着不同跨文化空间的感知；空间文化模式在不同国度也有着不同的功能与作用。教师根据课文所描绘的情景，精心打造“美国人在巴黎/法国人在纽约”、“美国/日本/印度空间文化模式”主题，抽签分配到各组编写剧本、排练剧目、课堂展示。学生合作创造出形象鲜明的英语短剧，设计出生动直观的PPT画面，辅之幽默诙谐的台词、夸张的表演动作，并借助音乐的艺术感染力，再现课文所描绘的情景表象，通过表演体会情景，使学生观众如闻其声，如见其人，仿佛置身其间，如临其境，在此情此景之中进行着情景交融的教学活动。情景教学法在培养学生情感，启迪思维，发展想象，开发智力等方面确有其独到之处，在课外剧本的编写和课堂剧目的展示过程中，学生不仅掌握了新知识，而且形成和扩展了新的语言技能，寓教于乐，使学生感受到教育的智慧与快乐。

5. 讲授－演示教学法 长久以来，人们一直认为动物不具备人类的情感，但科学家们的研究发现，事实并非如此。通过分析讲解《动物的情感》课文内容结构、展示图片、播放音频、视频、电影《忠犬八公》，以学习兴趣唤起学习动机，带领学生走近动物，与科学家们一同探索动物鲜为人知的情感世界。以上演示教学法的直观、生动、形象激发学生的学习积极性，讲授 – 演示教学法在培养学生分析问题和解决问题的能力，加深对所学知识的理解和印象方面确有实效。

6. 探究 – 任务型教学法　科技的发展给我们的生活带来了日新月异的变化，融入了我们生活的方方面面，但是，科技的发展也带来了严重的环境污染、生物科技发展的恐慌、核能技术的核灾难等。“人类社会需要保护以抵挡科学发展带来的危险吗？”《科学危险吗？》的作者做出了肯定的回答“完全不需要！”只要人类趋利避害，避免科学对人和社会的危害，就能发挥其有利的一面。探究 – 任务型教学法以任务组织教学的优势在于师生通力合作，以表格的方式研究文章结构：作者如何提出问题（主题）、分析问题（例证）、解决问题（结论），学习作者的文笔，写出文章的摘要，撰写演讲稿（硕士生期末考评 5%），参加演讲比赛（硕士生期末考评 5%）。在完成任务过程中，以参与、体验、互动、交流、合作的学习方式，发挥学生自身的认知能力，调动他们已有的语言知识，在实践中感知、认识、应用语言知识。“以学生为中心”，使他们真正成为学习的主人，从学习中提高自我，从提高中培养能力，通过自我实践所获得的成就感将为他们学习、工作攒足后劲。

7. 读书指导教学法　研究生若要在自己的专业上有所作为，就必须具备阅读专业英语文献、撰写专业英语学术文章，听懂英语学术讲座、作学术专题英语发言的本领和探讨学术问题时从事英语口、笔译的技能（蔡基刚 2012）。读书指导教学法以语言传递信息为主，通过教师指导学生进行阅读、获取知识、培养独立阅读能力。《文献阅读与翻译》《论文写作与发表》要求研究生（博士生）必须完成和自己专业相关的一定数量的文献资料阅读，在文献阅读知识的指导下研究生（博士生）课外进行专业文献阅读，递交专业文献阅读作业（博士生期末考评 20%）；进行论文摘要英汉互译，仿写英语论文摘要，递交本专业论文英语摘要、前言、结论（博士生期末考评 30%）。

8. 口笔译教学法　针对公外研究生英语翻译能力和口语表达能力差，为适应新时代要求，尝试把口笔译教学法的笔译、视译、交传和同传适当地渗透到教学的课前预热、课文讲解、课后练习和知识扩展等多个教学环节中，从语言应用能力、翻译技巧和拓展知识面提高学生的翻译能力。

以上多元化的教学方法，让学生“在知识上有收获、能力上有提高、方法上有形成、情感上有陶冶、思想上有启迪、习惯上有改进，让学生越学越爱学英语”（余文森 2012）。满足学生个性特征和实际需求，采用多样式的教学方法，营造宽松和谐的课堂气氛，调动学生学习的主动性，使课堂活动实践和语言交流最大化，使学生英语学习热情持久化。

四、创新评估模式

评估是课堂教学中的重要组成部分，在教学中起着举足轻重的作用。在高校公外研究生英语教学中，合理运用评估模式可以提高英语教学质量，带来更好的教学效果。学生学习水平的提升、运用能力的培养、教师教学质量的提高、教学目标的实现，离不开切实可行的评估模式，从而促成评估有效地为教学服务，以实现教学相长。评估中只有重视学生的主体地位，才能充分发挥学生的能动性，调动学生的积极性，满足学生的学习需求，提高学生的学习质量。

公外研究生英语的教学评估不能像过去只凭一张试卷成绩就一锤定音。评估的内容应该包括语言知识的掌握和语言应用能力及创新能力的展示；评估主体应该包含教师评估、学生自评、学生互评、小组互评等多样性的评估主体，从而培养学生学习的主动性和对学习认真负责的态度，提高学习效率；评估手段主要采用终结性评估和形成性评估。前者强调结果，通常是通过作业、期末考试考查学生对知识的掌握；后者则强调教学过程与发展，是对教与学的双向评估，促使教师深入、细致、全面地总结课程设置、教学模式、教材取舍、教学方法、教学手段等方面的经验教训，从而找到改进方法与提高教学质量的出路。两者有机结合，关注学业成绩的同时更关注学生实践应用能力的发展。教学中我们更加关注学生实践应用能力发展的形成性评估，“形成性评价更注重学习过程以及对学习态度、学习方法、学习进步的评价，能够在学生学习的过程中发挥积极作用”（白晶 2017）。教学中，我们充分发挥形成性评估的多种优势，以学生为中心，关注学生学习过程中的主体地位，为学生营造宽松、和谐的学习氛围，搭建学生英语自主发展的平台，鼓励学生主动探索，提升学生学习主动性，使他们从知识的被动接受者变为知识的主动探索者，促进其学习能力全面发展。形成性评估行之有效，有助于教师在教学过程中不断发现问题、分析问题、解决问题，及时调整教学计划、改进教学方法、提高教学质量、改善教学效果，从而真正完善评估过程 (Scriven 1967)。因此在每一次的教学中处处都渗透着形成性评价的评估模式。

硕士生的期末综合成绩具体为：形成性评估 60%（出勤 10%+ 作业递交 5%+ 课堂参与 10%+ 辩论赛 10%+ 唱歌赛 5%+ 演讲赛 10%+ 书面自评 5%+ 打字赛 5%）+ 终结性评估 40%（期末硕士统一考试）；博士生的期末成绩五五开：形成性评估 50%（出勤 10%+ 作业递交 10%+ 课堂参与 10%+ 唱歌赛 5%+ 论文专题发言 10%+ 书面自评 5%）+ 终结性评估 50%（文献分析 20%；专业论文摘要、前言、结论 30%）。形成性评估与终结性评估相结合构成的综合成绩作为学生能力高低的评判标准，充分体现了多元化、人性化的教学评估模式。教师在评估过程中记录每个学生学习时参与互动、自我展示、团队协作的点点滴滴，在评估时始终坚持客观、公平、公正、热情、诚恳的原则，以鼓励为主（课堂踊跃拼积分），激励为辅（口头表扬 + 奖品），调动学生的积极性、主动性。师生在 participation, cooperation, competition, interaction and presentation 中满足学习需要、展示综合实力、完成教学任务、实现教学目标。

五、结语

“研究生教育作为国民教育体系的顶端，是培养高层次人才和释放人才红利的主要途径，是国家人才竞争和科技竞争的重要支柱，是实施创新驱动发展战略和建设创新型国家的核心要素，是科技第一生产力、人才第一资源、创新第一动力的重要结合点。没有强大的研究生教育，就没有强大的国家创新体系”（《学位与研究生教育发展“十三五”规划》2017）。高校公外研究生英语教材建设、教学方法、教学手段、评估模式应不断适应社会发展与科技进步，使研究生英语学习更具合理性、现实性和应用性，研究生英语课程设置不断发展和改革，对完善研究生的知识结构具有重要意义。根据高校公外研究生英语教学大纲的要求，依据我校公外研究生英语教学的实际情况，为了提高研究生教学质量，实现我校研究生人才培养目标，我们在公外研究生英语教材取舍、教学方法、评估模式等方面进行了一系列的探索和实践，努力找寻适合我校公外研究生英语教学体系，为培养适应新形式、紧跟新时代的实用型人才做出应有的贡献，以期更有效地激发公外研究生英语学习潜能，培养和提高其英语应用能力、学术交流能力和文化创新能力。

参考文献：

[1] 白晶 . 形成性评价模式在大学英语教学中的应用 [J]. 校园英语旬刊，2017（25）：29-29.

[2] 蔡基刚 .“学术英语课程需求分析和教学方法研究 [J]. 外语教学理论与实践，2012（2）：31-32.

[3] 陈美华 . 大学英语“研究型”课程理论与实践：大学英语教学模式与课程建设研究 [M]. 南京：东南大学出版社，2013：18.

[4] 杜玉波 . 认清形势突出重点群策群力努力开创我国专业学位研究生教育改革发展的新局面 [J]. 学位与研究生教育，2011（6）：1-6.

[5] 顾非 . 浅析大学英语教材建设的困境与改革 [J]. 课程教育与研究，2017（39）.

[6] 何守仁等，任务教学法在英语教学中的应用 [J]. 陕西青年职业学院学报，2012（4）：33.

[7] 焦双静 . 非英语专业硕士研究生学术英语课程的需求分析 [D]. 西安外国语大学，2017.

[8] 王哲，王善平等 . 新世纪研究生公共英语教材阅读 [M]. 上海：上海外语教育出版社，2008.

[9] 颜建勇 . 多视角下研究生教育结构演变的驱动力研究 [J]. 中国高教研究，2014（1）：67-70.

[10] 魏绪涛 . 时代特征鲜明 视野仍可拓宽——评新版《新视野大学英语》与《新时代交互英语》[J]. 边疆经济与文化，2009（12）：121-122.

[11] 徐玉臣 . 新编研究生英语系列教材：学术英语写作 [M]. 上海：上海外语教育出版社，2013：6.

[12]《学位与研究生教育发展“十三五”规划》，教研 2017（1）：4-5.

[13] http://www.docin.com/p-1301898691.html（美）斯克里芬（M.Scriven），第五章 形成性评价与学习性评价，《教育方法论》[M]，1967.

[14] https://baike.baidu.com/item/%E8%BE%A9%E8%AE%BA%E8%B5%9B/3807685?fr=aladdin

西部普通高校非英语专业研究生英语课程建设研究——以大理大学为例*

Curriculum Reforming of Non-English-Major Postgraduate English Course in the Universities of Western Area —A Case of Dali University

大理大学　刘凤钦

摘　要： 在全国普通高校研究生教育规模不断扩大的形式下，研究生培养质量也越来越受到重视。非英语专业研究生英语课程建设对培养出合格的人才起着重要的作用。本文分析了目前西部普通高校非英语专业研究生英语课程建设的状况，以云南大理大学作为西部普通高校非英语专业研究生英语课程建设实例，围绕修订教学大纲，制定课程体系，更新教材和改革教学方法手段，运用互动式教学，改善评价体系等方面开展改革探索。尽管西部普通高校非英语专业研究生英语改革还有些滞后，但是目前许多高校开展的非英语专业研究生英语课程建设却积极推进教育教学改革，为培养出合格的硕士研究生人才发挥了应有的作用。

关键词： 普通高校　非英语专业　英语课程建设

Abstract: With the increasing scale of postgraduate education in China, more attention has been paid to the quality of postgraduate training. The construction of English curriculum for non-English-major postgraduates plays an important role in training qualified talents. This paper analyzes th situation of the construction of English courses for non-English-major postgradutes in the western areas. The author takes Dali University of Yunnan as an example. The reform included revising syllabus, developing curriculum system, updating teaching materials and reforming teaching methods, and exploring in dynamic teaching and improving evaluation system.This paper discovers that the English reform of non-English-major postgradutes in the universities in the western area is still lagging behind, but the construction of non-English-major postgraduate English courses in many colleges and universities has actively promoted the reform of

* 本文为 2017 年大理大学教育教学改革项目：大理大学研究生英语课程教学改革研究阶段性成果；2017 年云南省高等学校大学外语教改项目：云南省普通高校研究生公共英语课程建设研究（青年项目）阶段性成果。

education and teaching, also played an important role in cultivating qualified graduate students.

一、引言

随着招生制度的改革，在校硕士研究生招收的数目在不断增加，然而，大部分西部普通高校招收的硕士研究生基础相对薄弱，另外相对数量的“调剂”生源的英语成绩和英语基础都较低。虽然研究生教育的改革在不断推进，但是研究生英语课程教学内容、教学方法、教学手段依然和全国其他高校存在的问题相似，同时教学条件还需改善。这些因素在一定程度上影响和制约了研究生的教学质量。

二、目前西部普通高校非英语专业研究生英语课程建设的状况

在全国高校扩大研究生招生规模的形势下，西部不同省份均增加了“学术学位”和“专业学位”两种招生类别的数量。而且大部分高校都开设了英语类课程，大致分为两类：读写类课程和“学术 + 专业类”课程。和其他地区高校相似，课程开设同样存在“百花齐放”的情况。有的高校注重改革课程从传统重学术读写转移到学术应用方面，但是随着研究生教育规模的不断扩大，培养规格和类型增多，研究生教育的英语课程建设等问题日趋突出。课程教学大纲陈旧，教材体系不规范，教学方法依然保守，虽然有不同程度的改革，但是大都停留在文字层面或是小范围的经验式尝试，教学手段和课程层次依然存在不少问题。

三、西部普通高校非英语专业研究生英语课程建设实例

笔者以云南大理大学外国语学院公共英语教研室历经 3 年的非英语专业研究生英语课程体系建设为例，结合实例，针对西部普通高校非英语专业研究生英语课程建设存在的普遍问题，依据科学的理论支撑和改革实践，不断总结探索。

1. 修订教学大纲，制定课程体系，更新教材

目前，全国大多数高校所制定的教学大纲基本依据我国 1992 年教育部颁布的《非英语专业研究生英语教学大纲》(以下简称《大纲》(1992))，和 2004 年教育部颁布的《硕士、博士学位研究生英语教学大纲》(以下简称《大纲》(2004))。《大纲》(1992) 明确规定：硕士生英语教学的目的是培养学生具有较熟练的阅读能力，一定的写、译能力和基本的听、说能力，能够以英语为工具进行本专业的学习和研究。《大纲》(2004) 明确指出：研究生英语教学的宗旨是“使学生掌握英语这门语言，进行本专业的学习研究与国际交流，为我国的社会主义建设服务。”但是这两个《大纲》对教学的要求更多体现在基础知识训练和阅读能力的培养和提高上，已经在一定程度上滞后于社会发展和研究生英语教育的要求，显然与 2007 年颁布的《大学英语课程教学要求》明确规定的大学英语教学目标存在很大的差距，无法体现硕士研究生是在本科阶段基础能力上的提高。因为本科阶段重点培

养学生的英语综合应用能力，特别是听说能力，使他们在今后学习、工作和社会交往中能用英语有效地进行交际，同时增强其自主学习能力，提高综合文化素养，以适应我国社会发展和国际交流的需要。因此，研究生英语教学要求应该高于大学英语教学要求，突出研究生英语“学以致用”的教学原则，为他们未来的科研发展提供支持和帮助。笔者与改革小组成员反复讨论，将本校的非英语专业研究生英语课程教学大纲先后修订了两次。将原来粗放的内容和要求尽量具体化，将原来不重视听说技能的不足加以补充，另外，也增加了学术英语的运用能力要求。

课程体系不够完善，课程体系中课程设置和教学学时比例有一定的局限性。例如，学术学位研究生设有 72 学时的英语综合课程和 52 学时的英语听说写课程，而专业学位研究生仅仅开设 36 学时的英语综合课程。这不符合近年来悄然兴起学术英语教学模式(English for Academic Purpose，EAP)，学术英语主要内容包括适用面较广的课程如科技英语、学术交流英语、学术论文写作、科技文体翻译以及文献检索与阅读技巧等。研究生阶段开设学术英语课程符合世界英语教学的发展潮流。蔡基刚教授在 2017 年冬季学术英语教学研讨会上提倡“基于科研项目的学术英语教学”，也重申了开设学术英语才能够改变我国长期以来将英语定位在基础英语所形成的“费时低效”和应试教学的倾向。因此笔者所在高校目前已经积极准备开设学术英语的教学。拟开设学术英语系列课程，如学术英语写作或学术英语，将演讲、报告等作为研究生通识必修课程。

教材使用上一直存在现行教材难易度与学生基础水平有差距的问题，目前使用的统一教材对于不同专业、不同英语基础的学生学习效果差别较大。笔者所从教的大学大多数研究生属于医学类学生，而少部分属于文科类学生，所以统一的教材的通用性和实用性难以结合。甚至英语听说写课程目前还没有固定教材，虽然有任课教师结合学生实际总结的讲义或视听素材，但是缺乏规范性。因此，在经过大量调研和论证后，自 2015 级入学的硕士研究生采用了《新编研究生英语综合》教程（高等教育出版社），同系列的《新编研究生英语听说》和《新编研究生英语读写》也作为教学参考运用到课程教学中。

2. 改革教学方法手段，运用互动式教学，改善评价体系

网络“分层次教学”是尊重学生的个性，促进所有学生发展的有效措施。学校在面对招生数目不断增加和学生英语基础相对薄弱的实际情况下，尝试取消以往的以专业自然班分班的原则，同时在 2016 年开展网络教学项目开发建设，对不同培养层次的研究生开设网络教学课程。目前同等学历硕士的英语课程和医学类“归培”项目的硕士生试行网络课程教学，学术学位研究生和专业学位研究生采用全日制在校教学，所有层次的硕士研究生均开设英语综合课程。仅全日制在校学术学位硕士研究生增设英语听说写课程。分层次教学积极激励了学生的学习兴趣，也满足不同层次的人才培养需求。

目前传统的教学法，如以语法教学为重点的翻译教学法、任务教学法等，虽然有着它们自身的优势，但是与普通的本科生相比，大部分硕士研究生不再满足于以语法为重点的教学，他们更多希望结合自身的专业特点，参与到整个教学活动中来，突出自己的专业研究特点。因此教学上不断探索“互动式”教学模式和“自主探究式”教学模式。改革过程中有教师采用“互动式”教学模式，形成教师与学生、书本与学生、学生与学生、学生与多媒体互动的教学。在医学类研究生英语教学过程中，团队教师尝试了罗辉（2014）等人提出的“自主探究”模式：选题自主探究—导拨合作探究—强化实践探究—评价深化探究，即自主性、探究性及个性化、协作化、模块化，学生在此过程中，通过自我监控、独立搜集信息、协作学习、习作实践等步骤逐步加强其语言产出能力，同时探究与思辨能力也得

到了锻炼，促进了多元评价体系的基础形成，从而改变按期末成绩单一的评价体系。

四、结束语

虽然非英语专业研究生的不断扩招，西部普通高校招收的硕士研究生英语基础相对薄弱，但是我们在努力适合新局面，进行英语课程建设改革。目前我们针对教学大纲，改革课程体系，更新教材，通过分层教学和改进教学方法模式，提升了非英语专业研究生英语教学效果和教学水平。尽管西部普通高校非英语专业研究生英语改革还有些滞后，但是却为积极推进教育教学改革、为培养出合格的硕士研究生人才发挥了应有的作用。

参考文献：

[1] 柳君丽，范秀云 . 英国学术英语教学的发展及对我国开设非英语专业研究生学术英语课程的启示 [J]. 学位与研究生教育，2011（12）：62- 67.

[2] 刘凤钦 . 研究生英语课程建设中存在的主要问题及对策——以大理大学为例 [J]. 湖北函授大学学报，2016，29（16）：166-167.

[3] 罗辉 . 基于建构主义的研究生英语教学模式创新研究 [J]. 蚌埠学院学报，2014（05）：133-136.

[4] 谢宇，韩天霖等 . 研究生公共英语教学现状的调查与思考 [J]. 外语界，2007（1）：53-60.

“新国标”视域下工科院校英语专业多元课程构建——以天津工业大学为例

Multi-Curriculum Construction of English Major in Polytechnic Universities Based on the National Criteria —From the Perspective of Tianjin Polytechnic University

天津工业大学 徐 琳

摘 要： 本文从“新国标”对英语专业人才培养目标的定位出发，探讨了基于多元人才培养的多元课程体系、传统课程的多元教学目标及评价体系的多元构建。在此基础上，以天津工业大学为例，从优化课程模块突出工科背景知识、突出核心课程和校本课程特色、拓宽实践环节和引入混合教学模式等方面提出了课程构建路径。希望能够更有效地贯彻“新国标”提出的要求，提升工科院校英语专业的培养效果。

关键词： “新国标” 工科院校 课程建设

Abstract: Based on the national criteria of teaching quality for undergraduate English majors and the goal of talent development, this paper intends to analyze the multi-curriculum mechanism, the diverse teaching goals of the traditional courses and the multi-evaluation system. From the perspective of Tianjin Polytechnic University, this paper provides a path of curriculum construction in optimizing curriculum modules with polytechnic features, highlighting core courses and school-based courses, expanding practical channels and introducing blended teaching in order to implement the national criteria and upgrade the education effect of polytechnic universities.

一、引言

课程在人才培养中发挥着重要的作用，是提升英语专业本科教育教学水平的重要载体，直接关系到学生的知识、能力、素质的全面协调发展。课程建设是教学基本建设和教学改革的根本任务之一，同时也是教学质量的保障。课程是“为实现学校教育目标而选择的教育内容的综合”（顾明远 1990：257）。《英语专业本科教学质量国家标准》（以下简称“新国标”）中对人才培养目标的定位是：“英语专业旨在培养具有良好的综合素质、扎实的英语语言基本功、厚实的英语语言文学知识和必要的相关专业知识，符合国家经济建设和社会发展需要的英语专业人才”（仲伟和，潘鸣威 2015：112）。在“一带一路”及中国文化“走出去”等国家战略的大背景下，高等院校英语专业本科教育对工科院校的人才培养模式提出了新的要求。在顺应英语专业人文学科回归的同时，如何更好地对接国家的快速发展对多元人才的需求是工科院校英语专业面临的巨大挑战。据此工科院校应发挥自身的校本特色，优化英语专业课程体系，倡导个性学习。

二、“新国标”的课程建设导向

目前，国内高校开设英语专业点 900 多个，多数工科院校都将英语专业人才培养的目标定位在“复合型”和“应用性”，实施“分层次、厚基础、宽口径、开放式”的人才培养模式。按照 2000 年《高等学校英语专业英语教学大纲》的要求，英语专业本科的培养目标是将英语看作以技能训练为主的复合型人才培养的一部分，将课程分为英语专业技能、英语专业知识和相关专业知识三种类型。其中，技能类课程学分占比约 50%。部分工科院校还明确提出要融入工科背景知识。虽指出培养学生的创新精神和创造能力，但对知识和文化内涵强调不够，人才的多元化培养未引起足够重视。“新国标”的出台使英语专业回归人文学科的本质，培养人的全方位素养和多元化的社会竞争力。

1. 基于多元人才培养的多元课程体系

2013 年的“全国高校英语专业教学改革与发展学术研讨会”提出“基于多元人才观，探索英语类专业教学改革与创新”的思路。人才多元化既是新时代对英语专业毕业生提出的新要求，也是目前国内高校，特别是工科院校扭转英语专业“同质化竞争”的必然需要。我们注意到，在“新国标”中，英语专业课程结构体系包含公共课程、专业核心课程、专业方向课程、实践环节及毕业论文五个模块，本身即是一个多元课程体系。在确保英语专业人文学科属性的同时，提供个性化设置平台，如专业方向课程模块中的“特色课程”使工科院校在课程设置中发挥校本特色，并依托本地经济发展特点及学术生态，充分体现工科背景的融入；实践环节拓宽了学生课外及社会实践的渠道，并增设“国际交流”以培养学生跨文化交际能力，同时，广义的实践教学还应包含课内实践环节的训练；毕业论文模块的多元设置尤为明显，涵盖学术论文、翻译作品、项目报告、创意写作四种形式，开辟了检验学生学习效果的多元手段，一改过去学术论文一统天下的局面，为各高校毕业论文环节的设置提供了新的思路。特别是依托工科背景的英语专业可以充分利用本校的优势学科及当地的优势产业，鼓励学生进行多元化的毕业论文（设计），完成有针对性的翻译作品，甚至是参与完成社会经济建设中的具体项目，在这一过程中，发挥英语专业的专业优势，提升个人的社会竞争力。

2. 传统课程的多元教学目标

“新国标”的制定原则之一是坚持内容驱动，改变目前以技能训练为主线的教学。专业核心课程模块包含传统的听、说、读、写、译、第二外语、语言学、文学、国家与社会文化，强调突出所学知识和文化内涵信息，以广博的人文知识为载体带动技能训练。这一指导思想充分体现了英语专业回归人文学科的本质，同时培养新时代需要的多元人才必须具备的思维能力及思辨能力。学生应具有多元文化认同感，能以开放的态度、批判的思想和包容的胸襟对待多元文化现象；具有较强的跨文化意识，能比较敏锐地觉察各种跨文化现象；能较好地理解、诠释、评价文化差异，并灵活运用策略解决文化差异引起的交流困难（蒋洪新 2014：456-462）。双语思维能力的建构对英语专业教师提出了更高的要求，除了先进的国际视野，他们还必须从细微处着手，从语言、文字、知识、文化等资源入手，以语篇内容为依托，培养学生的人文情怀和思辨能力。另一方面，人文回归不等于忽略技能训练，英语专业虽需摆脱“工具性”专业的诟病，但从长远来看，毕业生所具备的英语语言技能仍将是他们立足社会、服务国家建设、突出自身核心竞争力的“法宝”，是他们求职过程中专业优势的体现。因此，传统核心课程要兼顾知识主导和技能训练两方面，既明“道”，又善“术”，培养全方位的专业人才。

3. 评价体系的多元构建

在传统英语专业中，无论是理论教学还是实践教学或是毕业测评，都偏重于终结性评价，多以期中期末考试、学期论文、读书报告、实践报告、毕业论文等形式检验评价学生的学习效果,并通过量化成绩评定等级。“新国标”要求形成性评价和终结性评价相结合（杨永和，吴斐 2016：128），其中，形成性评价除了传统的课堂参与度监控、平时成绩监控及平时作业监控外，还应纳入更多元的评价指标，特别是能够体现学生思辨能力提升的过程性评价要素。这些要素既可以是课堂讨论过程中思维逻辑性的提升、批判性思维的体现、课堂及课外实践活动中创造性思维的展示、人文素养的提升等，也可以是学生学习态度的改善、自我规划的完善、语言交际能力的进步等。形成性评价还同时强调对学生的指导作用，通过过程监控及信息反馈，帮助学生随时明确自己的努力方向。“新国标”中对毕业论文环节的多元设置也为形成性评价提供了路径，翻译作品及项目工作可以贯穿本科教育的整个学程中，有利于学生积累丰富的专业工作经验，在过程中不断优化工作方法，深刻理解专业优势。形成性评价与终结性评价相结合能够更立体地呈现学生的学习轨迹，更科学地给予监督与评价。

三、英语专业多元课程建设路径

工科院校英语专业已经形成了较为完善的课程体系，以天津工业大学为例，这一体系由五个课程模块支撑，包括“通识课程”、“学科基础课”、“专业基础课”、“专业方向课”和“专业选修课”等。在培养方案中，各课程模块相互依托，相互协调补充，形成了较为有机的整体。在此基础上，优化现有课程，构建多元课程体系，应遵循“新国标”中体现的课程设置理念，以“新国标”中明确的课程模块为路径。

1. 优化课程模块设置，深化课程体系改革

在原有翻译与商务英语两个专业方向的基础上，兼顾人文性与工具性的专业内涵建设，明确培养具有国际视野和人文素养的人才培养目标和定位，加强课程体系建设，完善课程模块，在学科基础课模块中加入工科背景知识的英语课程，开设《计算机辅助翻译》课程；在翻译方向限选课模块中增设《科技英语阅读与翻译》课程；在商务英语方向限选课模块中增设《国际结算》课程。《科技英语阅读与翻译》课程的阅读材料选自《时代周刊》

（*Time*）等英文杂志，内容涉及通信、计算机、网络等领域，旨在通过科技英语阅读与翻译技巧的讲授，帮助学生准确阅读理解各类科技文章，以文章内容为载体，组织形式多样的课堂讨论，培养学生对相关知识的分析能力，并在科研中能够熟练查阅外文科技文献，与国外科技人员交流，掌握科技英语翻译的特点与基本方法，增强实际工作能力。

《计算机辅助翻译》课程作为专业工科背景知识掌握的重要支撑，为学生提供成为现代译员所需的基本计算机辅助翻译工具操作技能训练。主要向学生讲授现代计算机辅助翻译原理，以当前翻译行业使用率最高的机辅翻译软件 SDL TRADOS 2011 为例，讲授机辅翻译软件的操作方法，学生随堂开展软件使用训练，做到理论与实践紧密结合，通过一个学期的训练，具备现代译员所需的基本工具操作技能。

2. 加强核心课程建设，突出方向课程特色

明确专业核心课程以内容为导向，兼顾技能训练的定位，完善听、说、读、写、译等课程体系，构建互为支撑的核心课程群生态，发挥相辅相成的优势，形成协同培养的效果。采用以“学生为主体、教师为主导”的教学模式，让学生最大限度地参与到学习的全过程，学会自主学习，快速提高听、说、读、写、译能力。在语言使用的输入和输出环节，均以语篇为单位进行分析，引导学生关注语篇特点及语流变化，同时培养学生的跨文化交际意识及能力，通过扩展语言背景知识及相关专业知识，提高学生的创新思维能力和人文素养。在教学中，采用启发式、讨论式、互动式、体验式等，开展形式多样的教学活动。通过阅读和分析英美文学作品，促进学生语言基本功和人文素质的提高，增强学生对西方文学和文化的了解。文学类课程不仅注重提高学生的英语水平，还要提高学生的文化修养和审美情趣，这些素质都是新时代英语专业人才所应该具备的。翻译类课程重在课内外实践教学的建设，要求学生完成一定量的笔译实践，参加翻译志愿活动，撰写翻译赏析等学期论文。口译课堂模拟陪同、联络、会议等真实场景，通过鼓励学生进行口译实践，锻炼他们的逻辑思维能力、公共演讲能力及临场应变能力。

突出专业方向课程特色，保障人才培养目标中“必要的相关专业知识”的体现。“翻译”和“商务英语”两个模块的方向课程既有英语专业的共性语言要素，又彰显鲜明的相关专业特色。翻译方向的《口译技能训练》及《笔译技能训练》课程可充分利用社会认可度高的翻译资格考试的相关资源，融入课堂教学及课后训练，满足学生适应社会需求的愿望，同时发挥《中西文化对比》课程的丰富人文及语言知识，夯实学生的英语语言基础；商务英语方向课程可发挥工科院校的校本资源优势，与其他相关学院共享师资及课程资源，整合《国际贸易实务》《国际结算》《商务英语》等课程，进一步扩展学生的相关专业知识。

3. 拓宽实践环节渠道，引入多元评价体系

广义的实践教学除了校外专业实习实践外，还涵盖理论与实践相结合的课内实践活动。“新国标”在课程体系框架部分指出，英语专业教学要突出理论课程与实践环节相结合（杨永和，吴斐 2016：129），因此，实践环节的拓宽可以首先从课堂入手，结合讲授内容设计学生参与的课堂实践活动，提高学生的英语应用能力。其次，还应加强实习实训基地和实践教学平台建设，建立翻译实践基地，加强校企联合，建立商务英语实践基地。工科院校依托当地经济发展特色和行业优势，开发形式灵活的实习实践模式，还可整合校内其他工程学科的资源优势，以学校为单位与企业签订合作协议，探索“工程＋外语”的打包实习输出。再次，“新国标”在实践环节中新纳入了“国际交流”，学校借助沿海区位优势积极拓展与海外的校际交流项目，可使学生利用假期参加海外的社会实践与考察，拓宽国际

视野，增强他们的跨文化交际能力。

在整体课程优化过程中，实践环节设计是改革评价体系的最直接手段。实践环节强调过程的循序渐进，由浅入深，且形式丰富灵活，增强了形成性评价的可行性。对学生实践环节的评价可由学校和实践基地共同完成，其间可借鉴企业及用人单位的考核体系，使学生能够直接应对社会对英语专业人才的要求，对接社会发展和职场需求。此外，"新国标"倡导多元评价体系的引入，工科院校可探索将"国际人才英语考试"（"国才考试"）等针对英语沟通能力及职场需求的考试纳入实践环节的评价体系，设立学分转换或课程免修制度，为学生的专业实践提供多种可能。

4. 优化课程教学手段，探索混合教学模式

工科院校英语专业教学应围绕"学"做文章，注重讨论式、互动式、启发式的课堂教学。在此基础上，充分发挥现代教育技术在教学中的作用，推进多媒体、网络课件的建设，为学生个性化学习提供平台，提高学生自主学习能力；在教学模式上，探索传统教学模式与基于现代教育技术的教学模式有机结合的新途径。天津工业大学外语学院投资建设同声传译教室、英语录播实验室、网络自主学习教室等，为教师进行"翻转课堂""微课教学"等提供了有力的设备保障。

另外，高校还可依托人工智能网络平台，探索"线上＋线下"的混合教学模式，有机结合传统教学和在线教学的优势，有效提升绝大部分学生的学习深度。同时，混合教学模式的应用也能够全方位支持多元评价机制的完善，学生线上学习进度能够得到有效监控，方便给予形成性分析和评价，又对线下教学提供及时的反馈，使课堂教学更加有的放矢，取得事半功倍的效果。

四、结语

英语专业课程建设的出发点和归宿是提高人才培养质量。在"新国标"指导下，多元课程体系的设置要充分发挥工科院校特有的相关学科资源优势，在确保传统核心课程继续发挥作用的基础上，积极开发校本特色课程并拓宽课堂实践及社会实践渠道，构建具有英语特色的课程体系，为培养高素质、重人文、强技能、懂思辨、善创新的专业人才奠定良好的基础。

参考文献：

[1] 高等学校外语专业教学指导委员会英语组．高等学校英语专业英语教学大纲 [M]. 上海：上海外语教育出版社，2000.

[2] 顾明远．教育大辞典 [M]. 上海：上海教育出版社，1990.

[3] 蒋洪新．关于《英语专业本科教学质量国家标准》制定的几点思考 [J]. 外语教学与研究，2014，46（3）：456-462.

[4] 杨永和，吴斐．"新国标"视域下理工院校英语专业实践教学的优化与重构 [J]. 教育评论，2016（1）：128-131.

[5] 仲伟和，潘鸣威．论《英语专业本科教学质量国家标准》的制定——创新与思考 [J]. 现代外语，2015（1）：112-120.

第三部分

语言技能培训

英文原版小说阅读方法与实践
——基于对非英语专业研究生英语阅读训练的思考

Reading Methods and Practice of English-Version Novels
—Thinking on English Reading Training of Non-English-Major Postgraduates

陆军防化学院　郭志艳　周俊萍

摘　要： 英语是全球广泛应用的语言之一，但中国学生在学习英语的过程中没有很好的语言环境。英文原版小说阅读能够给学生提供大量的语言输入。本文从读原版英文小说的优点入手，分析了原版英文小说阅读的实践方法，并结合相关内容的听、说、写练习，提出了激励学生进行英文小说阅读、强化阅读效果的方法与措施。

关键词： 英文小说　阅读　英语水平

Abstract: English is one of the widely used languages in the world, but most of the Chinese students can't have access to an English environment while learning English. Reading original English novels can provide students with a large amount of language input. This essay analyzes the advantages of reading English novels, how to read English novels and puts forward some measures that can stimulate students to read English novels and improve reading effects.

一、引言

Krashen 认为大量阅读对语言习得非常有益。 学习者必须拥有大量的、与其生活和认知相关的、富有趣味性且容易被理解的阅读材料，通过大量的语言输入逐步习得第二语言（转引自杨翠菊，赵连杰 2016：15-22）。英语阅读是提高英语学习兴趣、增长知识的重要手段。随着阅读能力的不断提高，语言知识的不断积累，英语阅读量就会不断增加。学生的注意力就会从语言转移到阅读材料的内容上。对题材、内容发生了兴趣，英语学习者的阅读量和速度都会大大提高，在无意识中促进英语学习的进步，反过来又进一步激发英语学习兴趣。通过广泛大量的英文小说阅读，英语学习者猎取了知识，增长了见识，开阔了眼界。

由此可见，大量的英文阅读对提高学生的阅读能力和语言水平具有重要作用。通过多年的英语学习，高校里的非英语专业研究生具备了基本的听、说、读、写能力，而且很多在大学期间都通过了英语四、六级考试，但是英语学习不应仅仅局限于课本的学习，还应该养成一种能够受益终身的学习习惯，而英文原版小说阅读正好能够实现此目的。在校学习期间，英语阅读再加上相关内容的听、说、写练习，会全面地提高学生的英语水平。

二、原版英文小说阅读的优点

1. 培养和增强学生的语感

在英语学习中，语感是非常重要的。语感是指在长期语言实践中形成的对语言文字敏锐的感受领悟能力，是在长期的语言实践中自然而然形成的。阅读是英语语言材料不间断的大量输入，而且都是地道的原汁原味的语言素材。学生在阅读过程中，随着对情节和人物的关注度加深，不会仅仅有意识地关注语言本身，而是会对内容感同身受，无意识中加深了对语言的理解和掌握。而且在阅读小说的过程中，有很多同义词会在不同语境重复出现，能不断加深巩固学生的语言记忆。随着阅读量的增加，就会形成对特定环境中的话语不经过逻辑推理，直接迅速整体地感知和把握能力，也就是语感。这也就是为什么中文里有“读书破万卷，下笔如有神”的说法，这也阐释了语言输入的重要性。

2. 培养学生的英语思维

中国学生学习了很多年的英语，尤其到了研究生阶段，在通过了四、六级考试之后，积累了一定量的词汇，语法点也基本都弄通了，但是很多时候表达的还是中式英语。阅读英文原版小说能够帮助学生了解英语表达习惯。但是英语思维习惯的形成不是一蹴而就的，需要大量的、日积月累的英语语言的输入（宝建东 2014：21-22）。由于兴趣的吸引，学生才能无意识地、不费力地坚持下去，并逐渐用英语进行思考，这是其他任何碎片化的阅读材料所不能实现的效果。

3. 拓宽学生的视野

阅读可以扩大一个人的视野，增加人们的想象力，可以体验与作者一样的经历、心境，可以通过阅读交流知识、观点等。每一本小说都将带给一个人对已知或未知、熟悉或陌生的世界的一种全新的认知。原版小说的语言只是一种载体，它更多是向读者传递了不同民族、国家、地域或历史时代的文化特征。学生所读的不仅仅是一本小说，而是故事发生地、发生时代及相关人物的全面介绍。所以原版小说阅读既是一个重要的英语学习习惯，也是一种拓宽视野，了解英语国家风土人情、文化特征的重要手段。

三、原版英文小说阅读的实践方法

1. 兴趣先行

兴趣是直接推动学生学习的内部原因。英文原版小说能直接影响学生的英语学习兴趣，它能使学生的注意力完全集中到小说内容上，而不是枯燥的英语学习。把英语学习转变成一种无意识的自然的学习活动，教师应根据学生的英语水平和兴趣点向学生推荐相关书籍，学生一定要选择适合自己阅读水平并感兴趣的阅读材料。情节和语言太简单的小说可能提不起学生的兴趣，太难的小说可能会打击学生的阅读积极性，因此要选择语言难易适中的小说，激起学生的阅读积极性和兴趣。教师在学生读书之前，可以先简要介绍小说内容，让学生对小说有个大致的了解。然后让学生试读，一般要求学生至少试读三章以上，因为小说开头一般都是铺垫式的叙述，交代小说背景、人物等。学生刚一开始读小说的时候因为对小说的具体内容不了解，可能会感到吃力，但随着阅读的深入，这种感觉就会逐渐消失，会慢慢对内容产生兴趣。

2. 教师提供阅读指导

教师除了在开始时向学生介绍小说内容之外，在阅读过程中还要给学生提供阅读指导，就小说内容布置一定量的阅读任务。当然这种任务不是繁重的，否则可能会影响、打乱学生的阅读进度，而是能够促进学生的阅读，加深学生对小说人物的理解。阅读任务可以是对人物的总结归纳，对事件的具体原因或主要原因进行分析，介绍小说中的一些伏笔、前后照应、对一些问题的设想等等。比如，*Jane Eyre* 中，对简·爱在孤儿院的好朋友海伦的介绍篇幅并不多，但并不影响我们对海伦的性格特征形成一个清晰的认识。就此问题，教师可以在讲解这些内容之前布置任务，要求学生在读完这一部分之后对海伦进行一个全方位的概况，包括家庭背景、学习情况、性格特征等；比如 *Wuthering Heights* 中，希斯克利夫是一个复杂的人物，他性格扭曲，可以要求学员对他的性格成因进行分析；*Flipped* 的叙事方式很特别，分别从男女主角的不同角度对同一事件进行叙述，观点却截然不同，教师可以要求学生就同一件事两人不同的理解进行归纳并分析原因。如果教师没有提出这些阅读任务，学生可能只是简单地阅读而已，无法作深入的思考。如果教师布置了任务，学生进行了深入的思考、总结，就能够加深他们对小说人物、内容的理解，同时提高了语言能力。

四、激励学生进行原版英文小说阅读、强化阅读效果方法与措施

1. 配套口语练习

教师应划定具体时间要求学生分享阅读内容，形式是口述近期所阅读的内容，根据人数多少，时间点可以是每一周一次或每两周一次。学生可提前列出大纲，在具体讲解过程中还可画一个简单的人物关系图，便于大家理解。在讲解完之后可以安排教师和同学提问时间，就小说里面不明白的地方进行提问。学生也可以利用这个时间反馈老师布置的任务，如对某一人物进行归纳总结，对某一事件原因进行分析等等。由于学生对小说内容感兴趣，整个氛围应该是轻松愉悦的，学生没有任何压力，可就小说中的任何问题进行讨论。因为学生读了小说，而且对小说内容很感兴趣，这样学生在讲的过程中就有内容可说，针对其他同学的提问也有内容可答。这不同于要求学生就某一题目作讲解，学生对该题目可能不了解，或了解得非常少，即使提前做了准备，可能讲的时候也会觉得无话可说。

2. 配套写作练习

教师可根据时间安排或学生意愿适当安排写作练习，但该任务应以不减弱学生的阅读兴趣为宜。学生可以就小说中的某个人物、事件、情节等内容进行写作练习，也可在每一次口语分享完之后，把自己表述的再写一遍，因为口语表述中可能有些地方用词不当或不够准确，通过再次查阅原文，找到合适的词语或表述方式。通过这样的练习不仅可以加深对小说的理解，而且能够扩大自己的词汇量，提高自己的写作水平。

3. 小说原版电影赏析

在学生阅读完整部小说后可集中安排时间，或要求学生自己找时间欣赏，根据该小说改编的英文电影。因为学生已经读完了整部小说，对电影里面的每个情节都会非常了解，甚至对电影里面没有表现的内容也非常了解。这样在欣赏电影的整个过程中，他们的感受也是不一样的，会进一步提升他们的兴趣。学生在欣赏电影的时候因为对内容了解，听力障碍会降低，久而久之，听力水平就会提高。而且在欣赏的过程中，通过模仿还可以纠正学生的语音语调，电影里的经典语言会长时间地留在脑海里（郑婷 2017：106）。

五、结语

英文原版小说阅读能够保持学生的阅读兴趣，实现大量的、不间断的语言素材的输入。因为都是原汁原味的语言素材，无形之中就为学生创造了语言学习的环境和氛围，再配上相应的口语、写作练习，能多方面提高学生的英语能力。原版小说阅读是促进学生英语学习的重要途径，而且学生在研究生阶段的学习结束后，因为兴趣和习惯，他们仍能继续阅读下去，形成终身阅读的习惯。

参考文献：

[1] 杨翠菊，赵连杰 . 基于英文小说提升学生阅读能力和语言水平的探究 [J]. 英语教师，2016（16）：15-22.

[2] 宝建东 . 英文原版阅读对大学生英语思维能力的影响 [J]. 校园英语，2014：21-22.

[3] 郑婷 . 英文电影欣赏在大学英语教学中的重要作用研究 [J]. 中国校外教育，下旬刊，2017（2）：106.

内容依托教学法在非英语专业研究生英语阅读教学中的改革与实践

Using CBI in Teaching English Reading for Non-English-Major Graduates

云南师范大学　杨丹元

摘　要：内容依托教学法 (CBI) 是一种通过主题或学科内容教学来达到语言习得的教学理念，其目的是把语言和知识两个层面结合起来促进学生进行有效的语言学习。为了帮助非英语专业研究生获得有效的阅读学习，本文作者把 CBI 运用于所任班级的英语阅读教学改革中。实践表明，CBI 有助于促进学生的阅读潜能和自主阅读，并提高其语言表达能力。本文最后讨论了 CBI 在实际教学环境中面临的问题和所需的改革。

关键词：内容依托教学法　研究生　英语阅读教学

Abstract: The Content-Based Instruction (CBI) is aimed at the integration of language learning and content understanding, which enables students to be actively involved in the learning process. To enable non-English major graduates to acquire effective reading, this model is applied in teaching English reading. The results show that CBI helps promote learners' reading potential and autonomous reading, and it also helps improve their language competence. Finally, this paper also discusses the challenges and reforms of CBI in practice.

一、引言

内容依托教学法，即 CBI (Content-Based Instruction)，是一种通过主题或学科内容教学来达到语言习得目的的教学理念，它提出把语言和知识相结合来促进外语学习。这种方法最初被称为浸入式教学方法，20 世纪 60 年代在加拿大的幼儿园至初中的二语教学中进行实践和运用，此方法一经推出便获得巨大成功，继而在 80 年代，加拿大的语言学家们又把这一成功经验引入到大学二语和外语的教学中，并在其他欧美国家进一步研究推广，逐渐发展成为以内容为依托的外语教学模式，即内容依托教学法。目前，许多国家外语教学机构都在不同程度上从不同方面使用内容依托教学法，实践证明内容依托教学法在提高学习者的学习兴趣，使之在获得文化知识以及用目的语进行交际，分析、解决、综合问题等方面都十分有效。按照内容依托教学法的意义，即语言的生命力不在于语言的形式而在于语言的内容，教学应该以语言携带的内容和信息为中心而不以语言本身为中心，这是一种内容与语言相融合的教学理念，也是一种语言教学理论。正如 Stryker & Leaver（1997）提出："内容依托教学法是把语言学习和内容学习完全结合在一起，是通过专题的学习来学习语言并获得语言能力。"同时，内容依托教学法是一种相对于传统语言教学法的"意义"教学法，它不把语言的直接学习作为教学目标，而是强调信息内容促进语言学习动机，以学科内容为依托，把语言教学与学科内容相结合，通过专题的学习来学习语言并获得语言能力。这符合语言学习和内容学习"不分家"的理论，在教授二语或外语的情境范围内，可将语言与专业课（如数学、社会科学等）中的话题或任务融合起来学习（Crandall & Tucker 1990：187）。

二、教学实践

与大学英语相比，研究生阶段的英语学习有明显的特性，一方面，经过本科阶段的英语学习，大多数研究生已经掌握了一定的语言基础和语言技能，根据专业学习和学术研究，他们需要以专业内容为依托的语言学习。另一方面，学生已经具有了一定的自学能力和思辨能力，如果在教学过程中过分强调语言知识的训练而忽视其语言能力、思维能力和自学能力的培养和提高，语言学习则丧失了意义。为了优化非英语专业研究生英语教学，基于内容和主题的语言教学理念为英语阅读教学提供新的思路和方向。毕竟内容依托教学法是以内容驱动教学为基本原则，通过真实语料的输入，在提高学习者学科知识水平和认知能力的过程中，可以不断融合学习者的语言认知发展和情感需求递进，最终促进学习者外语或二外能力的发展。因此按照内容依托教学法的要求，改变传统的英语阅读教学中强调词汇、句型的讲解和阅读技能的训练，通过更多关注阅读过程中语言所承载的内容和意义来发挥学生创造性运用语言的能力。根据内容依托教学法具有的三个特点：1）以内容为核心；2）使用真实语料；3）选择能够满足学习者特殊需要的材料，教师在英语阅读教学中分为三个板块：主题讨论、课外阅读和专业陈述，课堂教学设计具体如下：

1. 主题讨论

按照内容依托教学法的特点和意义，教师以专题内容为导向，通过活动、问题、情景展开教材中的英语阅读教学，旨在激发学生的阅读动机和阅读兴趣，最终通过内容的学习来提高语言运用能力。 以笔者目前使用的阅读教材《当代美国》为例，每个阅读单元都围绕一个特定主题，如"Race"这一单元探讨的是美国的种族偏见和种族歧视，按照这一主题为依托和导向进行相关话题的理解和讨论，如：1) The victims of racial discrimination in America；2) Racism is still alive in America；3) The history of racism in America；4) Current trends in racism in modern America. 此外，教师还可以有效地利用多媒体来创造阅读环境，如利用图片、视频、音乐等方式来加深学生对"Race"这一主题的理解。在问题和情景中，学生就美国种族问题和种族歧视进行讨论和陈述。可以说在内容依托教学法中，每一个阅读单元都有相关的明确而具体的阅读任务，这样学生的阅读学习就有了目标和方向，调动了其阅读的主动性和探究性，并最终实现语言的学习。又如"American Family"单元聚焦的是美国社会的家庭问题和伦理道德，按照中美家庭文化异同的主题，教师设计相关讨论活动，如：1) The traditional American family；2) Comparison between Chinese and American family education；3) The differences between Chinese and American family；4) The changes in American family. 学生通过对美国家庭问题的讨论，来理解这一单元阅读学习的主题，促进阅读能力的培养和提高。当然教师在设计问题和讨论时，要充分考虑学生的主观能动性，让话题符合阅读材料中的主题和学生的兴趣，当学生的注意力集中在问题的讨论和观点的表达时，自然就完成了阅读学习和语言表达的过程。

2. 课外阅读

真实的阅读语料可以让学生把真实的文化、真实的语言和自己的兴趣需要结合起来，使英语学习变成愉快的经历，正如 Lee（1999）指出，通过使用真实的阅读材料，学习者可以接受到所输入语言的全部信息，而这一点对语言学习至关重要。阅读任务的有效完成是依靠感兴趣的真实语料，而现代信息技术的发展尤其是网络技术的广泛应用，让学生很容易获得类似的网络阅读材料，如报纸、杂志、视频、音频、图像等。按照内容依托教学法的理念，教师首先要求学生进行课外阅读，并在收集和整理真实语料后以内容为依托在课堂进行专题讨论，例如：在教材“American Family”中出现“The abortion controversy is a volatile issue in American politics.”这是关于“美国女性非治疗性堕胎合宪与违宪”的思考和理解。对此，教师要求学生课后通过网络找到 1973 年“罗伊诉韦德案”(Roe vs Wade) 的真实语料，在对真实语料的阅读和学习后再用英语来表达个人的看法和态度，如：Roe v. Wade is a landmark decision that recognized that the right to make child-bearing choices is central to women’s lives and their ability to participate fully and equally in society. 此外，教师还可以指导学生收集与主题 Abortion 相关的最新动态信息，如根据 CNN 的新闻报道，President Donald Trump signed an executive action on Monday reinstating the so-called Mexico City Policy, which bars international non-governmental organizations that perform or promote abortions from receiving US government funding. 可以说，在阅读教学中，通过依靠真实语料内容的学习和研究，最终促进阅读能力和学习动机，毕竟当学生的注意力不是集中在阅读形式和语言本身，而是关注阅读中的思想、信息和观点时，更能激发其认知心理和学习兴趣。同时教师应该引导学生在阅读中养成思辨的习惯，最终提高自主性阅读和探究性阅读的能力。

3. 专业陈述

研究生英语阅读教材虽然题材广泛、体裁多样，却很少涉及不同研究生的专业领域，而很多研究生对公共英语课程学习的态度和目的只是为了通过期末考试和学位英语。按照内容依托教学法的理念，教学是把语言学习和学科知识结合起来，在提高学生的学科内容认识和认知能力的同时，促进其语言水平的提高（袁平华，俞理明 2008：59)。在这个环节中，学生的阅读任务不再基于教材内容，而是基于学科知识来最终达到获得语言的能力。因为在研究生阶段学生已经具备一定的专业知识和素养，他们可以自主选择原版专业书籍及行业学术期刊或会议论文为阅读内容，以网络材料为辅助。这种自主性的阅读学习不仅极大地激发了学生的阅读兴趣，还有益于学生的专业学术能力的提高，真正学以致用。同时学生在利用各种资源来收集与本专业领域相关的文献和资料的过程中，扩大了英语阅读量，并积极促进学生参与习得，提高运用知识、独立自主分析和解决问题的能力。笔者在教学实践中，按照不同研究生的专业特点和需求进行分组，要求各个小组的学生收集与学科文化相关的阅读材料，最终就某个内容或主题中的信息在课堂中进行英语的陈述和表达。以文学院的研究生为例，他们首先鉴赏自主选择真实的语料和专题内容，如英美国家的名家名篇或著名的文学作品，接着对所阅读的内容和信息进行研究和处理，最终在课堂用多媒体的方式呈现。同样理工科的研究生则可以选择与本专业相关的科技类的阅读材料。在阅读教学中，通过将语言学习融入学科内容中，真正以学科文化为依托来兼顾专业学习和语言习得，促进了学生的学习动机由工具型向融合型转化。

三、反思

实践表明在英语阅读教学中运用以内容为依托的教学法，其优势在于（1）充分调动学生的阅读学习的主动性与潜能，激发阅读动机和兴趣。（2）满足学生对于阅读材料与学科专业知识同时兼备的需求。（3）提高学生的自主阅读能力和研究性学习能力。然而笔者在教学过程中也发现（1）虽然学生的阅读兴趣提高了，但是语言表达能力和思辨能力仍需要强化；（2）研究生扩招造成研究生英语教学班级容量大，课堂的阅读活动难以照顾到每一个学生；（3）内容依托教学法对于学生的阅读水平有一定要求，这对于大部分非英语专业的研究生来说有一定难度；（4）研究生英语阅读教程缺乏对不同专业学生英语学习需求的考虑，在教学中完全做到专业特殊性与语言共通性的有效统一有难度；（5）内容依托教学法的主要意义是建立在一定学科的基础上来启动语言教学，然而把专业学科与语言知识有机地结合势必对英语教师固有的学科知识体系提出了新的要求和挑战，如果学科知识欠缺则会导致教师产生教学无法胜任感和身份认同危机。（6）传统的教学评估以终结性评估为主，而内容依托教学法需要教师结合专业学科内容与语言学习，增加了教学评价的难度。因此按照内容依托教学法的意义和目标，教师需要在阅读教学过程中不断思考如何将学科知识和语言教学有机融合以及把教学的重点从教授语言本身转变到通过学习学科知识来获得目标语言能力。

四、结语

总之，以内容教学法为依托的英语阅读教学可以最大限度地调动学生的阅读主动性与潜能，也可以提高学生的自主阅读、合作阅读、研究阅读能力。同时在阅读教学中，通过将专业学科知识与外语语言知识相结合，利用语言作为媒介进行学科知识的学习，使学生在学习专业知识的同时提高自己的语言水平。但是内容依托教学法模式也给外语教学与外语教师带来了挑战，因此教师需要在教学过程中不断反思，增强自我发展动力，拓展专业素质结构，增加学科内容知识。同时教师在教学评估中还要采取多种形成性评估及其他评估形式进行动态化的课堂管理，不断完善教学改革和模式。

参考文献：

[1] 袁平华，俞理明 . 以内容为依托的大学外语教学模式研究 [J]. 外语教学与研究，2008（1）：59.

[2] Crandall J，Tucker G R. Content-Based Instruction in Second and Foreign Languages [A]. In Anivan，Sarinee (eds). Language Teaching Methodology in the Nineties [C]. Singapore：RELC，1990.

[3] Stryker S，Leaver B. Content-based Instruction in Foreign Language Education：Models and Methods [M]. Washington DC：Georgetown University Press，1997.

[4] Lee L. Online Readings and Discussions [J]. Pedagogy of Language Learning in High Education，1999.

基于实验的研究生英语口语训练课程设计

Spoken English Teaching of Postgraduate Students Course Design Based on an Empirical Study

北京交通大学语言与传播学院　赵保华　周红红

摘　要： 本文基于“美剧对学生英语口语表达能力影响”的实验研究，结合相关理论，探讨非英语专业研究生口语教学课程的设计与构建方法，以期为研究生口语课程设计提供实证依据。本研究采用定量与定性相结合的方法，从学生英语口语表达流利度、准确性以及词汇多样性等多个角度出发，构建《英语口语能力测试量表》，对来自北京交通大学非英语专业的两组研究生进行教学实验研究，并以此探究观看美剧（以《老友记》第一季为实验视频）对学生英语口语表达能力的影响，实验结果证明经典美剧能够明显地影响学生的口语水平，显著提升其英语口语表达能力，是学生英语口语训练理想的素材。

关键词： 口语教学课程设计　美剧　实验研究　非英语专业研究生

Abstract: Based on an experimental research on the Effects of American Dramas on Students' Spoken English and some relevant theories, this article introduces the design of an oral English course for non-English majors to provide evidence and assistance for the construction of an effective oral English training course for postgraduate students. The research applies both quantitative and qualitative methods to compare two groups of non-English majors from Beijing Jiaotong University from the various aspects of oral English including fluency, accuracy and vocabulary diversity based on the Oral English Assessment Scale we have built up and to explore the influence of watching American Dramas (the first season of *Friends*) on students' oral output. The results of the experiment indicate that classic American dramas have a significant influence on students' oral English and help improve their speaking ability to a great extent, and thus become ideal learning materials for oral English training.

一、研究背景

英语口语能力是社会各界关注的重点以及衡量人才的标准之一，而我国非英语专业研究生的英语口语水平却不尽如人意，不少学生经过长期的英语学习，尽管具备了一定的英语读写能力，但因口语练习方法不对和练习总量不够，往往达不到日常英语交流的水平，普遍出现机械翻译、语音语调错误、语用错误等问题。为了改善这一现状，已有许多研究者开始关注这个问题并进行了相关研究。Jeremy Harmer（2000：123-130）提到英语教学方面一直都偏重课本，造成了“哑巴英语”普遍存在的现象，而这样的英语能力并不能达到真正的交流目的。王佳丽 (2006：30-32) 在一定程度上关注了视频输入方式能否促进二语习得的问题，但并未进行进一步的实证研究。文秋芳 (2009：2-10) 认为学生英语口语问题比书面语严重的主要原因在于学生平时在学习英语过程中接触到的绝大部分都是书面语，而很少能有机会接触到地道的口语，所以学生应有更多的机会接触到生活化较强的口语，例如电影、电视剧中的对话。外语学习最重要的就是要结合相应的语境，通过视、听、说相结合，尽可能多地利用现代多媒体教学手段。虽然人们普遍认为英文的电影和电视剧适合作为提高英语口语表达能力的教学材料，但是目前对英文影视剧对英语口语能力的确切影响缺乏实证研究，对利用英文影视剧材料进行的语言教学，从具体教学内容的选择、教学模式的确定到口语训练方法和考核体系的成形等课程设计的重要环节都缺乏系统的研究。

本文介绍“美剧对学生英语口语表达能力影响”的实验研究，并在研究结果的支持下设计研究生英语口语训练课程，以探寻一种简单高效的英语口语训练方法，促进学习者的自主学习和持续学习，从量的积累实现其英语口语能力的质的飞跃。

二、实验研究

为了量化测量学生的英语口语能力，我们借鉴托福口语测试的评估体系，设计出一份学生《英语口语能力测试量表》，并以量表的考察点为基础设计了“美剧对学生英语口语表达能力影响”的实验研究。

1. 研究对象和研究问题

鉴于研究生英语口语训练课程设计的需求，我们邀请来自北京交通大学非英语专业的12名学生志愿者（分别来自土建学院和交通运输学院）作为受试，根据他们在前测中的口语表达能力随机分为两组（具体分组方法见下文研究步骤）：对照组和实验组，每组6人，各包括口语较好的3人和口语较差3人。

本实验研究问题设为：1）美剧对英语口语的提升是否有促进作用？ 2）如果有，在哪些方面的提升较为明显？

2. 研究工具

经典美剧《老友记》（*Friends*）故事情节丰富，口语话题全面，涵盖当时美国生活的各个方面，演员发音纯正，用语贴近生活，语速适中，非常适合学生练习口语。本研究选择《老友记》第一季（仅英文字幕）为实验材料。

英语口语水平测试题：我们从托福考试的口试题中选取了两道难易程度相当的测试题，经抽签确定前测试题为：Which one acts more influence on you, newspaper, TV or teachers? 后测试题为：Which one is more helpful in doing research, network or academic books?

《英语口语能力测试量表》：托福考试的口试部分要求学生了解试题后准备1分钟，然后针对问题作1分钟的陈述，之后评委根据陈述的信息量、流利度和准确性等因子评分。按照这个流程我们设计出学生《英语口语能力量表》如下：

表 1　英语口语能力测试量表

参与者	实验结果	时长（分钟）	总词数	总句数	平均句长	最长句词数	流利性		准确性	词汇多样性	信息量
							重复次数	停顿次数	（影响意思的错误次数）	（高频固化词汇数量）	（无数词汇出现次数）
1	前测										
	后测										

实验中我们将受试的前测和后测录音进行转写，并将转写后的数据填入上表。

我们把 1 分钟内受试陈述的总词数、总句数、平均句长和最长句词数作为考查学生英语口语能力的显著性因子，量化地测量参与者口语表达的信息量和词汇量。最长句词数显示出参与者遣词造句的能力。鉴于以往研究对口语表达中的流利度、准确性、词汇多样性和信息量等缺乏客观评估标准，本研究设计将这四项作为分析参与者口语表达能力的重要参考，认为口语的流利度与限时表达中的重复次数和停顿次数成反比，口语表达的准确性与表达中影响语义理解的错误次数（如发音错误、语调错误、用词错误、表达不清楚等）成反比，在词汇多样性方面分析运用实词的情况，词汇的多样性与高频固化词汇数量成正比，而口语表达的信息量与表达中无效词汇出现次数（如 en、er、well、you know 以及重复的单词等）成反比。

3. 研究步骤

本实验于 2016—2017 第二学期第 12 周进行。

首先是前测，每位受试抽取前测试题，思考 1 分钟后，用英语作 1 分钟口头陈述，表达自己的观点。研究者对受试的答题进行录音，随后对音频进行转写（转写文本应与音频保持一致，包括转写参与者的重复、停顿、语气词和错词等），转写后的样本如图 1。

> When talking about which one influence on me for newspaper, TV and teachers, for my personal perspective, I think watching TV is my things I really into watching TV. And because when talking about newspaper, I think it is really out of date. And to be hnonest, em...within the five years, I never buy a piece of newspaper in my life. Ah...for the teachers, I think some teachers are kind and ease-going, but a lot of ah...teachers are super strict and serious. They not ah... they don't give you influence on me, but they provides me with terrible and unhappy memories. So I think probably

图 1　音频转写样本

音频转写后根据《英语口语能力测试量表》（表 1）填入前测文本各项指标的数据，并进行分析评估。根据前测样本评估结果将受试分为两组，每组六人（三人水平较好，三人水平较差），并随机确定一组为对照组（表 2 中参与者 1—6），另一组为实验组（表 2 中参与者 7—12）。

要求实验期间（即一天之内）对照组不可观看如《老友记》等美剧，实验组则连续观看《老友记》第 1 季前 12 集（视频带英文字幕）。

实验结束后用后测题对所有受试进行后测，随后研究者对后测的音频进行转写并将后测文本数据填入量化表，将数据整理后得到下表：

表 2　实验前测后测结果对比

参与者	实验结果	时长（分钟）	总词数	总句数	平均句长	最长句词数	流利性		准确性	词汇多样性	信息量
							重复次数	停顿次数	（影响意思的错误次数）	（高频固化词汇数量）	（无数词汇出现次数）
1	前测	0:54	71	3	22.7	32	2	6	2	58	8
	后测	0:42	75	4	18.8	28	2	3	1	58	3
2	前测	1:25	109	8	21.1	30	4	9	3	114	6
	后测	0:49	183	7	19	28	3	8	2	96	6
3	前测	1:06	133	6	22.2	30	3	5	2	99	5
	后测	0:52	108	8	13.5	29	2	4	2	86	3
4	前测	1:01	81	8	10.1	21	4	7	3	68	4
	后测	0:52	98	7	14	20	3	5	3	72	3
5	前测	1:04	94	6	15.7	26	5	13	2	72	13
	后测	1:04	102	5	20.4	30	4	8	1	80	10
6	前测	0:52	84	5	16.8	26	1	6	3	61	6
	后测	1:06	108	8	13.8	20	2	5	4	87	5
7	前测	1:03	90	6	15	23	2	7	2	74	6
	后测	0:57	127	11	11.5	19	1	3	1	98	2
8	前测	0:55	78	4	19.5	24	1	8	2	61	7
	后测	0:52	107	6	17.8	28	0	4	0	75	2
9	前测	1:02	63	4	15.8	27	15	17	2	45	12
	后测	0:49	93	6	15.5	29	3	7	0	73	5
10	前测	0:50	96	5	19.2	28	1	3	2	75	3
	后测	0:53	131	6	21.8	36	0	1	1	98	1
11	前测	1:04	97	5	19.4	27	1	4	2	73	3
	后测	1:04	122	6	20.3	27	0	2	1	89	1
12	前测	0:52	87	5	17.4	27	2	6	3	65	5
	后测	1:00	124	8	15.5	24	1	2	1	93	1

4. 结果分析

音频转写文本显示有效词汇总字数最高为 169 字（受试 2 前测），最低为 63 字（受试 9 前测）。

表 2 结果显示对照组（表 2 中 1—6 号）各项数据相差并不明显，因受试对后测熟悉度提高，多数受试后测表现稍好于前测，如表达准确性一项中，受试前测后测数据基本相同，但也有后测错误次数高于前测的现象（如受试 6）。对照组前后测的数据说明受试在实验期间口语表达能力没有发生明显变化，同时也说明这份《英语口语能力测试量表》对口语能力的检测具有较高的效度。

表 2 结果显示实验组（表 2 中 7—12 号）在十项检测因子中前后测数据出现较大变化，尤其是在流利性、准确性、词汇多样性以及信息量上的变化最为明显。根据音频转写的文本统计，大多数受试口语表达用词具有较强的书面语体倾向，如常出现 firstly、secondly、in addition、all in all、in a word 等书面化的词，而实验组受试在观看美剧《老友记》之后，此类用词百分比由 41.7% 降为 25%。另外，以往的研究显示，学生能熟练使用的词块数目较少、长度偏短（长度多为 3—4 词词块）、缺乏应有的变体，依据词块将其链接为话语的技能较低（卫乃兴 2007：280-291）。这个现象在我们的实验中也明显存在，如 83% 的参与者的停顿语气词多为无意义词，如 em、er、ah 等，并且所用的引导词也大都为最简单的 and、but、or、so 等，很少出现 and then、well you know、well I mean 等词块，而且多数受试表达不流畅，停顿较多。从表 2 的数据可知，实验组在前测中的停顿次数平均为 8 次，最高达到 1 分钟停顿 17 次，而后测中的停顿次数则降为平均 4 次，停顿次数降低了 50%。

通过对比前测和后测的结果发现，对照组 6 名受试的英语口语水平无明显变化，而实验组的 6 名受试经过实验期间连续观看《老友记》12 集（大约 240 分钟）的训练，口语水平都有所提高，其中在流利性、准确性、词汇多样性和信息量四个方面的提升较为明显。

三、口语训练课程设计

本实验研究发现，75% 的受试在规定时间内无法进行有效的口语表达：50% 的受试前测录音不能一次性完成；42% 的受试陈述过程断断续续、内容重复、错误较多，不能清楚地表达自己的意思；67% 的受试陈述过程中存在停顿现象；16.7% 的受试发音机械，语音语调十分不标准，并且带有明显的中式英语表达和中式英语语音；25% 的参与者出现断句不明显或错误的现象。基本上所有的参与者在口语表达过程使用的词汇重复率高，词汇水平低于其受教育程度，不能够有效运用已有词汇储备，且不具备区分书面语体和口语语体的意识。这个发现使我们意识到非英语专业的研究生在英语口语表达上普遍存在着严重的问题，而实验所证明的美剧对学生英语口语能力提升的有效性和显著性促使我们利用美剧为学生设计英语口语训练课程。

1. 教学目标

本课程以英语为主要交流语言，以观看经典美剧的方式，结合相应的语境，将视、听、说结合，让学生从了解美国文化知识背景出发，熟练应用已有词汇，提升口语表达能力。通过该课程的学习与训练，学生们将掌握美式英语的地道表达，听懂日常广播电视中正常语速的英语材料，并运用习得词汇表达自己的观点和看法，了解美国文化背景，理解美式幽默，并学以致用，在得体用词、准确连读、掌握地道语音语调等方面全面提升口语表达能力。本课程还将运用语言学习平台训练学生自主学习能力和培养终身学习的习惯。

2. 教学内容

并不是所有类型的美剧都适合口语学习，比如冒险、格斗等类型的美剧，由于枪击，武打的场面较多，人物对白较少，且语言应用难度较低，并不适于口语的模仿学习。另外，也要根据学生不同英语的水平选择不同类型的美剧。初级阶段，由于学生对英语的灵活运用程度低，建议选择时间短、词汇量较小、句子较简洁且偏重于生活化的美剧，比如《老友记》和《破产姐妹》等。对于中级阶段的学习者，其学习重点还在语言方面上而非文化等较深的层面，这时建议选择词汇变化较为丰富、语言文雅，有适当的复杂语句出现的美剧，如《摩登家庭》等。处于高级阶段的学习者，大多能够熟练运用英语，但对西方文化和思维方式的了解还不够深入，建议选择一些应用性强和与学生的学习和研究内容相关的题材，如《生活大爆炸》等，并根据情况适当配合学习一些专业词汇，有利于促进学术英语的学习。

3. 教学模式

本课程重点在于通过观看经典美剧材料提升学生英语口语表达能力，课堂时间主要用于播放所选择的有利于实现学习目的的美剧，组织学生进行讨论交流、模仿表演和配音练习等各项课堂活动，让学生有更多运用英语的机会；课后布置语音作业，保证课堂实时输出训练和课后输入和输出练习，以培养学生使用英语相互沟通，以达到在体验和沟通交流中学习语言，圆满地完成提升英语口语表达能力的目的。

课前：先将课堂口语材料（包括视频以及相应电子版文本）上传到课程学习平台，方便学生把握了解详细的课堂信息材料。

课中：每堂课的课堂教学既要保证视频的完整输入，即组织学生观看完整的视频，也要保证视频关键部分的重点输入，即从每集视频选取 3~5 分钟的重点片段（尽量选取对话词汇量较多且信息量较大的片段），重复播放三到四次，保证学生在熟悉故事情节后能关注重点片段的语言表达，将重点片段台词的纸质版发给学生，组织学生以小组形式模仿情景对话，保证课堂实时输出训练。

课后：要求学生寻找自己感兴趣的英文影视剧，按照课堂输入模式观看，之后选取视频中的经典对白（1 分钟左右）做配音练习，要求反复练习至最贴近原人物声调语调的程度，并将配音练习的录音发至该课学习群里，教师将文件下载评分，同学可以相互鉴赏、点评，共同学习进步。

4. 评价方式

受实验启发，本课程的评价方式将采用诊断性评价和形成性评估相结合的方法。

诊断性评价材料为 10 道托福口语试题，前测和后测都使用同样的这 10 道题，选修本课程的学生将在开学时参加前测，每人抽取 1 道题，准备 1 分钟后口头作答，录音转写，学期末每人再经过同样程序的后测，之后任课老师会将两次测验的音频、文本、量化统计表和诊断说明发给每位学生，使大家对自己一个学期的收获和进步有一份实实在在的记录和评价。

形成性评估为学生每节课参与课堂讨论、模仿表演和配音练习等活动的成绩和课后配音练习成绩的汇总。

四、总结

虽然我们进行的“美剧对学生英语口语表达能力影响”的实验研究规模很小（只有12名受试），实验时间也很短（实验全过程大约6个小时），但是在实验中还是发现了目前非英语专业研究生普遍存在的英语口语问题，并从实验结果中受到启发，如果在没有输出训练的实验中仅仅靠连续观看美剧4小时，就能对不论是英语程度较好或较差的学生都产生有效的影响，那么如果利用美剧视频材料设计一门研究生口语训练课程，突出重点片段的输入频率，强化学生口语的输出训练，一定会是一种简单高效的英语口语训练方法，既能有效提高学生的英语口语表达能力，还能引导学生掌握正确的口语训练方法，培养自主学习能力和持续学习习惯。

参考文献：

[1] 王佳丽．二语习得理论对英语专业口语教学的启示 [J]. 外语与外语教学，2006（6）：30-32.

[2] 卫乃兴．中国学生英语口语的短语学特征研究——COLSEC 语料库的词块证据分析 [J]. 现代外语，2007（3）：280-291.

[3] 文秋芳．学习者英语语体特征变化的研究 [J]. 外国语，2009（4）：2-10.

[4] Jeremy Harmer. How to Teach English [M]. Washington：Pearson，2000：123-130.

拉波夫语篇分析模式与英语阅读教学

Labov's Discourse Analysis Pattern and Its Application in English Reading Course

北京师范大学外文学院　贾志梅

摘　要： 拉波夫的语篇分析模式为叙事语篇分析提供了可借鉴的方法，他所提出的分析模式主要包含 6 个部分，分别是点题、指向、进展、评议，结局和回应。本文尝试运用这一模式分析“Protection”一文，探索该语篇的特点，以帮助学生更好地理解文章的内容和结构特点，促进阅读教学。

关键词： 语篇分析　拉波夫分析模式　叙事

Abstract: Labov's analysis pattern has proven to be a useful method in narrative discourse. Based on this narrative pattern, a fully-formed narration is composed of six parts: abstract, orientation, complicating action, evaluation, resolution/result, and coda. This paper attempts to use this pattern to analyze a story in an English textbook and shed some light on teaching English reading course.

语篇通常是指“一系列连续的话段或者句子构成的语言整体”。语篇分析通常指的是对比句子 / 话段（sentence/utterance）更大的语言单位所作的分析，目的在于解释人们如何构造和理解各种连贯的语篇（黄国文 1988：148）。语篇分析侧重于文章中句子和句子之间、段落和段落之间的层次关系，以及段落之间的思维逻辑方面和语言形式方面的内在联系，它重视语言所表达的思想内容和艺术特色（邹长虹 2003：66）。叙事语篇在所有语篇类型中的地位举足轻重，它主要用于描述过去所发生的事情，既可以是书面也可以是口头的形式。学者们普遍认为，任何叙事都有起点、中间环节和结尾，也就是说，一篇完整的叙事结构，不论长短，至少包含开头、中间和结尾三个部分。叙事总是按照一定的顺序展开，比如按照时间顺序，或按照主题，或依据事件的顺序。叙事语篇具有普遍性，它存在于一切事件中，在任何地点，形式都是复杂多样的。由于叙事是英语语篇中常见的形式之一，它常常以叙事 / 故事的形式在英语教科书中出现，因此叙事语篇分析被广泛应用于英语教学中。本文旨在探索将拉波夫的结构取向叙事分析法引入到英语阅读教学中的语篇分析。

一、拉波夫的叙事分析模式

拉波夫（1972）是当代美国著名的语言学家，他把完整的口述故事引入篇章结构的分析，并据此建立了叙事语篇的结构图式，拉波夫模式把完整的叙事分成 6 个部分，分别是点题

(abstract)、指向 (orientation)、进展 (complicating action)、结果 (result or resolution)、评议 (evaluation) 和回应 (coda)。

表 1　拉波夫叙事分析模式

分类	所涉及的问题	功能 / 作用	语言形式
点题	关于什么事？ What was this about?	预示着故事将要开始，以吸引读者的注意力。	叙事之前的简要概括和归纳。
指向	故事涉及的人物，以及故事发生的时间、地点等 (who, what, when, where, etc.)	帮助听众 / 读者找到故事发生的时间、地点、人物、活动以及环境、背景情况。	过去进行时的动词是一大特点，附加有时间、地点。
进展	然后发生了什么？ Then what happened?	本部分是核心叙述部分，主要讲述了故事的发生发展。	叙述过程一般按时间顺序，动词常用一般过去时或一般现在时。
结果	最终发生了什么？ What finally happened?	概括故事的最终结果 / 结束，包括人物的最终命运以及目标的成就等。	常出现在进展部分最后的叙述 / 讲述中。
评议	那又怎样？然后呢？ So what?	意在讲明故事的主旨、重要性和意义；对事件的评论以及他人对故事有关情况的评论等。	常含有以下成分：强调成分；情感动词；否定成分；重复，议论性的评议；嵌入在文中的评议句子，与未实现的事件的比较等。
回应	最终这一切是如何结束的？	显示故事已经结束，把听众 / 读者带回到现实中。	常常会总结、归纳一些有哲理的话语等。

根据拉波夫（1972）的观点，一个完整的叙事语篇从指向开始，之后是进展，然后是结局，最后是回应，而评议则是层层渗透，贯穿在进展和结果之中，而点题则是在整个语篇之外，它既是指向的开始点，也是回应的结束点。需要指出的是，并非所有叙事结构都包括上面 6 个部分，叙事结构的大小会根据语篇不同而作出调整。拉波夫的分析模式是从口头自然叙述的谈话中归纳出来的，它基本概括了所叙述故事的主要元素，因此也可以用于英语教学中，特别是可以尝试用于阅读和口语教学中。

二、拉波夫分析模式在叙事语篇中的应用

本文试用拉波夫分析模式对“Protection”一文进行分析，探讨语篇分析模式在叙事文中的具体体现。

“Protection”以第一人称（我）的视角，叙述了发生在我（一位老年女士）与 Hogahn（一只狗）之间的故事，故事首先叙述现在 Hogahn 是女士的保护人，然后以倒叙的方式讲述了这种保护关系是如何建立起来的，叙述了女士如何不顾个人安危，从冰冷刺骨的湖水中救起 Hogahn 的故事。下面用拉波夫模式来分析故事的几个组成部分。

1. 点题：标题 Protection 清楚地告诉读者该篇文章的主要内容是关于“保护”，读者在

阅读之前也会预测是怎样一种保护，作者在标题上埋下伏笔，并在叙述过程中逐渐展开是怎样的保护以及如何建立的这种保护等。

2. 指向：指向是叙述者在故事开始时对事件发生的时间、地点、背景及人物的描述。本文中的指向基本在前四段，作者首先介绍人物，an old lady, living alone in a house surrounded by a pond and woods (thus facing some dangers and needs protection，暗指女士独自居住，面临危险，需要保护），也介绍了 Hogahn (a seven-month-old puppy, young and strong)，接着讲述了故事发生的时间、地点和背景，a cold windy morning, I was hanging out the ...and Hoghan was lifting and dropping a two feet oak branch... 作者重点描述了故事发生在 11 月末的一天，天很冷，湖面开始结冰，大风呼啸等情况，为后面故事的发生作铺垫。

3. 进展：本部分主要描述了故事的发生发展，是叙事的核心部分，作者使用了过去时或过去进行时，并按照事件发生的顺序来完成对故事的叙述，比如，I distractedly **picked up** the stick and **tossed** it down the hill toward the fence that separated the yard from the water; the stick **caught a gust** and, **flying** where the sheet wanted to go, **sailed** across the yard, **over** the fence, and, with a skater's touch, **glided** onto the pond; I saw Hogahn **racing through** the gate and…**crashing through** the ice; I went as far as I could until the pond bottom **sank down** under my weight… 这部分主要描写了故事是如何发生发展的，构成了故事的主要情节，大致包括以下线索，作者边晾衣服边和小狗嬉戏，扔出木棍让 Hogahn 去捡回，但由于当天风力很大，木棍飞出去的距离比平时远，落入了池塘，而忠诚的 Hogahn 为了完成主人交给的任务，跳进池塘里去捡拾木棍，作者尽管年事已高却毫不犹豫地跳入池塘去营救 Hogahn。需要指出的是，在这部分的叙述中作者使用了许多动词，同时为了强调动作的状态，作者使用了过去进行时和分词来增强画面感，使故事更形象生动。另外，为了增加故事的趣味性，作者采用了拟人的手法来描写无生命的 stick，如 the stick caught a gust, sailed across the yard, fine skater's tough, glided onto the pond。

4. 评议：评议穿插于故事的讲述中，比如在本文中，当 Hogahn 落入池塘里的那一刻，作者一闪而过的矛盾心理，I was penetratingly aware of the dangers of the pond... I knew that Hogahn could claw at me in his panic, pulling me down and we could both go under. 可见在跳入池塘之前作者心里也是有矛盾的，毕竟是 11 月了，湖面都结冰了，而且在慌乱中 Hogahn 有可能把她也拖下水，但作者还是本能地跳入水中去营救 Hogahn，没有丝毫犹豫。另外一句，he liked the fact that my clothes smelled of the pond, that we both had that swamp smell。文中看似在描述气味，实际上在描述他们的共同经历，正是由于这次经历他们使之间建立了良好的保护关系。评议部分对于叙事也是不可或缺的，拉波夫说，评议可以制造悬念，使故事更具吸引力和感染力，因此十分重要。

5. 结局：故事第九段描述了结局，尽管天气刺骨寒冷，心里也闪过矛盾，作者依然毫不犹豫地跳入水中，把 Hogahn 从池塘中救出，从而建立起他们的保护关系。The next moment I was standing in the water and Hogahn was swimming toward me... I lifted his puppy-body and carried him out of the water.

6. 回应：本文采用倒叙的方式，前三段概要描述了叙述者现在的状况，年老体弱，又是女性，独自居住在周边人员较少的池塘边，因此聪明的 Hogahn 意识到女士需要保护，而这种保护关系的建立正是基于下文叙述的女士跳入池塘舍命搭救的经历，读到结尾读者就不难理解为什么现在 Hogahn 成了作者的 protector。

课堂教学中，在介绍了拉波夫叙事模式之后，教师可以将学生分成 4~5 人小组，讨论拉波夫叙事模式是如何运用于“Protection”一文的，学生在了解了叙事分析模式的基本框架后，就能够对所读的故事进行内容和结构方面的预测和分析，抓住主题和要点，对文章的脉络有一个清楚的了解，从而提高阅读理解力。同时，小组讨论也有助于学生提高口头表达能力，并帮助学生课后完成其他阅读理解练习以及课文问答等。

三、结语

阅读理解是一个输入信息与读者头脑中的知识产生共鸣的动态交互过程。在英语阅读课叙事文的教学中，通过介绍拉波夫的叙事分析模式，将其运用于所读的叙事文中，能帮助学生对叙事语篇进行结构和语义层面分析，并用它来生成故事，增加阅读学习的趣味性，提高阅读理解力，锻炼口语表达能力。由此可见，在高校英语阅读教学中，如能根据课文语篇内容，引入先进教学理念并将其运用于英语教学实践中，可为学生更好地理解语篇、提高阅读理解力提供一种借鉴。

参考文献：

[1] 黄国文 . 语篇分析摘要 [M]. 长沙：湖南教育出版社，1988：148.
[2] 邹长虹 . 简论英语语篇分析与英语阅读 [J]. 河海大学学报（社会科学版），2003（1）：66.
[3] Labov W. Language in the Inner City [M]. Philadelphia：University of Pennsylvania Press，1972：354-396.

基于篇章语用学理论的法律外语教学改革设想

Reform of Legal Foreign Language Teaching Based on the Theory of Text Progmatics

中国政法大学　霍颖楠

摘　要：本文基于篇章语用学理论的动态篇章观等主要观点，着眼于分析篇章与人和世界的三元互动关系。在建构并分析了以篇章为中心的立法篇章理解模型之后，笔者提出以此模型为基础的法律外语教学改革设想，提出必须同时关注篇章内和篇章外的多种因素并结合大数据时代为我们提供的便利和挑战，才能培养出高素质的复合型法律外语人才。

关键词：篇章语用学　法律外语　教学改革

Abstract: Based on the dynamic textual views of text pragmatics, this paper focuses on the analysis of the three-dimensional interaction between text, human beings and the world. After constructing and analyzing the text-centered understanding model of legislative text, based on this model, the author puts forward the idea of legal foreign language teaching reform, and puts forward that we should pay attention to the various factors inside and outside the text, and combine with the convenience and challenge provided by the big data era in order to cultivate high quality interdisciplinary legal foreign language talents.

一、篇章语用学的基本理念

本文探讨所依据的是“篇章语用学”理论，它是在欧美国家已经创立的篇章语言学理论的基础上形成和发展起来的，国内较早研究这方面理论的是钱敏汝。她提出一种动态的篇章观，认为“篇章作为人类语言的一切使用形式，是一种有结构、有意图的符号编码和解码创造活动”（钱敏汝 2001：224）。这种篇章观认为篇章并不是静止不变的，也不是作为世界上的真正实体而存在的，它是由采取行动的人实施的一个动态过程。无论是作者方面的篇章生产还是接受者方面的篇章理解，都应该从编码和解码两方面着手。在此过程中，篇章生产者根据自己对确定的和 / 或可能的和 / 或未知的篇章接受者和交际场景的各种因素作出评价，同时激活大脑中的各种知识系统，这些知识会在篇章里以特殊的方式体现出来并形成多维的结构。由此可见，该动态篇章观关注对认知因素的研究。此外，该篇章观把作为篇章生产者、接受者的人和场景的构成要素放到与篇章同等的地位，重点探讨篇章、人与世界的关系。钱敏汝在《篇章语用学概论》中提出篇章、人与世界会形成三种交叉关系：a) 以篇章为中心的三元互动关系：人←篇章→世界；b) 以人为中心的三元互动关系：篇章←人→世界；c) 以世界为中心的三元互动关系：人←世界→篇章（钱敏汝2001：327-328）。由于篇幅以及本论文的主旨所限，笔者在下文中将重点分析基于人←篇章→世界三元关系的立法篇章理解模型，并由此提出法律外语教学的改革设想。

二、基于人←篇章→世界三元关系的立法篇章理解模型

笔者认为篇章语用学的理论适合研究立法篇章，这是因为法律本质上是以篇章为基础的，法律工作者的工作就是运用法学以及其他的相关知识处理篇章（[德]juristische Textarbeit）。笔者对钱敏汝提出的关于篇章、人与世界的三元互动关系的动态篇章观进行了重新梳理与思考，认为从篇章语用学的视角理解立法篇章可以从篇章与人和世界之间的3 种三元互动关系的角度进行如下思考：

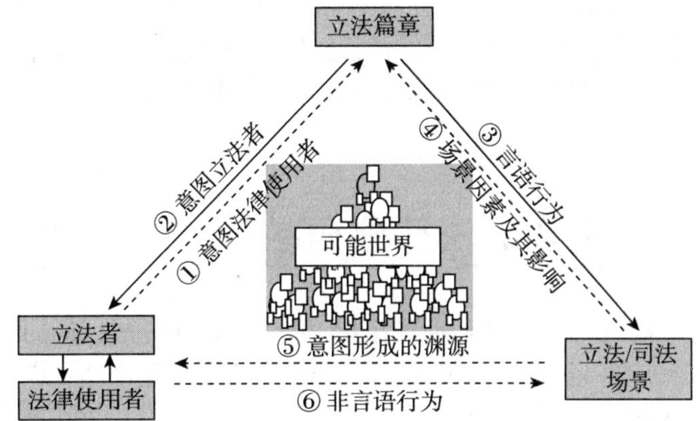

图 1　基于人←篇章→世界三元关系的立法篇章理解模型

以篇章为中心的三元互动关系模型关注的重点是篇章的功能，也就是指人使用语言符号的目的。这里涉及两个问题：立法活动的目的以及立法篇章的功能；在动态篇章观指导下如何探讨影响德国立法篇章理解的场景因素以及与立法篇章生产有关的问题。下面笔者依据以上模型图示逐一分析这三种互动关系。

● 立法篇章与立法者 / 法律使用者的互动关系

作用于立法 / 司法场景的言语行为是从立法者 / 法律使用者与立法篇章相互作用的过程中表现出来。这种相互作用体现为如下几个方面：首先是根据立法者（篇章生产者）的意图生产立法篇章；其次是法律使用者（篇章接受者）对立法篇章进行解读，体会篇章中所代表的立法者的意图；最后是法律使用者根据自己的意图应用立法篇章对案件进行判决。也就是说，在解读立法篇章中的法律规范时，法律使用者需要根据立法篇章所传达的信息，在理解法律规范所传达的法律指令、要求以及观念时，体会到立法者试图通过言语行为所达成的意图，而在法律适用的过程中这一言语行为的意图得以实现。总之，立法篇章与立法者 / 法律使用者之间的互动关系与意图性密不可分。

● 立法篇章与立法 / 司法场景的互动关系

立法篇章自身可以形成由一系列言语行为组成的一个大框架，它表达了立法者的主张、意愿和指令（杜金榜 2001：414）。因此，立法篇章所代表的语言世界 / 篇章世界可以向立

法/司法场景所代表的现实世界/自然世界实施言语行为。那些从表面看来是静态的立法篇章实质上处于活动状态。一方面，立法篇章中的言语行为是作用于立法/司法场景的，它规范并调节着立法/司法场景中出现的各种问题和纠纷；另一方面，立法/司法场景也可以成为立法篇章生产和理解的场景因素，从而影响其生产和理解的过程。因此，不能脱离立法/司法场景孤立地创建或解读立法篇章。

● 立法者/法律使用者与立法/司法场景的互动关系

从这个模型图中也可以看到，在以篇章为中心的人←篇章→世界的三元互动关系中作为立法者/法律使用者的“人”和作为立法/司法场景的“现实世界/自然世界”之间并没有建立直接的关系。它们之间可能出现的立法/司法场景成为立法者/法律使用者意图形成的渊源以及立法者/法律使用者对立法/司法场景实施的非言语行为的关系都是通过“立法篇章”这个中心要素来完成的。比如，正是因为社会在某个发展阶段频繁出现了难以解决的问题和纠纷，立法者才试图通过立法活动调节这些矛盾，这也就是立法意图形成的来源之一；而立法者通过立法篇章也间接地影响和改变着立法/司法场景，使得犯罪和纠纷逐渐减少或者得到控制。

另外，在这个以“篇章”为中心的三元关系模型中世界已经不是单一的，在立法篇章与立法者/法律使用者和立法/司法场景之间构成了无数个可能世界，从而体现出其动态构建性。

三、基于篇章语用学的法律外语教学改革建议

对立法篇章理解模型的分析也促使笔者进一步将理论研究成果运用到教学工作中，以期提高法律外语的教学水平和效果。笔者认为理解立法篇章应该结合篇章与人和世界的三元互动关系模型，综合考虑篇章内和篇章外的因素。这一想法其实非常适合运用于法律外语的教学实践。

法律外语课程的突出特点是教学目标既要求学生法律基本功扎实，而且要求在法律领域有较高的外语交际能力，二者缺一不可。目前法律外语教学仍然基本遵循通用外语的教学思路，例如，听、说、读、写、译的划分仍沿袭传统的外语教学法。笔者认为，法律外语教学本质上是运用外语讲授法律专用语，其所使用的教材一般应该为外文的法律专业篇章。因此这门课程可以看作将外语语言文学学科与法学学科结合在一起，从某种程度上看，这也符合当今时代培养复合型人才的需要。这门课程无论从“教”还是从“学”的角度来看，都需要采取一种跨学科的方法。那么如何才能更好地实现这个教学目标，从而提高教学效果？“篇章语用学”的宗旨在于研究篇章、人和世界的关系。它所论述的重点之一是篇章和篇章语用学与多种相关学科及人类活动的关系。因此笔者根据本论文的理论阐释并结合法律外语教学的目标和特点，提出可以在篇章语用学的视域下基于篇章与人和世界的三元互动关系模型提高法律外语的教学水平。这是因为既然篇章和篇章语用学与多个学科相关联，那么篇章与法律的关系当然也包含在内。笔者在理论框架部分已经阐述过，法律本质上实际上是以篇章为基础的。基于以上的思考，笔者对法律外语教学提出如下建议：

● 立足篇章层面开展教学工作

法律外语教学的材料应该选取法律专业篇章，不能仅仅局限于个别词汇的讲授，因为学科知识只能在篇章中才能得到充分的体现。而且应该重视语言的实际应用，因此所选取

的教学材料应该为真实、有效的立法篇章、司法判决书或其他法律专业篇章。在讲授的过程中，不能孤立地学习单个篇章，而应该关注篇章之间的互文关系，这在法律专业篇章中体现得更为明显。对法律专业篇章的讲授只有结合其篇章功能才更有助于学生理解。只有结合篇章使用的场景因素以及篇章功能才能提高理解的效果，从而促进教学水平的提升。以篇章作为学习的材料并不代表不去关注"人"和"世界"，而应该着眼于这三者之间的互动关系，才能充分发挥其作用。

● 关注篇章的生产者和篇章的接受者

这是因为篇章语用学不再把篇章看作终结性的结构来考察，而是通过交际者的篇章建构过程以及转换为语言符号等生成和理解的一系列处理过程来对篇章进行描写（钱敏汝 2010：230）。所以在讲授运用法律外语撰写的篇章时需要考虑所选材料的篇章生产者和篇章接受者。从思考以及再构建篇章生产者的意图的角度有助于增进学生对该法律专业篇章的理解。这里体现的是"人"和"篇章"的关系。此外，通过对相关法律专业篇章材料的学习，学生作为篇章的接受者，在接受和理解篇章的同时，有可能改变对与此相关的社会问题或法律问题的认知。这也体现了"人"和"世界"的互动关系。

● 开展案例教学并引入跨文化因素

根据本论文的分析，立法篇章的内容体现的是"现实生活情境"。为了更好地理解"篇章"和"世界"的互动关系，在法律外语教学中开展案例教学是非常有效的方式。通过分析具体的案例，不仅可以将立法篇章的内容与社会的真实情境相结合，而且可以更直观地看到立法篇章如何通过言语行为实现其篇章功能。在法律外语教学中，可以较多地运用案例分析作为课后任务，因为在各教学环节和任务中应以培养学习者的专业交际能力为主要目的。另一方面，早在 20 世纪 80 年代，专用语的研究就已经证明专业交际受到相关文化的影响。理解以外文撰写的法律专业篇章除了要结合篇章的功能、篇章生产者的意图以及具体的情景之外，经常还需要了解相关国家的法律体制和法律文化方面的知识。因此需要在法律外语教学中引入跨文化的因素（霍颖楠 2014：172）。这一点体现的是"篇章"和"世界"的互动关系。

● 利用法律篇章语料库辅助教学

法律语料库以其大量丰富和真实的篇章材料，加之高效的统计和分析手段，经常可以发掘出语料中容易被人忽视的信息，而且这种教学手段也有利于归纳和总结法律语料库中篇章的语言应用和搭配特点以及语境信息等，因此非常适合用于辅助法律外语教学，成为提高教学水平的有效保证。例如，在教学中，利用对立法篇章中主题词的统计和分析，可以使学生学习并大致了解该领域的关键词语以及互相关联的概念群，这不但有利于外语的学习，而且也能够帮助他们通过语言获得更多的法律知识。通过语境信息了解该领域核心概念之间的复杂关系，让他们学会从篇章与世界和人的三元关系角度学习法律外语。在教学中，笔者认为可以针对某一个领域的立法篇章统计和筛选其主题词及共现词，并通过设计练习，使学生不但学习该领域立法篇章核心词汇的基本用法，比如固定搭配和词语组合等，还能深入掌握相关概念之间的意义结构关系。这种教学方法，为学生提供了典型的立法篇章实例，能够训练学生分析法律外语篇章并自主发现语言运用规律的能力。

此外，还需注意的一点是，法律外语课程不能忽视对语言的训练，每项训练内容都应与某一个语言技能相联系，应达到语言训练的预期目标。例如，司法程序的讲授和训练可以采用模拟法庭的形式进行，在语言训练中完成相关国家法律知识的学习并培养其初步运用法律的能力。而以任务为基础的训练较能直接加强交际能力的培养，也有助于培养学习者的法律实际操作能力，这也体现了篇章语用学重视语言交际和语言运用的理念。

四、结语

综上所述，从法律外语课程的特点看，它既具有通用外语的基本成分，同时又属于专门用途外语的范畴，再加上与法律科学知识体系的融合，课程设计实际上涉及多个领域。因此，课程设计必须以多个领域的理论、方法和原则为依据。运用篇章语用学的篇章与人和世界的三元关系可以指导法律外语教学的有效开展。在该理论指导下，教与学都不能孤立地观察和描述篇章，而必须将其融入人的行为实践以及具体的交际情景当中，从而实现培养具有国际视野的复合型法律人才的目标。这些人才不仅具备一般法律人才的能力，还需具备较强的语言运用能力，特别是运用外语工作的能力。

参考文献：

[1] 杜金榜 . 立法语言的限定语与言语行为 [A]. 中国的语言学研究与应用 . 上海：上海外语教育出版社，2001 ：413-424.

[2] 霍颖楠 . 从跨文化视角谈法律德语教学 [J]. 社科纵横，2014 (7)：172-173.

[3] 钱敏汝 . 篇章语用学概论 [M]. 北京：外语教学与研究出版社，2001 ：224-227，327-328.

[4] 钱敏汝 . 基于篇章语用学的篇章语言学课程 [A]. 北京外国语大学德语系特色专业建设研究论文集 . 北京：外语教学与研究出版社，2010 ：227-240.

Vocabulary Learning Through Conceptual Metaphor

云南大学 夏艾米伦 马 玲

Abstract: This paper, based on the Conceptual Metaphor Theory, is expected to explore the relationship between conceptual metaphor and vocabulary learning and teaching in Chinese education context, and the necessity and feasibility of carrying out Conceptual Metaphor Theory in teaching and learning procedures. Metaphors, especially conceptual metaphors, could be used as a tool to promote the learners' vocabulary learning efficiently. It is suggested that teachers should apply Conceptual Metaphor Theory into vocabulary teaching and other process of second language teaching, because metaphor can not only help learners understand the abstract concepts by creating concrete concept images, but can also reveal the differences and similarities between different cultures in values and communication. As a result, the development of metaphorical awareness and competence will enhance learners' understanding of the inner relationships of languages, and the mental processes in communication. It is believed that the conceptual metaphor-based approach of vocabulary teaching will definitely improve the metaphorical competence and lexical competence of Chinese college students.

Key words: metaphor conceptual metaphor vocabulary learning vocabulary teaching

1. Introduction

Since Lakoff and Johnson (1980) published *Metaphors We Live By*, metaphor studies from a perspective of cognitive linguistic view have aroused more scholars' interests. It is regarded as a revolution that considers language as a part of the cognition process instead of simply a matter of words. Furthermore, it emphasizes the necessity of studying the cognitive rules beneath the language phenomena. According to Lakoff and Johnson (1980), there are two levels of metaphors, conceptual and linguistic. Three types of conceptual metaphor are distinguished and classified by Lakoff and Johnson (1980) "orientational metaphor, ontological metaphor and structural metaphor." It is crucial and helpful to gain the ability of acquiring, producing, and interpreting metaphors in the target language in language learning process (Low, Cameron, 1999). Cognitive linguists such as Lakoff and Johnson (1980) hold the opinion that conceptual metaphors are the foundation of most human's thoughts because they make it possible for all language users to transfer abstract concepts into concrete terms. By applying metaphors, language learners are able to express the creativity and originality of their thoughts and stimulate new areas of conversation (Gardner et al. 1975). Referring to L2 learners particularly, Low (1988) argues that in L2 learning, it is essential to learn how to produce and comprehend metaphors, as metaphors can be used to help enhance students' comprehension, extend their thoughts, and clarify their ideas.

Language educators' aim is to assist language learners to establish their metaphor competence (Lazar 1996 ; Boers 2000). Because of culture differences, diversities always exist in the conceptual metaphors on which cultural contexts are based. L2 learners may find that it is challenging to apply metaphors accordingly and properly, because the same conceptual metaphors in different languages can be presented through different linguistic expressions (Deignan et al. 1997). Chinese researchers have also discussed the relationship between metaphor and EFL teaching and concluded that the cultivation of metaphoric competence should be of great concern in TEFL in China (Yang 1999 ; Zhao, et al. 2014).

2. Learning vocabulary through metaphor

Vocabulary acquisition has been considered as the most important aspect of English learning among Chinese English learners. In China, college English learners began learning English from their early teens and generally, they have spent nearly 10 years in learning English before they enrolled in college. Besides, EFL teachers are fully aware of the importance of vocabulary teaching and are making great efforts to enlarge English learners' vocabulary. It is the truth that most of the time and energy of both teachers and students have been spent in memorizing vocabulary. However, the result is far from satisfying. Consequently, the students' other language skills have declined as well. Li (2004) shows from his? research that Chinese EFL learners are limited in vocabulary size, generally lacking in idiomatic expressions and unfamiliar with usage of contemporary words. Wang (2005) proposes that in Chinese language teaching process, in addition to the cultivation of students' linguistic competence and communicative competence, we should also pay much attention to the cultivation of metaphorical competence. In China, few experimental studies on conceptual metaphor theory and vocabulary acquisition have been done. So to some extent, practical research in the relationship between conceptual metaphor and vocabulary acquisition is of great use.

A number of specific methods for learning and teaching vocabulary have been identified by educators, since the importance of vocabulary in the EFL learning process has been widely recognized and well-demonstrated (Schmitt, McCarthy1997). Brown and Perry (1991) provide three vocabulary learning strategies—keyword, semantic, and keyword-semantic. Different language learners always adopt different strategies that work the best for them. For example, some learners spend much time and effort on reciting word lists repeatedly, while others prefer to learn new vocabulary by watching movies. Many studies on learning strategies encourage the learners to discover and apply rational ways towards English vocabulary learning. Gu and Johnson (1996) investigated the vocabulary learning strategies used by Chinese learners of English and the relationship between vocabulary learning strategy use and learning outcomes, in order to measure learners' vocabulary size and general language proficiency. They found that comparing with "deeper" strategies such as contextual guessing, dictionary use, note-taking and metacognitive strategies, the "shallow" strategy, for example, visual repetition turns out to be the most inefficient way with the lowest learning outcome.

2.1 Learning polysemy through metaphor

Taylor (2002：98) states that "most words are polysemous to some degree, that is, they have a range of distinct, though related senses, with more frequently used words tending to be more polysemous." Learning words with more than one meaning is one of the greatest challenges for language learners, including Chinese English learners. According to Cross-Domain Mapping, which was proposed by Lakoff and Johnson (1980), extended meanings in a word are originated from the core meaning of the word and meanings are mutually related in a systematical way. Furthermore, any other meaning is associated with the core meaning, and each meaning is a reflection of the core meaning. The core meaning often roots in human beings' physical or concrete experience, based on which, the amorphous or abstract objects can be experienced or understood.

Metaphors, especially conceptual metaphors, could be used as a tool to promote the learners' vocabulary learning efficiently. For example, some prepositions are polysemous in English, like "in" and "behind." Many English learners may initially regard the meaning of the preposition "in" as "inside" and "within," e.g. no smoking in the classroom. The learners often ignore that "in" is a polysemy with many meanings. For example, "They are in love." "He is in business." "Say it in English." It is tough for learners to understand "in" by regular ways, however, it would be easy for them to understand it if they are able to apply concepts of conceptual metaphor in learning to consider "love," "business," "English" as containers.

2.2 Learning idioms and proverbs through metaphor

Idioms and proverbs are composed of vocabulary and it is generally acknowledged that the skillful and appropriate use of them by foreign language learners indicates a high degree of mastery of the language. However, these idiomatic expressions and contemporary usages, including culturally loaded proverbs, are hard for the foreign language learners to learn. Researchers (Gibbs 1992；Gibbs，Beital 1995) conclude that idioms and proverbs are motivated, at least in part, by metaphor, specifically conceptual metaphor. Fernando (1996) summarized the most frequently mentioned features of idioms to be: compositeness, institutionalization and semantic opacity. As can be seen obviously, these features make idioms more challenging to learn, which also can make learning more motivated, if the perspective is changed slightly, involving the learner's higher mental faculties rather than applying passive rote learning.

Theories argue and experiments support the notion that idioms and proverbs are motivated by source-to-target domain conceptual metaphors (Gibbs 1992). The cognitive analyses of idioms and proverbs provide the supporting evidence that idioms and proverbs reflect coherent metaphorical concepts and seldom exist as separate lexical units. Such idiomatic expressions meaning "angry" as "flip your lid," "hit the ceiling," "lose your cool" are in nature, motivated by the conceptual metaphor "Anger is heated fluid in a container". In a similar vein, many more idioms can be found to be motivated by a number of different conceptual metaphors.

As has been discussed, the explicit acquisition of vocabulary, idioms and proverbs based on the working mechanism of metaphor can provide the practical means in TEFL to the cultivation of learners' metaphoric competence and therefore it cultivates their divergent thinking skills.

In conclusion, vocabulary is the basis of learning any language. With a large vocabulary, the speakers can express themselves more vividly and accurately. In this process, metaphorical awareness and competence can provide a better way, with which more complex words and expressions could be easily understood and new words could be created. With teachers' assistance, in the process of learning and understanding metaphors, learners can broaden their vocabulary in the following aspects: mastering the words or phrases literally—contained in a metaphor and exploring and comprehending the implicit expressions implied by a metaphor. It is important to keep in mind that it will take some time for both of the teachers and students to adapt to metaphor-based approach in English learning and teaching, especially for the teachers, who play a key part in instructing and guiding the students to learn metaphors and learn metaphorically by means of teaching metaphors and teaching metaphorically. Besides, many important concepts originate in the experience that is cultural. How to teach culture when teaching metaphors is also a problem that foreign language teachers must solve.

References

[1] Boers F. Enhancing Metaphoric Awareness in Specialised Reading [J]. English for Specific Purposes，2002，19(2)：137-147.

[2] Brown T，Perry F. A Comparison of Three Learning Strategies for ESL Vocabulary Acquisition [J]. TESOL Quarterly，1991，25(4)：655.

[3] Deignan A，et al. Teaching English Metaphors Using Cross-linguistic Awareness-raising Activities [J]. ELT Journal，1997，51(4)：352-360.

[4] Fernando C. Idioms and Idiomaticity [M]. Oxford：Oxford University Press，1996.

[5] Gardner H，et al.. Children's Metaphoric Productions and Preferences [J]. Child Lang，1975，2(01).

[6] Gibbs R. Categorization and Metaphor Understanding [J]. Psychological Review，1992，99(3)：572-577.

[7] Gibbs R，Beitel D. What Proverb Understanding Reveals About How People Think [J]. Psychological Bulletin，1995，118(1)：133-154.

[8] Gu Y，Johnson R. Vocabulary Learning Strategies and Language Learning Outcomes [J]. Language Learning，1996，46(4)：643-679.

[9] Lakoff G，Johnson M. Metaphors We Live By [M]. Chicago：University of Chicago Press，1980.

[10] Low G. On Teaching Metaphor [J]. Applied Linguistics，1988，9(2)：125-147.

[11] Low G，Cameron L. Researching and Applying Metaphor [M]. Cambridge：Cambridge University Press，1999.

[12] Lazar G. Using Figurative Language to Expand Students' Vocabulary [J]. ELT Journal，1996，50(1)：43-51.

[13] Li F. Applied Cognitive Linguistics [M]. Beijing：China Culture and History Press，2004.

[14] Schmitt N，McCarthy M. Vocabulary [M]. Cambridge：Cambridge University Press，1997.

[15] Schmitt N. Vocabulary in Language Teaching [M]. Cambridge：Cambridge University Press，2000.

[16] Taylor J. Cognitive Grammar [M]. Oxford：Oxford University Press，2002.

[17] Wang Y. Exploration of Cognitive Linguistics [M]. Chongqing：Chongqing Press，2005.

[18] Yang N. The Relationship Between EFL Learners' Beliefs and Learning Strategy Use [J]. System，1999，

27(4)：515-535.

[19] Zhao Q，Yu L，Yang Y L. Correlation Between Receptive Metaphoric Competence and Reading Proficiency [J]. English Language Teaching，2014，7 (11)：168-181.

Chinese College Athletes' English Learning*

首都体育学院管理与传播学院　刘　伟

Abstract: As a special English learning group, Chinese college student athletes only account for a tiny percentage of the total English learners in China, but their number is still on the rise. Their English education has its unique characteristics, different from that of regular students. Therefore, a research to understand and analyze Chinese college student athletes' English learning status quo and to put forward a proper learning strategy for them has vital practical significance to their English study. Based on literature review and onsite investigation, this paper analyzed the English learning status quo of Chinese college student athletes and finds out such major problems as a lack of study time and a negative attitude towards English education.

Key words: Chinese college student athletes　English learning　new learning approaches

1. Introduction

As an athlete student from China Renmin University, Yang Chao is the shooting guard of China University Basketball team and scored 31 points in the match against a Canadian team. He was called the "scoring king." But when the enthusiastic fans came to talk to him with great admiration, they only found that he could not communicate in English. This embarrassment also made him jealous of Zhang Zhaoxu from Berkeley of University of California, Los Angles talking with foreign players with no difficulty at all.

Like Yang Chao, most players on the China university students sport team are unable to make successful communication with foreign players or volunteers, therefore they become unconfident in such activities for friendship and exchanges.

Zhang Xinsheng, vice president of International University Sports Federation said, "With college student athletes from more than 100 countries and regions, FISU offers a rare chance to make friends on a global scale. But one more international friend means, one more window opens to understand the world. This is very helpful to the youth in acquiring a global vision and cultivating their responsibility to concern the global development."

Though 75% of the Chinese college student athletes representing China to compete at the 2011 FISU are from Chinese colleges and universities where they have studied English for many years, their actual English level is still rather low.

* 本论文摘要被 2015 年第 28 届世界大学生夏季运动会科学报告会录取为大会报告。
基金项目：北京市教育委员会社科计划一般项目（编号 SQSM201610029001）的阶段性成果。
首都体育学院 2018 年促进高校内涵发展定额经费项目——管理与传播学院专业建设与人才培养项目的阶段性成果。

This paper analyzes the problems Chinese college student athletes encounter in learning English and provides relevant approaches for improvement.

2. Research objects and methods

2.1 Literature review

The author searched relevant literature and materials on Chinese college student athletes' English studies from CNKI and Wanfang Data along with various other websites and tried to lay the groundwork for the background and issues put forward by the paper.

2.2 Expert interview

The author interviewed the English teaching experts at sport universities to inquire about the study situation and level as well as problems.

2.3 Case study

The author used Zhang Zhaoxu as a study case and deconstruct his English learning results, effects, experience and process.

3. Research results and analysis

3.1 Analysis of a case

In 2005, Zhang Zhaoxu was selected to join the global training camp in the US. Afterwards in 2006, he became a star player of a youth sport event in China and went to an American university to study. At the same time, he attended matches of Amateur Athletic Union of the United States as a player from California Supreme and finally joined in University of California Berkeley.

Zhang Zhaoxu made full use of the language learning opportunity abroad, immersing himself in the atmosphere of learning English during the years in the US. With a strong motive to communicate, he often practiced to exchange ideas with others in English maintaining a strong interest and spontaneity in the language. He chose the path of studying for a bachelor's degree in the US.

3.2 Chinese college student athletes' learning status quo and problems

3.2.1 Status quo

Chinese college student athletes have limited time for English education and their learning time is also obviously inadequate, which has caused a prevalently weak English foundation. In terms of their English education, their English teachers usually adopt for the students the same textbooks as those that other universities are used, not specifically designed for the athletes' level. The teaching schedule and objects are also similar to those of other universities. In addition, "athletes feel it a heavy task and become nervous, and they are later bored and tend to give up. They lose confidence in learning English. They tend to retreat in face of any learning setbacks, and their learning emotion is very unsteady."(Zhang Xiaofei, Lan Feng 2012)

3.2.2 Problems

The excellent Chinese athletes usually have spent long time in training at youth. Therefore their lack of time in studying liberal art finally causes their weak English foundation. Sports schools and training teams arrange English classes into off-training periods for the students with the prerequisite of not competing their training time or matches. This usually leads to very little amount of time left for English learning, sometimes even the incompletion of the designed teaching schedule. And the athletes often have a poor spirit in the class, no time to preview or review the knowledge.

"Due to the large number of non-fixed-date matches, fatigue after training, lack of interest as well as lecture boredom, college student athletes are rather carefree with their English study, absence from class, lack attentiveness and failure to complete homework are common." (Zhang Jie 2010)

Most athletes hold a negative attitude towards English education, and lack motivation and confidence to learn it well. They have no inherent desire to make the best use of their time to learn it. Only a small number of excellent athletes hope to improve their spoken English to communicate better at international sports events for a brighter employment prospect.

4. Conclusion and recommendation

4.1 The teaching methods should be diversified.

The "strong perseverance and increasing chances to play games in English-speaking countries" (Lin Ruirong, Ge Hua 2012) of Chinese college student athletes are of vital importance to English language study. Therefore, English teachers should research new teaching modes and approaches for them. Situational teaching method (Tang Ling 2012) is recommended, which simulates sports games situations and overseas life scenes, with a pertinent choice of teaching materials. Meanwhile, English teachers should also actively foster a strong motivation among Chinese excellent student athletes, appropriately deal with their differences, enhance their confidence and passion, and stimulate their learning interest of English language.

4.2 Learning methods have direct impact on effects.

Chinese student athletes should improve their self-management ability and modify their improper learning methods. They are recommended to fully exploit modern English teaching resources, such as various online education tools (Tian Hui, Han Bing, Xu Xiaodong, Yin Honglei 2005) like weibo, video teaching in order to integrate media technology into the athletes' English learning.

4.3 Chinese excellent student athletes' English study path can be widened.

Before their retirement from their sport career, they can adopt the method of self-study and after that they can go to school to improve their language. In terms of the teaching content, emphases should be laid on strengthening sports-items related vocabulary and English speaking to improve their overall English application ability for a better career prospect.

Chinese college student athletes should have a higher level of English language to cope with the increasing number of international sports exchanges and events as well as the competitive employment market. Currently Chinese college student athletes' English is at a low level. To adapt to the international and national situations, their English learning approach should be explored and improved. In their future English education, a combination of degree education and non-degree education with other approaches can ensure a better communication in international sports events and a better career prospect.

References

[1] Zhang Xiaofei, Lan Feng. The Problems and Tactics of English Education among the High-level Athletes in the Universities of Heilongjiang Province[J]. Journal of Harbin Institute of Physical Education, 2012, 30(05): 101.

[2] Zhang Jie. The Psychological Characteristics and Tactics of College Student Athletes in Learning English. Journal of Wuhan Institute of Physical Education, 2010, 44(03): 79.

[3] Lin Ruirong, Ge Hua. A Study of English Practice Teaching Mode Among Excellent Athletes. Fujian Sports Science and Technology, 2012, 31(02): 60.

[4] Tang Ling. An Application Study of Constructing Real Language Situations for Athletes' Classroom English Education [J]. Journal of Nanjing Institute of Physical Education, 2012, (06): 63.

[5] Tian Hui, Han Bing, Xu Xiaodong, Yin Honglei. The Current Situation and Tactics of Chinese Excellent Athletes' English Education [J]. Sports Science, 2005, 25(2): 31-34.

基于"厦大模式"的口译课实践教学立体化构建

Multi-Dimensional Construction of Practical Teaching of Interpretation Based on "Xiada Model"

天津工业大学　徐　琳

摘　要：本文简述了厦门大学口译训练模式及其拓展模式，重点探讨了如何将这一模式应用到口译实践教学的目标、教学方法、教学内容及考核评估等方面的立体化构建，提出过程导向、多元方法、动态评价等。并在此基础上对口译教学改革提出建议。目的在于帮助教师提高口译课的教学效果，提升学生译语质量，并为学生自主学习提供有效途径。

关键词："厦大模式"　口译　实践教学

Abstract: This paper explains the "Xiada Model" of interpretation training and its extended model, analyzes the application of this model in achieving the goal of practical training, optimizing teaching approaches and teaching contents and improving evaluation methods. Based on the analysis, this paper provides the suggestion in multi-dimensional construction including process orientation, diversity in training strategies and dynamic evaluation, which can help achieve a more efficient interpreting practical training, improve students' delivery performance and offer learners a way for their self-training.

一、引言

随着我国经济社会的发展，对专业的口译人员需求在不断增加，口译课成为各大院校英语或翻译专业的必修课程。随着口译教学的大量开展，口译教学研究已经成为新的口译研究方向（邹德艳 2016：13）。教学模式是在一定教学理论指导下建立起来的框架和活动程序，它是"构成课程和作业、选择教材、提示教师活动的一种范式或计划"（陈菁 2014：IV）。传统意义上，口译培训者和学习者都倾向于将口译学习看作是反复练习的单纯实践活动而忽略系统理论和有效教学模式的支撑，致使部分学习者陷入无章法的盲目实践操练，缺少阶段性回顾总结和自我评估，往往开始时信心满满，但随着练习的深入会产生畏难情绪，阻碍了口译能力的提升，也不利于培养学生的全面素质。目前，英语专业“应用型”建设在许多高校开展，教师和学生更加关注口译等技能性课程，迫切需要提高口译技能，为培养全方位的“应用型”人才打下基础。在这一背景下，口译教师和学生应多借鉴国内成熟的口译教学模式成果，深入分析实践环节的性质，研究练习策略。其中，厦门大学提出的“厦大模式”确立了口译教学中技能训练的核心地位；广东外语外贸大学仲伟和教授主持的“广外模式”明确了口译训练应遵循机制性、实践性、理论性和阶段性四个原则，并提出课程立体化、内容系统化、练习真实化、学生中心化、教材多元化、技巧全面化、教师精英化和目标职业化的“八化”方针；深圳职业技术学院刘建珠教授主持的“3P 模式”基于译前准备 (Preparing)、现场表现 (Performing)、译后总结 (Packaging) 三个环节提出了六个模块的技能训练：准备 (Preparing)、解码 (Decoding)、记忆 (Memorizing)、编码 (Encoding)、协调 (Coordinating) 和评估 (Assessing)（刘建珠 2012：78-81）。在这些模式中，“厦大模式”在教学中操作性强，有助于进一步探讨口译课实践环节的构建。

二、“厦大模式”及其拓展

厦门大学口译训练模式是在 1999 年出版的《新编英语口译教程·教师用书》（上海外语教育出版社）中的前言中正式提出来的。它用直观立体的方式描述了口译过程以及译员在各环节中所需要的知识和素质，并明确了技能训练在口译训练中的核心地位。这一模式适用于“培训译员，帮助他们掌握各项职业技能，并使他们在未来的职业生涯中不断提升自己。这一模式能够反映口译交际活动的真实状况，为口译技能培训课程提供理论基础”（林郁如 1999：21）。“厦大模式”构建的一个重要理论基础是 Gile 在 1995 年提出的口译理解公式，即理解是语言知识、言外知识和分析三者之间互动和互为补充的关系。“厦大模式”以此为出发点，将口译交际（I）分为理解（C）、表达（R）和分析（A）三部分，这三部分的中心是技能（S）和职业准则（P），如图：

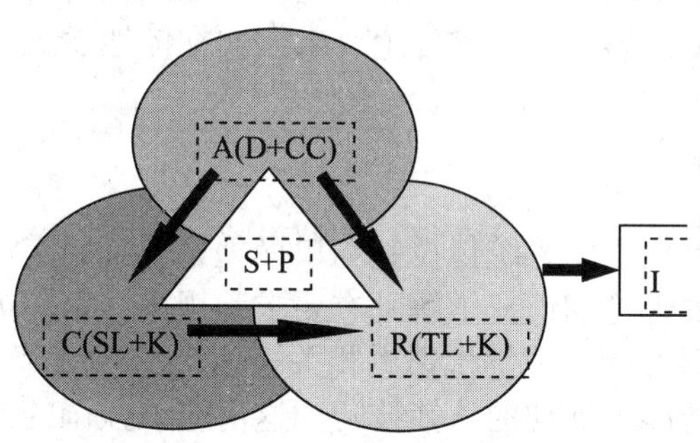

图 1　厦门大学口译训练模式

在此模式中，除了理解、表达和分析之外，D 代表语篇（Discourse）、CC 代表跨文化意识（Cross-cultural Awareness）、S 代表技能（Skill）、P 代表职业准则（Professionalism）、SL 代表源语（Source Language）、TL 代表译入语（Target Language)、K 代表言外知识（Extra-Linguistic Knowledge）。这一模式描述了口译的交际过程和完成每个步骤所需要的能力，确立了口译训练的基本内容和指导原则，强调了口译技能与语言知识、言外知识、语篇分析能力和跨文化交际策略的动态互动，提出了口译训练应以技能和职业化训练为主线这一重要原则（陈菁 1999：44-48）。

之后，随着口译教学研究的深入，厦门大学对该模式进行了拓展，在原基础上，添加了“口译准备”（FB）和“质量监控”（QC）两个模块，如图：

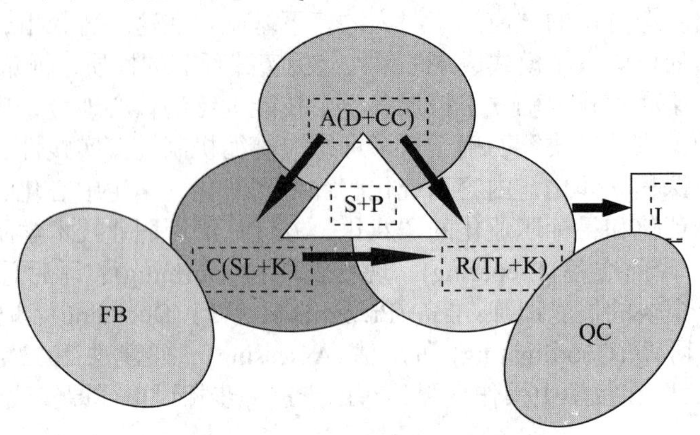

图 2　厦大口译训练模式拓展版

从这一拓展模式可以看出，研究者对口译活动的关注从口译现场延展到了从译前接受口译任务开始直至译后总结回顾阶段，更为立体全面地描述了译员在整个交际中的思维及互动过程，特别补充强调了译员在协调与讲话人及听众的跨文化交际之外的自我准备和监控评估能力，这也给口译课的实践教学提出了更宽广的思路和设计空间。

三、口译实践教学的立体化构建

相对于一般外语课程而言，口译课对学习者的双语能力要求更高，因此更适合在外语专业本科高年级阶段开设，而且以交替传译的训练为主。口译课天然对实践训练模块有很强的需求，通过大量的课堂模拟演练，培养学生双语思维及转换能力，增强信心，提升职业素养。教师可依据“厦大模式”中的各个要素全面立体地设置口译课程，以期达到满意的效果。

1. 教学目标的过程导向

口译课的教学目的是向学生系统传授基本口译理论及常用交传方法与技巧，通过口译实践训练使学生掌握基础理论知识，了解基本要求和规律，培养英汉语口译实践能力。结合常见的口译题材和时事要闻，使学生熟悉相关表达，建立口译工作的意识，培养语言知识运用的话语技巧和心智能力展现的认知技巧。这里应该强调的是，从“厦大模式”可以看出，口译工作是协调听辨、分析、记忆、跨文化能力、语言重组等多方面技能的系统工程，分析贯穿于理解和产出两个环节。培养对于过程的管控恰恰是实践教学的关键目标，在这个过程中，教师应该把口译过程中的动态处理和译入语的静态结果区分开，不能过分强调译语的正确性，而应该注重培养学生厘清每个环节的要素，阶段性地习得各项技能。从这个意义上说，在学习口译阶段，掌握成功口译的手段比寻求译语结果更重要，更应该作为口译教学的目标。

2. 教学方法多元化

教学方法的有效应用对于口译实践教学起着至关重要的作用。口译课是实践性很强的课程，训练方法应以实践为主，最忌讳的是把口译课上成精读课或笔译讲解课。口译课堂应气氛紧张，有实际口译现场的压力感。因此，教师应多动脑筋，把口译课堂设计得像口译现场(仲伟和 2007：5-7)。目前以学生为中心的教学方法已经为大多数教师接受并应用，有的教师积极开发“翻转课堂”体现学生的主体地位，或是制作口译微课借助网络取得更广泛的应用效果。多元化的教学方法还体现在有针对性地培养“厦大模式”中不同阶段的相应技能上，如针对译前准备（FB）的训练，除了语言准备还有知识准备，教师可在课前布置相关主题内容，让学生根据自己的调研准备思维线路图，把积累的文字信息转换为一张逻辑图表。如一想到环境问题就会在头脑中联想起常用词汇、环境污染的主要表现形式、我国的环保政策及措施、环境治理的成效等一系列信息，帮助学生建立言外知识（K）的构架;在训练源语理解（C）技能时,可采用影子练习(Shadowing Exercise)、大意概述(Gist Retelling)、逻辑分析（Logical Analysis）等方法；译语产出（R）训练中，可应用即兴演讲（Impromptu Speech）、角色扮演（Role-play）、情景模拟（Simulated Situation）等方法，一方面提高学生的课堂参与度，另一方面鼓励学生进行积极的自我评估及质量监控（QC）。此外，多元的教学方法还体现在充分利用教学资源上，笔者曾尝试在同声传译教室进行交替传译的实践训练，适当调整设备操作便可顺利实现交传模式，利用同传设备营造出的逼真的现场感，使学生瞬间产生紧张和压迫感，这种刺激有效地锻炼了学生的心理素质和现场应变能力，这也正是“厦大模式”中职业准则（P）的组成部分。

3. 教学内容的时效性

口译课经常是学生最喜欢的课程之一，也是他们口中“专业感”很强的课程，但教学过程中阻碍学生积极性的因素当中，教学内容的滞后当属最主要的一项。学生的口译实践是一项双语跨文化交际活动，在“厦大模式”中，跨文化能力（CC）的培养也是众多动态要素之一。青年学生是文化敏感人群，他们对于新兴文化现象更有兴趣，也更容易培养跨文化交流的意识和能力，因此他们对于语料的时效性要求较高，但教材的练习内容在时间上往往较为滞后，这就需要教师及时补充热点话题，使语料内容多样化，涵盖各种口译专题。同时，还要注意选择难度各异、语速及口音多样的语料，安排在不同的教学阶段，让学生适应真实口译现场及不同语言风格、不同发言人的语言，增强文化敏感，培养跨文化意识。

4. 考核评估动态化

“厦大模式”的拓展版加入质量监控（QC）这一模块，旨在培养质量意识和提高质量监控能力。质量监控根据评估的手段分为微观监控（关注译文的语言和知识层面）和宏观监控（关注交际整体效果）(陈菁 2014)。考核评估的目的是将学生的学习现状与教学目标相比较，找出差距，为下一步的训练明确方向，提高训练效果。前面提到，教学目标应以过程为导向，因而质量评估也应重视动态考核而非仅凭译出语与“标准译文”的吻合度来进行。从职业角度来说，口译质量评估涉及多方面因素，包括译语质量、各种任务的不同要求、源语发言人与现场听众的客观反馈等，需要通盘考虑。口译课程的测试考核受参与方背景条件所限较难达到实战效果，但考核标准与其他知识类或技能类的外语课相比仍有自己的特点，评价重点往往聚焦于学生的翻译能力上，考核应涉及译前准备、积极倾听、记忆策略应用、笔记策略应用、目的语重组技巧、跨文化意识、危机处理等各个环节，形成贯穿整个学期或学年的动态评价体系。成绩的评定更关注译语的交际效果，强调“准、顺、快”，在不影响交流目的的情况下会忽略语法、词汇、句式的语言规范性转而更看重语言是否流畅、学生反应是否迅速、遇到困难时处理是否得当等。此外，交际策略的使用还包括副语言因素，如语音、语调、语气、重音、音量等，这也是影响口译效果的重要变量。教师可依据阶段性学习目标设计定性或定量考核指标，通过个别口试、访谈、阅读学生学习日记、观察小组模拟口译等多样的途径进行考核，与期末笔试相结合，构成形成性的考核系统。这样做的另一个好处是帮助学生建立起自我评价意识和概念，为他们自主学习提出有效的评价指标及途径，有助于提升学生毕业后从事相关行业的职业水准。

四、对口译课程改革的建议

目前，英语专业学生口译能力的提高在很大程度上还必须依靠口译课堂上的实践教学环节的训练和实际模拟练习，教师可充分利用“厦大模式”提供的理论体系改革传统口译课堂训练，更有效地培养“应用型”人才。

1. 增强系统性整合，改变教学理念

口译训练是一项系统工程，“厦大模式”的提出使教师和学生重新思考口译训练的实质，对口译工作的理解从线性的“语码转换”活动改变为调动认知、思维、心理、语言、文化等综合素质才能完成的立体化工程。口译课程也应适时改革教学模式，循序渐进地培养各个环节的能力，整合各种教学手段，结合学生实际情况及社会需求，培养学生全方位的口译能力，将他们的注意力从单纯的语言能力提升转变为兼顾双语思维转换及译员职业素质提高。

2. 培养创造性思维，提升主体意识

译员常被描述为“次级讲话人”，也常常作为服务提供者的角色出现，这使得学生们始终感觉口译员是毫无自主权的，无论对语言还是对交际环境而言，译员都处于从属地位，因此在学习初期乃至整个过程中，学生会不自然地将自己放在被动的地位上，即便在译语产出阶段也显得畏首畏尾，“不敢越雷池一步”。“厦大模式”拓展版中增加的译前准备和质量评估两个模块为教师提供了更广的思考空间，我们应充分利用课前准备这个途径，发挥学生的主观能动性，让他们与前沿观点和专家意见充分接触，了解相关行业最新成果，整合信息，建立思维导图。这一过程实际上突破了学生固有思维的束缚，让学生在接受新鲜语料的同时构建创新思维，培养创新精神。另外，通过译前准备和译后总结及自评互评，提升自身的主体意识，逐渐体会口译并不是单纯被动接受和愿意输出，训练的目的不是学习外语，也不是与母语相比较，而是对一篇讲话意义的理解。经过口译员大脑思维的加工后，结合自身语言知识及言外知识，用目的语将源语意义自由地加以重新表达。只有这样，口译学习者才能真正掌握口译的“窍门”。

五、结语

口译实践训练是英语专业学生专业能力培养的重要部分，符合专业“应用型”建设的内涵。“厦大模式”为口译实践训练提供了有力的理论框架，在此基础上，口译培训者及教师应充分整合原有课程资源，从教学目标、教学方法、考核方式等方面全方位立体化构建训练体系，提高译语质量，培养专业素质，同时也为学生的自主学习提供了思路，增强

自主训练的科学性和效率。

参考文献：

[1] 陈菁 . 口译的动态研究与口译教材的编写 [J]. 外语界，1999（4）: 44-48.
[2] 陈菁 . 口译教学：从理论到课堂 [M]. 上海：上海外语教育出版社，2014.
[3] 林郁如 . 新编英语口译教程 [M]. 上海：上海外语教育出版社，1999 : 21.
[4] 刘建珠 . 口译人才培养的“3P”模式研究 [J]. 外语与外语教学，2012（4）: 78-81.
[5] 仲伟和 . 专业口译教学的原则与方法 [J]. 广东外语外贸大学学报，2007，18(3) : 5-7.
[6] 邹德艳 . 口译的记忆训练 [M]. 北京：中央编译出版社，2016 : 13.
[7] Gile D. Basic Concepts and Models for Interpreter and Translator Training (Revised Edition) [M]. John Benjamins Publishing Company，1995.

第四部分

学术英语研究与教学

国内研究生学术英语写作研究
——基于我国外语类核心期刊统计分析（2008—2017）

Postgraduates' EAP Writing Research in China from 2008 to 2017

中国农业科学院研究生院　卢　鹿

摘　要：本研究对 2008—2017 年我国 10 种外语类核心期刊发表的国内研究生学术英语写作研究论文进行了考察和分析。结果显示：国内研究生学术英语写作研究论文数量虽逐年增长，但总量小，增长速度缓慢；研究方法虽呈现多元化趋势，但研究内容偏重研究生英语学术文本分析。研究生学术英语写作实践活动和相关理论范式的研究仍需加强。

关键词：研究生学术英语写作　研究方法　研究内容

Abstract: This study investigates papers on postgraduate EAP writing published in 10 CSSCI journals of English linguistics and applied linguistics from 2008 to 2017. The results show that although the number of postgraduate EAP writing studies has been increasing annually, the total volume is still small. Although a variety of research designs and methods have been used, the primary research focuses are on the analysis of postgraduate EAP written texts. Therefore, more future research is needed on postgraduate academic literacies and research paradigms.

一、引言

20 世纪 80 年代开始，随着西方高校“跨课程写作”和“学科写作”运动的开展，涌现了大量与学术英语写作相关的文献，国内学者已对这些文献进行了梳理和述评（毕劲 等 2014；徐昉 2015；杨冬玲，陈坚林 2015），对国内学术英语写作研究有很大启示。然而相比之下，国内专门针对学术英语写作的研究依然匮乏（毕劲 等 2014）。作为中国学术领域的生力军，他们的表现与中国学者国际发表的现状和未来息息相关，因此我国高等教育阶段在读研究生的学术英语写作能力尤其值得关注。对国内研究生学术英语写作研究进行分析，有助于了解该研究领域的发展和现状，厘清我国研究生学术英语写作研究中存在的问题，为今后的研究和教学提供启示。

二、研究方法

本研究采用论文文献检索和人工统计分析的方式。首先，根据“中文社会科学引文索引（2017-2018）收录来源期刊目录”,划定论文文献选取范围为10种外语类核心期刊[1]。之后，在“中国期刊全文数据库”中通过指定“期刊来源”，并以“写作”“研究生”“硕士”“博士”为题名、主题词进行检索。通过人工阅读甄别，得到从2008年至2017年发表的关于国内研究生学术英语写作的研究论文共计50篇。从文献发表年代、研究方法、研究内容等角度进行文献统计分析。

三、我国研究生学术英语写作研究论文统计

1. 论文总量及基本趋势

“中文期刊全文数据库”统计数据显示，2008至2017年间，国内研究生学术英语写作研究论文数量呈缓慢递增的态势，发表论文总计50篇（见图1）。笔者以3-4年为一个时间节点，将论文发表分为三个阶段：第一阶段2008年至2011年，发表论文11篇，占比22%；第二阶段2012年至2014年，发表论文18篇，占比36%；第三阶段2015年至2017年，发表论文21篇，占比42%。发表论文总量低、数量增长缓慢的趋势表明国内学界对于高级阶段中国英语学习者的学术英语写作研究关注度严重不足。

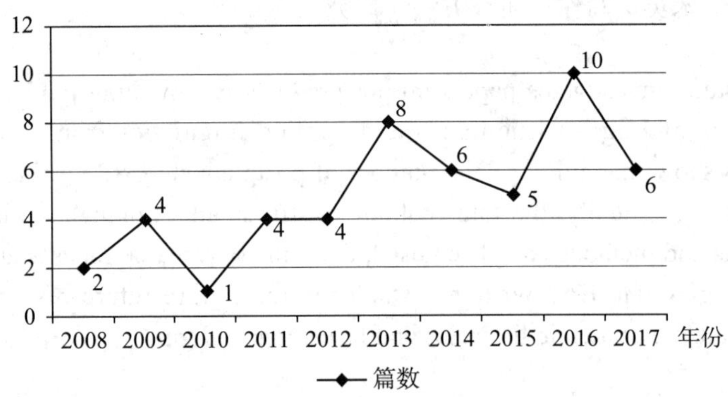

图1　2008—2017年国内研究生学术英语写作研究论文数量年度变化情况

2. 论文的研究方法和研究对象

本文借鉴黄建滨和于书林（2009：61）对英语写作研究研究方法的分类标准，将国内研究生学术英语写作研究论文运用的研究方法归为实证研究和非材料性研究。实证研究系统地收集和分析数据材料；非材料性研究不以系统地收集和分析材料为出发点，包括理论述介、教学经验分享等。在本次调查的50篇论文中，46篇论文为实证研究论文，占论文总篇数的92%；仅有4篇为非材料性研究论文，均为对研究生学术英语写作教学模式的探讨。

1　10种外语类核心期刊包括：《外语教学与研究》《现代外语》《外语界》《外语教学》《外语与外语教学》《中国外语》《外语电化教学》《外语研究》《外语教学理论与实践》《外国语》。

根据数据来源对46篇实证研究论文中使用的研究方法进行细化分类，发现34篇论文（73.9%）为文本研究，其中含语料库研究论文22篇。启发性研究共9篇，主要运用问卷调查、访谈等方法收集数据。自省研究论文1篇，采用有声思维方法收集数据。观察研究论文1篇，记录并分析了研究生修改英语学术论文的过程。另有1篇论文的研究设计为课堂教学研究，报告并分析了研究生学术英语读写课课堂教学的实施过程和教学效果。

从研究对象的专业方向上看，33篇论文（66%）考察了英语专业研究生的学术英语写作活动，17篇论文（34%）考察了非英语专业研究生的学术英语写作活动。

3. 论文的研究内容

徐昉（2015）按照三大路径和六个子路径区分了学术英语写作研究（见表1）。本文借助该分析框架分析50篇国内研究生学术英语写作研究论文的研究内容。

表1　学术英语写作研究的路径

学术英语写作研究的路径
路径1：系统功能语言学视域下的学术写作研究
子路径1：学术语篇的语类潜势研究
子路径2：语域特征研究
子路径3：人际意义研究
路径2：学术语言能力理论视域下的学术写作实践研究
子路径1：认知过程研究
子路径2：国际发表研究
子路径3：学术英语写作教学研究
路径3：关于学术英语写作自身的理论范式和研究方法的研究

分析结果表明，2008年至2017年在外语类核心期刊上发表的国内研究生学术英语写作研究论文主要关注系统功能语言学视域下的英语学术语篇研究，共计32篇论文（见表2），占发表论文总量的64%。其中，4篇论文探讨了研究生英语学术语篇的宏观结构特征和语篇内部不同部分的结构特点，考察对象包括“前言”“致谢语”等。例如，孙迎晖（2010）考察了英语应用语言学方向硕士论文的“前言”部分，发现中国学生产出的总体语类结构与英语本族语作者基本一致，但在具体语步选择上存在差异，表明中国研究生对于学位论文“前言”部分的语篇建构具有自身特点，体裁的交际目的、学习者身份和文化背景共同影响了他们对于语类结构的选择。另有10篇论文关注了学术英语写作语域特征，考察的词汇语法形式包括外壳名词、词块、标示名词、语言错误、句法特征等，重点揭示了中国研究生和本族语学习者及专家作者使用学术语言的特点和差异。例如，周惠和刘永兵（2015）基于对中国和本族语者研究生英语专业学位论文语料库的对比分析，发现中国学生显著少用研究型标示名词推介自己的研究，但偏好使用论辩的方式表达观点，导致研究立场不清晰、语篇说服力不强。此外，18篇论文关注了研究生学术英语语篇中的人际意义话语特征，包括模糊限制语、立场标记语、自我指称语、介入标记语、文献引用等。与语域研究类似，人际意义研究揭示出中国研究生和本族语学习者及专家作者在学术语篇人际意义表达中的差异。例如，王晶晶和吕中舌（2016）通过对比中国理工科博士学术英语写作语料库和国际期刊学者论文语料库，发现二者在模糊限制语的类型及词汇选择上存

在差异，且与工科博士生相比，理科博士生有效使用模糊限制语的困难更大。总之，系统功能语言学视域下的国内研究生英语学术文本研究利用语料库等技术手段，能够深入地了解我国研究生的英语学术文本特征及与本族语学习者和专家作者的差距，为研究生学术英语写作教学提供了借鉴作用。

与文本研究相比，学术语言能力理论视域下的国内研究生学术英语写作实践研究论文产出量较少，仅有 19 篇，占发表论文总量的 36%。其中，11 篇论文关注了研究生学术英语写作的认知过程，采用问卷、访谈、有声思维等方法探究研究生在撰写英语学术论文过程中遇到的问题和困难、学术写作的过程和策略等。例如，杨鲁新和汪霞（2012）通过追踪 3 名英语应用语言学专业硕士研究生学习撰写论文提案的经历，揭示了二语环境下的学习者在学习学术写作过程中遇到的困难，以及他们作为“合法边际参与者”如何参与学术实践团体活动、与导师交流，逐渐学会设计研究和撰写论文提案的过程。这些研究反映出研究者对于研究生学习学术写作重要性、困难和复杂性的认识，对学术英语写作教学和研究生指导很有意义。此外，6 篇论文关注了研究生学术英语写作教学，包括 2 篇实证研究论文，其中的亮点是反思性课堂教学研究。杨鲁新（2015）采用质性个案研究方法，收集自己在教授研究生“学术英语阅读与写作课程”时产生的数据，反思自己的教学方法、教学内容、任务活动和教学效果，揭示了教师指导在研究生学术英语写作能力发展过程中的关键作用。值得关注的是，在已发表论文中仅有 1 篇论文关注了研究生国际发表问题。卢鹿（2017）探究了研究生在国际论文待发修改阶段如何与其他论文塑造者合作，对论文进行面对面修改，以达到国际发表标准的过程，指出英语教师、导师和研究生的面对面交流能够帮助研究生有效提升论文质量。

表 2　国内研究生学术英语写作研究各路径所发表论文情况（2008—2017）

系统功能语言学视域（以文本为主）				学术语言能力理论视域（以实践为主）				理论方法	总计
语类	语域	人际	总计	认知	发表	教学	总计		
4	10	18	32	11	1	6	18	0	50

四、总结与启示

本次调查发现，国内研究生学术英语写作研究在 2008 年至 2017 年间得到了一定发展，研究论文数量稳步上升，研究方法趋于多样化，研究内容涵盖了国际学术英语写作研究领域的主要问题。但综合分析，国内研究生学术英语写作研究依然存在突出问题。

首先，论文在外语类核心期刊已发论文中占比过低。以 2016 年论文发表量为例，10 种外语类核心期刊共发表论文 864 篇，其中研究生学术英语写作研究论文仅有 10 篇，占全年论文发表总量的 1.2%。以具体期刊为例，2008 至 2017 年间《外语教学》共发表论文 1428 篇，其中研究生学术英语写作研究论文共计 14 篇，占论文发表总量的 1%。这一现状与目前我国庞大的研究生基数及高校对研究生（尤其是博士生）国际学术发表能力的较高要求很不吻合。

其次，研究范围需要拓宽，研究方法需要丰富。目前针对学术语言能力理论视域下的研究还严重不足。国内对于研究生学术英语写作认知过程中存在的困难和应对策略的关注度不够，对研究生学术英语写作认知能力的发展尚缺乏长期、细致的跟踪研究。就研究生作者国际发表而言，国内研究还处于零星状态。然而，由于近年来我国研究生作者国际论文发表量增长速度较快，对他们国际论文发表经历的了解和探讨将对研究生学术英语写作课程体系建设及教学模式研究起到关键作用。目前，国内一些大学已开设了学术论文写作中心，帮助学生进行以国际发表为目的的论文修改，研究者可以以这些写作中心为依托开展相关研究，丰富我国的研究生国际发表研究。此外，研究生学术英语写作教学法研究也应得到加强。在研究生学术英语写作教学一线的教师可以将教学和科研相结合，以自己的写作课堂为个案进行课堂教学研究。就研究方法而言，除了继续发挥语料库研究在揭示中国研究生英语学术文本特征上的优势外，可以更多地结合质性研究的方法，采用个案研究和人种志研究，深入探究我国研究生学术英语写作实践活动和教师的教学活动。

除此之外，鉴于目前国内尚缺乏对高层次二语学习者学术英语写作研究的理论范式探讨，未来可以利用二语写作和心理学等领域的研究成果，针对我国研究生的特点开展多方位的理论思考和探索。

参考文献：

[1] 毕劲 等 . 国外二语学术写作研究趋势及其启示 [J]. 外语教学，2014 (2)：45-49.
[2] 黄建滨，于书林 . 国内英语写作研究述评 [J]. 中国外语，2009 (4)：60-65.
[3] 卢鹿 . 国际论文面对面合作修改：过程与策略 [J]. 外语界，2017 (2)：81-88.
[4] 孙迎晖 . 中国学生英语专业硕士论文“前言”部分的语类结构模式分析 [J]. 中国外语，2010 (6)：54-60.
[5] 徐昉 . 学术英语写作研究述评 [J]. 外语教学与研究，2015 (1)：94-105.
[6] 王晶晶，吕中舌 . 中国理工科博士生学术英语写作模糊限制语研究 [J]. 外语教学，2016 (5)：52-56.
[7] 杨冬玲，陈坚林 . 国外学术英语写作研究与教学 (1990—2014)——基于 SSCI 和知识图谱的演化 趋势分析 [J]. 外语电化教学，2015 (6)：9-16.
[8] 杨鲁新，汪霞 . 论文提案写作问题与应对策略——三名硕士研究生的个案研究 [J]. 外语与外语教学，2012 (4)：48-52.
[9] 杨鲁新 . 教师指导语学生学术英语写作能力发展——“学生英语阅读与写作课程”的反思性教学 [J]. 外语与外语教学，2015 (5)：29-35.
[10] 周惠，刘永兵 . 中国英语学习者学术写作中标示名词的功能与立场研究 [J]. 外语教学与研究，2015 (2)：251-261.

博士生英语论文发表情况调查
——以清华大学为例*

Doctoral Students' English Paper Publication: A Case of Tsinghua University

清华大学外国语言文学系　刘梅华　郭　茜　刘　延

摘　要： 为有助于研究生发表英语学术论文，本研究调查了 321 名清华大学选修“博士生英语论文写作”课程的在读博士生的英语论文发表状况及影响他们英语论文投稿与发表的因素。基于统计描述、回归分析和主题分析，本研究显示：①学生在研究生阶段投入英语学习的平均时间较本科阶段多、更加看重专业英语论文的阅读和写作；②博士生平均发表的英语论文总量不多，有助于他们投稿或发表英语论文的主要原因是个人英语学习习惯、学校英语课程设置、学习环境、工作环境、阅读英语论文 / 文献、专业人士之间的交流等，而妨碍他们将完成的课程论文投稿的主要因素是没有完整的数据、论文需进一步修改、试验结果不理想、论文质量不高等；③选修本课程前是否有好的数据积累、博士阶段第几学期选修本课程、是否是直博生等因素能预测学生是否会将“博士生英语论文写作”课程完成的论文投稿；阅读专业书籍 / 论文的习惯、硕士阶段学校是否有发表英语论文的毕业要求等因素则能预测读博前是否发表论文。

关键词： 英语论文　发表　投稿　影响因素

Abstract: This survey study investigated doctoral students' English paper publication and the factors affecting the submission and publication of their English papers. A total of 321 students in Tsinghua University who took the "English Paper Writing for Doctoral Students" course participated in the study. The findings were: ① The participants spent more time in English learning (especially in reading related English literature and papers), and paid more attention to reading related English literature and papers in their postgraduate years than in undergraduate years; ② The average number of doctoral students' English paper publications was small. The factors contributing to their publication were English learning habits, the university's English curriculum, the learning environment, the research environment, reading English papers and literature, and communication with professionals. Some factors prevented them from submitting their course papers for publication: data not of high quality, paper needing revision, experimental results not satisfactory, and paper quality not good enough;

* 本研究获清华大学研究生教育教学改革项目“公共外语研究生英语教学体系改革”资助。

③ Factors such as availability of good data collected prior to taking the course, certain period in their doctoral study when they took the course, and master's degrees that they had received or not before doctoral studies, predicted whether they would submit the course papers for publication; while factors such as reading related English literature and papers and the university' graduation requirement of paper publication were good predictors of paper publication prior to doctoral studies.

一、前言

鉴于全球化趋势及英语在当今世界的地位和重要性，近年来社会对英语书面交流的需求越来越迫切，例如，在国外求学、任职于跨国公司、参与国际事务、在国际范围内传播自己的学术成果等等，都需要能很好地运用英语书面语。对中国而言，要与世界同类高校竞争，必须提高学生英语写作能力。近年来，中国的各教育机构越来越希望学生能用英语书写、发表自己的研究成果，使之被国际同行所了解，因而学生对学术英语写作的需求越来越大。

针对学术英语写作的研究非常多，如针对写作文体的研究（Aull，Bandarage，Miller 2017；Belcher 1994；Linder，Murphy，Wingehbach，Kelsey 2004；Zigerell 2013），针对反馈的研究（Carter，Kumar 2017；Ferris 2004；Kepner 1991；Liu，Chai 2009；Macgregor，Spier，Taylor 2011；Merry，Orsmond 2008；Shintani 2016；Strobl 2015）、写作认知及技巧的研究（桂诗春 1991；黄萍，赵冰 2010；王俊菊 2005）等等。这些研究显示，不论英语是否为母语，学生发表研究论文时都面临不少问题，如难以针对特定读者调整写作风格与内容，无法建立并支持合乎逻辑的论证，论文方法部分提供细节过多或过少，语法错误太多等（Belcher 1994；Linder，Murphy，Wingehbach，Kelsey 2000；Zigerell 2013）。

与此同时，尽管国内外不少大学硕士生、博士生都有用英语发表研究论文的需要，但针对他们的研究很多是关于他们对发表英语论文的态度和看法（Cheung 2010；Cho 2009；Huang 2010）。如 Cho (2009) 结合问卷调查和访谈，调查了韩国一所研究型大学中理工科专业研究生用英语写作专业期刊论文的经历、教师对学生写作能力的看法、以及师生对论文各种写作特征重要性和困难程度的看法。Cheung (2010) 通过对香港三所公立大学 6 名英语语言学专业博士生的深度访谈，了解他们用英语发表论文的经历、其间遇到的困难与挑战以及他们的应对策略。Huang (2010) 通过对 11 名台湾理工科专业博士生和博士后的访谈与观察，探究了他们对发表英语论文及为此学习英语写作的看法。Ho (2017) 以访谈方式，调查了台湾 19 名理工科博士生和博士后在学术论文写作与发表过程中就论文写作、修改、投稿等方面与导师交流时所采用的策略。中国大陆也有针对研究生阶段专业英语论文写作的研究，但研究角度似乎更多的是研究生学术英语需求分析（如曾建彬等 2013）、研究生学术英语写作能力培养和课程设置（如侯海燕等 2015；熊丽君，殷猛 2009；周梅 2011），对博士生英语论文发表状况及影响其论文投稿和发表因素的研究却不多见。为此，本研究以清华大学学生为例，调查博士生英语论文发表情况及影响他们投稿和发表英语论文的因素。

二、研究设计

调查对象：共有 321 名选修了“博士生英语论文写作”课程的在读博士生参与了本研究，其中男生 213 人，女生 107 人。他们的平均年龄为 24.9 岁（SD = 3.7），开始有指导地学习英语的平均年龄为 11.1 岁（SD = 2.1）。他们中大多数为汉族（91.9%），本科毕业于 985/211 院校（83.8%），就读理工科院系（95.6%），本科毕业后直接读博（即“直博生”，63.9%），持有非农业户口（57.6%）。调查对象在博士生不同阶段选修英语论文写作课程，在博士生第一学期选课的人数最多，占调查总人数的一半（163）；在博士生第二、三、四、六学期选课的人数及比例分别为：53（16.5%）、12（3.7%）、8（2.5%）和 3（0.9%）。

研究工具：为收集数据，笔者根据文献及课程要求设计了含 70 项陈述句的调查问卷，涉及调查对象背景信息以及不同阶段的英语学习情况、论文发表情况、影响论文发表的不同因素等几个方面。

研究过程与数据分析：本调查采取在连续两个学期的课程最后一周向学生发放问卷的方式，学生匿名完成问卷。问卷数据使用 SPSS 20 和 Stata 12 分析。

三、数据统计描述

1. 对英语学习的投入情况

调查结果显示，超过四分之三（77.3%）的调查对象在本科阶段、逾八成（83.2%）在硕士生阶段、逾六成（61.1%）在博士生阶段，院系开设了 2-5 门专业英语 / 双语课程，调查对象在相应阶段分别平均选修了 1.59（SD = 1.89）、1.23（SD = 1.78）、1.07（SD = 1.25）门专业英语 / 双语课程。此外，如表 1 所示，调查对象在不同阶段课外均投入不少时间学习英语，如阅读英语报刊及小说、看英语电影电视剧、浏览英语网站、听英语歌曲和广播、阅读英语专业文献等。总体而言，他们在本科、硕士、博士阶段每周课外学习英语的平均时间分别为 9.3、17.4、19.4 小时，呈上升趋势。表 1 还显示，到研究生（硕士、博士）阶段，尤其是博士生阶段，学生花在英语专业文献阅读上的时间大幅增多，说明研究生，尤其是博士研究生，更看重专业英语论文的阅读和写作。

表 1　每周平均学习英语时间 (单位：小时 / 周)

	看英语报纸杂志小说	看英语电影电视剧	浏览英语网站	听英语歌曲广播	阅读英语专业文献	总体
本科阶段 (N = 321)	1.03 SD = 1.79	3.15 SD = 3.25	1.24 SD = 3.24	1.82 SD = 3.05	2.39 SD = 4.21	9.34 SD = 10.60
硕士阶段 (N= 104)	1.52 SD = 2.09	3.87 SD = 3.98	2.29 SD = 3.61	2.39 SD = 3.64	7.37 SD = 9.21	17.37 SD = 17.33
博士阶段 (N = 321)	1.41 SD = 2.50	2.56 SD = 2.84	3.21 SD = 5.12	1.77 SD = 2.80	10.08 SD = 11.79	19.37 SD = 16.76

注：SD = 标准差（全文同此）

如表 2 所示，在阅读英语专业书籍和论文时，大部分调查对象关注专业英语词汇、英语句式和常用词语以及英语写作技巧的积累。调查对象对这些不同重点的关注，都是研究生阶段比例明显高于本科阶段，同时也高于博士生阶段。

表 2　阅读专业英语文献时关注不同重点的人数及比例

	专业英语词汇	英语句式和常用词语	英语写作技巧
本科阶段 (N = 321)	253 (78.8%)	194 (60.4%)	170 (53%)
硕士阶段 (N= 115)	105 (91.3%)	96 (83.5%)	93 (81.6%)
博士阶段 (N = 321)	268 (83.5%)	240 (74.8%)	237 (73.8%)

2. 院系对发表专业英语论文的态度

表 3 总结了调查对象在不同阶段所在院系对发表专业英语论文的要求：本科阶段有 2.5% 的院系把发表专业英语论文设为毕业要求，硕士生和博士生阶段的相应比例则分别达到 25% 和 77%。此外，三个阶段院系明确鼓励学生发表英语论文的比例分别为：51%、75% 和 82%。两种比例都呈明显上升趋势

表 3　院系对发表专业英语论文的态度

	毕业要求	明确鼓励
本科阶段 (N = 321)	8 (2.5%)	165 (51.4%)
硕士阶段 (N= 112)	28 (25%)	84 (75%)
博士阶段 (N = 321)	248 (77.3%)	264 (82.2%)

3. 专业英语论文发表情况

表 4 总结了调查对象在不同阶段发表于 SCI/SSCI 期刊、EI 期刊及专业会议的英语论文情况：本科、硕士生和博士生阶段（截止到调查时为止）发表的专业英语论文平均数量分别为 0.12、1.20 和 0.11 篇。需要注意的是，由于一半（50.8%）调查对象处于博士生第一学期，另外 16.5% 的调查对象处于博士生第二学期，所以这里统计的博士生英语论文发表情况远不能代表整个博士生阶段的英语论文发表情况。此外，调查结果还显示，86.9% 的调查对象本科阶段院系发表论文学生占学生总人数的 0%-5%，硕士阶段相应的比例为 42.9%；40% 的调查对象硕士阶段院系发表论文学生占学生总人数的 5%-20%。

表 4　各阶段专业英语论文发表情况

	本科阶段 (N= 291)	硕士阶段 (N = 99)	博士阶段 (N = 151)
发表英语论文数	0.12 SD = .43	1.20 SD = 1.40	0.11 SD = .41

4. 有助于英语论文发表的因素

此前发表过英语学术论文的学生分享了有助于他们英语论文投稿和发表的原因。原因多种多样，主要包括：个人英语学习习惯（35.4%）、学校英语课程设置（24.2%）、学习环境（24.2%）、研究环境（21.2%）、阅读英语文献（10.1%）、导师的交流与指导（7.1%）、师门其他同学的交流与指导（6.1%）、英语课程的写作要求（5.1%）等（见表 5）。例如，如学生所言，“每天阅读英语新闻，平时多背单词，阅读英文文章，收听 BBC、VOA 等” (No.11)；“与本专业专家多交流、请教，可通过邮件、会议、讲座等方式了解他们做的内容，可能会被启发” (No.32)；“自由的学术环境，没有太多的汇报，专心致志地做科研，全力写作，整个过程都由自己进行，没有外界的打扰，我觉得非常重要” (No.53)；“硕士期间院系开设了科技论文写作课程，系统地讲解了英语论文发表的技巧” (No.65)；“老师对我的指点，尤其是科研写作，从构思到完成写作，影响非常深刻” (No.70)。

表 5　有助于学生英语论文发表的因素（N = 99）

个人英语学习习惯 (35.4%)	逻辑思维能力训练 (2%)
学校英语课程设置 (24.2%)	专业知识积累 (2%)
学习环境 (24.2%)	合适的研究方向 (2%)
研究环境 (21.2%)	学校对发表论文的要求 (2%)
英语文献阅读 (10.1%)	与本专业专家交流 (2%)
导师的交流与指导 (7.1%)	专心于科研 (2%)
师门其他同学的交流与指导 (6.1%)	朋友的鼓励 (1%)
英语课程的写作要求 (5.1%)	学校的奖励 (1%)
英语知识积累 (4%)	与外教交流 (1%)
对论文写作的总结、积累 (3%)	听报告 (1%)
英语老师指导 (3%)	实验结果的好坏与创新性 (1%)

5. 妨碍课程论文投稿的因素

超过一半（53%）的调查对象表示不准备将博士生英语论文写作课上完成的论文投稿，最主要的原因是数据不够全面充分、太单薄、质量不高 (51.2%)，其次是研究内容不成熟、创新性不够 (17.6%)，论文需进一步修改 (13.5%)，结果不理想、需进一步完善实验 (11.8%) 等（表 6）。如果参考问卷其他部分的回答情况，这个结果不足为怪。尽管英语论文写作课课程备注中标明了“课程需要学生有数据用以完成一篇英语的专业论文”，但只有不到一半（45.2%）的调查对象选课时知道选修这门课需要完成一篇学术英语论文，很多学生只是着急抢课，并不注意课程备注里的内容。尽管三分之二（67%）的调查对象表示有数据可以用于完成论文，但由于多数学生刚刚进入博士生阶段的学习，不少调查对象的论文数据主要来源于本科毕业设计（31.5%），不足以支撑一篇能达到发表水平的专业英语论文。

表 6　课程论文不准备投稿的原因 (N = 170)

数据不够全面完整充分、太单薄、质量不高 (51.2%)	准备或已投汉语论文 (1.8%)
研究内容不成熟、创新性不够 (17.6%)	版权、署名、保密等问题 (1.8%)
论文需进一步修改 (13.5%)	还未与导师沟通好 (0.6%)
结果不理想、需进一步完善实验 (11.8%)	还没有掌握好研究方法 (0.6%)
院系及专业特殊性 (2.9%)	理论深度不够，需完善 (0.6%)

四、回归分析结果

为进一步分析不同因素与学生英语论文发表、投稿间的关系，笔者又作了以下回归分析。

1. 读博前发表英语论文

表 7 显示了不同因素与调查对象开始攻读博士学位前是否发表过英语学术论文的关系。Probit 分析结果显示，取得硕士学位后才读博的调查对象在读博前发表英语学术论文的概率平均要比其他学生（直博生或者是本科毕业后工作过再读博的学生）高出 43.3%（p<0.001）。这个发现似乎不难理解，因为至少和本科毕业就读博的直博生相比，这些学生多了两到三年的学习和研究过程，更有可能在读博前发表英语学术论文。此外，分析结果还表明，阅读专业英语文献时注意其中的英语写作技巧的学生，和不这样做的学生相比，在读博前发表英语学术论文的概率平均要高出 14.4%（p<0.01）。

表 7　读博前是否发表过英语学术论文的 probit 分析结果（边际影响）

变量	系数	显著性水平
取得硕士学位后才读博	0.433	p<0.001
看专业文献时注意其中的英语写作技巧	0.144	p<0.01
样本数	303	

2. 硕士阶段发表英语论文

对于读博前取得了硕士学位的学生，我们进一步分析了他们在硕士阶段是否发表英语学术论文的影响因素。从表 8 可以看到，硕士阶段学校有发表英语论文毕业要求的调查对象在硕士阶段发表英语学术论文的概率平均要比学校没有这种要求的学生高出 38%（p<0.01）；与此同时，阅读专业英语文献时注意其中的英语写作技巧的学生在硕士阶段发

表英语学术论文的概率也更高，平均高出 34.8%（$p<0.05$）。

表 8　硕士阶段是否发表英语学术论文的 probit 分析结果（边际影响）

变量	系数	显著性水平
学校有发表英语论文的毕业要求	0.380	p<0.01
阅读专业文献时注意其中的英语写作技巧	0.348	p<0.05
样本数	94	

3. 课程论文投稿

最后，我们还对英语论文写作课完成的课程论文是否准备投稿的影响因素进行了回归分析。如表 9 所示，有好数据的学生准备投稿的平均概率要高出 32.5%（$p<0.01$）。与此同时，至选修本课程前已经发表的英语论文数以及博士生阶段第几学期选修本课程也都与课程论文是否准备投稿有关：此前发表英语论文数越多，博士生阶段越晚选修本课程，课程论文投稿概率越高。最后，分析结果还显示，相比本科毕业后读过硕士或者工作过的学生，直博生准备将课程论文投稿的概率平均要低 24.1%（$p<0.05$）。

表 9　课程论文是否准备投稿的 probit 分析结果（边际影响）

变量	系数	显著性水平
有好数据	0.325	p<0.01
至选课前已发表英语论文数	0.262	p<0.05
博士阶段第几学期选本课程	0.260	p<0.001
直博生	-0.241	p<0.05
样本数	163	

五、讨论与结语

培养学生国际发表和国际交流能力是建设世界一流大学的重要手段。在这个过程中，需要对学生英语写作能力进行有针对性的指导，帮助他们发展用英语展示自己研究成果的能力，使英语能力不再成为制约他们学术发展的瓶颈，而是成为他们与国际同行进行学术交流、对话的重要助力。

本研究调查了清华大学选修“博士生英语论文写作”课程的在读博士生，以发现他们在不同学习阶段英语学术论文的发表情况以及影响他们选修本课程后是否将课程论文投稿的因素。结果显示，学生在研究生阶段投入英语学习的平均时间较多，每天超过 2 小时，而且花在英语专业文献上的时间相比本科阶段大幅增多，说明研究生（尤其是博士研究生）非常看重专业英语论文的阅读和写作。这可能与学生的院系要求有关：大多数院系并不要求本科生发表英语学术论文，但却将此当作研究生、尤其是博士研究生的毕业要求。这可能也是调查对象在研究生阶段更多阅读专业英语文献、更加关注其中的专业词汇、句式、常用语及写作技巧的主要原因。从已经发表过英语学术论文的学生情况来看，有助于他们发表专业英语论文的因素多种多样，但主要是个人英语学习习惯、学校英语课程设置、学习环境、研究环境、英语文献阅读、导师的交流与指导、同门其他同学的交流与指导、英语课程的写作要求等。与此同时，也有因素妨碍学生将选修“博士生英语论文写作”课程中完成的英语论文投稿，主要原因是没有好的数据、研究内容不成熟、论文需进一步修改、实验结果不理想等。回归分析结果显示，阅读专业文献时是否注意其中的英语写作技巧、硕士阶段学校是否有发表英语论文的毕业要求等因素能预测读博前是否发表专业英语论文；选课时是否有好的数据、博士阶段第几学期选课等因素则能预测学生是否会将选修本课程完成的英语论文投稿。因此，学生在阅读专业文献时应更多关注其中的英语写作技巧，在读博期间多培养自己的研究能力以收集好的数据。与此同时，现在博士生导师一般要求学生读博伊始就尽早完成所有课程的选修，但如果学生能在完成较好的研究并获得比较理想的研究数据后再选修英语论文写作课，能提高他们将课程论文投稿并发表的可能性，而投稿成功尤其对于以往没有论文发表经验的学生能极大提升他们今后英语论文写作与发表的信心。

从以上结果可见，随着学生学习阶段的提高，学校对他们的学术要求也随之提高，学生对此要求的意识也愈来愈强，他们日常对英语学习和专业英语文献的投入充分说明了这一点。学校明确论文发表的要求促进了学生努力撰写和发表英语论文的动力，但在这一过程中，学生需要很多帮助，如良好的学习和研究环境、合理的英语课程设置、融洽的师生和生生交流等。院校应根据自身的目标及学生特点为学生提供相应的条件和设施，比如，已有相关研究显示，传统的研究生课程不能给学生提供发表专业论文所需要的训练（Copenheaver，Predmore，Fuhrman 2016），那么针对学术英语论文写作的专门课程可能更能满足学生的需求。专业老师应加强对学生研究能力的指导与培训，包括研究方法、与专业人士的交流等等。在英语论文写作上，学生不应只得到某一个领域老师的反馈，最好既有英语老师也有专业老师的反馈，互相补充（Huang 2017）。包括学生选修相关英语课程的最佳时间，可能也需要导师与英语教师协商，以将相关课程的效益最大化，更好地提升学生专业英语论文的质量，促进学生专业英语论文的发表。

参考文献：

[1] 桂诗春 . 实验心理语言学：语言、认知、理解与产出 [M]. 长沙：湖南高教社，1991.

[2] 侯海燕，刘则渊，丁堃，李丽，王续琨 . 大连理工大学研究生论文写作与学术规范课程的探索与实践 [J]. 学位与研究生教育，2015 (5)：29-31.

[3] 黄萍，赵冰 . 中国大陆及香港地区学者国际期刊英语论文发表之对比研究 [J]. 外语与外语教学，2010 (5)：44-48.

[4] 王俊菊 . 英语写作认知心理研究 [M]. 济南：山东大学出版社，2005.

[5] 熊丽君，殷猛 . 论非英语专业学术英语写作课堂的构建——基于中美学术英语写作的研究 [J]. 外语教学，2009 (2)：50-56.

[6] 曾建彬，廖文武，先梦涵，卢王玲 . 研究生学术英语需求分析 [J]. 中国大学教学，2013 (10)：79-83.

[7] 周梅 . 论项目驱动下研究生英语论文写作能力的培养 [J]. 学位与研究生教育，2011 (3)：41-46.

[8] Aull L L, Bandarage D, Miller M R. Generality in student and expert epistemic stance: A corpus analysis of first-year, upper-level, and published academic writing [J]. Journal of English for Academic Purposes, 2017 (26): 29-41.

[9] Belcher D. The apprentice approach to advanced academic literacy: Graduate students and their mentors [J]. English for Specific Purposes, 1994, 13(1): 23-34.

[10] Carter S, Kumar V. "Ignoring me is part of learning": Supervisory feedback on doctoral writing [J]. Innovations in Education and Teaching International, 2017, 54(1): 68-75.

[11] Cheung Y L. First publications in refereed English journals: Difficulties, coping strategies, and recommendations for student training [J]. System, 2010, 38(1): 134-141.

[12] Cho D W. Science journal paper writing in an EFL context: The case of Korea [J]. English for Specific Purposes, 2009, 28(4): 230-239.

[13] Copenheaver C A, Predmore S A, Fuhrman N E. Technical publications as graduate class project: Advantages and potential disadvantages [J]. Innovative Higher Education, 2016, 41(1): 19-31.

[14] Ferris D R. The "grammar correction" debate in L2 writing: Where are we, and where do we go from here? (and what do we do in the meantime...?) [J]. Journal of Second Language Writing, 2004, 13(1): 49-62.

[15] Ho M-C. Navigating scholarly writing and international publishing: Individual agency of Taiwanese EAL doctoral students[J]. Journal of English for Academic Purposes, 2017(27): 1-13.

[16] Huang J C. Publishing and learning writing for publication in English: Perspectives of NNES PhD students in science [J]. Journal of English for Academic Purposes, 2010, 9(1): 33-44.

[17] Huang J C. What do subject experts teach about writing research articles? An exploratory study[J]. Journal of English for Academic Purposes, 2017(25): 18-29.

[18] Kepner C G. An experiment in the relationship of types of written feedback to the development of second-language writing skills [J]. The Modern Language Journal, 1991, 75(3): 305-313.

[19] Linder J R, Murphy T H, Wingebach G J, Kelsey K D. Written communication competencies: Strengths and weaknesses of agricultural education graduate students [J]. NACTA Journal, 2004, 48(4): 31-38.

[20] Liu M, Chai Y. Attitudes towards peer review and reaction to peer feedback in Chinese EFL writing classrooms [J]. TESL Reporter, 2009, 40(1): 33-50.

[21] Macgregor G, Spiers A, Taylor C. Exploratory evaluation of audio email technology in formative assessment feedback [J]. Research in Learning Technology, 2011, 19(1): 39-59.

[22] Merry S, Orsmond P. Students' attitudes to and usage of academic feedback provided via audio files [J]. Bioscience Education, 2008,11 (1): 1-11.

[23] Shintani N. The effects of computer-mediated synchronous and asynchronous direct corrective feedback on writing: A case study [J]. Computer Assisted Language Learning, 2016, 29(3): 517-538.

[24] Strobl C. Attitudes towards online feedback on writing: Why students mistrust the learning potential of models [J]. ReCALL, 2015, 27(3): 340-357.

[25] Zigerell L J. Rookie mistakes: Preemptive comments on graduate student empirical research manuscripts [J]. Political Science & Politics, 2013, 46(1): 142-146.

研究生学位评估语境下翻译方向硕士生学位论文质量探究——以中国政法大学翻译方向硕士研究生学位论文为例*

Academic Dissertations of MA Candidates in Translation and Interpreting in the Context of Academic Degree Evaluation: A Case Study of China University of Political Science and Law

中国政法大学　王　芳　段金妤

摘　要：研究生学位论文综合反映了高校研究生培养的质量和学术水平。高校开展学位点评估工作对于提高硕士研究生学位论文质量有着非常重要的意义。中国政法大学外国语学院开展了翻译方向硕士研究生学位点的评估工作，本文以中国政法大学外国语学院翻译方向硕士研究生的学位论文为例，通过分析其中出现的问题提出相应的解决办法或参考意见。

关键词：研究生学位评估　论文质量　影响因素　解决途径

Abstract: Postgraduate dissertations can comprehensively reflect the cultivation quality and academic level of postgraduates. It is of great significance for colleges and universities to improve the quality of postgraduate dissertations by carrying out the evaluation of academic degree awarding units. The School of Foreign Languages of China University of Political Science and Law has participated in the evaluation of academic degree awarding units. This paper aims to propose solutions or suggestions by analyzing the problems in the dissertations of the postgraduates in translation from the School of Foreign Languages of China University of Political Science and Law.

* 本文受中国政法大学研究生教育教学改革项目“翻译硕士专业学位毕业论文调研与写作探索——以政法类高校MTI毕业生学位论文为例”资助，系该项目研究成果。

一、引言

硕士研究生的学位论文是高校硕士研究生培养过程中检验研究生学术水平的重要环节，甘国强先生在其对法学硕士研究生学位论文质量的研究中曾提到：研究生学位论文是研究生文本写作能力的一种综合考核，也是检验研究生学术水平的重要环节，因此必须予以重视（甘国强 2013：136）。高质量的学位论文既是研究生取得学位的依据，也是衡量研究生教育质量的重要指标，抓好学位论文工作是提高研究生培养质量的核心（吴志方，闫文青，徐光 2017：71）。撰写学位论文是研究生在攻读学位过程中的核心任务，是培养他们独立从事科学研究的能力和创新精神的重要手段（姚秀颖，李秀兵，陆根书，吴宏春 2008：2）。研究生学位论文是研究生在校学习期间的学习成效和科研成果的展示，研究生学位论文质量也体现了研究生培养质量，因此，高校应当给予更多指导以提高研究生学位论文的质量。目前，研究生教育正逐步进入丰富内涵、确保人才培养质量的新阶段。

《国务院学位委员会教育部关于开展 2017 年学位授权点专项评估工作的通知》中指出，根据《学位授权点合格评估办法》的第三条关于评估内容的规定："专项评估主要检查参评点研究生培养体系的完备性，包括师资队伍（队伍结构、导师水平）、人才培养（招生选拔、培养方案、课程教学、学术训练或实践教学、学位授予）和质量保证（制度建设、过程管理、学风教育）等。具体评估指标与内容，由学科评议组、教指委结合人才培养特点分别制订"。为了进一步加强学术道德和学术规范建设，教育部出台了《国务院学位委员会关于在学位授予工作中加强学术道德和学术规范建设的意见》，其中第一条指出："各学位授予单位必须高度重视学位授予工作中的学术道德和学术规范建设，保证学位授予质量，自觉维护我国学位授予的严肃性和权威性。"此外，第二条也明确规定："学位授予单位要建立健全学术道德标准和学术规范，通过各种有效途径，对学位申请者和指导教师进行学术道德和诚信教育。在整个培养过程中，都要安排必修环节，对学位申请者进行学术道德教育和学术规范训练，培养学位申请者严谨的治学态度和求实的科学精神。要进一步加强指导教师的师德教育，督促指导教师自觉维护学术尊严和学者声誉，加强学术自律，恪守学术诚信和学术道德。"由此看来，高校开展研究生学位点评估的一项重要意义就在于推动研究生教育质量的不断提高，而研究生学位论文质量是学位点评估过程中的一个要点，是能直接反映教学质量的一个范本，因此对于研究生学位论文质量的探究具有非常重要的现实意义。

社会经济的多元化发展对于高级人才的需求也日益多元化，人才的培养也不仅仅局限在研究型人才方面，而是需要结合多样化领域知识进行高级专门人才的培养。在这样的社会背景下，中国政法大学外国语学院结合自身的法学特色，开设了法律翻译方面的硕士学位课程，其培养的研究生除了要具备扎实的外语功底之外，也要注重培养和提高结合法律知识分析实际问题的能力，这些均能在研究生的学位论文中体现出来。本文的研究特色即在于选择了中国政法大学翻译方向硕士研究生的学位论文进行研究。由于中国政法大学翻译方向硕士研究生的培养具有法学特色，且以法律翻译为主，因此该翻译方向培养出来的硕士研究生在写学位论文时也都围绕法律翻译进行，研究的也是法律翻译的相关问题。

然而，在对中国政法大学翻译方向硕士学位点进行评估的过程中，我们发现翻译方向硕士研究生在学位论文的实际撰写当中，常常会遇到一些问题，例如，要选择哪方面的研究论题是往年硕士研究生深感头痛的一个问题，而选好了课题之后，如何结合法律翻译中的实际问题进行剖析论证，如何使用科学的研究方法进行研究等等，往往也令许多研究生一筹莫展。即便提出了一些问题，也没办法给出较为合理的解决办法或者提出切实可行的参考建议，这些都使得翻译方向硕士研究生的学位论文质量无法达到预期效果，在开展中国政法大学翻译方向硕士研究生学位点评估工作过程中，通过对研究生学位论文的分析，也发现了不少此类问题。基于以上这些现象，本文将在中国政法大学研究生学位点评估语境下，以中国政法大学翻译方向硕士研究生学位论文为例，针对翻译方向硕士生学位论文质量进行探究，旨在提出较为可行的解决办法来提高研究生的学位论文质量。

二、2012—2017 年学位论文案例分析

由于中国政法大学的翻译方向研究生结合法学特色的培养背景，研究生的毕业论文也都是结合法律翻译进行写作的，分析一些法律翻译现象和问题，通常采用的是中外法律文本对比分析的方法对法律翻译文本特点及翻译策略等的使用等进行分析研究。但研究生学位论文质量参差不齐，有些甚至差强人意。为了找出提高研究生学位论文质量的途径，我们将在中国政法大学学位点评估语境下对硕士研究生学位论文质量进行探究。通过对中国政法大学 2012-2017 年近 5 年翻译方向硕士研究生中抽出的八篇论文(参考:表 1)进行分析，发现学生主要在以下三个方面存在问题：选题、研究理论及分析方法。这些方面也是影响硕士研究生学位论文质量的主要原因。我们选择其中比较典型的一些问题进行具体的案例分析。

1. 选题

从表 1 中可以看出，中国政法大学翻译方向硕士研究生的学位论文选题基本是围绕中西方法律文化差异或者法律翻译文本中所出现的问题进行研究分析，例如以“财产犯罪”的中英译文为例、《中华人民共和国刑法》中文及其英译本的指称衔接手段对比、法庭口译员的专业化标准等等作为研究主题进行论文写作，这也是中国政法大学翻译方向硕士研究生培养的特色。选题基本上还是经过深思熟虑之后确定，有的从立法语言出发进行研究，有的从中英两种法律文本对比进行写作，也有的通过分析实际案例对一些现行标准进行评价和研究。但也有些选题出现了过于宽泛、平淡、没有针对性、没有创新性等问题，从而导致了不能很好地开展论证，使得论文质量不高。

例如，“Cultural Transmission in Chinese-English Legal Translation”这篇论文的选题有点偏大、宽泛，因为“文化”一词本身就已经涵盖了诸多相关内容，它是一个非常广泛的概念，涵盖了历史、地理、风俗习惯、思维方式、风土人情、价值观念等各方面，很多哲学家、社会学家、历史学家和语言学家都没有得到一个统一的定义。选题大，就难以着手去写，材料搜集的范围也不好确定，“文化传递”倒是界定了一个主题，将这个选题转移在了另一个层次上，但是总体来说这个选题还有改进的地方。值得借鉴的是此类选题如“Translation Quality Assessment of Maritime and Admiralty Judgments in the Chinese Mainland”，将范围缩小到尽可能很明确的范围内，选题具有针对性，这样再进行材料的选择和搜集也会比较明确，有助于后续的论文写作。

表 1　中国政法大学翻译方向硕士研究生学位论文案例表

序号	论文名称（英文）	论文名称（中文）	研究理论	分析方法
1	*On English-Chinese Translation of Legislative Texts: From the Perspective of van Leuven-Zwart's Comparative Model of Translation Shifts*	立法文本的英汉翻译研究——以兹瓦特翻译转移比较模型为视角	兹瓦特的翻译转移比较 - 描述模式	文本分析法：采用兹瓦特的翻译转移比较模式来探索立法文本的翻译
2	*Vagueness and Translation Strategies: A Case Study of C-E Translation of Property Crimes*	模糊语翻译策略研究——以“财产犯罪”的中英译文为例	目的论、模糊语策略	文本分析法：针对模糊语的翻译策略问题，立足于目的论，提出了相应的翻译策略
3	*Translation Quality Assessment of Maritime and Admiralty Judgments in the Chinese Mainland：Based on House's Model*	中国海事海商判决书的翻译质量评估探究——基于豪斯的翻译质量评估模型	豪斯模型、语域分析理论	文本分析法：基于豪斯的翻译质量评估模式以及语域（语场、语旨、语式）层面的语言文本分析方法，对原文与译文进行分析，找出术语错配、衔接手段错配及判断句错配
4	*A Contrastive Study of Reference in Chinese-English Criminal Law of the People's Republic of China*	《中华人民共和国刑法》及其英译本的指称衔接手段对比研究	韩礼德和韩森的衔接理论及指称项目分类	文本对比分析：以韩礼德和韩森的衔接理论及指称项目分类为基础，通过对比分析，了解立法文本中的指称衔接手段，促进对原文的理解，从而避免不必要的翻译错误
5	*On the Translation of Legal Metaphor from the Perspective of Koller's Equivalence Theory*	科勒对等理论视角下的法律隐喻翻译策略研究	科勒的对等理论	文本分析法：对法律隐喻的不同翻译版本进行具体分析，从而了解不同的翻译方法对应的对等类型
6	*Linguistic Variation between Chinese and American Legislative Texts: A corpus-based multi-dimensional translation studies*	中美立法文本的语言差异——基于语料库的多维度翻译研究	语料库翻译学理论	定量分析与文本分析法相结合：采用自建的中文立法文本及其英译本组成的平行语料库和英译本及美国立法文本组成的比较语料库，使用语料库语言学作为主要研究方法，研究其中的语言特征和翻译特征
7	*Cultural Transmission in Chinese-English Legal Translation*	中英法律翻译中的文化传递研究	中西方法律文化差异理论	文本分析法：从中西法律文化差异出发，对其给汉英法律翻译带来的挑战进行了分析，进而探讨了相关的法律翻译策略
8	*On Professionalization of Court Interpreting in the Chinese Mainland: Building Standards for Court Interpreters*	中国大陆法庭口译专业化探究——构建法庭口译员从业标准	专业化理论	案例分析法：以专业化理论为基础，探讨中国大陆法庭口译的专业化进度，以及如何从立法、专业组织、职业培训以及资格认证、行业道德规范的制定等角度推进法庭口译的专业化进程

2. 研究理论

研究生学位论文中所用到的理论一般是具有一定权威性的理论，也可能是某种先前学者提出的观点，运用合适的理论能够使论文更具说服力。因此，根据研究生学位论文的研究对象来选择合适的研究理论是至关重要的一个方面。这通常需要学生查找外文文献，梳理目前国内外相关理论的现状和成果，根据论文需要选择合适的研究理论。表1中所使用的研究理论有目的论、模糊语策略（*Vagueness and Translation Strategies: A Case Study of C-E Translation of Property Crimes*）、韩礼德的语域分析理论（*A Contrastive Study of Reference in Chinese-English Criminal Law of the People's Republic of China*）、对等理论（*On the Translation of Legal Metaphor from the Perspective of Koller's Equivalence Theory*）等。大体说来，研究理论的针对性不够强，学生有时候是在未确定好研究对象的情况下，先确定了一个稍微熟知的理论之后，为了套用理论而找研究材料进行论证，而不是先确定合适的研究对象之后再选择相应的理论进行论证，因此往往出现生搬硬套、材料堆砌和没有针对性和逻辑性等问题，论证起来也会显得非常牵强。此外，论文常使用一些陈旧的理论来分析研究对象，并且也没有对这些陈旧理论进行创新性使用。

具体来说，上述硕士研究生学位论文在研究理论方面主要存在下列问题：

首先，在论证过程中没有对所选研究理论进行创新性使用，个别甚至出现了研究理论不适合所研究对象的现象。例如，关于“模糊语翻译策略研究”（*Vagueness and Translation Strategies: A Case Study of C-E Translation of Property Crimes*）这篇论文，在理论使用方面深度不够，而且过多引用了别的理论，文章中心显得比较分散。文中第五章过多介绍了翻译的目的论和功能对等理论，而在模糊语策略方面的论述相对较弱，这似乎偏离了文章的研究主题。

其次，单纯罗列研究理论，但并未运用研究理论去透彻分析论文中所给具体案例。例如，在“中国海事海商判决书的翻译质量评估探究——基于豪斯的翻译质量评估模型”（*Translation Quality Assessment of Maritime and Admiralty Judgments in the Chinese Mainland*：*Based on House's Model*）这篇论文中，第五章使用“语场”、“语旨”和“语域”理论对源语文本和译语文本进行对比分析时，5.1.2.1 和 5.1.2.2 两部分只是简单罗列了中英文错误搭配的例子，并未在给出案例基础上进行必要的理论分析。例如，文中给出了“Ⅵ 41 修理费用、货损鉴定费、船期损失、船舶维持费用和其他合理费用: cost of repair and cargo survey, loss of earning, ship maintenance and other reasonable cost”、“Ⅴ 2 先行通过马湾航道 vs. would slow down and let Peng Yang pass the Ma Wan Fairway First”、“Ⅴ 10 认为 vs. underestimate the risk and assume that”等中英文错误搭配的案例，却未运用理论分析错误原因。

最后，使用新理论研究旧问题或旧现象，或者使用旧理论研究新问题或新现象，给人以“为了用而用，为了写而写”的感觉，使研究不具现实意义。例如，目的论、韩礼德的语域分析、对等理论等都是一些较为成熟的旧理论，也已经被前人写得太多，学生学位论文运用了这些旧的理论去研究了一些新的现象。例如 *Vagueness and Translation Strategies: A Case Study of C-E Translation of Property Crimes* 文中“财产犯罪”的中英翻译策略、*A Contrastive Study of Reference in Chinese-English Criminal Law of the People's Republic of China* 文中《中华人民共和国刑法》及其英译本的指称衔接手段、*On the Translation of Legal Metaphor from the Perspective of Koller's Equivalence Theory* 文中法律隐喻翻译策略等等。这些论文出发点很好，但整体论证不能达到理想效果，提不出具有现实借鉴意义的研究成果。当然值得借鉴的是 *Translation Quality Assessment of Maritime and Admiralty Judgments in the Chinese Mainland*：*Based on House's Model* 这篇论文使用了“豪斯模型”来进行分析和论证，理论使用契合研究对象，为论文增添了色彩。但是也出现了对前人研究的已有结论盲从，缺少思考独立的现象。从创新角度来说，论文作者只注重了继承和吸收前人的成果，却没有用批判的眼光进行创新使用。

3. 分析方法

研究生进行学位论文写作的过程中常用的分析方法有：调查法、观察法、实验法、文献研究法、实证研究法、定量分析法（也称“统计分析法”）、定性分析法、跨学科研究法（也称“交叉研究法”）、个案研究法、功能分析法、模拟法、探索性研究法、信息研究方法、经验总结法、描述性研究法、数学方法、思维方法、系统科学方法等等。一般来说，论文中如果有精确化的数据统计，会使人们对于所研究的对象有更加精确的认识，也能使论证更加科学，这也是我们常说的定量分析法，但在翻译方向硕士研究生的学位论文中却很少有人能够运用这一分析方法，这种定量分析法使用起来也比较困难，因为需要进行数据统计分析，甚至还要借助一些辅助的统计软件才能进行。而论文中较为常用的一般是描述性研究法，或者文本分析方法，这些方法相对简单，论述者通过自己实践中的理解对于现有的现象、理论或者规律进行叙述和阐释，以对他人产生一定的指导意义。

从表 1 可以看出，在翻译方向硕士研究生的学位论文中，研究生较多地使用了“文本分析法”，而较少地使用定量分析法，实证研究法也几乎没有涉猎到。表 1 中仅仅在第七篇论文“中英法律翻译中的文化传递研究”中，作者稍微涉猎到了一些跨学科研究的方法，例如，法律语言与文化等等。事实上，翻译方向硕士研究生在论文写作过程中还可以运用一些语料库来进行分析论证，或者对自己搜集的材料进行量化分析，这样也能够更加直观和具体。例如，“*Linguistic Variation between Chinese and American Legislative Texts: A Corpus-based Multi-dimensional Translation Studies*”这篇论文的作者使用了“语料库翻译学理论”，并且制定了一个数据表格，该学位论文“采用了多维度分析法，通过因子分析将 53 个语言特征降维至 5 个内在维度，并且通过对五个维度中的典型语言特征进行分析，并对三种文本语言特征和维度的异同进行对比分析”（孙钰岫 2017：5）。多种分析方法的使用使得论文的论据更有说服力，而单一的研究方法使得文章的论证苍白无力，只是平铺直叙。此外，个别论文的分析方法缺乏科学性和严密性，在论证过程中并不是很合理。甚至没有使用具体的研究方法，没有严谨的分析方法作为支撑，论文的整体论证效果就会大打折扣。

三、学位论文质量评价

1. 学位论文质量总体水平

优秀的硕士研究生学位论文应当选题得当、格式严谨、论证准确、参考资料新颖翔实。尤其在论证的过程中逻辑一定要清晰，倘若结构混乱，没有充分的参考资料，分析方法不得当，就会导致结论缺乏说服力。除此之外，在论文语言的要求上，一定要文笔流畅。外语专业的学位论文首要的一点就是要保证语句的基本语法正确、通顺、具有可读性。从这些角度来看，翻译方向硕士研究生学位论文质量的总体语言水平还有待提高。

通过研读中国政法大学外国语学院近几年翻译方向的硕士研究生学位论文，常见的质量问题有：1. 语法错误较多，有的是很基本的低级错误，导致了论文质量不高；2. 对于法律翻译现象的分析不够透彻，文本选择不恰当；3. 论证方法不够科学、说服力不高、理论和研究课题不具有创新性等。这些都使得硕士研究生学位论文质量差强人意。

2. 影响学位论文整体质量的原因

影响硕士研究生学位论文质量的因素很多，具体可分为以下几个方面：学校教学资源不完善、导师对于学生的引导不足、学术研究氛围不浓厚、学校对研究生学位论文质量监控不严格、学生自身阅读量少、研究态度不够端正。

在论文写作过程中相应地也出现了诸多问题：1. 论文开题时间安排紧迫，导致大部分研究生由于时间紧、事情多，显得力不从心，开题报告质量不佳；2. 预答辩不够重视，制度上不够严格，导致研究生容易产生走过场的浮躁和应付心理，使得预答辩没有真正起到积极的促进作用；3. 论文的评阅上有些老师和专家可能会由于某种原因未能真正从学术角度对研究生论文作出严格评价，导致研究生在论文修改阶段无从下手，只能避重就轻做点小改动就草草了事；4. 由于学位论文答辩制度的问题，在实际操作中，因答辩时间紧张、答辩委员对论文不熟悉等因素，有些答辩委员可能没有时间详细阅读，在答辩时提不出既有针对性，又有争论价值的问题供学生改正和参考。

四、解决方法

基于以上出现的翻译方向硕士研究生毕业论文的常见问题，我们应在硕士研究生学位论文的提升方面做到以下几个方面：

1. 严格要求和把控论文纂写的各个阶段

首先，规范研究生学位论文要求和标准，为选题和开题做好准备。选题的重要性不容小觑，对于研究生来说，选题是其对问题的发现、对研究对象的思考以及准备，是研究生对于其所研究对象的选择，是论文撰写过程中非常关键的环节，选题要结合当下前沿性和创新性的问题进行，但也要协调好研究课题的现实意义，既不能盲目求新，也不能太过陈旧，可以说选题是决定研究生学位论文质量的开攻之力。因此，一定要给予重视。导师从研究生论文写作的初始阶段就要严抓、严管，认真指导并加强管理，保证选题的质量。开题报告是一个重要的环节，导师应严格要求学生在做开题报告的过程中大量阅读文献，并将所参考的国内外文献均列举出来，研究综述这一部分内容要严格把关，使学生能够在准备开题报告过程中真正做到大量查阅、认真思考、找出合适的理论并构思好写作框架。由此，开题报告才能起到有效检查研究生论文准备情况的作用。在此过程中，导师要做好引导和思想教育工作，让学生从态度上重视起来，并脚踏实地去完成。近年来，在中国政法大学研究生学位论文管理工作中，有许多成功的经验值得借鉴。例如，导师将自己的科研项目分解为若干子课题，供所带研究生作为学位论文选题之用，使得导师的科研进度和学生的学位论文进度能同步有效地进行。此外，为了保证研究生有充足且合理的学位论文创作时间，高校可以将研究生的开题报告安排在入学后的第三个学期末或者第四个学期初（两年制的应在入学后的第二个学期末进行），这样也方便后续导师对学生的论文进行指导。

其次，做好论文工作阶段的审核和检查，认真举行论文工作报告会。开题之后的环节，就是论文的正式撰写过程了，在此期间，导师要注重学生论文工作的监督和检查，并给予适当和及时的指导。研究生也应当定期向导师汇报学习和论文工作的具体进程，并重视论文写作，不能因实习或者其他私人情况影响论文的整体进程。研究生也要珍惜与导师沟通的机会，通过有效的交流和严谨的治学态度，使论文写作富有成效。此外，研究生也应当多参加学术会议或讲座报告，及时了解国内外相关的前沿学术信息，拓宽写作视野，提高写作质量。

最后，高校应严格要求论文撰写规范。论文写作规范包括方方面面，不仅在内容上要严格按照论文的写作要求进行，还要在印刷、排版和装订等方面做好工作，从内到外都要严格把关。对于外语方向的硕士研究生，首先，内容文字上不能有基本的语法错误；其次，在语言使用上，尽量让语言更加学术和书面化，不能口语化，否则显得不够专业；再次，在研究方法和逻辑论证等方面也要做到尽善尽美。

2. 整合资源并深化管理机制

高校招生规模日益扩大的同时，也应当注重研究生的培养质量，结合高校自身的实际情况进行教学改革。学校和导师应通过改善研究生获取科研信息的渠道和条件，使研究生能够有更多参加学术研讨会的机会，并能让研究生及时了解国内外相关研究的最新信息，营造学术氛围，增加研究生的科研训练。学院要定期进行培训讲座，给予研究生更多专业的指导，科学、严格和规范地进行教学管理。学院和老师们要做好分工，把握工作重点，整合学校资源，最大最好地利用教学资源为学生的学术研究服务，使研究生能够在学术水平上得到切实的指导和提高，从而保证研究生学位论文写作的质量。

学校要加强管理研究生论文的质量把关，严格落实研究生的全程淘汰机制。研究生的培养是创新性的，应当属于精英教育，学生在导师指导下进行研究性学习，通过培养学生的研究兴趣和科研创新能力，让学生在某个领域内取得一定的创新成果，而论文则是对这一学习和研究成果的展示和考核。设置淘汰机制也是一种激励作用，使研究生从一开始入学就端正学术研究态度，适当的压力会促进研究生重视阅读文献和学习前沿的知识、参加学术活动，使学生更加重视科研能力和写作水平的提高，从而提高研究生学位论文的质量。

五、总结

一直以来，高校各部门和老师致力于改进研究生教学培养模式，严格把关研究生的学位论文写作，以多指导、高标准、严要求等原则来辅导研究生的论文写作，提高硕士研究生的学位论文质量。今后的日常教学工作中，我们更应该不断总结教学管理经验，加强理论学习，把研究生教育工作提高到一个更加合理、质量更高的层次上来。高质量的研究生培养离不开高质量的师资、完善的实验设备以及办公和生活条件、充足的研究经费等。此外，良好的学术环境与交流平台更不可或缺。高校应当积极进行改革和创新，与时俱进，努力营造良好的学术氛围和条件，努力使研究生无论在科研成果上还是论文写作质量上都能更上一层楼，以满足多元化社会发展对于人才的需求。

参考文献：

[1] 陈银君 . On English-Chinese translation of legislative texts：From the perspective of van Leuven-Zwart's Comparative Model of Translation Shifts [D]. 北京：中国政法大学，2016.

[2] 甘国强 . 法学硕士研究生的学位论文质量分析 [J]. 云南大学学报，2013 (1)：136-139.

[3] 李婧 . A contrastive study of reference in Chinese-English criminal law of the People's Republic of China [D]. 北京：中国政法大学，2017.

[4] 卢山 . Vagueness and translation strategies：A case study of C-E Translation of property crimes [D]. 北京：中国政法大学，2016.

[5] 麦嘉欣 . On the translation of legal metaphor from the perspective of Koller's Equivalence Theory [D]. 北京：中国政法大学，2017.

[6] 孙钰岫 . Linguistic variation between Chinese and American legislative texts：A corpus-based multi-dimensional translation studies [D]. 北京：中国政法大学，2017: 5.

[7] 毋菲菲 . Cultural Transmission in Chinese-English Legal Translation [D]. 北京：中国政法大学，2017.

[8] 吴志方，闫文青，徐光 . 提高硕士研究生学位论文质量的途径 [J]. 中国冶金教育，2017 (1)：71-73.

[9] 姚秀颖，李秀兵，陆根书，吴宏春 . 研究生学位论文质量影响因素研究 [J]. 学位与研究生教育，2008：2-6.

[10] 朱翠霞 . Translation quality assessment of maritime and admiralty judgments in the Chinese Mainland：Based on House's model [D]. 北京：中国政法大学 .

[11] 左诗瑶 . On professionalization of court interpreting in the Chinese mainland：Building Standards for Court Interpreters [D]. 北京：中国政法大学，2017.

[12] 教育部官网 . 国务院学位委员会教育部关于开展 2017 年学位授权点专项评估工作的通知 [EB/OL]. http://www.moe.gov.cn/s78/A22/A22_gggs/A22_sjhj/201703/t20170321_300333.html. 2018-03-23.

[13] 教育部官网 . 国务院学位委员会关于在学位授予工作中加强学术道德和学术规范建设的意见 [EB/OL]. http://www.moe.gov.cn/s78/A22/xwb_left/moe_839/201005/t20100512_87505.html. 2018-03-23.

学生剽窃现状与认知实证研究——兼论对研究生学术规范教育的启示 *

An Empirical Study on Students' Plagiarism in Writing and Their Perceptions —Its Implication for Postgraduate Academic Education

中国政法大学　张文娟

摘　要： 本研究着眼于高校学生写作中的剽窃现象，对某高校本科毕业生论文初稿中的引用部分进行分析，同时采用四种典型剽窃样本，对 4 名本科生和 4 名研究生进行半结构式访谈，了解两组学生对学术剽窃的认知和态度。研究结果显示，学生写作中的剽窃大致分为逐句照搬、短语摘取、改写、观点窃取四种，两组学生对后三种剽窃识别度较低，容忍度较高，这在一定程度上反映了我国高校学术规范教育的缺失，本研究据此提出了针对剽窃的教育对策。

关键词： 剽窃　学术失范　认知　态度　教育对策

Abstract: This research probes into the intertextuality in the writing of college students and their perceptions of and attitudes toward plagiarism. A detailed analysis of the intertextuality in the undergraduate's thesis was done and four typical plagiarism samples were used as prompts to conduct semi-structured interviews with four undergraduates and four postgraduates. It finds out that students' plagiarism in writing can be divided into four types: sentence-by-sentence copy, phrase extraction, rewriting and idea theft. The two groups of students have relatively lower recognition but higher tolerance of the last three types of plagiarism. These findings reveal a lack of academic education in China, and thus, some educational countermeasures against plagiarism are put forward.

一、引言

剽窃是全球化的通病，是学术界的顽症之一（方流芳 2006）。近年来，学术造假事件层出不穷，学术剽窃丑闻不断曝光，引起了学术界学术剽窃的认定及对学术不端行为背后

* 本研究为中国政法大学人文社会科学青年项目“中国研究型高校本科生学术剽窃动因分析与教育对策：以学术英语为载体”(14ZFQ74001) 的阶段性成果，由中国政法大学校级人文社会科学研究项目资助。

的成因的热议（郭广，梅珍生 2007），如何防范和治理学术不端行为也成为学者研究的热点（王坤 2012；刘东 2012）。

近年来，国内外的研究者开始将目光投向学习者，旨在从学习者视角揭示剽窃现象的本质及产生的根源。目前学术界沿用的剽窃概念和学术规范均来自西方，中国文化背景下的学习者往往更容易触犯学术规则。学生剽窃是主观故意、明知不可为而为之，还是由于对剽窃的概念模糊，缺乏对剽窃的识别能力？不同的学者得出了不同的结论，一些学者发现学习者剽窃是普遍现象，汉语和英语为母语的学习者在借用他人作品时直接复制，都较少标注信息来源（Currie 1998）；还有一些学者认为剽窃存在文化背景差异，不同背景的学习者对剽窃的认知和对剽窃的识别能力存在显著差异（Deckert 1993；Shi 2006），而来自中国的留学生作业、作文或论文中抄袭现象普遍 (Pennycook 1996；Matalene 1985)；更有学者认为网络资源的丰富、信息时代的资源互享不仅为学生剽窃提供了便利，也模糊了学生对于学术不端行为的判断力（万峰 2009）。

因为对剽窃的认识不同，学者们给出的对策也各不相同。一部分学者将学术不端行为归咎于学术体制，认为“学术管理部门越位，学术评价系统错位，学术审查机构缺位”（谢维营，刘晓雪 2004），认为杜绝剽窃须从体制建设着手，同时完善评价和监督体系（张效英，南国君 2011）；另一些学者提倡从立法和执法的角度来治理剽窃和学术不端行为（马治国，李晓鸣 2005）；张惠琴等（2008）通过中美两国学生对比实证研究，认为中国学生对剽窃行为的性质和后果知之甚少，并将学术剽窃归因于中国高校对学术规范训练和学术教育工作的普遍缺失，持这种观点的学者不在少数（如 Bloch, Chi 2001；Pennycook 1996；Bloch，Braine 1995；Matalene 1985）。

本研究着眼于研究型高校学生写作中的剽窃现象，对剽窃文本进行细致分析和分类，同时对学生剽窃认知和态度进行调查，在调查基础上追本溯源，探索剽窃背后的深层原因，并据此提出相应的教育对策。

二、研究设计

本研究采用定量与定性相结合的研究方法，通过文本分析了解学生论文中的剽窃现象，并通过深度访谈了解学生对剽窃的认知和态度，分析剽窃现象背后的原因。

1. 研究样本和对象

本研究以某高校英语专业 2014 级本科毕业论文初稿为研究对象，在 40 篇论文中随机抽取 8 篇作为研究样本，细读并标记剽窃嫌疑之处，随后对这些嫌疑样本进行细致分析和归类。8 篇论文涉及语言学、文学两个研究领域，论文长度 7 000-15 000 字不等，平均长度约为 9 000 字。

访谈对象为该校 4 名英语专业本科毕业生（非论文作者）和 4 名研究生一年级学生，其中包括 6 名女生和 2 名男生。4 名本科生均通过研究生入学考试，即将进入研究生阶段的学习。8 名学生均有论文写作经历。

2. 研究方法

本研究采用文本分析统计和半结构式访谈的方法收集数据。笔者首先对文本进行细读，标记学术失范之处，再进行归类统计。并根据归类，选取四个典型剽窃样本，每个样本后均附源文，制成 4 张卡片，供访谈时使用。

针对 8 名受访者的半结构式访谈逐一进行，访谈时间每人约为 20 分钟。研究者首先了解访谈对象的学术研究和论文写作经历，随后出示剽窃样本，要求访谈对象对样本是否存在剽窃嫌疑进行辨认，随后进行追问。访谈提纲主要包括四大问题：1）“你认为这个是不是剽窃？为什么？”，2）“你觉得这样写，会被认定为剽窃吗？”，3）“你觉得作者是故意剽窃吗？为什么？”，4）“你觉得这种剽窃情有可原吗？为什么？”前两个问题旨在了解学生对剽窃的认知和鉴别能力，第三个问题探究学生剽窃背后的可能原因，第四个问题旨在了解学生对各种剽窃的态度。

三、研究结果

1. 学术论文失范现象及种类

Merriam-Webster Online Dictionary 将剽窃定义为“偷窃别人的思想或文字，并把它们冒充为自己的”，包括盗用别人作品中的段落、观点或者语言。学术论文的写作过程是知识构建的过程，知识的构建建立在前人研究的基础之上，要使用他人的作品并避免剽窃，就必须按照学术共同体认可的学术规范去使用，同时承认他人的贡献。根据剽窃的性质和内容，本研究将剽窃大致分为四种：逐句照搬、短语摘取、改写原文、观点窃取。通过对文本进行细致分析，我们发现样本中的剽窃嫌疑约 47 处（见下表）。

表 1　论文中剽窃种类及频率

	种类	表现	频次
1.	逐句照搬	照抄原文不加引号，也无引证	1
2.	短语摘取	摘取重要短句或短语，不用引号	14
3.	原文改写	改写原文，不标出处	17
4.	观点窃取	采用前人观点，不标出处	15

1.1 逐句照搬

虽然沿用他人的表述是合理、必要的，但如果不承认他人的贡献，将他人的表述据为己有，就是逐字逐句的剽窃。

例 1：

In Transcendentalist thought, the self is the absolute center of reality; everything external is an emanation of the self that takes its reality from our inner selves. Self-reliance is economic and social in *Walden Pond*: it is the principle that in matters of financial and interpersonal relations, independence is more valuable than neediness.

上例中的画线部分为剽窃内容，原句出自 www.sparknotes.com。样本作者直接使用原句，而没有标明出处，也未提及原作者信息。规范的做法是将一切直接引用的段落、句子纳入双引号，并标注作者信息和作品来源。这类剽窃在样本中出现了 1 次。

1.2 短语摘取

与上例不同，摘取剽窃是从他人作品中摘取短句或短语而不加引号。采用别人的表述，属于直接引用的范畴，应纳入引号中，并标注作者信息和作品来源。这种剽窃内容往往不多，常常因为作者心存侥幸或无意中忽视。如：

例 2：

Pinkham argued that dangling modifiers includes dangling participles, dangling gerunds, dangling infinitives, dangling prepositional phrases, and dangling individual adjectives. Dangling participles possess the features of participles thus are characterized by its suffixes "-ing" and "-ed", which can be the language marks for examination.

本例中"dangling modifiers"、"dangling participles"等都是 Pinkham 的重要概念，本例中虽然给出了作者信息，但并未注明这些重要概念的出处。此外，第二句中对"dangling participles"的定义也属于直接引用，都需要加引号并注明出处。

1.3 原文改写

改写原文是不当释义（paraphrase）的一种，往往是通过改写他人作品，有意或无意窃取他人观点或表达。

例 3：

During his lifetime, Keats was negatively influenced by schools of both old and new: his work is obscure as a result of the Romantics and unnatural as a result of Hunt's cockney school.

原文：

By the time of his death, Keats had therefore been associated with the taints of both old and new schools: the obscurity of the first wave Romantics and the uneducated affectation of Hunt's "Cockney School".

对比原文，本例并没有逐字逐句抄袭，也没有摘取短句或短语，而是采用了释义的方法，对原文进行了改写，同时也未标注出处和作者信息。

1.4 观点窃取

观点窃取即采用他人重要观点而不标注原作者信息和作品来源。

例 4：

As we all know, we should follow the cooperative principle and be cautious on the quality, quantity, relevance and manner to ensure smooth communication.

此例中，"cooperative principle"（合作原则）是 H. P. Grice 的主要语用学理论，作者采用了这一理论却隐去了来源。规范的做法是去掉"as we all know"，标注理论提出者信息和来源信息，并将重要概念纳入引号中，如：

According to Grice (1976), to ensure smooth communication, people should follow the Cooperative Principle and be cautious on…

从样本分析的结果来看，第一种剽窃最为明显，出现的频率最低（1 次），而后三种剽窃较多，共出现 46 次。

2. 学生对剽窃的认知

如上所述，本研究选取了四种剽窃的典型样本，每份文本均有源文对照，要求受访对象对四种剽窃进行鉴定，并从学生视角分析这四种学术失范现象背后的可能原因。

研究结果（见下表）显示，8 位受访对象对第一种剽窃（逐字逐句照搬原文）的识别度最高，所有人都认为是剽窃无疑；其次是第三、四种剽窃（改写原文、窃取观点）；受访者对第二种（摘取剽窃）的识别度最低，仅 2 人认为是剽窃。

表 2　对剽窃样本的识别度和容忍度

	样本类型	识别人数	容忍人数
1	逐句照搬	8	0
2	摘取短语	2	7
3	改写原文	5	4
4	窃取观点	4	6

研究者对受访者进行进一步访谈（“你觉得作者是故意剽窃吗？为什么？”），要求受访者猜测论文作者如此写作的原因。结果显示，学生感知的剽窃原因分为：1. 研究动力不强，“为完成任务而写作”；2. 学术意识淡薄，认为“偶尔抄一句不会被发现”，“可能他们认为那么多论文，老师也不会都看吧”；3. 对引用规范不了解，“老师没有教过”，“这个理论很有名，上课学过了，应该就不用给出处了吧”，“不知道怎么引用，网上的东西有时候也没有留作者名字，怎么引用，我也不太清楚。”

3. 学生对剽窃的态度

通过对样本的“容忍度”的调查和深度访谈时的追问（“是否情有可原？为什么”），我们发现受访者对主观故意剽窃持批评态度，“明知道是别人写的东西，还照抄，肯定是不好的”，但也有受访者表示“之前老师总让我们背课文，也没说不能写在作文中”。多数受访者对非主观故意的剽窃持容忍态度，即使他们能够识别出样本中的剽窃，如对第三种剽窃（改写原文）的评价，受访者认为：“虽然他用了别人的观点，但是他并没有照抄啊，况且那么多观点，很难说是谁的。”

对第四种剽窃（窃取观点）的评价，受访者认为：“‘合作原则’是我们课上学过的，大家都知道，不给出出处也没有关系吧。”

值得注意的是，两组访谈对象（本科生和研究生）在对剽窃的态度上并没有显示出明显的差异，比较有代表性的观点是引用的规范太复杂，不好掌握，如认为“太多规矩了，很难区分，写起来束手束脚的”。

四、结论与启示

1. 学术规范教育的缺口亟待弥补

本研究结果显示，学生对明显的剽窃有回避倾向，在学生毕业论文中逐字逐句的剽窃非常少，在访谈中学生对这类剽窃明显持批评态度，说明学生已经开始具备学术规范意识。但是，学生在论文中的失范现象仍然非常普遍，对某些失范现象仍持容忍态度，这说明他们的学术规范意识还有待加强，在写作实践中如何避免剽窃还有待学习。在对学生的访谈中，我们了解到部分学生学术动机不强、学术意识淡薄，这就给剽窃提供了温床。教师对学术诚信意识的引导、对研究热情的激发在很大程度上影响学生对剽窃的认知。最为关键的是，学生对学术规范的不了解，暴露了我国高校对学术诚信教育、学术规范教育的缺失。

笔者在承担本科生“学术英语”课程教学时，发现学生在完成口头汇报和写作等输出任务时，剽窃现象非常突出，如照搬网络文献、不标注引文出处等，而学生对此却不以为然。Chandrasoma, Thompson & Pennycook (2004) 认为仅仅从政策加以监控和限制不是解决剽窃的根本之道，要正本清源，就必须对学生剽窃背后的动因加以分析，并从教学层面加以引导。笔者认为，学生在作业和论文中剽窃，并不能简单归因于学术诚信意识不强而加以指责，以“道德败坏”论处。当务之急是追根溯源、对症下药，在探究学生剽窃的成因的基础上，在教育教学上加以引导，从根本上杜绝剽窃，为培养高素质的创新型人才扫清障碍。

2. 学术规范教育应摒弃说教，引导学生“做中学”

研究型大学不仅承载着知识和技术创新的使命，更是高层次创新人才培养的基地。要实现高素质的创新型人才的培养目标，就必须在培养学生具备扎实的专业基础的同时，培养学生的创新意识、学术能力和学术素养，杜绝剽窃和学术不端现象的产生。可惜的是，纵观目前学界的研究成果，虽然要求根治学界学术不端行为的呼声不断，但从教育源头探索可行的教育策略的研究非常之少，有参考价值的教学实践几乎没有。

如何通过教育教学的方式引导学生明确学术规范从而避免剽窃的发生？显然，传统的说教很难起到明显的作用，学习学术规范最有效的办法是在做中学、学中用。只有在教师的中介作用下，学生通过学术课题探索和学术写作实践，才能更好地理解学术研究的意义，更自然地融入学术团体，构建学术身份，更清晰地理解剽窃的定义和危害以及规范的学术操作的必要性。

目前，学界基本沿用西方的剽窃概念和学术规范，以英语为媒介的各类学术出版物为学生了解学术规范提供了样本。在教育国际化、学术国际化的大背景下，将学术规范教育依托英语课程，尤其是学术英语课程，可以让学生直接接触到权威的学术文献，为学生了解本学科学术规范提供便利。

因此，在学术规范教育缺失的前提下，在本科和研究生阶段以英语课程为载体，采用产出导向教学方法，将学术规范和诚信教育融入日常教学中，引导学生开展课题探究活动，通过查找和阅读文献、撰写论文等，可以更有效地帮助学生边学边用，了解学术规范、正确使用参考文献，在提升学术诚信意识的同时，增强学术兴趣、提高学术能力。只有这样，才能从根本上杜绝学术剽窃和学术不端现象的发生。

参考文献：

[1] 方流芳 . 学术剽窃和法律内外的对策 [J]. 中国法学，2006 (5)：155-169.

[2] 郭广，梅珍生 . 试探剽窃的成因与防范 [J]. 山西高等学校社会科学学报，2007 (7)：28-30.

[3] 刘东 . 历史与现实中的学术剽窃 [J]. 徐州师范大学学报 (哲学社会科学版)，2012 (4)：10-28.

[4] 马治国，李晓鸣 . 学术论文剽窃的认定及法律责任 [J]. 西安交通大学学报 (社会科学版)，2015 (4)：68-73.

[5] 万峰 . 网络文化对大学生伦理道德影响的研究 [D]. 上海：上海师范大学，2009.

[6] 王坤 . 剽窃概念的界定及其私法责任研究 [J]. 知识产权，2012 (8)：47-52.

[7] 谢维营，刘晓雪 . 对我国“学术失范”现象的制度伦理分析 [J]. 福建师范大学学报 (哲学社会科学版)，2004 (4)：11-16.

[8] 张惠琴，李俊儒，段慧 . 中国大学生“抄袭、剽窃”概念实证研究——中、美大学生 plagiarism 概念

比较 [J]. 外语研究，2008 (2)：66-71.

[9] 张效英，南国君 . 科研不端行为的博弈分析及其治理 [J]. 厦门大学学报 (哲学社会科学版)，2011 (6)：135-140.

[10] Belcher D E，Braine G E. Academic writing in a second language: Essays on research and pedagogy[M]. Ablex Publishing Corporation, 355 Chestnut Street, Norwood, NJ 07648 (paperback：ISBN-1-56750-116-8；hardback：ISBN-1-5670-115-x), 1995.

[11] Bloch J，L Chi. A comparison of the use of citation in Chinese and English academic discourse [C] //M D Belcher，A Hirvela. Linking Literacys. Ann Arbor，Michigan：University of Michigan Press, 1995：12-24.

[12] Bloch J. Plagiarism and the ESL student: From printed to electronic text [C] // M D.Belcher，A Hirvela. Linking Literacys.Ann Arbor，Michigan：University of Michigan Pres, 2001：77-85.

[13] Chandrasoma R，C Thompson，A Pennycook. Beyond plagiarism：Transgressive and nontransgressive intertextuality [J]. Journal of Language，Identity and Education, 2004 (3)：171-193.

[14] Currie P. Staying out of trouble: Apparent plagiarism and academic survival[J]. Journal of Second Language Writing, 1998, 7(1): 1-18.

[15] Deckert G D. Perspectives on plagiarism from ESL students in Hong Kong [J]. Journal of Second Language Writing, 1993 (2)：131-148.

[16] Kroll B M. How college freshmen view plagiarism [J]. Writing Communication, 1988 (5)：203-221.

[17] Matalene C. Contrastive rhetoric: An American writing teacher in China[J]. College English, 1985 (4)：789-808.

[18] Pennycook A. Borrowing others' words: text, ownership, memory, and plagiarism [J]. TESOL Quarterly, 1996 (30)：201-230.

[19] Shi，Ling. Cultural Backgrounds and Textual Appropriation[J]. Language Awareness, 2006, 15(4)：264-282.

语料库在研究生医学英语词汇教学中的应用 *

Application of Corpus in Medical English Vocabulary Teaching for Postgraduates

北京中医药大学　熊淋宵

摘　要： 医学英语词汇教学是医学专业英语课程教学的基础，也是医学英语教学中的难点和重点，对研究生专业英语能力的培养尤为重要。作为一种新兴的研究方法，语料库语言学在改进医学英语词汇教学效果上具有重要的指导意义。本研究运用语料库语言学方法，通过自建小型医学英语教学语料库，探讨了语料库在研究生医学英语词汇教学中的实践。

关键词： 语料库　医学英语　词汇

Abstract: Teaching of medical English vocabulary is not only the basis for teaching other medical English courses, but also a difficult and key point in medical English teaching. It is particularly important for the cultivation of professional English ability of postgraduates. Corpus linguistics, as a new research method, is of great guiding significance in improving the teaching results of medical English vocabulary. Under the guidance of corpus linguistics, this research builds a small medical English corpus and discusses how to explore it in medical English teaching.

对于医学研究生而言，英语教学的主要目标是培养研究生的医学专业英语能力。医学英语词汇教学不仅是医学专业英语课程教学的基础，也是医学英语教学中的难点和重点。由于医学英语词汇与普通英语相比，具有更难认、难读、难记的特点，如何才能帮助学生克服畏惧心理，在有限的时间内掌握重点医学词汇，以提高学生对医学英语词汇的学习效率，增强英语应用能力，是教学研究的要点之一。笔者认为，通过借助语料库工具，可以为词汇教学提供参考资料，有助于更加有针对性地推进医学英语教学，提高学习者学习医学词汇的兴趣。

一、医学英语词汇教学现状

医学专业英语是专门用途英语的一项分支学科，指与医学学科和医学职业相关的英语。很多医学专业研究生希望在学习专业英语后，能够阅读原版医学文献，听懂国外医学专家的学术报告，并能与国外学者进行信息交流，这就要求必须掌握大量的医学英语词汇。医学英语词汇是学习医学专业英语课程的基础，可为后续课程如文献阅读、视听说、翻

* 2015 年度北京市教委青年英才计划项目“语料库在医学英语词汇教学中的研究与应用”（课题编号：VETP0805）。

译、论文写作等提供保障。在医学英语教学中，词汇始终是一个难点，因为医学英语词汇涉及医学和药学的诸多方面，且主要源于希腊语和拉丁语，其构词、用法均不同于普通词汇，有其自身的特点。由于医学词汇的特殊性，在实际教学中存在诸多尚需探索和改进的地方，如教学词表的制定方法缺乏客观性和科学性（王连柱等 2008：427-430）、缺乏系统有效的教学策略（唐毅，楚长彪 2014：122-124）、词汇教学脱离真实语境（戴月兰，陆华 2005：665-666）等。因此，探索医学英语词汇的教学问题是专业英语教学中很重要的一环，对研究生医学专业英语能力的培养尤为重要，应该受到医学院校的普遍重视。

语料库与医学英语词汇教学

语料库是一个由大量在真实情况下使用的语言信息集成的专供研究使用的资料库，有容量大、资料真实、信息提取快速准确的特点（何安平 1997：22-27）。近 40 年来，语料库语言学迅速发展起来，由于语料库能快速准确提供诸如构词、搭配、语境等多方面的语料及信息（唐洁仪，何安华 2004：42-45），基于语料库的研究在语言研究的很多领域都极具影响。语料库作为一种新的理念和研究方法，越来越受到语言学家和教育工作者的重视，并且对英语教学产生了很大的影响，在教学大纲制定、教材编写和课堂教学方面得到了广泛的应用（陈建生 2004：60-64）。

语料库语言学对专门用途英语教学的影响主要表现在专业词汇的研究和教学上（张济华等 2009：17-23）。词汇教学是语料库应用于外语教学时间最早和成果最多的一个领域。因语料库提供了大量真实而自然的语料，不仅有助于转换教学理念、培养学习者观察和分析问题的能力和自主学习的能力，还有助于编纂英语教材和词典，在很大程度上减少教学的盲目性（刘娟等 2010：363-364）。针对医学英语词汇教学的特殊性，利用语料库改进医学英语词汇教学有一定的优势。语料库语言学在词汇教学方面的研究成果同样可以用来指导医学英语词汇教学，如借助语料库筛选出使用频率较高的医学类词汇、使用索引软件提供真实例句、帮助辨析词汇、加强词汇教学深度、培养学生驾驭常用词汇的能力等（王世杰 2010：59-61）。由此可见，语料库这种新兴的研究方法可以指导教师在实际教学中进行实践，教师可通过借助语料库及其工具，充分挖掘其在医学英语词汇教学中的应用。

二、语料库在研究生医学英语词汇教学中的实践

1. 高频医学英语词汇表的提取及其教学

在医学专业英语教学中，笔者发现不仅教师在如何把握好词汇教学重点上心存困惑，学生在量大复杂的词汇学习中也不知所措。与大学英语教学不同，医学英语教学没有统一参考的教学大纲，教材中的参考词汇表也常是把教材中出现的词汇罗列出来，而这些词汇通常是作者通过经验总结而来的，不够科学和客观。学生经常需要花费大量时间来学习和记忆词汇，但是在词汇上收效甚微，仍然有大量词汇不熟悉，影响医学类专业书籍的阅读效果。为了改进医学英语词汇教学效果，笔者自建了小型医学英语语料库，利用语料库工具提取了高频医学英语词汇，以供教学参考。首先，在对医学专业所学的基础课程进行调查后，选择了 10 本英文原版医学专业基础课程教材作为基础语料来进行高频词汇的提取。课程包括生物学、人体解剖学、组织学、胚胎学、生物化学、生理学、免疫学、病理学、微生物学、遗传学。对语料进行整理后保存为纯文本，共计 2, 393, 498 词。然后

利用 AntConc3.4 软件生成词表，通过对比英国学术英语语料库 (British Academic written English，BAwE)，提取医学英语主题词表。接着对通用英语词汇和学术英语词汇进行排除，经归化还原后，初步制成高频医学英语词汇表。词表经过专业教师辨析和筛选后，制定出高频医学英语词汇表。因篇幅限制，表 1 列出了选出的前 30 个高频医学词汇。

表 1 医学英语高频词汇节选（经归化还原）

序号	单词	频率	序号	单词	频率
1	cell	23900	16	hormone	2510
2	protein	7833	17	receptor	2450
3	gene	6854	18	gland	2431
4	muscle	5972	19	synthesize	2246
5	tissue	5683	20	nucleus	2140
6	molecule	5181	21	antigen	1985
7	membrane	4875	22	plasma	1966
8	DNA	4495	23	epithelial	1957
9	acid	4314	24	ion	1955
10	secrete	3536	25	tumor	1895
11	nerve	3317	26	neuron	1883
12	fiber	3010	27	amino	1822
13	enzyme	2994	28	mutate	1775
14	fluid	2987	29	contract	1660
15	chromosome	2724	30	tubule	1649

从表 1 可知，通过建立小型医学英语语料库，可以提取出高频医学英语词汇，为词汇教学提供可以参照的量表。教师在教学中可以根据词表把握教学重点内容，从而提高教学效率。学生也可根据词表选择优先学习的词汇，减轻词汇学习的盲目性，为进一步提升专业英语做准备。

2. 词义辨析及词汇搭配

语料库的突出特点是库中包含大量真实的语言，因此教师可借助索引工具辅助词汇教学，包括在课前备课、学习材料准备、课堂演示、课后练习编写等方面。语言不是根据词汇意义和语法规则任意拼在一起的。语言受制于语法规则，同时又有约定俗成的搭配习惯。词语搭配不仅包括动词短语、介词短语、成语等常见的词语连用结构，还包括无数的习惯搭配（濮建忠 2003：438-445）。通过借助语料库索引工具，教师可以使用真实的语言例句来讲解词汇意义，避免教师生造例句。例如，笔者在教学中发现，很多学生对上表列出的高频词汇之一 contract 在医学语境下的意义不熟悉。contract 包含多种意义，作为名词有“合同、契约”之意，作为动词有“收缩、感染（疾病）、签订合同”等意思。在设计课堂练习时，可以使用索引行来学习 contract 的不同含义、词性变化及常见搭配等。教师可以设计选词填空练习如下（表 2）。

表 2 Contract 及其相关词形的选词填空练习

contract contracting contractile contracts contracted contraction contractility
1. Cardiac muscle tissue remains ________ 10 to 15 times longer than skeletal muscle tissue, allowing time for the chambers of the heart to relax and fill with blood between beats. 2. These clauses form part of the ________ between buyer and seller. 3. One bone remains stationary or near its original position, either because other muscles stabilize that bone by ________ and pulling it in the opposite direction or because its structure makes it less movable. 4. Genital lesions, usually caused by other sexually transmitted diseases such as syphilis and HPV, facilitate entry of the virus and lead to a particularly high risk of ________ AIDS. 5. The thinnest of the filaments are actin filaments, which are present in all eucaryotic cells but occur in especially large numbers inside muscle cells, where they serve as part of the machinery that generates ________ forces. 6. The heart muscles ________ to expel the blood. 7. The rate of blood flow through different parts of the vascular network is regulated by the extent of smooth muscle ________ in the walls of particular vessels. 8. In addition, ________ of the smooth muscle fibers that surround these tubules provides additional assistance to sperm transport. 9. Muscular tissue ________ to make body parts move and generates heat.
Key： 1. contracted 2. contract 3. contracting 4. contracting 5. contractile 6. contract 7. contraction 8. contractility 9. contracts

此外，还可借助语料库进行近义词、反义词、词汇搭配等辨析。总之，通过借助语料库可以多角度、多层面地研习词汇，改进词汇教学的理念。同时，教师还可以把自己的研究成果呈现给学生，引导学生利用语料库探究医学英语常用词汇的用法。

3. 个人自主学习语料库

因研究生更注重实际英语应用能力的提升，希望以英语为工具去获取最新的专业知识、撰写英语论文以及参加国际会议，教师在教学中可鼓励学生与专业相结合，搜集相关领域的文献资料，建立个性化学习语料库，为专业词汇、论文写作等方面的学习作积累。例如，通过提取主题词表来拓展自己专业领域的相关词汇。笔者一名针灸专业的学生以针灸为主题，搜集了一些感兴趣的期刊文章，自建了微型学习语料库。在对标题提取后进行主题词分析，通过 acupuncture、moxibustion、needling、electroacupuncture、acupoint、stroke、therapeutic、syndrome、therapy、meridian、embedding、lumbar、ischemia、stimulation、cupping 等相关词汇进行学习，丰富了该专业领域的相关词汇。此外，还可对标题中介词的用法进行研究学习。介词在英语词类中十分广泛，它表达词与词之间的各种关系，在句中使用的频率较高，同时又是中国人学习英语最难掌握的一个词类。经检索发现，以下介词在标题中使用频率非常高：of（8.7%），in（3.6%），on（3.1%），with（2.3%），for（1.8%）。如果学生通过分类学习来掌握这些高频介词的用法，尤其是在论文标题中的灵活使用，对论文标题的写作教学会具有重要的意义。因此，教师鼓励学生自建语料库，可以培养学生自主学习的能力，满足学生个人不同的学习需求和意愿，更能激发学生的学习兴趣。这种语料库还具有自主性和开放性的特点，可极大地促进学生的数据驱动学习方式（李文中，濮建中 2001 :20-25)。这种发现式学习方法能促使学习者带着问题到语料库中去寻找答案，有些问题可能是课堂教学中未讲授过的，学生的自主学习结果对教师的课堂教学也是一种补充和完善。

研究生阶段的英语教学应强调语言的实用性，以提高学生的语言应用能力为教学目标，以体现出明显的学科性语言教学特征（赵颖等 2012 ：128-129)。把语料库与研究生医学英语词汇教学有机地结合起来，利用语料库工具能够提高课堂词汇教学的针对性，减少盲目性，提高词汇教学效率。通过自建小型教学语料库能解决教学材料的真实性问题，可以避免生造例句影响教学效果。此外，通过鼓励学生自己创建个性化小型语料库，能够充分发挥学生的数据驱动学习方式，激发学生在探索中学习的兴趣，提升学生自主学习的能力，为进一步提高学生的语言应用能力奠定坚实的基础。

参考文献：

[1] 陈建生 . 语料库语言学与英语教学 [J]. 解放军外国语学院学报，2004（1)：60-64，127.

[2] 戴月兰，陆华 . 医学英语词汇教学探讨 [J]. 山西医科大学学报（基础医学教育版)，2005，7（6)：665-666.

[3] 何安平 . 谈语料库研究 [J]. 外国语 （上海外国语大学学报)，1997（5)：22-27.

[4] 刘娟，周延，刘保民，徐天英 . 语料库在医学英语词汇教学中的理论应用 [J]. 首都医科大学学报（社会科学版)，2010（00)：363-364.

[5] 李文中，濮建中 . 语料库索引在外语教学中的应用 [J]. 解放军外国语学院学报，2001（2)：20-25.

[6] 濮建中 . 英语词汇教学中的类联接、搭配及词块 [J]. 外语教学与研究，2003（6)：438-445，481.

[7] 唐洁仪，何安平 . 语料库在外语教学中的应用 [J]. 外语电化教学，2004 （5)：42-45.

[8] 唐毅，楚长彪 . 医学英语教学的特点分析和策略探讨 [J]. 中国医药导报，2014，11（4)：122-124.

[9] 王连柱，王兰英，张瑞君，雍文明 . 语料库及检索工具在医学英语词汇教学实践中的应用研究 [J]. 中国医学教育技术，2008（5)：427-430.

[10] 王世杰 . 基于语料库的医学英语词汇教学 [J]. 甘肃中医学院学报，2010，27 （6)：59-61.

[11] 赵颖，朱锋，武清宇 . CBI 理论视角下医学院校研究生英语课程体系研究 [J]. 中国高等医学教育，2012（7)：128-129.

[12] 张济华，高钦，王蓓蕾 . 语料库与大学专门用途英语 (ESP) 词汇教学探讨 [J]. 外语界，2009（3)：17-23.

基于“任务型教学”理论的学术英语写作及演讲课堂构建*

Task-Based Academic English Writing and Speaking Class Construction

北京邮电大学人文学院　王　琳　崔晓玲

摘　要：学术英语写作和演讲是高层次本科生和研究生进行国际学术交流必备的英语应用能力之一。为有效培养这一能力，有必要探索一种更好的教学方法。本研究探索学术英语课堂（写作和演讲）的有效教学策略，如任务型语言教学和合作学习，试图通过一系列真实的任务设计范例，展示学术英语写作及演讲课堂的构建模式。这些任务为学生提供了获得真实的学术语言素材和合作学习的机会，教师作为指导者和任务设计者，设计环环相扣的微任务构成任务链，并做出及时有效的评价反馈。

关键词：任务型教学　学术英语　写作与演讲　合作学习

Abstract: Academic English writing and speaking are essential skills for high-level undergraduate students and graduate students to exchange their scientific and academic knowledge internationally. In order to cultivate the skills effectively, it is important to explore a better pedagogical solution. This study focuses on how pedagogical solutions such as task-based language teaching and cooperative learning can be implemented in English academic writing and speaking courses through specific case analysis. The study attempts to construct an academic English class model by designing and analyzing specific teaching and learning procedures. It maintains that the key to the success of academic English class lies largely in the development of a series of authentic tasks. These tasks provide students with access to authentic linguistic data and cooperative learning opportunity and teachers with timely and effective performance feedbacks for students.

Key words: Task-based Approach　Academic English　Writing and Speaking　Cooperative Learning

* 基金项目：北京邮电大学研究生教育教学改革项目：基于爱课堂平台的研究生英语公共演讲课混合式教学模式探索 项目编号：2018Y025。

一、引言

在经济全球化和高等教育国际化加速的背景下，如何强化学生的英语综合应用能力培养，充实教学内容、加强多元化教学、调整教学方向是外语教学界面临的重要课题。笔者尝试通过基于"任务型学习"理论构建学术英语写作及演讲课堂，探讨以任务型学习为依托、以学术英语为导向进一步深化公共英语教学改革的可行性。

有关研究表明，任务型学习具有目的性、主体性、交际性和合作性等特点，学生通过任务型学习能够达到习得和运用语言的目的（龚亚夫，罗少茜 2003）。学术英语写作及演讲是培养学生英语综合应用能力的重要载体，是提升学生在学业情境下交流能力的主要途径，是实施学术英语教学的重要手段。因此，开展基于任务型学习理论的学术英语写作及演讲教学对于提高学生的学术英语能力、满足学生的学习和职业发展需求具有重要的现实意义。

二、"任务型"学术英语写作及演讲课堂构建的理论框架

1. 任务型教学

任务型学习的基本理念出现于 20 世纪 80 年代初，随着研究的深入，任务型教学于 20 世纪 90 年代在理论上逐步成熟，并成为英语教育的国际主流。Nunan (2013) 提出了任务型教学活动的七个原则：辅助性原则 (scaffolding)、任务相依性原则 (task dependence)、循环性原则 (recycling)、主动学习原则 (active learning)、整合性学习原则 (integration)、由模仿到创造的原则 (reproduction to creation) 和反思性原则 (reflection)。可见，任务型教学中的任务设计是一个连贯的、循序渐进的、不断发展的教学过程。

Nunan 认为任务的难度受到输入材料和学习者以及学习过程等因素影响。因此，在设计任务时应该充分衡量这些影响因素。 Willis (1996) 将任务框架分为三个阶段：前任务 (pre-task)、任务环 (task cycle) 和语言聚焦 (language focus)。他认为，前任务阶段是准备阶段，教师介绍主题和任务；任务环阶段是完成任务的过程，包括任务、计划、报告三个环节；语言聚焦是完成任务后的反馈阶段，分析任务完成情况和补充练习。

Skehan (1998) 把任务型语言教学分为任务前活动、任务中活动和任务后活动三个步骤。任务前活动（ pre-task) 包括教的活动、意识提升活动和计划。教的活动与介绍新的语言知识和重构语言结构密切相关，教的方式可能是直接和明确的，也可能是间接和含蓄的。意识提升活动旨在提高学生对语言结构的意识，激活学生原有相关的语言知识。计划就是让学生在规定的时间里准备任务，其中会给学生一些提示。任务中活动 (while-task) 包括执行任务、计划后面的报告、报告三个方面。任务后活动（ post-task ）包括分析和操练。Skehan 提出的这三个步骤中，任务前活动非常重要。后两个步骤与 Willis 的模式大同小异。

通过分析国外任务型语言教学的实施步骤可以看出，国外任务型语言教学通常分为任务前、任务中和任务后三个阶段。这些步骤对于在新课程实施过程中，把国外任务型语言教学理论应用于学术英语教学实践具有较大的启迪和借鉴意义。

2. 学术英语

学术英语是目前国内外英语教学界比较关注的一个方向。针对中高级层次的本科生

及研究生，公共英语教学正在由通用英语 EGP（English for General Purpose）向学术英语 EAP (English for Academic Purposes) 过渡。其实，EAP 准确的翻译应该为“学业用途英语”。学术英语属于专门用途英语，即 ESP：English for Specific Purposes，是英语语言教学的一种形态或课程 (Jordan 1997)。

广义而言，“学术英语”关注的是“正规教育体系中以学业用途为目的的英语交流技巧”。学术英语又可细分为通用学术英语（English for General Academic Purpose）和专门学术英语（English for Specific Academic Purposes）两类。通用学术英语强调学习技巧与实践，包括培养学生专业学习所需的学术英语阅读、写作、听讲座与做笔记、作学术报告、查阅英文文献等综合学习技巧。专门学术英语强调专门学科的语言学习，包括词汇、语法、语篇、体裁等内容（王守仁，姚成贺 2013）。

三、学术英语写作及演讲课堂任务设计

笔者针对本校的非英语专业研究生学术英语写作及演讲课，根据 Willis 的任务框架：前任务、任务环和语言聚焦，把课堂任务分解为三个阶段。在任务实施的第一个阶段补充必要的背景知识和输入语言材料，侧重激发学生对任务的兴趣。第二个阶段以小组为单位合作学习完成任务。第三个阶段为评价反馈阶段，学生展示任务完成成果，教师对任务完成过程中的问题总结并讲评。以下为任务设计的具体步骤：

表 1　学术英语教学步骤

步骤 1	导入	做一些引发学生学习兴趣的“热身”活动（Leading-in/ Warming-up Activities）	目的是激发学生的学习兴趣、吸引学生的注意力，启发和调动学生的积极性。
步骤 2	任务前阶段	学习完成任务所需的语言知识，介绍任务的要求和实施任务的步骤。	目的是突出任务主题、激活相关背景知识。
步骤 3	任务中阶段	设计多个微型任务，构成任务链。	目的在于给学生充分的表达机会，强调语言的流畅性。令学生的语言能力通过每一项任务逐步发展，激发学生的学习动机。
步骤 4	任务后阶段	各小组向全班展示任务成果。	目的在于促使学生使用正式、严谨的语言。
步骤 5	评价反馈	学生自评、小组互评、教师总评、反馈	目的在于帮助学生探索语言，将他们已观察到的语言特征系统化，澄清概念，概括出语言的规律。

1. 学术英语写作任务设计范例

笔者以如下学术英语写作课堂任务设计为例，说明基于“任务型教学”和“合作式学习”的学术英语写作课堂是如何构建的。该部分教师导入的说明范例援引自 Perrin 所著 *Handbook for College Research* (Perrin 2009)。

Task A

Moving from subject to topic（主题到论题的研究）。

在学术论文的写作中，选定主题是研究至为关键的第一步；而将研究范围从较笼统的主题缩小到有重点的论题则是重要的第二步。

教师导入：

1) 选择主题的策略：对潜在论题需持开放心态，所考虑主题可以涉及个人生活的不同方面，也可以考虑个人的研究兴趣；以个人社会观察为主体亦可。

2) 评价主题的原则：个人兴趣，任务完成时间，研究素材的可得性，将遇到的挑战，研究方法的特殊性以及可能的前景。

3) 限定主题的策略：通过限定时间、地点、所处环境等因素，将笼统主体浓缩成特定论题。

合作：在小组合作时，须考虑选择合作者——适合的个性，适合的工作习惯，互补的优劣势，适合的目标。

任务：为论文列出五个适合的主题，选择其中三个缩小为合适的论题。

第一步：学生 3~4 人分为一个学习小组，先进行头脑风暴或联想个人研究兴趣，接着作初步的互联网搜索。学习小组列出主题，例如：

1）Government subsidies

2）High-grossing films

3）Credit-card debt

4）Museums

5）Childcare

第二步：选取其中的三个主题，限定时间，地点或环境，将其缩小为特定的论题。

如：Government subsidies for the dairy industry（限定环境）

Museums and innovative programs of the last twenty years（限定环境和时间）

Childcare in the inner city（限定地点）

评价反馈：教师与学生一起讨论，评价不同小组的任务完成情况，给出包括语言和选词方面的建议与反馈。

Task B

Planning thesis statement and stated objective（设计主题句和论述目标)。

确立所写论文的中心思想，可以通过提出中心论句、提出所研究的问题，或陈述某个问题来实现。

教师导入：

1）撰写主题句 使用主题句来引导说服式论文。主题句的基本特征：明确限定论题、清晰表达观点，语气直接、严肃。

2）选择性特征 完善主要观点、明晰主要内容、考虑读者认知程度均有利于论文写作。

合作：

决定分工；决定合作模式；共同分担工作。

任务：

学生分组合作，把任务一中的三个论题，发展成主旨句。

1) Government subsidies for the dairy industry

2) Museums and innovative programs of the last twenty years

3) Childcare in the inner city

例如：

1) Although the federal government first subsidized the dairy industry during the Great Depression to ensure its survival, the threat is long past, and the time has come for the dairy industry to operate without subsidies.

2) Although museums have long been seen as formidable, formal institutions, today's curators challenge this assumption by hosting unique programs and arranging innovative exhibits.

3) Before government agencies can fairly expect parents on welfare to work, they must provide affordable, acceptable childcare.

评价反馈：教师与学生一起讨论，评价不同小组的任务完成情况，给出包括语言和选词方面的建议与反馈。

2. 学术英语演讲任务设计范例

笔者以如下学术英语演讲任务为例，说明基于“任务型教学”和“合作式学习”的学术英语演讲课堂是如何构建的。该部分中教师导入的说明范例全部援引自胡庚申教授的《国际会议交流英语》(胡庚申 2000)。

Task A

Beginning an academic presentation(开始学术讲演)。

教师导入：开始学术讲演——优化心理，树立自信；教师为学生播放国际学者开始学术报告/讲演的视频，供学生对照模仿。开始学术讲演的几种方式：

1) Go straight to the point(开门见山)。

例如：Mr. Chairman, ladies and gentlemen,

The title of my presentation is…

Mr. Chairman, fellow colleagues,

First, I'd like to tell you briefly the background of my paper, and then present my three hypotheses.

2) Begin with appreciation(以赞赏开始)。

例如：Dear colleagues,

First of all, I would like to thank our Mr. Chairman and our generous hosts, the IPaA, for providing my professionals who have come from all over the world with such a pleasant atmosphere to meet, exchange views, and share thoughts and findings. What I like to talk about is…

3) Begin with background information(以背景介绍开始)。

例如：Mr. Chairman,

First of all, I would like to make an explanation… The paper I am going to present to you is mainly finished by Dr. Liang Boxian from Shanghai Computer Center. It's a pity that he fell ill just before our departure for this conference. Here, on behalf of Dr. Liang, I'd like to express our warm congratulations on the successful opening of the conference. The study on frequency standards is the area in which Dr. Liang has been engaged…

4) Begin with wit and humor(以机智幽默开始)。

例如：Good morning, everyone,

Someone says that the internet is an ocean of information and people who want to find information that accords with their interest are the fishers who want to find fish that have good taste. Since the main topic of the meeting is information retrieval on internet, I'm glad to see so many internet fishers here to share my experience of fishing. My work on the internet information retrieval is focused on…

Mr. Chairman, ladies and gentlemen,

Good afternoon. Today I'd like to talk about the MIS in China. But don't be mistaken–the "MIS in China" is not a young lady in China. MIS is a short form of Management Information System. It is an integrated use-machine system for providing information to support operations, management, and decision-making functions in an organization.

5) Begin with impromptu reference（以即兴和偶然的参考开始）。

例如：Ladies and gentlemen,

The Nobel lectures in physics this year are concerned with a set of ideas relevant to the gauge unification to electromagnetic force with the weak nuclear force.

任务：以学习小组为单位，学生为以下主题，也可以添加自己感兴趣的主题，准备开始学术演讲。教师预先提供相关主题可能会涉及的专业词汇和开始演讲的常见句式。并提供国际学者开始学术演讲的几段视频，供学生对照模仿。学生分小组讨论，针对每个主题，完成 4-5 种开始演讲的方式。并在课堂上分别呈现。

Conference themes:

1. Global air pollution

2. Housing problems

3. Preschool education in poor areas

4. Your own theme: ________

评价反馈：教师与学生一起讨论，评价不同小组的任务完成情况，给出包括语言和选词方面的建议与反馈。

Task B

Ending an academic presentation（结束学术讲演）。

教师导入：结束学术演讲——聚焦听众思想，建立结束情境，传达完结意识；教师为学生播放国际学者学术报告 / 讲演的视频，供学生对照模仿。

结束学术讲演的方式：

1）直接结束

例如：That's all. Thank you, Mr. Chairman. Thank you all.

2) 简短总结

例如：The themes I have dealt with can be boiled down as follows: First, the knowledge and wisdom of human beings should be integrated; second, the new information technologies should be adopted; third, the computer-based models should be established; and last but not the least, the study of system science, methodology and methods of systems engineering should be carried out comprehensively. That's all for my talk. Thank you for your attention.

3) 寻求建议或评论

例如：Now that I have finished my speech, I hope you'll give me your comments and suggestions. They'll help me improve my work.

That's all for my talk. Please don't hesitate to put forward your suggestions and advice, if you have any. Thank you.

任务：以小组为单位，学生合作为题为 Case Studies on International Communication Failure 的学术报告准备两种结束方式，并在课堂呈现 (以下为该学术报告内容提要)。

The topic of communicative failure often draws attention and interest of communicators, teachers, and researchers; however, detailed analyses of communicative failure on Sino-foreign or international occasions have been rare as yet. In this paper, 16 examples of communicative failures collected on international occasions are presented in the form of case studies, and analyzed in terms of their classifications, causes, preventive measures and effective remedies. It is found that the international communication failures mainly result from: 1. the violation of pragmatic principles such as Cooperative Principles, Politeness Principles; 2. the lack of cross-cultural awareness; 3. the overlooking of social context, etc. The contributing factors to these linguistic, cross-cultural and contextual failures are interrelated, and are in the final analysis attributed to the failure of appropriateness. The paper points out that systematic studies of communicative failures on international occasions prove to be significant communicatively, linguistically, and pedagogically, and therefore deserve further studies. (Willis 1996).

评价反馈：教师与学生一起讨论，评价不同小组的任务完成情况，给出包括语言和选词方面的建议与反馈。

四、结语

任务型教学模式可以有效地提高学生学术英语交流能力。本研究在教学过程中实现了任务型学习和学术英语教学的有机结合，形成了教师主导和学生主体相结合的教学模式，使学生真实、自然、有意义地获得使用语言的能力。在学术英语写作任务中，学生对基本的英语写作常识和策略，学术英语写作的词汇、句型和篇章等以及一般的学术论文写作规范有了相当的认识和掌握，这为他们的专业学习和职业发展，如学期论文写作、国际学术交流等打下了基础，并且通过兴趣激发知识增长、任务完成等促进了他们语言应用能力的发展。任务型教学模式在实施过程中也面临很多挑战（王丽丽，张晓慧，关英博 2015），要注意以下几个方面的问题。首先，教师必须转换角色，教师是任务的设计者、组织者、指导者，教师必须具备较强的组织能力和课堂控制能力，保证学生有效地练习输出目标语言。其次，任务目标必须明确，只有分阶段设定不同的语言训练目标，学生才能在完成任务的过程中实现语言能力的提升。此外，任务设计要科学、合理，活动前后衔接恰当，贴近真实学术语境，做到学生参与性强，活动形式多样。最后，小组分配要平衡，在分小组完成任务时要合理分组，大专业方向一致的学生，语言基础好的学生与基础一般的学生合理搭配，给予学生同等的语言操练机会，起到互相帮助和互相促进的作用。

参考文献：

[1] 龚亚夫，罗少茜．任务型语言教学 [M]．北京：人民教育出版社，2003.

[2] 胡庚申．国际会议交流英语 [M]．北京：高等教育出版社，2000.

[3] 王丽丽，张晓慧，关英博．任务型大学英语口语教学模式实践 [J]．高教论坛 2015（2）.
[4] 王守仁，姚成贺．关于学术英语教学的几点思考 [J]．中国外语，2013(5).
[5] Nunan D．Task-Based Language Teaching[M]．Beijing：Foreign Language Teaching and Research Press, 2013．
[6] Jordan R．English for Academic Purposes [M]．Cambridge：Cambridge University Press, 1997．
[7] Perrin R．Handbook for College Research [M]．Beijing: University of International Business and Economics Press, 2009．
[8] Skehan P．A Cognitive Approach to Language Learning [M]. Cambridge: CUP, 1998.
[9] Willis J．A Framework of Task-based Learning [M]．England：Longman, 1996．

中外学者英文摘要中立场标记语对比研究——以环境工程学科为例

A Comparative Study of Stance Markers in Abstracts of Chinese and English Academic Papers —From the Perspective of Environmental Engineering Discipline

北京林业大学　成晓敏

摘　要： 本研究借助 Hyland (2005) 的理论框架，对环境工程类中外学者所撰写的期刊论文摘要中立场标记语的使用情况进行对比研究。研究发现，中国学习者和英语本族语者一样，在论文写作中会大量使用立场标记语，但使用频率低于英语本族语语者，这可能与中国的社会文化传统有关。中国人的文化价值观念、行为规范和话语模式与英语中强调学术批评的观念不同，儒家思想强调社会和谐、思想一致，这种观念可能促使中国作者在使用英语进行文献评述时少用或不用立场标记语。

关键词： 立场标记语　摘要　CAAP　EAAP

Abstract: Using the theoretical framework (Hyland 2005), this paper makes a contrastive analysis of stance markers in the abstracts of English and Chinese academic papers of environmental engineering discipline. The results show that Chinese learners, like English native speakers, use a large number of stance markers in paper writing, but the frequencies is low. This may be related to the social and cultural traditions of China. The Chinese people's cultural values, behavior norms and discourse patterns are different from those in English which emphasize academic criticism. By contrast, Confucianism emphasizes social harmony and the consistency of thought, thus causing Chinese writers to use less or do not use stance markers in the process of paper writing.

一、引言

传统观念认为，学术论文是对独立的外部客观现实的报道，其主要目的是阐释真理，它不依赖于人的特性而存在，因此学术论文的语言是客观的，与作者个人情感无关。但近年来，这种观点受到越来越多人的质疑。因此学术论文的社会现实性表明论文作为一种出版物不是处于理想静止的状态，而是一种作者与读者共同参与的社会性言语行为，在此过程中，作者不仅仅是单向地向读者报道客观事实，更是向读者阐明自己的立场，推销自己的观点（吴奇格 2010：46-50）。因此学术论文语言在规范性的基础上适度灵活，这样能使读者更好更快地接受写作者的学术思想（徐宏亮 2011：44-48)。

在学术论文写作中，用好立场标记语，使自己的研究成果、观点态度以一种友好且专业的方式向读者呈现出来，对于写作者而言是非常必要的。立场标记语是作者或说话者对自己所陈述的知识和信息的肯定程度、价值判断及情感态度的语言表述。有效使用立场资源是学术论文人际性和交互性的保证。不管在何种语言的学术论文写作中，合理到位地使用立场标记语，有利于作者在读者面前塑造出专业的形象，提高论文的认可度。

摘要作为学术论文的开篇，本身具有独立的语篇结构和文体特性，不仅被用来传递事实信息，也被用来表达作者对命题的评价、态度和情感，旨在说服读者接受其观点或研究结果，因此，这些评价性和互动性的语言特征（即立场标记语）在摘要的使用中更是不容忽视的。

对于立场标记语这一领域，国内外很多学者进行了相关的实证研究。主要包括对本族语者使用立场标记语的研究，如对对话，新闻，小说和学术论文这四个不同语域进行研究（Biber et al. 1265-1269）和对自然对话和写作这两语域进行对比研究（Englebretson 2007：139-182）；对专家，学生和高低不同水平大学生进行对比研究（Barton 1993：745-769；Lancaster 2016：16-30）；不同软硬学科对比研究 (Hyland，Tse 2005：39-64)。对二语学习者使用立场标记语的研究，如对模糊限制语研究（McEnery，Kifle 2002：182-195）；人称代词研究（Hyland 2002：1091-1112）；认知立场研究（Hyland，Milton 1997：183-205）；立场标记语研究（何莎 2012；田琳 2015)，研究发现他们在选择立场类型和使用语言手段方面都呈现出不同的问题。对二语学习者和本族语者进行对比研究，如议论文写作时言据性和情态动词使用（Neff et al. 2003：211-230）、第一人称代词（Martinze 2005：174-190）、立场名词（Jiang 2015：90-102）、立场副词（赵晓临 2009：54-59；潘璠 2012：9-12）的使用。

笔者对立场标记语的实证研究进行了简要回顾后，发现在这一领域中，目前的研究还存在一些不足：国内外学者大多是对与立场相关的模糊限制语，介入标记语，人称代词等的研究，对中外学者国际期刊论文摘要中立场标记语的对比研究相对不足，而且还没有对环境工程类期刊论文中立场标记语进行分析研究。所以本研究通过对环境工程类中外学者所撰写的期刊论文摘要中立场标记语的使用情况进行对比研究，旨在发现中外学者期刊论文摘要中立场标记语的分布情况和使用立场标记语的差异，从而帮助中国学者在撰写论文摘要时能更好地选择立场标记语，更好地介绍自己的学术主张和吸引读者。

二、理论框架

Hyland (2005) 指出，学术互动是通过作者立场和作者介入这两种方式实现。这两种方式一起用来表达作者主张和预测读者可能反应。而作者立场是指语篇作者对命题内容的可靠性或正确性作出的评价，表明作者对读者所采取的态度或命题所作出的承诺。它包括模糊限制语（Hedges）、增强语（Boosters）、态度标记语（Attitude markers）、自我提及语（Self -mentions）。模糊限制语（Hedges）是附加在意义明确的表达形式之前的词或短语，可使本来意义明确的概念变得模糊（如 about，maybe，seem)。增强语（Boosters）允许作者在其论断中表达肯定推断，并使作者读者一起参与主题。它们的功能是强调共享信息，实现团体成员和读者间的互动（如 clearly，obviously，demonstrate）。态度标记语（Attitude markers) 表明作者的情感，而不是认知，表明作者对命题的态度（惊讶、重要、沮丧、同意等等)，而不是承诺。通过传达作者和读者对同一观点的共同态度和相同反应，帮助作者表达自己的立场，同时也使读者越来越认可作者主张，这样容易避免作者和读者发生分歧（如 agree，prefer，appreciate，unfortunately）。自我提及语（Self-mentions）表明作者存在，它允许作者直接以自我身份开展话语（Hyland 2001 ：207-226）。自我提及语实现了不同的人际功能，从表明作者在研究中的作用到与读者协商知识主张（如 we，I，our，the author）。

表 1　立场标记语的分类 (Hyland, 2005)

立场标记语	功能	举例
模糊限制语	拒绝承诺和展开对话	might; perhaps; possible; about
增强语	增强可能性或结束对话	in fact; definitely; it is clear that
态度标记语	表明作者对命题的态度	unfortunately; surprisingly I agree;
自我提及语	明确指代作者	I; we; my; me; our

三、研究设计

1. 研究问题

本研究拟将语料限制于环境工程类期刊论文，采用 Hyland (2005) 的分类框架，试比较环境工程类中外学者所撰写的期刊论文摘要中立场标记语的使用情况，旨在发现中外学者期刊论文摘要中立场标记语的分布情况和使用立场标记语的差异。具体如下：

1) 中外学者期刊论文摘要中立场标记语的分布情况如何？

2) 中外学者期刊论文摘要中立场标记语的使用差异何在？

2. 研究对象

本文选择环境工程类国内外核心期刊排名前十的期刊论文共 100 篇（2013—2017），从《中国环境科学》《环境科学》《环境科学学报》《环境化学》《环境工程学报》《环境毒理学报》《给水排水》《中国给水排水》《生态学报》《生态环境学报》中选择中国学者撰写的期刊论文摘要 50 篇，建立 CAAP（abstracts of Chinese academic papers）语料库；从 *Nature Climate Change*, *Energy & Environmental Science*, *Environmental Science & Technology*, *Water Research*, *Applied Catalysis B: Environmental*, *Journal of Hazardous Materials*, *Chemical Engineering Journal*, *Environmental Microbiology*, *Bioresource Technology*, *Environment International* 中选择国外学者撰写的期刊论文摘要 50 篇，建立 EAAP (abstracts of English academic papers) 语料库。首先将表明作者立场的动词、情态动词、名词、形容词、副词及多词表达式进行标注。然后用 Wordsmith5.0 进行检索分析 (统计出现频率)。最后用 SPSS 进行 χ^2 分析，比较两组数据的差异性。

四、结果与讨论

1. 立场标记语的整体分布特征

从表 2 可知，四种立场标记语都频繁出现在环境工程类学术论文摘要中。其中模糊限制语使用最多，增强语次之。使用较多模糊限制语是因为作者试图使用更为精确的表达方式来避免歧义产生，让读者更易接受作者观点，拉近读者和作者间的距离。同时这也可以避免作者观点的权威性，给读者留下更多可思考的空间。增强语的使用，不仅说明作者想凸显其论点的重要性，而且也表明作者对其所提论点十分自信。态度标记语使用最少，表明学术语篇作者在表达态度立场时，更多是依据客观外部世界和语篇的重要性、意义等这些客观知识来作出评价，较少掺入个人情感，这也体现了学术论文公正客观的特征。使用较少的自我提及语使作者在树立自己观点的权威的同时，也可实现读者和作者间的互动。

表 2　立场标记语的总体分布

立场标记语	频数 (per 1,000 words)	
模糊限制语	108	332
增强语	101	
态度标记语	45	
自我提及语	78	

2. 中外学者使用立场标记语的差异

由表 3 可知，中外学者在使用四种立场标记语上存在一定的差异。从总体上看，国外学者使用立场标记语的频率是国内学者的两倍多，可见中国学者在学术论文写作时较少考虑维护面子和关注学术论文的互动特征，这可能与中国的社会文化传统有关。中国人的文化价值观念、行为规范和话语模式与英语中强调学术批评的观念不同，儒家思想强调社会和谐、思想一致，这种观念可能促使中国作者在用英语进行文献评述时少用或不用立场标记语。从四种立场标记语的分布来看，中国学者比国外学者使用较少模糊限制语，这表明中国学者更害怕作出假设，可能是因为中国更为客观的学术氛围导致学者不愿意对其研究发现做出承诺和承担责任。相反，国外学者使用更多模糊限制语来避免自己做出百分之百的承诺，这样既可以保护读者的消极面子，也可以保护读者的积极面子。中国学者比国外学者较少使用增强语，这可能是因为中国学者在对其观点自信表达方面还过于保守。除非他们完全确定自己主张，否则他们不愿意使用增强语。他们在得出结论时也十分严谨小心，这样也是为了保护读者的消极面子和积极面子。相反，国外学者即使不是百分之百确定其研究发现，但他们对其观点仍是十分自信和乐观。中外学者都很少使用态度标记语，但国外学者比中国学者使用又稍偏多。这是因为两者的关注点不同。中国学者更加关注于学术论文的客观性表达，而态度标记语的使用对学术论文真实性的表达是不利的。而国外学者更关注于与读者间的互动，他们试图与读者建立对话来维护读者的积极和消极面子。自我提及语的使用在学术论文写作中也是十分重要的，他们以直接和间接的方式代表着作者本人。由表可知，中国学者比国外学者使用自我提及语相差较远。以间接的方式，是因为作者不想直接将自己的观点强加于读者，这会破坏读者的消极面子，也会破坏论文客观的特征。以直接的方式，是为了实现与读者间更好的互动。国外学者更关注于与读者间建立互动，所以会使用较多自我提及语。

表 3　中外学者使用立场标记语的频率

立场标记语	模糊限制语	增强语	态度标记语	自我提及语	总计
CAAP	79	63	15	54	211
EAAP	129	147	77	180	533
Sig.	.000	.000	.000	.000	
总计	208	210	92	234	744

五、结果与讨论

通过以上分析，我们发现，国内外环境工程类论文摘要中会频繁使用立场标记语，平均每千词出现了 332 次。这表明作者关注于学术论文写作的互动特征，而且也在维护作者和读者的面子效应。模糊限制语和增强语比态度标记语和自我提及语使用较多，这说明作者关注于学术论文的客观本质并且愿意以间接的方式来表明立场和存在。

国内外学者在使用立场标记语上也存在一定差异。整体来说，中国学者对四种立场标记语的使用频率都低于国外学者。这表明中国学者较少维护面子效应和关注学术论文的互动特征。中国学者较少使用模糊限制语是因为他们不愿意作出假设。较少使用增强语表明他们在对其观点自信表达方面还过于保守。较少使用态度标记语表明他们不愿意在读者面前分享他们对所提观点的态度和判断。最少使用自我提及语表明作者更关注于学术论文客观性的表达。同时基于中国特定的文化传统导致中国人思想偏保守，所以在选择立场标记语时，都比较严谨小心。

本研究具有一定的教学意义，能帮助学生提高他们的学术论文写作。立场标记语在学术论文写作中的重要性是不可小觑的，老师们也应该认识到其重要性并且在平常的课堂教学中应鼓励学生在学术论文写作时能恰当，正确地多使用立场标记语。同时本文也使中国学者看到了自己和本族语者在使用标记语时的差异，希望在意识到不足的同时，也能取长补短，从而提高我们中国整个学术写作水平。

参考文献：

[1] 何莎 . 跨领域英汉学术语篇作者立场标记语对比研究—以博士论文结论部分为例 [D]. 华中师范大学，2012.

[2] 潘潘 . 语用视角下的中外学术论文立场副词对比研究 [J]. 解放军外国语学院学报，2012，35(5)：9-12.

[3] 田琳 . 英语学术论文中作者立场标记语和身份建构 [D]. 华中师范大学，2015.

[4] 吴格奇 . 英汉研究论文结论部分作者立场标记语对比研究 [J]. 西安外国语大学学报，2010，18(4)：46-50.

[5] 徐宏亮 . 中国高级英语学习者学术语篇中的作者立场标记语的使用特点——一项基于语料库的对比研究 [J]. 外语教学，2011 (6)：44-48.

[6] 赵晓临 . 中国英语学习者中介语中的立场副词研究 [J]. 解放军外国语学院学报，2009，32(5)：54-59.

[7] Barton E L. Evidentials，Argumentation，and Epistemological Stance[J]. College English，1993, 55(7)：745-769.

[8] Biber D，Johansson S，Leech G，Conrad S，Finegan E，Hirst G. The Longman Grammar of Spoken and Written English[J]，2002, 34(4)：1265-1269.

[9] Englebretson R. Stance taking in Discourse：Subjectivity，Evaluation，Interaction[J]. Amsterdam：John Benjamins, 2007：139-182.

[10] Hyland K. Authority and invisibility : authorial identity in academic writing[J]. Journal of Pragmatics, 2007, 34(8)：1091-1112.

[11] Hyland K. Metadiscourse：Exploring interaction in writing[J]. London：Continuum, 2005：226-227.

[12] Hyland K. Humble servants of the discipline? Self-mention in research articles[M]. English for Specifi, 2001, 20(3)：207-226.

[13] Hyland K，J Milton. Qualification and certainty in L1 and L2 students' writing[J]. Journal of Second Language Writing,1997 6(2)：183-205.

[14] Hyland K，P Tse. Evaluative that constructions: Signaling stance in research abstracts[J]. Functions of Language, 2005,12(12)：39-64.

[15] Jiang F. Nominal stance construction in L1 and L2 students' writing[J]. Journal of English for Academic Purposes, 2005 (20)：90-102.

[16] Lancaster Z. Expressing stance in undergraduate writing：Discipline specific and general qualities[J]. Journal of English for Academic Purposes, 2016 (23)：16-30.

[17] McEnery T，Kifle N. Epistemic modality in argumentative eassays of second language writers.In J.Flowerdew(ed). Academic Discourse[C]. Lodon：Pearson Education Limited, 2002：182-195.

[18] Martinez I A. Native and non-native the writers' use of first person pronouns in the different sections of biology research articles in English [J]. Journal of Second Language Writing, 2005, 14(3)：174-190.

[19] Neff J A，Dafouz E，Herrera H，et al.. Contrasting learner corpora: The use of modal and reporting verbs in the expression of writer stance[J]. Language & Computers, 2003：211-230.

Hedging in Academic Abstracts: From the Discipline of Environmental Science*

北京林业大学外语学院 袁 梦 李 芝

Abstract: Stance marker, as one of the most significant ways to express the attitude of speakers, is extremely important. Among stance markers, the use of hedges represents the proficiency of learners' English academic writing. This article analyzes the use of hedges in the abstracts of research papers from the field of environmental science. environmental engineering as a hard science, only a few hedges are used in its abstracts because of its demand for accuracy, and the authors' intention to use more modal verbs to describe their scientific results but none attribution shields.

Key words: Stance markers hedges classification environmental abstracts

1. Introduction

Stance is one of the most significant aspects in language studies. People speak not only to express the propositional meaning of words, but inevitably to express their stance, that is, the speaker / author's feelings, attitudes, value judgments and aspirations (Biber 1999). The words which express the attitude appear frequently in various situations. Ochs & Schieffelin (1989) proposed that stance is likely to influence the entire linguistic system. Due to the importance of the stance itself, it has become a topic of great concern in linguistic research in recent years (Hunston, Thompson 2000; Gardner 2001; Berman 2005; Englebretson 2007). The importance of stance expression is reflected in its three major functions in discourse: the first is to express the views of the author or the speaker and convey the value system of the individual or community; the second is to establish and maintain the relationship between the author and the reader, and between the speakers and the listeners; the third is to organize the text or discourse, that is, the function of chapter organization (Hunston, Thompson 2000).

The current theoretical research on discourse stance presents a multi-angle and dynamic trend, such as the corpus linguistics perspective, the functional linguistics perspective, and the sociological perspective. According to different semantic functions, Biber & Finegan (1999) basically classify the stance markers into three categories: epistemic stance, attitude stance and style stance. From a corpus linguistic perspective, Biber & Finegan (1988) define the stance as speaker's emotion, attitude, judgment, and explicit expression of the authenticity of the proposition. They mainly focus on the evaluation of adverbs of stance and distinguish different types of stance adverbs. Biber & Finegan (1989) further refine the definition of stance as a lexical

* 本研究为中央高校基本科研任务费专项（项目编号：2015ZCQ-WY-01）的部分研究成果。

or grammatical expression of attitudes, feelings, judgments, or promises about the propositional content of information. In that study, the realization of the stance was extended to "lexical or grammatical expression", including adjectives, verbs and modal words. Biber (1999) clearly puts forward that in addition to exchanging propositional contents, the speaker or the author usually expresses personal feeling, attitude, value judgments or evaluations. Biber (1999) also consider that the meaning of the stance is expressed in many ways, including grammatical means, lexical choice and vice language tools. Stance markers can be used to represent a series of interpersonal meanings, which mainly include three semantic categories (epistemic, attitudinal, style of speaking), and the cognitive stance markers are divided into certainty, hedging, and evidentiality. The result of the research of Aull & Lancaster (2014) indicates that the use of hedges in English academic writing reflects the author's level to some degree. This article focuses on the analysis of the definition and classification of hedging and its use in the text.

2. The definition of hedges

The meaning of hedges is firstly introduced. The hedging words often express a kind of fuzziness in the article. Fuzzy is an objectivity among the categories of things in the objective world. In the vast world, there are numerous objective things in different situations, changing rapidly and complicating relationships. Objects encountered in the real world of matter often lack precise boundaries, such as whether or not the bacteria belong to the animal class and the division is fuzzy, which can be called "fuzzy sets" (Zadeh 1965). In the objective world, the language that reflects the objective things will inevitably cause some fuzziness. It can be said that fuzziness is one of the basic characteristics of language. Although the English academic writing usually demands for accuracy, it is more appropriate to express attitudes with fuzziness or simply doesnot have exact measurement and clear boundaries in this kind of particular language environment; people want to make the language more subtle, covering a wider range, and more flexible, and then have to use some fuzzy language, and that is called "hedging". This fuzziness mainly depends on hedges to achieve. Though hedging is not as concrete and explicit as the exact words, it has greater flexibility. It can enhance the adaptability, flexibility and vividness of language in communication, which can effectively improve the applicability and accuracy of academic papers. Different linguists have different definitions of hedging. Pierce (1902) defines hedging as a proposition with many possibilities. Although the speaker has been careful about these states, he can not decide whether the states belong to the proposition or not, then the proposition is hedging.

To a certain extent, the use of hedges is also a measure of a person's proficiency of English academic writing. The use of hedges in academic papers of upper-level scholars was found to be more frequent than that of beginners who used hedges (Aull & Lancaster 2014). Therefore, we can see the significance and necessity of hedging in the writing of academic English. However, the frequency of hedges varies across different disciplines. The reason is that some disciplines seek to be accurate, such as mathematics, physics, and the frequency of hedges is relatively low; nevertheless in the field of arts the frequency of hedges will be higher, because the field of human social science is relatively more flexible. The use of hedges makes its argument less likely to be overthrown. However, few attentions have been paid to the discipline of environmental science in the use of hedges. This study shows whether this discipline is the same as other hard sciences which require accuracy and tend to use fewer hedges.

3. The classification of hedges

Modality is a significant character in writing that expresses the estimation and uncertainty of the author. Halliday (2000) divided modality words into two categories: modality and modulation. Modality expresses the probability and usuality of which the authors/speakers have described, while modulation expresses the obligation and inclination of the authors/speakers when they explain their attitudes or opinions. From the perspective of semantic function, hedging can be classified into five categories according to Halliday(2000):

Table 1 The Classification of Hedging in Semantic Function

Classification	Examples
modal verbs	can, may, should, could, might
verbs with illocutionary force	seem, appear, tend, propose
nouns, adjectives, adverbs representing possibility and speculation	possible, likely, unlikely, perhaps, assumption...
estimate words expressing degree, quantity, frequency, time, etc	about, approximately, often, generally, a lot of
words expressing subjective opinions	we suggest, I suppose, we argue that

From the perspective of pragmatic function, the classification of hedges is more influential in linguistics than the dividing method, which classifies hedging into approximations and shields (Prince, et al. 1982). The table below provides the classification of hedges in detail.

Table 2 The Classification of Hedging in Pragmatic Function

Classification	Examples	
approximators	adaptors	mostly, nearly, almost, sort of, kind of, a little bit
	rounders	approximately, about, something between
shields	plausibility shields	we suggest, I think, I suppose, as far as I can tell
	attribution shields	according to, it is said that, as is well known

According to Prince (1982), approximators are divided into adaptors and rounders. Approximator is the word that can amend the meaning of the original discourse based on different situations. In verbal communication, it puts words that are close to the right, but not completely correct, in a more appropriate manner and more in line with the actual situation so as to avoid arbitrariness. *A little bit*, *almost*, *kind of*, *more or less*, *quite*, *really*, *some*, *somewhat*, *sort of*, *to some extent* are all approximators. Rounder is the limit of change of hedges, which is often used in the measurement of things, such as *approximately*, *about*, *something between*, *roughly*, etc.

Shields are divided into plausibility shields and attribution shields, and the former refers to that a speaker makes a direct guess or evaluation of something, such as *I think*, *probably*, *as far as I can tell*, *I believe*, *I suppose*, *I'm afraid*, etc, while the latter indirectly expresses the speaker's attitude or evaluation of something by referring to the third person's opinion, such as *according to*, *it is said that*, *as is well known*, *it is reported that*, *say*, *they say*, etc.

4. Hedges in academic abstracts

This article mainly focuses on the Discipline of Environmental Science. We selected *Nature Climate Change* as the source of abstracts. *Nature* is an international comprehensive science magazine that enjoys high reputation in academia. *Nature Climate Change* is a monthly peer-reviewed scientific journal published by Nature Publishing Group covering all aspects of research on environment. In this article, 30 academic papers in recent five years have been selected. This research analyzes the use of hedges in abstracts in these 30 abstracts.

The total number of words of these abstracts was 4,589, and there were 30 hedges in them. With this data we can get a preliminary conclusion that there are only a few hedges being used in academic papers on environment engineering. There were only 0.65 hedging words being used per 100 words. Among the 30 abstracts, there were 13 that had not used any hedging words, 8 that had used just one hedge, 7 that had used two hedges, and only one abstract that had used 3 hedges and one for 4 hedges. The standard deviation equals to 1.07 which is also a small number. From these data it is obviously seen that the environmental engineering scholars use few hedges when they write academic abstract.

Moreover, among the 30 hedges, the word "can" appeared for 12 times, which was the most frequently used one and "can" was mostly used to express the meaning of "ability", to show that they were able to finish tasks or verify hypothese. The following are the examples to demonstrate this point:

[1] *Improved computational and observational tools* ***can*** *reduce this uncertainty.*

[2] *EEI* ***can*** *best be estimated from changes in ocean heat content, complemented by radiation measurements from space.*

[3] *The primary goal of Argo is to create a systematic global network of profiling floats that* ***can*** *be integrated with other elements of the Global Ocean Observing System.*

The words "should" and "suggest" appeared 4 times each. They were mostly used to point out the limitation of the former experiments and papers, or give other scholars proper advice, the solutions to the problems or the directions to the latter researchers, or give an uncertain prediction for future:

[4] *Further research* ***should*** *systematically evaluate risks under alternative scenarios of future climatic and societal conditions.*

[5] *Strategies to mitigate global climate change* ***should*** *be grounded in a rigorous understanding of energy systems, particularly the factors that drive energy demand.*

[6] *We* ***suggest*** *that integrated assessment model-based analysis* ***should*** *be complemented*

with insights from socio-technical transition analysis and practice-based action research... Instead, we ***suggest*** *that bridging, based on sequential and interactive articulation of different approaches, may generate a more comprehensive and useful chain of assessments to support policy formation and action.*

"Argue" was often used to express different opinions in a powerful way. Sometimes this word even means "disagree". The stance of the author was certain if he used "argue" to express his attitudes and opinions. In the 30 abstracts, the word "argue" appeared for twice:

[7] *We* ***argue*** *that full integration of these approaches is not feasible, because of foundational differences in philosophies of science and ontological assumptions.*

[8] *We* ***argue*** *that games on the subject of climate change are well-suited to address these challenges because they can serve as effective tools for education and engagement.*

The hedging word "may" is similar to "should", especially when talking about the possible situation of the future or giving others advice; likewise, the word "could" is similar to "can", but "could" is more uncertain than "can". For instance:

[9] *Northern domination of science relevant to climate change policy and practice, and limited research led by Southern researchers in Southern countries,* ***may*** *hinder further development and implementation of global climate change agreements and nationally appropriate actions.*

[10] *As a consequence, it has been suggested that the AR4 estimates of future sea-level rise from this source* ***may*** *have been underestimated.*

[11] *Coupling land sparing with demand-side strategies to reduce meat consumption and food waste can further increase the technical mitigation potential — however, economic and implementation considerations might limit the degree to which this technical potential* ***could*** *be realized in practice.*

[12] *This strategy of decentralized policy coordination will not solve the climate problem, but it* ***could*** *lead incrementally to deeper cooperation*

"Nearly" and "mostly" were each used once. These two words had more certain stance than other hedging words such as "could", "should", "may", etc. So they were used less than other hedges.

[13] *The presence of these tipping points increases the cost of delaying optimal policy until mid-century by* ***nearly*** *150%.*

[14] *The current Earth's energy imbalance (EEI) is* ***mostly*** *caused by human activity, and is driving global warming.*

However, as for their own experiments, the scholars hardly use any hedging words to express their uncertainty.

5. Conclusion

From the 30 abstracts in environmental academic essays above, we can find that all of them used no more than four hedging words, and all the hedging words were used to represent their opinions and suggestion to others or the uncertainty of the future. It seems that the authors of environmental academic papers do not need many hedging words in their essays, especially when publishing the experiment conclusions. They just use several hedging words if they need to express the uncertainty of the future or give others suggestions or point out the disadvantages of the former research out of politeness. Among the hedging words they used, the modal verbs (*should, can, may, could*) and verbs expressing subjective opinions (*suggest, argue*) appeared most frequently. These words belong to plausibility shields and are often used with first-person subject, which means that the authors are responsible for the results of their research or experiments. In addition, approximators appeared for two times (*nearly, mostly*) when the authors express the quantity and degree. The attribution shields are not adopted in the abstracts. The possible reason may be the independence and confidence of scientific research. The results indicate that environmental science is the same as other hard sciences which require accuracy and tend to use fewer hedges. This study just chose thirty abstracts so the sample is restricted to come to a general conclusion. More samples are needed for further studies.

References

[1] Aull L，Lancaster Z. Linguistic Markers of Stance in Early and Advanced Academic Writing：A Corpus-based Comparison[J]. Written Communication, 2014, 31(2)：151–183.

[2] Biber D，Finegan E. Adverbial Stance Types in English[J]. Discourse Processes, 1999 (11).

[3] Biber D，Finegan E. Adverbial Stance Types in English[J]. Discourse Processes, 1988, 11(1)：1–34.

[4] Biber D，Finegan E. Styles of Stance in English：Lexical and Grammatical Marking of Evidentiality and Affect [J]. Text, 1989, 9(1)：93–124.

[5] Biber D，Conrad S. The Longman Grammar of Spoken and Written English[M]. London：Longman, 1999.

[6] Berman R A. Introduction：Developing Discourse Stance in Different Text Types and Languages [J]. Journal of Pragmatics, 2005, 37(2)：105–124.

[7] Englebretson R. Stancetaking in Discourse：Subjectivity, Evaluation, Interaction[A]. Amsterdam：John Benjamins, 2007.

[8] Gardner R. When Listeners Talk：Response Tokens and Listener Stance[M]. Amsterdam：John Benjamins, 2001.

[9] Halliday M A K. An Introduction to Functional Grammar[M]. Beijing: Foreign Langnage Teaching and Research Press, 2000：91.

[10] Hunston S. Evaluation and Organization in a Sample of Written Academic Discourse[A]. In M.Coulthard. Advances in Written Text Analysis[C]. London：Routledge, 1994.

[11] Hunston S，Thompson G. Evaluation in Text: Authorial Stance and the Construction of Discourse[C]. Oxford：Oxford University Press, 2000.

[12] Ochs E，Schieffelin B. Language Has a Hart. Text[J], 1989, 9：7–25.

[13] Pierce C S. Vagueness[A]. Dictionary of Philosophy and Psychology II[C]. In Baldwin，M (ed), 1902.

[14] Prince E F，Frader J，Bock C. On Hedging in Physician-Physician Discourse[C]. Linguistics and the Profession. New Jersey：Ablex Publishing Corporation, 1982：83–97.

[15] Zadeh L A. Fuzzy sets [J]. Information and Control, 1965 (3)：38–53.

第五部分
文化研究与教学

《中国文化概论（英）》教学中师生“主体性”探索*

Subjectivity of Teachers and Students in Promoting the Course *Chinese Cultural Studies* in English

中央财经大学外国语学院　曲　亮　吴新云

摘　要：“主体性”是个体的人存在的特色，发挥师、生的主体性对教学效果有良好的促进作用；《中国文化概论（英）》课程就教学的“主体性”进行了行动研究，发现师、生主体性发挥方面的良好做法和不足之处；根据调研提出优化网络资源、强化团队为基础的学习、改善教师角色等更好发挥《中国文化概论（英）》课程教、学“主体性”的建议。

关键词：《中国文化概论（英）》　教学主体性　行动研究

Abstract: Subjectivity, despite its complex definitions concerning human characteristics, plays a positive role in enhancing teaching and learning performance. The course, *Chinese Cultural Studies*, is scrutinized by an action research of subjectivity of two parties involved. After evaluating the achievements and weakness in the process of arousing subjectivity of teachers and students, some suggestions are made such as employment of qualified online sources, team-based learning, and new roles of the teacher.

从 20 世纪 80 年代起，教育教学领域对主体性问题的研究开始兴起，到 21 世纪仍风头坚劲，有人说网络时代的学习问题也是“主体和主体性的哲学问题”(Floridi 2005：656)。本文先梳理“主体性”的内涵和表现形态，然后展示根据主体性内涵框架对《中国文化概论（英）》课程教学“主体性”问题进行调研的发现（师、生主体性发挥方面的良好做法和不足之处），最后提出更好发挥教、学“主体性”的建议。

一、主体性：概念及表现形态

笛卡儿的认识论“我思故我在”将自我主体作为哲学的第一原则，“使主体真正成为相对于具体客体而存在的主体”，“深刻地影响着现代教育教学观念，并使主体性原则成为

*　中央财经大学教师教学发展中心 2018 年度教学方法研究立项课题“合作性行动研究：《中国文化概论（英）》与师生发展”（课题编号 JFY201819）阶段性成果。

日常教学交往的根本性原则”（刘要悟，柴楠 2015：102-109）。然而，主体性是个复杂的问题，学者对其的界定各有侧重。李泽厚说，主体性概念包括两个双重内容，第一个“双重”是具有外在的（即工艺——社会的）结构面和内在的（即文化——心理的）结构面，第二个“双重”是具有人类群体的性质和个体身心的性质；这四者相互交错渗透，不可分割（李泽厚 1985：419-431）。有学者认为，关于主体性的规定性，概括起来主要指人作为活动主体在对客观的作用过程中所表现出来的能动性、自主性和自为性，其中主体能动性包含主体对于主客体关系的自觉性、主体的选择性、主体的创造性（袁贵仁 1996：103-105）。也有学者说，“主体在与他人、与社会的关系之中表现出自主性；主体在对象性活动中，即与客观物质世界的关系中，表现出能动性；主体在与自我关系中表现出超越性”（肖川 1998：1）。如此种种，不一而足。

我们在文献的阅读中发现，国外学者 de Sousa (2002) 用了一个“各个击灭”的策略列举了关于主体性的不同变量，把主体性的表现形态分为视角主体性、能动的主体性、主体间性三种：

表 1　视角主体性、能动主体性、主体间性

形态	变量	内涵
视角（Perspective）		与个体的视点（point-of-view）有关的主体性，个体在时空中处在某特定位置，还有个体随时日累积了的视点经验
能动性（Agency）		与决策、选择能力相关的主体性
	专门独属（Titualarity）	体验到自己的行为只能独有的主体性，无人能以我的方式来体验我的行为或选择
	特许准入（Privileged access）	对自己心理和活动（包括情绪和认知状态）独一无二的接触权的主体性
	Seeing As 观点特定	依自身意图来“固定”一些身份，且用特定的方式来看待事物的主体性
	投射（Projection）	归结出子虚乌有特色的主体性
	固化体验（Incorrigibility of Experience）	觉得自己的主观感受凌驾在所有其他形态的真相和事实之上的主体性
主体间性（Intersubjectivity）		通过主体间的互动发展出来的主体性

从上表可以看出，主体性有各种具体蕴含，但总的说来就是强调“自我”：我看、我能、我与人交往。在能的方面，说的就是决定的问题：我能行动、我能体味、我有想法，我会总结、我坚持己见。

在教学中强调“主体性”，传统上都是强调“学生主体性”的，呼吁“把学习的主体性还给学生”，因为“课堂已被逐渐的模式化，教师有一套特定的教学流程．新课教学，例题解析等等，这些学习流程，学生的参与很少，他们更多的是知识的记录者，而不是发自内心的理解”（刘卫国 2016：34）。我们认为，在一门课程的教学中，师生的主体性都很重要，只有教师“发自内心”的教学和学生“发自内心”的学习，才能把知识的“知”转化为“智”。于是，我们以上表的变量为依据，就《中国文化概论（英）》课程教学“主体性”问题展开了行动研究。

二、“主体性”调查：《中国文化概论（英）》教学效果行动研究第一步

《中国文化概论（英）》指的是用英语讲授的《中国文化概论》，作为英语专业大三学生的限选课在我校已经开设十余年，我们教学团队也进行了系列教学改革（吴新云 2015）。为检验教学效果，我们决定用行动研究的方法来对教学中师生的“主体性”进行调查。行动研究坚持一套循环的“计划、行动、观察、反思”行动来解决问题，现在“已经成为许多研究项目的重要组成部分，在教育领域尤其如此”（Glassman，Erdem，Bartholomew 2013：272）。我们在行动研究的计划阶段，觉得主体性变量在学习过程中应该有几个特点：其一，主体性应该在教学中有“明示”，也就是个体应该在学习中以发言、对课程评价等形式表现出“主体性”视角、能动性、主体间性，所以我们的问卷或者访谈应该涉及的是，老师或学生对自我发言的评价、对课程内容有些什么反思？其二，主体性应该是“动态”的，也就是说明示的“主体性”会根据发言数量、频率和互动的质量而随时波动，这就要讨论什么样的场景或是频率更适合发挥主体性？第三，“主体性”是有表现指标的，在有波动的同时，也有“累积性”，也就是通过持续的出现、动态过程而形成一个综合体，最后会不会发现了课程带给自己视角、能力、交往力方面的变化？所以，我们的问卷和访谈从视角的主体性、能动的主体性、主体间性几个方面调查《中国文化概论（英）》课程的效果时问了上面的问题。我们做出了主体性调查的访谈表，主要是通过对话来进行调查，安排一对一的基础的访问二十个，一个聚焦性的群体讨论，得到相对有效的质性数据。

每个存在的个性都有个视角，这个视角与自己的时空位置有关 (de Sousa 2002）。我们调查发现视角的主体性对《中国文化概论（英）》来说有重要的意义，就是老师的视角意识影响到其备课的质量，而学生的视角意识增强了其思辨能力。

访谈摘录 1：（团队教师 A）我对视角的理解是，视角影响到每个主体对世界的观感，这个观感也许和任何别的视角都不同。我们目前的位置极大影响到我们对自我和身份的界定。今天的“我”这个主体就不是昨天的那个，更容易看出的是，不是五年前的那个。主体性不断演进是由于“我”所在的时空位置变了，“我”的视角也变了。而且，个体在时空中运动，我们每个人的路径对自己而言都是独特的，这个路径让我们见到特定之景，得到特定的体验，景观和体验会累积，让我们在特定的时空之点（就是，此时此地）上收获对世界的体察。我在备课的时候，收集专家对同一问题的不同视角很在意，也鼓励学生展现自己的视角。

访谈摘录 2：（学生 3）每个个体都有特定的视角、自己累积的经验，这些在特定的情境之下展现。老师有视角，在听老师讲课的过程中，你学到知识，也了解老师是什么样的人、何方人士、教育背景、擅长的领域、兴趣所在，所有这些帮助你确定是否与之认同，让你觉得与之有共同兴趣或者共有某种关联。我们学生也有视角，对所学专题中的某些视角我还真没想到，比如中国人为什么大体上不像西方人那样爱演讲和表现。我觉得表现视角主要得靠“说”与“写”。

访谈摘录 3：（学生 7）视角帮我们“诠释”别人的存在，个体都有特定的视角，会根据其参照系从特定的方式来阐释信息。我在选课前是想着学些中国文化词汇的英

语表达，结果感觉特有收获的不仅是表达，重要的是老师给提供的看问题视角，好多日常生活的事件我以前没有想到过会有这么些文化内涵。讨论是表现不同视角的好方法。

能动的主体性是与决策、选择能力相关的主体性 (de Sousa 2002)。我们针对每一项都设计了细致的问题，发现老师对学生的能动性不甚满意，学生对老师的能动性很满意，但也意识到自己的能动性不足，属于从师型而不是主动型：

笔记摘录 4：（团队老师 B）作为一个人类主体，人有能力去做决定，用主体特定的方式去思考、去行动，表现出一种意志的自由，决定去这么做而非那么做，吃这个菜而非那个菜，看体育节目而不是新闻节目，用现金而不是微信来支付花费。作为能动的主体性彰显出很多不同的变量。但学生吧，有人在讨论中几乎没有存在感，很难了解他们，因此也很难形成有意义的讨论；有人在课堂上几乎不说话地"潜水"，其能体会到发言者的主体性，但沉默者的主体性也就是只对其自己存在，对课程活动的贡献很少。

访谈摘录 5：（学生 8）能动性应该是自主地表达自己的看法、情绪，采取行动吧。老师在《中国文化概论（英）》教学中的能动性很好，很多的见解，对各种专题的安排顺序和解释，说来有独特的个人特质，非学识渊博也不能这样贯通古今中西，思路开阔，其他人大概不会有这样的头脑属性，所经历事情的方式。这种主体性也挺给我们压力的啊（笑），回答问题时候会想自己是不是太肤浅啊。要是老师让课堂讨论在总评中的分值增高，我受不了，也就不得不更多积极参与讨论了？

访谈摘录 6：（学生 11）我知道，我肯定有独特的头脑领地和活动，情绪及认知的状态，像预期、疑惑啊，都是我的，不能被别人所拥有，别人不能以我的方式感受我的快乐、悲伤、厌烦、惊讶，也不能以我的方式接触那些事情。我自己是农村出生的女孩子，对《中国文化概论（英）》中中国传统的性别观相关的问题感触很深，课堂讨论中也就此说了自己的想法。每个人的经历都会对后来的观点有影响，所以有可能猎人见到丛林中叶片摇摆想的是猎物动静，医生看见苔藓也许就往细菌上联想，园丁看见果实也许想的是栽培技术。每个主体所见的方式对自己而言都是独特的。我觉得这门课的很多选题结合了生活，对我们主体性发挥有很大好处，只是我希望老师在讨论的组织上更有序，让更多人参与进来。

从能动性的主体性看，学生对自己还是有不满足之处的。在接下来的调查中，师、生对主体间性非常重视，希望在未来的教学中发挥学生主体性的同时更好地做好主体间性的工作。

访谈摘录 7：（团队教师 A）我对主体间性的理解是，主体和主体之间的互动，主体性一定程度上也是与他人的互动中形成的。在《中国文化概论（英）》教学中我们设想了推动主体互动的方法，一个是师生间的，就是要建立师生之间的新型关系，推动学生主体性的发展，但是在上课的过程中，我不仅事先决定内容，还不断引导学生，照这样师生间的主体间性好像并不太成形；对学生和学生间的主体间性，我们也只是在课堂的讨论中推动，是不是应该进行一定的时空延展啊？

访谈摘录 8：（学生 2）主观的领悟往往有一种根深蒂固的表象，表象就字面而言就"仅仅"是表象，表象对每个主体也不同，就是视角不同所见相异，比如仰望天空，也许你看一朵云像犀牛，我看见同一朵云觉得像拖拉机。这很自然，毕竟人的主体意识功能把所见的东西界定，使之有序，并相应行动。但是，对中国文化中的某些现象，我们还是需要不同的视角，别被表象迷住了眼睛，把特色归属到我们察觉但不能充分理解的事情上，老师给我们说话的机会，让我们看到别的视角，也就是其他主体的感悟，真是能丰富我们的体验。

访谈摘录 9：（学生 13）我特别喜欢和同学讨论，如果你有很棒的主意，用在相应的讨论下，很好的体验。特别是在你需要以小组讨论的形式合作，又得很快上交结果的时候，你若是能断定谁与你兴趣相投，谁擅长说服别人，谁写作的风格很好。如果有人对我所说表现出正面评价，我往往就能继续做类似的事情，更有信心在讨论中出力了。真的，在很大程度上，我依赖语气、质量、我与其他人呼应的程度、其他人相应的态度、深度和语气来定自己主体性的发挥，有时候人家的评价若是负面的、刻薄的，我就不想继续说了。我们学生现在和老师也有互动，她反馈从我们上交的作业上学到了什么，次数越多，频率越快，密度越大，越让我们开心。以后的教学其实可以使用 chat forums（聊天论坛）之类，网络中人人几乎成了一个面对面的交流，"交流的线路"可以每天有，仿佛学生和老师一直在一起。

可见，主体间互动的数量和质量都重要。交流不仅包含话题的信息，也是关系的表征，能展示主体性互动时发送人和接收人的关系，接收者诠释互动中的情绪、群体的黏合度。互动也可有正式的、非正式的、任务型的、社交式的等等。行动研究的调查让我们看到个体有能力通过展现自己的主体存在让自己投射到环境中，我们能通过人们愿意公开交流的程度来了解人，也能通过主体的存在感来改变教学、学习的环境。

三、研究总结：发展教学"主体性"的策略建议

经过多次行动研究，根据课堂任务的性质、团队中学生个体的性格和能力等，从教改方案制定到实施，我们做了大量的观察笔记，进行了不同形式的考察和访谈，而且对零零碎碎的反馈意见也进行了收集，据此看出一些问题，想到了一些需要改进或者深化的地方：网络资源的优势运用还不充分；学生"团队为基础的学习"建设尚显不足；教师角色的变化或者教师的新功能还有待开发。

1. 亟待开发的网络资源和网络教学系统。我们《中国文化概论（英）》教学中运用了不少网络资源，例如图片、热点问题、在线电影、古代典籍译本等，但没有把网络资源打造成全新的教学环境。其实，青年一代是伴随着网络长大的，网络的依赖度很高，利用网络来进行教学有很大的优势：其一，网络可以帮助我们突破时空界限，把有限的第一课堂延伸开来，给学生创造广阔的学习空间，让其独立自主地选择自己的学习内容和方式，更易于实现"个性化教学"的目标；其二，网络如果开发得好，就能把学习材料用声像的形式综合起来表达，促使多种感觉器官的协同作业，极大地提高学习的效率；其三，当教师把任务布置下去，学生在网络教学环境的帮助下，可以培养出"自主学习"的能力，减少对教师的依赖，独立取得知识并提高能力；另外，网络也有助于加强师生、学生与学生的交流，在网络状态下，老师可以不定期让学生以邮件、纸条、微信等形式，交流想法，这种"交流"也是学生能力的体现。

2. 学生"团队为基础的学习"建设有待加强。为培养学生的思辨能力，《中国文化概论（英）》安排了一些讨论，学生的反馈表明他们认可这种"小组讨论式"教学，我们觉得，可以考虑将这种团队为基础的学习进一步细化，比如良好的学生间的关系来自学生团队的成型，学生团体的成型应该是按照一定的逻辑合情合理地编排。这是"以学生为中心"教学法的体现，有助于充分调动每个学生的学习积极性，并保持其对学习的兴趣和信

心，有研究者说学生以团队形式组织起来的协同学习，使得学生都变成了“投入的人”（Yan 2001；Yan，Kember 2004 a & b），主动输出，知道应该学些什么，怎样去学。团队为基础的合作式使得各个成员互相帮助、共同提高。这种学习方式远胜于传统的教师中心的讲授教学法，是培养学生能力、改善教学环境的良好途径。

3. 教师的角色转变是必然的，但具体的做法方面还有待改善。比如学生为中心的教学法，让学生自己寻找观点，教师“必要时及时”予以帮助，但如何把握“必要”、“及时”的帮助时机都是需要探索的问题。比如，主张学生自主学习，那教师就应该准备好相应的评估，专门地把定好的知识目标以不同的形式呈现出来，考查学生对知识目标的完成情况；而且，应设法对学生的自主学习能力进行个体纵向对比，分析其能力提高的过程；也要对学生的学习能力进行横向比较，对全部同学的能力进行差别分析，如此等等。而且，教师依然有义务集中向学生传授问题的解决方案，只不过这不再是主导的教学方式了，学生须有更多机会表达观点。再者，也许教师还需要接受学生的评教结果进行分析，找出教师指导与学生自主学习的最佳连接点，以供以后的教学参考。

目前看，我们《中国文化概论（英）》已经进行的教改有成功之处，以后继续在专题的安排上注意内容的深度和关联性，上课方式上重视学生能力的培养，在教学的理念上“学生为中心”，促成教师角色的转变，以使得我们这门课程的教学有广度和深度；只有激发学生的学习兴趣，发挥师生在课程教学的主体性，我们才能深入探索宏观的走向和具体的操作过程，使《中国文化概论（英）》教学过程在学生心中显得自然又科学。

参考文献：

[1] 李泽厚 . 李泽厚哲学美学文选 [M]. 长沙：湖南人民出版社，1985：419-431.

[2] 刘卫国 . 把学习的主体性还给学生 [J]. 数学学习与研究，2016(12)：34.

[3] 刘要悟，柴楠 . 从主体性、主体间性到他者性 —— 教学交往的范式转型 [J]. 教育研究，2015(2)：102-109.

[4] 吴新云 . 论《中国文化概论（英）》教学改革的必要性和方向 [C]. 现代外语教学与研究 . 北京：中国人民大学出版社，2015.

[5] 肖川 . 从建构主义学习观论学生的主体性发展 [J]. 教育研究与实验，1998(4)：1-5.

[6] 袁贵仁 . 马克思的人学思想 [M]. 北京：北京师范大学出版社，1996：103-105.

[7] de Sousa R. Twelve Varieties of Subjectivity：Dividing in Hopes of Conquest[R]. Paper Presented at the International Cognitive Science Society Meeting，San Sebastian，Spain. http://www.chass.utoronto.ca/~sousa/subjectivity.html，2002.

[8] Floridi L. The Philosophy of Presence：From Epistemic Failure to Successful Observation[J].Presence：Teleoperators and Virtual Environments，2005，14(6)：656-67.

[9] Glassman M，Erdem G，Bartholomew M. Action Research and Its History as an Adult Education Movement for Social Change[J]. Adult Education Quarterly，2013，63(3)：272-288.

[10] Yan L W F. Learning Out of the Classroom：The Influence of Peer Group Work on Learning Outcome[D]. Unpublished PhD Thesis，The Hong Kong Polytechnic University，2001.

[11] Yan L，Kember D. Avoider and Engager Approaches by Out-of-class Groups：The Group Equivalent to Individual Learning Approaches[J]. Learning and Instruction，2004a，14(1)：27-49.

[12] Yan L，Kember D. Engager and Avoider Behaviour in Types of Activities Performed by Out-of-class Learning Groups[J]. Higher Education，2004b，48(4)：419-438.

研究生外语教学中的文化自信培养与实现路径*

Cultivation and Realization of Cultural Confidence in Foreign Language Teaching of Graduate Students

北京交通大学语言与传播学院　王建荣　周红红

摘　要：习近平在党的十九大报告中提出，要坚定文化自信，推动社会主义文化繁荣兴盛。外语是中华文化走向世界的重要桥梁和手段，研究生是新时代国家建设的中坚力量。研究生外语课程的教学内容应贯穿并坚定文化自信的主线，探索灵活多样的教学手段，搭建可行的文化自信培养路径。

关键词：文化自信　研究生　外语教学　实现路径

Abstract: President Xi points out that we should strengthen confidence in socialist culture and promote its prosperity. Foreign languages are the essential bridge and means for the export of Chinese culture and graduate students are the backbone of national construction in the new era. Foreign language courses for graduate students should thread a strong confidence in Chinese culture into the class activities, break new ground for flexible teaching approaches and pave a feasible path for the cultivation of cultural confidence.

文化是一个国家、一个民族的灵魂。没有高度的文化自信，没有文化的繁荣兴盛，就没有中华民族的伟大复兴。习近平总书记在党的十九大报告中发出"坚定文化自信"的号召，对于中华优秀传统文化，我们要做忠实的传承者和弘扬者，这样才能以更加自信的姿态，坚定地走中国特色社会主义道路，坚持"和而不同、兼收并蓄"的理念，坚持与不同文明之间进行对话，让世界人民感受中华文化的魅力。

研究生是中华民族伟大复兴和未来社会建设的中坚力量，是我国多元高层次人才的代表，其成长成才的道路应当与国家发展目标保持一致，与民族精神的培育传承和发扬光大保持一致。研究生较之大学生思想更加成熟，探索能力更强，因而研究生外语教学不应再被简单看作大学外语教学的延伸。语言学习是研究生外语教学的介质和手段，目标则应服务于知识维度、方法维度、发展维度和伦理维度的研究生综合能力的培养。对于非外语专业的研究生外语课程的教学，更要避免单纯强调外语技能训练的局限性，提升学生多元文化认知能力、跨文化交际能力、本土文化输出能力，培育高度的文化自信，为研究生成长为勤于学习、善于研究、锐意创新、有家国情怀的人才助力。

* 本文为北京交通大学研究生课程建设项目阶段性成果（项目编号：134539522）。

一、“中国文化失语症”与文化自信

1.“中国文化失语症”

加大外语教学的文化含量已成为我国外语教学改革的一个重要方面，不过在此过程中存在着一种共通的片面性，即仅仅加强了对外语尤其是英语世界的物质文化、制度习俗文化和各层面精神文化内容的介绍，而对于作为交际主体的一方的文化背景——中国文化之英语表达，基本上仍处于忽视状态（从丛 2000）。“中国文化失语症”是现在大学生在英语学习和交际中普遍存在的一种现象，即使到了研究生阶段情况也没有明显的改观。不少硕士生、博士生将外语学习的目标瞄准各类出国考试的准备或英语学术论文的写作，还有不少研究生谈到西方文化仿佛如数家珍，对于本土文化如儒道思想、唐诗宋词、传统建筑、非遗传承反倒讳莫如深、言之无物，不能够实现有效交流。

面对英语强势下的中国传统文化失语，简单接触或浅尝辄止是远远不够的。优秀传统文化在教育中的缺失、创新性以及国人传播意识的欠缺是导致这一状况的一个主要原因（赵彩红 2014）。研究生这个群体在促进中华优秀文化的国际传播中如果出现整体缺位或能力不足，将会对本土文化在多元文化交流中的平等参与造成莫大的损失，多元文化的不均衡发展状况将可能持续甚至恶化。

2. 外语教学中的文化自信

语言是外语教学的具体内容和生动展示，文化则是外语教育的最终目的和内在灵魂（张珊 2017）。然而长期以来，我国外语教学中的中国文化失语状态反过来又从深层次、多维度上制约了外语教育的发展。尤其是研究生外语教学应开启文化自觉的理念，培育坚定的文化自信，探索中西方文化间的差异与共性，从而彰显外语教学的文化功能，开辟外语教学发展的新方向。

2.1 时代的要求

我国虽有强大的文化根基，当下文化发展势头强劲，但不得不承认我国还只是一个文化大国，而不是一个文化强国，我们文化软实力的表现与物质硬实力的日益强大并不相称，仍然有人对本土文化缺少底气、不够自信，有的甚至轻视传统、丑化民族文化，有的言必称美国、用西方理论削足适履。此外，以信息技术为核心的新一轮科技革命使当今世界变成“鸡犬之声相闻”的地球村，国家间各种思想文化交流交融交锋更加频繁，在这种背景下，只有不断培育和壮大主流文化，我国才能在多元中立主导、在多样中谋共识。文化自信的提出也是对未来的一种要求和期许，研究生作为时代的弄潮儿，必然要迎潮流而上，所以时代要求作为文化桥梁的外语课程为研究生成长为有坚定文化自信的一代青年学者创造条件。

2.2 教育改革的要求

《教育部关于改进和加强研究生课程建设的意见》强调，要立足研究生能力培养和长远发展加强课程建设。坚持服务需求、深化改革、立德树人，以研究生成长成才为中心，以打好知识基础、加强能力培养、有利长远发展为目标，尊重和激发研究生兴趣，注重培育独立思考能力和批判性思维，全面提升创新能力和发展能力。要高度重视课程学习在研究生培养中的重要作用，把培养目标和学位要求作为课程体系设计的根本依据，提供丰富、优质的课程资源。对于非英语专业研究生外语课程，贯彻基于文化的综合语言应用能力和国际交流交往素质的培养，必须依托课程体系的系统设计和整体优化，培育基于文化自信的人文素养，加强阶段性课程的整合、衔接，重视文化与语言的有机支撑互动，增加研究方法类、研讨类和实践类等课程内容。

2.3 教学对象发展变化的要求

随着我国“大学英语教学水平及大学生的英语综合应用能力的不断提高，研究生公共英语教学的对象发生着变化”（潘海英，刘晓波 2015），学生英语整体水平不断提升，但是实际跨文化交际能力差距拉大，容易出现强者愈强弱者愈弱的两极分化倾向。研究生因年龄、阅历、素养等因素使自身学习动机得到强化，基于学业完成要求、就业取向和个人发展等原因，学习目的明确，对国家发展状况更加关注，投身国际交往实践的愿望更加强烈，所以对于文化自信的渴望更加强烈，教师已经无法继续把课堂打造为单纯的语言技能训练场，文化认知及身份认同在外语课程中的参与度必须有相应的跟进。

二、外语教学中的文化自信培养路径

外语教学中的文化自信培养首先要打破教师与学生两个主体的路径依赖。道格拉斯·诺思著名的“路径依赖”理论指出：“今天和明天的选择是由过去决定的”（道格拉斯·诺思 1990）。历史上形成的一些规则和规范能够降低人际关系成本，正如惯性的力量，这些制度不断自我强化，变迁的路径几乎被锁定。刘丽群认为，教师角色转变困难的深层次原因在于教师自身对其传统角色所产生的路径依赖，是历史的惯性、文化的锁定和利益的博弈使得教师角色的转变陷入了锁定的、低效甚至无效的状态（刘丽群，欧阳志 2012）。相似的是，研究生对于外语学习的内容和方法也容易套路化，不敢尝试新颖且更有效的教学改革。跳出路径锁定，实现路径创新才是转变的真正突破口。在培养文化自信的研究生外语课程改革中，针对学生特点可从教学内容建设和教学方法探究实现综合突破，真正做到学以致用、以用促学。

1. 内容建设

党的十八大以来，习近平总书记反复强调文化自信，从中国特色社会主义事业全局的高度作出许多深刻阐述，强调文化自信更基础、更广泛、更深厚的地位，号召弘扬中华优秀传统文化，以古人之规矩，开自己之生面，提倡革命文化，主张文运同国运相牵，文脉同国脉相连。党的十九大更把“文化自信”写进党章。事实上，近年来我国的文化对外传播在努力打破资本主义话语体系道路上取得了显著的成绩和进步，很多特色成果可以在研究生外语课堂上拿来直接用作学习材料，但还有更多的有时代感、有利于提升学生文化自觉和自信的资料需要老师引导开展学习。

1.1 跟进国家文化建设

仅以下列文件为例：十九大报告被翻译成了英、法、俄、西、日、德、阿、葡、老挝 9 种语言；《习近平谈治国理政》已出版 21 个语种；《习近平谈治国理政》第二卷除中英文版以外，法、俄、西、阿、德、日、葡等语种的版本正在陆续翻译出版；《中国关键词》共计 9 册，包括英、法、俄、西、阿、德、葡、日、韩等 9 个语种，分 5 个专题，以中外文对照的方式呈现；《中国关键词：“一带一路”篇》以英、法、俄、西、阿、德、葡、意、日、韩、越南语、印尼语、土耳其语、哈萨克斯坦语等 14 个语种对外发布。这些文件、书籍的外译都是由高水平专家团队精心制作，研究生作为肩负我国民族复兴的人才储备，有必要及时学习掌握，教师对材料的筛选、提炼和讲解可以在文化上和语言上同时协助学生文化自豪感自信心的提升。

1.2 主动设置议程

研究生外语教师应积极摆脱闷头站讲台的状态，放下传统观念，抱着开放的心态与时俱进，不断为学生设置文化学习议程。在 2017 年“一带一路”国际合作高峰论坛举办之际，教师可引导学生展开关于“加强国际合作，共建一带一路，实现共赢发展”、“丝路精神”、多边外交艺术和技巧等相关内容的外语学习和讨论。在美国总统特朗普访华之际，可筛选 *China Daily* 编发的英语报道如“习近平特朗普同游故宫”，用英文详细解读“宫阁楼殿”“京剧”“工匠精神”等中华传统文化精髓，也可以观看特朗普外孙女阿拉贝拉用中文背诵《三字经》和古诗的视频，研究中华文化对外传播的路径和外译方法。

我们所处的信息时代要求外语教学内容不断更新，跟得上时代的变迁，合得上国家发展的节拍。研究生外语教师的知识储备和教学内容更要有文化有议程，避免老旧化和程式化。

2. 方法探究

研究生外语课程的文化自信培养不仅要依靠文化信息的渗透穿插，还要讲究教学方法的科学性和灵活性，强调交流实践环节，打开教学、研究、运用的协同渠道，强化激励机制，追求学以致用。

首先，应搭建以学生为中心的课堂学习平台。例如，课堂活动形式可以包括：中国优秀文化展示模块，由学生以小组合作形式完成，强调文化语汇的外语表达的流畅性；中西文化对比辩论模块，强调对中西方文化的深层次认识，培养学生文明交流意识，懂得坚持博采众长、转化再造、西为中用的原则；传统文化创意设计演讲模块，强调讨论文化精髓的综合能力，激发学生的文化自信，把有益的外来文化同优秀的传统文化结合起来，融入中国元素，打上中国烙印，形成新颖别致的中国风格。

其次，应搭建以学生兴趣为出发点的课后交流平台。例如，充分利用第二课堂的形式，组织形式活泼多样的外语文化节，可以包括：以“一带一路”“工匠精神”“高铁走出去”等以坚定文化自信为主题的外语演讲比赛；围绕不断增强社会主义先进文化的创造力和感召力为中心的翻译比赛、外语写作比赛、辩论赛等；以弘扬中国特色、中国风格、中国气派的社会主义文化为主题的外语文艺晚会；以研究生学术外语课程学习为基础的关于坚定文化自信的小型外语学术研讨会等。当研究生外语教学团队成功打造出多个有特点可传承的校园外语文化品牌项目时，学生对于优秀文化的外语实践积极性和主动性将得到整体性的显著提升。

再次，学校可以为研究生提供大量的综合实践平台。从课程开始，最终走出课程、走向社会，才是学生跨文化交际能力的培养目标。对于研究生而言，这样的实践渠道和平台比较容易构建。例如，跨国的校际交流已经成为我国高校发展的常态，其中的日常接待任务、中国文化介绍、校园文化、校史名人介绍均可交由研究生完成。又如，学校各个部门和各个学院都建设有官方网站，在高校国际化的进程中，门户网站的国际化建设是一项重要指标，但因为囿于人力物力能力所限，很多网站依然不能做到国际化，主要表现为网站外译率极低或缺位，而这恰恰为研究生的跨文化实践提供了大量的机会，如外国专家的交流新闻、国内专家的文化讲座介绍、学生社团活动等，都可以交由研究生担任第一翻译，最终由外语教师审核把关。

此外，校企合作、服务社区、科学研究等活动也为研究生创造了大量走向社会的综合实践的可能，同样为研究生培养真正具有国际眼光的文化自信奠定坚实的实践基础。

要坚定文化自信，推动社会主义文化繁荣兴盛，外语课程的工作实践与之紧密相关。外语是有助于中国文化走向世界不可或缺的桥梁和手段，用外语更好地表达和阐释中国特色，这是文化自信的表现。研究生是新时代的栋梁，外语课程更要注重优秀文化的表述和传播方式，创新性建设教学内容、改进教学方法，为培养能够更好地向世界说明中国、推进中外交流水平、有高度文化自信的年轻一代做出实质性的贡献。

参考文献：

[1] 从丛．中国文化失语：我国英语教学的缺陷 [N]．光明日报，2000-10-19（C01）．

[2] 道格拉斯·诺思．制度、制度变迁与经济绩效 [M]．杭行，译．上海：上海三联书店，1990：1．

[3] 刘丽群，欧阳志．路径依赖：教师角色转变的深层困境 [J]．教育学术月刊，2012（6）：74-77．

[4] 潘海英，刘晓波．基于输出驱动假设的研究生公共英语教学模式研究——以吉林大学直博研究生公共英语教学为例 [J]．中国外语，2015（3）：73-79．

[5] 张珊．中国外语教育的文化自觉 [J]．外语教学，2017（2）：7-11．

[6] 赵彩红．英语强势下的中国优秀传统文化传播 [J]．山东社会科学，2014（10）：177-181．

浅谈中国文化英语课程设置的必要性及课程内容

Necessity of Establishing the Course —Insights into Chinese Culture

昆明理工大学　张莛敏

摘　要：中国在世界上的影响力日益增大，培养研究生以英语语言为媒介解读中国文化的能力及对中国文化的自信，在研究生英语教学中设置中国文化英语课程很有必要。该论文从中国文化英语课程设置的必要性、课程性质、教学目标、教学内容及教学方法等方面进行阐述，说明该课程对于研究生教学的重要性及意义。并以昆明理工大学研究生教学为例来阐述这门课程的教学模式及内容来展示如何培养学生的中外文化意识、跨文化交流技能、中英翻译技能等。

关键词：跨文化交流　中国文化英语　文化自信　课程内容　教学方法

Abstract: With China playing an increasingly important role on the world stage, it is imperative to set up a course to postgraduate students so as to enhance their ability to interpret Chinese culture in the English language and nurture their confidence in the profound traditional Chinese culture. In this paper, the essentiality of the course, the teaching aim, the content of the course and teaching methods are presented to expound the practical significance of this course. This paper also demonstrates how to cultivate students' cultural awareness, cross-cultural communication ability and Chinese-English translation skills through the example of Kunming University of Science and Technology where the Chinese culture course is offered to the post-graduate students.

一、中国文化英语课程的必要性

随着中国经济的高速发展和国力的增强，中国在世界上的影响力日益增大。世界期待中国的声音，期待中国对世界问题的解决方案。"一带一路"的发展理念和倡议的提出更是将世界的目光聚焦中国。在这样一个历史背景下，我们中国人应该有一种文化自觉和文化自信，因而也必须对自己的文化有一个全面、深入的认识。而对于研究生来说更是如此。没有文化自信就没有一个可以依托的根。所以在研究生中开设中国文化英语课程十分必要。下面就以昆明理工大学为例来阐述这门课程的必要性和教学内容。昆明理工大学硕士研究生英语课程分为基础课和拓展课。学位硕士研究生基础课以英语运用能力为培养目标，课程设置体现综合性和基础性；拓展课由学生自由选课，以培养学生的中外文化意识、跨文化交流技能、中英翻译技能等为目标。中国文化英语课程就是拓展课程之一。

二、中国文化英语课程的性质

中国文化英语课程是一门跨学科跨专业的新型文化素质教育课程，它不仅是爱国主义教育和认识中国传统文化的通识教育课程，也是提升学生英语交际和表达能力的一门语言能力实践课程。目前作为选修课开设，学习者是非英语专业文、理、工不同学科研究生；其目的是帮助学生深入地了解母语文化——中华民族文化的主要精神，培养他们的爱国情操，从我们优秀的文化中学习智慧，提升研究生人文精神，增强民族自信心，同时兼顾学生英语能力的提高。正如习主席在2013年针对提高国家文化软实力的一次讲话中指出：“努力实现中华传统美德的创造性转化、创新性发展，引导人们向往和追求讲道德、尊道德、守道德的生活，让13亿人的每一分子都成为传播中华美德、中华文化的主体……把跨越时空、超越国度、富有永恒魅力、具有当代价值的文化精神弘扬起来，把继承传统优秀文化又弘扬时代精神、立足本国又面向世界的当代中国文化创新成果传播出去……加强爱国主义、集体主义、社会主义教育，引导我国人民树立和坚持正确的历史观、民族观、国家观、文化观，增强做中国人的骨气和底气。”（《习近平：建设社会主义文化强国，着力提高国家文化软实力》2013年12月30日）为此，在研究生阶段开设中国文化英语课程尤为重要。

三、中国文化英语课程的目标

本门课程力求在有限的时间内（一个学期），将中国文化的精髓儒、释、道三家的智慧传递给文、理、工科研究生，提升他们的文化素养，开拓学生的文化视野，拓展学生的中国传统文化知识和英语知识；引导学生进行探究性学习、研究性学习和协作性学习，培养学生的写作能力、演说能力、思辨能力和参与跨文化交际的能力。这门课程对学生的人文素质提高意义重大。

作为一门公共文化课，立德树人、学习、继承、传播优秀中国文化应是这门课的核心。为了适应中国的快速发展，使中国在国际舞台上展示文化自信，让中国文化成为中国发展的软实力，让世界认识中国文化的智慧，研究生应该有使命感，勇于承担起此重任。

中国优秀传统文化具有形象思维的整体性、综合性、思辨性，若用八个字概括就是“天人合一，家国同构”，具有奋发向上、博大周密的思想。两项核心内容就是《易经》中所说的“自强不息”（《易经》2014）、“厚德载物”（《易经》2014）。它兼收并蓄、海纳百川又包罗万象。在春秋战国及秦汉时期吸收了道家、儒家、释家，也吸收了诸子百家的精粹，后来又吸纳了伊斯兰教与基督教的精华。除了汉民族外它还吸收了其他各民族的文化精华，但始终保持着其独一无二的同化其他文化而不被其他文化同化的特点与魅力。中国优秀传统文化的内涵与宇宙人生自然规律相吻合，内容不但具有连续性、完整性，而且超越时间和空间、历久而弥新；其次中华文化有普适性，即其精神内涵适应不同国家、地区、民族、党派、组织和个人等。正因如此，英国20世纪70年代蜚声全球的史学家汤恩比博士说：“……数千年来，中国人在政治文化方面，比世界任何民族都更加一贯地团结了数亿人民。他们显示了这种政治上、文化上统一的技术，取得了在这方面鲜为稀有的成功经验，这种经验正是当今世界绝对需要的。……世界统一是避免人类集体自杀的唯一道路，在现存的各民族中，最具备这种条件的，是有两千余年历史、形成独特思维方法的中华民族”（杨栋梁，赵德宇 1989）。中国优秀传统文化是圆满道德的圣哲智慧与宇宙万有本体完全契合的产物，是宇宙人生规律通过圣哲智慧的完美表露。在教学过程中，把中华文化的精髓传达给学生极为重要。博大精深、与时俱进的中华文化，是一种德性文化，是以人为本、天人合一的和谐文化，其实质是天、地、人和谐的文化。汤恩比博士断言，要解决 21 世纪的社会问题只有靠中国的孔孟学说和大乘佛法。

四、中国文化英语课程的内容

中国文化英语课程以中国传统文化的精髓儒、释、道三家的精华智慧为核心和主线，兼顾其他学派。在教学的过程中，必须使学生清楚了解三家的思维体系和传承方法，融会贯通。

1. 儒家文化

儒家文化以孔子、孟子为代表，内容主要包括五伦、五常、四维、八德、四纲、七证及八目。五伦关系即父子有亲、君臣有义、夫妇有别、长幼有序、朋友有信。五伦大道使社会井然有序。五常内容是仁、义、礼、智、信。“仁者，爱人”（《大学·中庸·论语》2014）（《论语·颜渊》），推己及人，人所不欲、勿施于人（《大学·中庸·论语》2014）。己欲立而立人，己欲达而达人（《大学·中庸·论语》2014）（《论语·雍也》）。“义”强调做人有道义。在别人有难时出手出头，帮人一把，“利他”即为义。“礼者”，示人以曲也。己弯腰则人高，对他人尊重、恭敬即为礼。“智”，指“智慧”。把平时生活中的东西琢磨透，就是智。观一叶而知秋，道不远人即为此。“信者”，人言也。古人经验技能均靠言传身教。那时人民纯真朴素，故而人言真实可靠。做人一定要守信用。“四维”是指礼、义、廉、耻。“八德”是指孝、悌、忠、信、礼、义、廉、耻。“四纲”指大学之道的道、明明德、亲民、止于至善、“七证”是指知、止、定、静、安、虑、得。“八目”是指格物、致知、诚意、正心、修身、齐家、治国、平天下，这些思想构成了中华文化实力的支柱。儒家思想是通过四书、五经、十三经展现出来的。四书为《论语》《孟子》《大学》《中庸》。五经为《诗经》《尚书》《礼记》《易经》《春秋》。十三经即《易》《书》《诗》《周礼》《仪礼》《礼记》《春秋左传》《春秋公羊传》《春秋谷梁传》《论语》《孝经》《尔雅》和《孟子》。由于课时限制，对经典的介绍以儒家经典中的核心——四书为主。

2. 道家文化

道家文化是中国人品质和内涵的一种代表。五千年文明沉淀出的大智慧很多都与老子的《道德经》息息相关。下面一系列的大智慧无不是从《道德经》中来。第一，上善若水，处下不争。老子曰：“上善若水，水善利万物而不争，处众人之所恶，故几于道”（《道德经》2014）。第二，大智若愚，勿恃聪明。老子曰：“大音希声，大象无形”（《道德经》2014），“大巧若拙”（《道德经》2014）。第三，滴水穿石，贵在坚持；厚积薄发，以柔克刚。老子说：“天下莫柔弱于水，而攻坚强者莫之能胜”（《道德经》2014）。第四，海纳百川，包容涵藏。老子说：“水善利万物而不争”（《道德经》2014）。水永远选择在最低、最平、最静之处，包容天下一切。第五，涵养心性，静定归真。这种返璞归真的态度，是一种道教教义。道教学道修道，其目的就是要通过自身的修行和修炼，使生命返复到始初的状态。他们认为人原初的本性是淳朴和纯真的，是近于“道”的本性的。第六，大道至简，淳朴自然。这是中华道家哲学。大道至简即指大道理（基本原理、方法和规律）是极其简单的，简单到一两句话就能说明白。所谓真传一句话，假传万卷书。老子的道法自然、无为而无不为、返璞归真、不争的哲学思想寓意深远，影响了无数的文人学者。

除了《道德经》外，还增加了道家的《太上感应篇》，本书对人们应该如何做人，做一个好人有最亲切、质朴的教导。道家教人向善、修善，民风自然淳朴。这本非常重要的教化人民的道家经典，对民德归厚有重要意义。让学生在日常生活中运用并体会其中含义，提升精神境界是选用本书的目的所在。

3. 佛家文化

佛教虽产生于古印度，但传入中国后，经过长期演化，佛教同中国儒家文化和道家文化融合发展，最终形成了具有中国特色的佛教文化，给中国人的宗教信仰、哲学观念、文学艺术、礼仪习俗等留下了深刻影响，不但成为中华民族传统文化极其重要的核心成分，而且矫正和提升了人们对中华民族本土文化的认知。佛教本质并不是宗教，传统的佛教是佛陀教育的简称，它是非常重要、无可替代、究竟圆满的多元文化社会教育。普罗大众并不十分清楚佛教的本质，所以很容易要么完全抵制，视如迷信，要么就迷信地相信佛教。教学需要正本清源，把真正的佛教介绍给学生，消除各种误解和迷信。让学生认识佛教，纠正当代人对佛教的误解，了解佛教并非宗教，而是佛陀对众生的教导。

本部分从介绍佛法与科学的关系入手，让学生了解佛家所说的“空”“一体性”等基本概念，从量子力学、弦论、平行宇宙及全息理论与佛法的相关性来阐述佛学是高等科学，而非宗教。借用中国科学院朱清时院士的话来说：“当科学家们千辛万苦爬到山顶时，佛学大师已经在此等候多时了！”

其次，介绍佛教的宗派以及佛法对人生的指导意义。佛家文化以慈爱众生、无私奉献的情怀，在为他人献爱心、为社会作贡献的过程中实现个人价值最大化，以出世的思想，做入世的事情，觉悟人生。中国大乘佛教有八个宗派：三论宗、法相宗、天台宗、贤首宗、禅宗、净土宗、律宗、密宗。同时介绍佛教基本概念，如三皈依（皈依佛、皈依法、皈依僧，即皈依觉、正、净），五戒（不杀生、不偷盗、不邪淫、不妄语、不饮酒），十善（不杀生、不偷盗、不邪淫、不妄语、不两舌、不绮语、不恶口、不贪、不嗔、不痴）及因果律。对八个宗派的介绍不需每个都详尽，只对禅宗和净土宗进行重点介绍。

禅宗以《六祖坛经》为要点，因为此经是中国佛教著作唯一被尊称为“经”者。另外简略介绍大乘佛法中讲般若智慧的《心经》和《金刚经》。

净土宗以《无量寿经》、《佛说观无量寿经》、《佛说阿弥陀经》为主，介绍净宗学人修学的五个科目：1）净业三福，2）六和敬，3）戒、定、慧三学，4）菩萨的“六度”，5）普贤菩萨十愿。

自古至今无数佛门弟子通过信、解、行、证这一过程亲身实践并印证了佛法的正确。对于普通大众来说，以简明扼要的字眼来描述更为容量理解：诸恶莫作，众善奉行，自净其意，是诸佛教。

自古仁人志士，以儒济世、以道修身、以佛治心，可谓是智慧通达。目前各所高校关于中国文化的英语教学对儒、释、道三家的讲解各有侧重，没有专门统一的教材可以使用。本人通过多年的传统文化熏习，参照不同译者的翻译及自己的体认，用英文表述此部分内容。

五、教学方法

本门课程以中、英文两种语言进行教学，在教授文化思想及知识的同时，注重语言能力的训练，也关注学生精神品德和素质的提高。作为发展语言应用能力和提高文化素养的研究生英语应用类通识课程，旨在不仅让学生了解本民族的优秀文化，还要学会用英文表达自己的文化。根据研究生的特点以三种方式进行教学。

第一种，以教师讲授为主。鉴于理工科研究生对于传统文化缺乏深入的了解，且儒、释、道的重要思想，观念比较深奥，没有教师的引领，他们不容易领会三家的核心智慧。这部分以教师讲授为主，教师负责把握主要思想和学说的介绍，引导学生领会圣贤的思想，在讲授过程中通过与学生的互动帮助其理解中国文化的精髓。

第二种，师生角色的变换。中国文化英语课程除了教授儒、释、道三家思想外，其余部分根据叶朗、朱良志编写、章思英、陈海燕翻译、外语教学与研究出版社出版的《中国文化英语教程》为基础，把教材中中国文化的各个专题，比如文字、书法、建筑、戏剧、音乐、绘画、科学技术、体育、名胜古迹、饮食、手工艺、民俗等交给学生完成。把学生分组，让学生自己查资料、概括总结，以小组形式做出 PPT 在课堂上展现给大家。每个小组负责一个专题。这样，学生的动手能力、调查研究能力、整合材料的能力、互助合作能力、语言表达能力都能得到提升，让学生最大限度参与到教学中。此部分以学生小组进行翻转课堂教学，在课堂上形成良性互动。

第三种，加强课外实践环节。中国优秀传统文化活泼而充满生命力。通过日常生活才能帮助我们、提升我们，使我们受益。如果把中华文化只当成知识来学习，那就辜负了古圣先贤留给我们的文化珍宝。所以在教学中，教师要加入可以让学生亲身实践的项目。《弟子规》就是我们每个人必须学习和落实在生活中的人生指南，它教导了我们如何做一个合格的人。它是由清朝康熙年间李毓秀先生根据《论语》的教导，编成《训蒙文》，又由贾存仁先生改编后改名为《弟子规》。中国文化的优秀教学方式是博学、审问、慎思、明辨和笃行。《弟子规》教我们笃行圣人的教诲，落实到生活。这样才能促进社会和谐、提升个人素质、展示中国人的精神。学生在课外学习《弟子规》并加以实践，按照时间安排，学生提交布置的学习任务实践报告，让实例说话。虽然教材中没有这个专题，但是我们补充了这个部分，因为它对于当今中国尤为重要，对净化人心、恢复伦理道德、提升民族精神必不可少。

六、课程评估及教学效果

该课程的考核方式注重学生的平时表现，分平时成绩和期末成绩两项，各占 50%。期末成绩以论文写作为考核方式。平时成绩分为课堂出勤、课堂表现、课外作业和实践、小组参与表现进行成绩计算。其中，课堂出勤 10%，课堂表现 10%，小组 PPT 展示 15%，课外实践和实践报告 15%，总计 50%。这样就把教学考核贯穿在整个教学活动中，真正把文以化人的素质教育理念体现出来。2017 年中国文化英语课程结束时让学生对本课程做了一份教学评价。内容包括教学态度、教学内容、教学能力与方法，及教学效果四个方面共 13 题，A、B、C、D 和 E 五个选项。A 为 100 分，B 为 90 分，C 为 80 分，D 为 70 分，E 为 60 分。所教授的六个班级学生的评价结果选择 A 和 B 选项的同学在 90% 以上。说明学生对本门课程是非常肯定的。该课程还作为昆明理工大学研究生英语课程改革试点课程，已经结题。

七、结语

总之，希望通过这门课程，让学生认识、了解自己的文化，增强文化自信、把握中国文化的精神和核心价值，加深对中国文化的认同感和自豪感。使中国传统文化中高尚的价值观与人生智慧在年轻人中得到接受、吸收和传承，最终走向世界。在学习自己优秀文化的同时提升学生的英语表达能力和跨文化交际能力。在教学过程中，将"听""说""读""写""译"等技能训练融合，努力提升学生的综合应用能力。

参考文献：

[1] 大方广佛华严经普贤行愿品，唐罽宾国三藏般若奉诏，译 .

[2] 大学·中庸·论语 [M]，北京：团结出版社，2014：91-144.

[3] 道德经·庄子选 [M]，北京：团结出版社，2014：4-44.

[4] 弟子规 . 太上感应篇 . 十善业道经 [M]. 北京：团结出版社，2014.

[5] 佛说观无量寿佛经，刘宋西域三藏法师强良耶舍，译 .

[6] 佛说阿弥陀经，姚秦三藏法师鸠摩罗什，译 .

[7] 佛说十善业道经，唐于阗三藏法师实叉难陀，译 .

[8] 黄念祖著 . 无量寿经解 [M]. 台北：佛陀教育基金会，2011.

[9] 经·金刚经 [M]，北京：团结出版社，2014.

[10] 净空法师讲述《六祖坛经讲记》. 台北：华藏净宗学会，2010.

[11] 孟子 [M]. 北京：团结出版社，2014.

[12]（日本）山本新，秀村欣二编 . 未来属于中国——汤恩比论中国传统文化 [M]. 杨栋梁，赵德宇，译，西安：陕西人民出版社，1989：81.

[13] 夏莲居会集 . 佛说大乘无量寿庄严清净平等觉经 [M]. 台北：华藏净宗学会，2008.

[14] 叶朗，朱良志，编 . 中国文化英语教程 [M]. 章思英，陈海燕，译 . 北京：外语教学与研究出版社，2014.

[15] 易经 [M]，北京：团结出版社，2014：2-10.

浅议外语教学中跨文化交际能力训练方法

Intercultural Communicating Competence Training in English Teaching

国防大学国际防务学院　祝莉丽

摘　要：语言属于文化，是文化的重要组成部分，外语教学不仅是帮助学生掌握基本语言技能的过程，更是助其了解不同文化、拓展思维方式以及提高人文素质的过程。在外语教学中培养学生的跨文化交际能力有助于让世界了解中国，让中国走向世界。教师应重视中西文化价值观差异，灵活转变教学观念和教学方法，不断丰富教学内容，积极培养学生的跨文化交际能力。

关键词：外语教学　跨文化交际能力　文化

Abstract: Language is a crucial part of culture. Teaching foreign language helps students master basic language skills and understand different cultures, expand their horizon and improve humanistic quality. In the process of cultural exchange, we should not only absorb the language culture, but also promote our traditional culture, Cultivating students' intercultural communication skills in foreign language teaching will enhance China' image in the world. Language teachers should lay more emphasis on the differences between Chinese and Western cultural values, adopt flexible teaching concepts and methods, and constantly enrich teaching content, so as to actively cultivate students' intercultural communication skills.

语言是重要的交际工具，通过学习外语，学生可以更直观，更全面地接触和感受两种不同文化间的摩擦与融合。近年来，外语教学中一直在研讨跨文化交际能力的培养，所谓跨文化交际，就是身处不同语言和文化背景下的人们之间的交际，跨文化交际能力是指交际者具有丰富的文化知识——母语文化、目的语文化和交际文化，对异族文化持宽容、尊敬和理解的态度，并能把文化知识灵活运用到实际的交际情景中，从而达到有效交际的能力。培养学生的跨文化交际能力是一个漫长的过程，在培养的道路上会遇到诸多挑战，在教学中，教师可以利用文化导入、情景设置、教法创新，以及提高自身文化素养等方法帮助学生提高跨文化交际能力。

一、跨文化交际训练的历史背景

20 世纪 60 年代，美国开始为外交官和商业人士等开办预备课程班，为学生讲授目的国的地理、法律、教育制度、天气情况和风土人情等，开辟了跨文化训练的先河。20 世纪 70 年代，学者们开始积极思考如何促进异文化间的交流，并进行了大量的研究，其中包括目标文化的先行研究、实地研究，以及帮助回国人员再次适应环境而进行的跨文化交际训练。

最初进行的跨文化交际训练是以信息和知识学习为中心，同时兼顾目标文化意识水平的授课方式。自主学习也是一种有效的跨文化交际训练方法，学生可以用目标文化的思维方式及价值观来解释某一行为模式。跨文化交际能力培养和训练的过程，实际上也是学生跨文化意识形成的过程。当然，学习异国文化要与本国文化相结合，只有在深刻理解本国文化的基础上，学生才能更好地理解异国文化。在外语教学中，我们要有意识地帮助学生习得异国文化，促进其文化底蕴的形成，从而在跨文化交际中做到自然表达。

二、跨文化交际训练的重要性

“交际”的意思是相互沟通，即交际双方“双向”的信息流通。然而，有些学生却无法做到“双向”文化输出，做不到真正意义上的“跨文化交际”。我们应该在外语教学中树立西方文化与本民族文化并重的思想，解决我国外语教学中普遍存在的中国文化失语现象。近年来，很多学者对这个问题进行了研究并提出了应对措施。2000 年，从丛教授在《光明日报》中明确指出我国外语教学中普遍存在着中国文化失语现象。随后，越来越多的学者从不同的视角探讨了这种现象在外语教学中的存在情况，并提出了改善方法。袁芳从外语教学目标出发，结合我国大学英语改革指导思想，提出了在外语教学中树立知己知彼的文化观，探讨了母语文化在外语教学中的地位和作用。李海刚针对高校英语文化教学中母语文化缺失的现状及存在的问题，提出了对策及建议。这些研究和探索都为外语教学提供了非常有益的借鉴。

单一文化交际模式无法适应全球背景下的多元文化交际需要，我们要培养学生具备“动态相互适应”而非“静态单向适应”的跨文化交际理念。由于交际本身是一个动态的过程，交际双方应该不断调整文化参考框架，不断相互协商，容忍、尊重和理解文化差异，积极寻找文化之间的共性，从而实现共同期待的交际目标。

三、跨文化交际训练的实践方法

目前，跨文化交际训练是以体验式学习为中心，兼有知识学习的一种训练形式。教师在训练时要以学生为中心，为其设置陌生的场景，唤起学生自主学习的积极性，让学生有机会感受不同文化之间的差异，融入目标语言环境，用地道的语言进行交流。

跨文化交际训练方法多种多样，应结合多种因素进行，如上课时间、授课目标和教材选用等。常见的跨文化交际训练方法有“同型归因”法和“体验学习”法。

“同型归因”法，又称归属训练，使学生能够理解并解释目标文化的行为模式特点，使其能够以目标文化的思维方式解读异文化交流产生的误解和摩擦，并阐明出现此现象的原因。

“体验学习”法，又称文化认知训练。此方法形式多样，被广泛应用。在教学中，可以将学生分成小组，对异文化交流引起的问题进行讨论，并针对具体问题，进行角色扮演，最终找出问题的原因及解决办法。可具体应用 DIE 训练方法，即，对搜集到的异文化间交流问题进行客观叙述与描写 (Description)，针对现实存在的问题从本国文化与目标文化的不同角度进行对照解释 (Interpretation)，进而进行评价 (Evaluation) 的训练方法。

以下几个有代表性的模拟实验在进行跨文化交际训练时也起到了积极的促进作用：

1. Barnga: 利用扑克牌进行跨文化交际训练。学生用再现情景的方式表述异文化交流间遇到的状况，然后，教师一边回顾发生的情景，一边分析体会到的价值观、情感和行为层面的文化差异，并思考本国文化在此情景中的影响。

在教学活动中，可以将学员分成若干小组，每组 4-6 人，给每个小组发一套扑克牌和 1 份游戏规则（每组游戏规则都略有不同），要求大家在打牌的过程中不要有言语交流，10 分钟后喊停，让每组的胜利者按顺时针方向到下一组继续打牌，期间始终不准说话，玩 3 轮后停止。接下来，全体进行讨论。活动中会产生混乱，因为各组看似在玩一样的游戏，规则却各不相同，这就是在模拟难以察觉的文化差异，在交流中，这些差异会造成种种误会，歧视，或负面心理态度。通过参与这个训练，学员可以亲身体验多种文化的冲击，并讨论相关应对策略，以降低文化冲击的影响。

2. Bafa-Bafa: 这种跨文化交际训练可以让参与者了解文化在日常生活中的重要作用，使其对异文化有所了解，从而重视文化差异，并反思自己对待他人的行为和态度。可用来引导学生适应多元文化环境，了解与不同文化背景的人合作的方式及其重要性。

在教学活动中，可将学生分成两组，为其安排不同的教室，为每组讲授不同的价值观和风俗习惯，给每个人发放不同颜色的卡片，学生可以交换手中的卡片，但两组的游戏规则和沟通语言却截然不同。游戏规定，第一组学生必须使用一种特殊的“Bafa-Bafa 语言”，不能使用任何其他语言或手势，以换齐同样颜色的卡片为目标，气氛严肃，目的性强。第二组学生以游戏为主要目的，不计较输赢，气氛友好轻松，大家互相拍肩以示友好，可以随意说说笑笑，但小组内有独特的禁忌，比如男尊女卑，外人不能随便接近本组的女性等。这样一来，两组的氛围、目的、成败标准和语言都不尽相同，即使靠近对方也难以彼此理解交流，两组学生需要克服种种障碍才能实现双赢。游戏结束后，组织学生讨论游戏的文化含义，并强调相互沟通适应的重要性。

3. Ecotonos: 这种跨文化交际训练是 Bafa-Bafa 的升级版。在教学活动中，可将学生分成三组进行跨文化交际训练。然后以教师为中心重复动作，回顾相关动作和要点，学生也跟随再一次回顾自己的想法，从而将所学的内容意识化。教师在活动中担任主持人的角色，除了在课堂上利用多媒体课件及网络教材之外，还应注意引导学生利用课外时间多接触最新流行事物，如电视剧和电子书等。还可以让学生多与外国朋友进行互动或互发邮件，这些交际对外语能力要求较高，无形中锻炼了学生的跨文化思维能力。

四、跨文化交际训练对当前外语教学的启示

外语教师在教学中应该有意识地使教学接近本土文化，强化学生作为跨文化交际主体的文化意识，既要正视外国文化，又要重视本土文化，既对外国文化有充分的理解，又要增强传播本土文化的能力。当然，文化需要在具体的语境里习得，在外语教学中，教师应该尽可能地为学生提供多种语境进行训练。

1. 在教学中对比中西方价值观

外语教师应积极改革外语培训教材，结合学生的实际情况，开发适合本土文化的英语教材，让学生不仅能用英语表达自己的观点和本国文化，还能在外语教学中对比不同的文化背景和价值观，从而取精去糟。例如，我们可以在教学中引入具有中国特色的外国影视作品，美国梦工厂制作的《功夫熊猫》系列就是很好的资源，影片里面提到了功夫、禅、江湖、师徒传承与人情义气等中国传统文化元素，充满了浓郁中国风，非常适合外语教学。电影赏析不仅能提高学生的听说兴趣，还能让学生了解西方人对中国传统文化的态度，并从中体会到很多与我们生活习惯和教育理念相去甚远的观点和做法。如，西方人强调自我意识和个人价值，而中国文化则强调团结协作，不推崇个人英雄主义，要求对待事情一贯认真严肃。美国的文化作品大多商业性极强，容易区别优劣，而欧洲所代表的西方文化则相对深厚，不易分辨。在电影赏析教学中，学生们会发现同样的事情会有另一种角度的处理方式，而教师解释起来也有一定难度。所以教师必须慎重选取题材，让学生意识到不同国家文化差异带来的影响，从而更好地融合不同价值观。

2. 丰富教学手段，提高交流能力

首先，教师要在教学中积极组织主题活动，通过任务调动学生的学习积极性，使其在参与、体验、交流和合作中提高认知能力，并在活动中穿插文化比较。例如，让学生对比中西方节日及其独特风俗习惯，从中找出差异及各自的特点等。教师应多观察学生对教学内容的兴趣点与认知程度，从而有针对性地进行引导。其次，教师要在教学中应用情景教学法，让学生模拟特定情境下的人物对话，并引入文化认知内容。比如，让两个学生进行角色扮演，从不同的角度诠释某个主题，这样不仅能激发学生学习外语的兴趣与积极性，还能让学生在准备过程中进一步了解中国文化。第三，教师要在教学中积极组织讨论，可以通过辩论赛等活动加深学生对不同文化的理解，并鼓励学生就教学内容里出现的中西文化差异进行讨论。

3. 提升教师自身素质和认知能力

对外语教师来说，语言能力固然重要，人文素养也不容忽视。外语教师有责任让学生了解本国文化在世界文明发展史中的地位和作用，也要认真研究和借鉴世界各国的文明成果，使自己具备更全面的人文素质。

首先，外语教师要用科学辩证的眼光去看待西方价值观，要以开放而理性的态度看待不同的行为和思考方式，正确认识文化差异存在的客观性与合理性，从社会根源的角度正确引导学生对差异现象的认知。其次，教师在强化语言教学技能的同时，还要拓宽自己的视野。教师本身应该是全面发展，有综合素质的外语教学人才，要充分了解所授语言及其国家的文学、历史、社会、风俗习惯、教育理论方法和心理学等知识。再次，教师在外语教学中要善于启发学生思考，带领学生对比中外价值观，并联系现实生活，在潜移默化中提高学生的思辨能力。

五、结语

在外语教学过程中，必然会遇到语言承载的不同价值观念、生活方式和行为方式带来

的困扰和问题。“取其精华,去其糟粕”是最好的做法。跨文化交际是一个双向互动的过程，我们要以平等的心态和姿态进行中西文化的交流，以开阔的胸怀接纳多种多样的文化，也要全面认识并传播中国本土文化。跨文化交际离不开母语文化，学习了解优秀的中国文化是培养和提高跨文化交际能力的先决条件。如何在继承和传播中华民族的优良文化传统的基础上学习和借鉴他国的优秀文化，是提高跨文化交际能力需要着力解决的问题，也是外语教师与学生的重要任务之一。

参考文献：

[1] 李萍 . 多元文化背景下英语教学中的母语文化教学 [J]. 武汉冶金管理干部学院学报，2012(3).

[2] 李秀梅 . 大学英语教学中加强母语文化导入的必要性研究 [J]. 西华大学学报，2012(5).

[3] 梁虹，林奇凯，张宇峰等 . 大学外语教学中中西方价值观有效融合途径探究 [J]. 宁波广播电视大学学报，2013，11(2)：46-49.

[4] 凌占一 . 中西方学校体育价值观的比较分析 [J]. 才智，2014，(30)：92-92.

[5] 刘兴宇 . 跨文化训练与跨文化适应 [J]. 文化与传播，2013(7).

[6] 毛婧 . 试谈将核心价值观教育融入大学英语教学 [J]. 湖北函授大学学报，2015(6)：145-146.

《西中文明比照》课程设计与教法初探

Syllabus Design for *Western Civilization with Chinese Comparisons*

北京师范大学　孙晓燕

摘　要：《西中文明比照》课程是在研究生公共英语教学中融入跨文化教学的积极尝试。不仅传授中西方文化知识，而且根据对学生需求的分析，判断学生目前的跨文化敏感阶段，制定相应的教学目标，通过恰当的主题讨论、教材阅读和任务设计，以期切实提升学生的跨文化敏感性。

关键词：研究生公共英语　跨文化教学 学生需求　跨文化敏感性

Abstract: *Western Civilization with Chinese Comparisons* is an attempt to integrate intercultural awareness training into ESL for graduate students. The course aims not only at imparting knowledge as regards Chinese and Western cultures, but also at enhancing students' intercultural sensitivity. This paper discusses how to design a syllabus based on needs analysis using the Developmental Model for Intercultural Sensitivity. An online survey of 70 enrolled students using Intercultural Sensitivity Scale is conducted to assess their current intercultural sensitivity.

一、前言

北京师范大学研究生公共英语课程体系分为学位英语基础课程（包括学术英语读译、实用英语视听说、学术英语写作等）和学位英语高阶课程。《西中文明比照》就是高阶课程之一。之所以选择开设文化类的选修课，主要着眼于新时代国家以及北师大对人才培养的新要求。2010 年 7 月发布的《国家中长期教育改革和发展规划纲要（2010—2020 年）》提出“为适应国家经济社会对外开放的要求，培养大批具有国际视野、通晓国际规则、能够参与国际事务和国际竞争的国际化人才。”2015 年 10 月，国务院正式印发《统筹推进世界一流大学和一流学科建设总体方案》，强调要“突出人才培养的核心地位”，“全面提升学生的综合素质、国际视野、科学精神和创业意识、创造能力。”考虑到国家发展对高素质人才的需求，结合学校建设“综合性、研究型、教师教育领先的中国特色世界一流大学”的办学定位，北京师范大学在制定非英语专业研究生公共英语课程目标时，侧重的是学生用英语较流畅地进行学术表达与沟通的能力。也就是说，最终目的是希望学生具有国际视野，能够在跨文化的环境中运用所学的英语知识和技能较为顺畅地完成学术交流。这就要求在公外教学中系统融入文化教学，培养学生的跨文化交际能力。

然而，虽然有关跨文化交际能力的学术讨论近年来引发了我国学术界特别是外语界的广泛关注，但真正涉及研究生公共英语的却很少。在中国知网（www.cnki.net）上以“跨文化、英语”为主题词进行检索，结果显示：从 2000 年 1 月至 2018 年 4 月，共有相关论文 27 880 篇。其中有关“大学英语”的有 8 130 篇，而有关“研究生英语”的只有区区 170 篇。显然，相关主题值得深入探讨。

以下是笔者围绕这门研究生公共英语文化选修课的课程定位、教学目标、教学内容、教学方法及评价方式等方面所做的设计及相关思考。

二、课程需求分析及目标设置

在 20 世纪初课程开发科学化的运动中，产生了以课程目标为课程开发的基础和核心的经典模式。Tyler（1949）在其著作《课程与教学基本原理》（*Basic Principles of Curriculum and Instruction*）提出了在确定课程目标时首要的依据是学习者的兴趣及需要，并且认为有效的教学除了能够帮助学习者获得信息之外还应该有助于培养其思维技能、社会态度和兴趣。在泰勒原理的基础上，塔巴（Taba 1962）提出了课程设计的 8 个步骤，其中第一步就是分析学习者的需求并以此确定教学目标（第二步）、选定教学内容（第三步）。跨文化交际是一个内涵十分丰富的话题。如何把提高跨文化交际能力这个大的培养目标落实到一门公外选修课上，明确学生的需求，并加入一些客观限制因素的考虑，制定符合学生能力水平的、切实可实现的课程目标，是要分析解决的首要问题。

1. 课程的社会需求分析

跨文化交际成功与否，取决于个人是否有跨文化能力（intercultural competence）。跨文化能力可细分为知识、意识、技能和态度四个层面的要素（Spitzberg，Cupach 1984；Fantini 1995；Byram 1997；Selmeski 2007；张红玲 2007）。有的文化类的公共英语选修课以西方文化背景知识为中心。诚然，一定的西方文化背景知识的输入必不可少。比如很多高校在大学英语阶段所开设的《英美国家概况》等课程，旨在拓宽学生的知识面，让学生了解这些国家的政治、经济、地理、自然资源、历史、教育等各方面情况。

但是文化包罗万象，是人类在社会历史发展过程中所创造的物质财富和精神财富的总和。可观察到的文化现象及行为，只是文化的一小部分而已。跨文化交际学的创始人霍尔（1976：65）曾在《无声的语言》（*The Slient Language*）一书中指出：“文化存在于两个层次中——公开的文化和隐蔽的文化。前者可见并能描述，后者不可见甚至连受过专门训练的观察者都难以察知。”最常用来做比拟的意向是只在水平面上显露一角的冰山（the iceberg analogy of culture）。与能用肉眼观察到的文化现象及行为相比，在水平面以下的、隐蔽的部分更加重要。后者直接影响着前者。比如，节日习俗是可观察到的文化现象，其背后是包括宗教信仰、家庭观念等不可见的文化认知。无独有偶，“个人能力”概念也常用冰山作比拟（the iceberg model for competences）——个人的知识和技能是容易被了解与测量的冰山一角，而包括个人的态度、社会角色、价值观、思考风格等隐藏在水平面以下的部分更加重要，直接影响着个人对知识和技能的掌握和运用。由此可见，从学生角度考虑，要提高跨文化交际能力，学习特定的文化现象及行为远远不够。思考文化现象及行为背后的文化认知、价值观等比单纯的文化知识学习更加重要。而从意识和态度入手，在跨文化思考过程中树立恰当的跨文化意识和态度，直接影响着学生对跨文化知识和技能的掌握。

当前，国内学界对跨文化交际课程侧重跨文化意识和态度的培养这一点达成了一定的共识。比如，胡文仲和高一虹（1997）曾把中国的英语学习者所犯的错误归结为四类：1. 社交语言上的不恰当性；2. 对传统习俗的不接受性；3. 不同价值观的冲突；4. 墨守成规或过度概括。这些错误进一步发展，就会导致文化偏见和冲突。而这些错误产生的原因，显然不是因为缺乏西方文化背景知识，而是由于缺乏恰当的跨文化意识和态度，不能客观地去理解这些文化知识、去包容文化差异而导致跨文化交际失败。一些学者（高一虹 2002；戴炜栋 2009；曹德明 2011；秦丽莉等 2013）提出，跨文化交际能力培养模式改革应以多元文化交际能力的需求为理念，侧重跨文化意识的培养。跨文化知识的增长并不意味着能力的提高。高一虹（2002）把跨文化交际能力的培养分为文化的"跨越"与"超越"两个方面，认为文化教学的关注点应该"超越"具体的文化知识与技能上，把学生获得一般的、整体意义上的文化意识以及反思的、宽容的态度作为更为重要的教育目标。秦丽莉等（2013）考察了社会、学校、教师和学生对跨文化交际系列课程的需求，提出课程要以"多元文化意识"（multicultural consciousness）为导向，同时要注重英语能力的培养。

2. 学生需求分析

Bennett M. J.（1993）用发展的角度描述了人们在跨文化适应中的复杂情况，将认知结构的变化与对文化差异的态度和行为上的变化联系起来，用"跨文化敏感度"（intercultural sensitivity）来描述人们不断适应现实中的文化差异的能力。在其所创建的 DMIS 模式中，Bennett 把跨文化敏感度划分为从民族中心主义（ethnocentrism）逐渐过渡到民族相对主义（ethnorelativism）的 6 个阶段，分别是：1. 否认阶段（Denial），回避漠视其他文化的存在；2. 防御 / 倒转阶段（Defense/Reversal），承认文化差异的存在，但或者把其他文化当作威胁排斥并贬低，或者把其他文化奉为圭臬竭力效仿；3. 最小化差异阶段（Minimization），认为不同文化之间具有普遍性及相似性，但仍然以本民族为中心，希望其他文化向本族文化看齐；4. 接受阶段（Acceptance），不再固守本族文化本位，接受并尊重其他文化价值观和行为模式的存在，但接受不意味着认同；5. 适应阶段（Adaptation），能够主动去调试自身的文化观念和行为来适应其他文化视角和行为模式；6. 融合阶段（Integration），能够自如地协调不同的文化视角及行为模式。Bennett M. Janet & Bennett M. J.（1999）把学生语言能力水平和跨文化敏感发展水平相联系，将文化学习分为 3 个阶段，分别是：1. 初级阶段，包括否认文化差异阶段和抵制文化差异阶段；2. 中级阶段，包括文化差异最小化阶段和文化差异认同阶段；3. 高级阶段，包括文化差异适应阶段和文化差异融合阶段。如此，DMIS 模式为第二语言文化教学提供了参考。

上述文献回顾从理论角度分析了本课程以"跨文化意识和态度"为主要课程目标的社会需求。那么学生对文化选修课有什么样的需求呢？为此，笔者在 2017—2018 学年春季学期初课程导学之时以公布微信二维码的方式给两个选修课班非英语专业硕士和博士研究生共 70 人进行了网上问卷调研。采用的问卷是 Chen 和 Starosta（2000）基于 Bennett M. J.（1986）创建的跨文化敏感发展模型（Developmental Model of Intercultural Sensitivity，DMIS）开发的跨文化敏感度测试量表（Intercultural Sensitivity Scale，ISS）。ISS 具有较高可靠性，包括 24 个题项 5 级量表，测量跨文化敏感的 5 个不同层面——交际参与度（interaction engagement）、差异尊重度（respect for cultural differences）、交际信心（interaction confidence）、交际愉悦感（interaction enjoyment）和交际专注度（interaction attentiveness）。最终，收集有效问卷共计 70 份，其中博士研究生 18 人，硕士研究生 52 人。

问卷调查意在初步评估学生所处的跨文化敏感阶段，以便更有针对性地对课程目标设置、呈现材料及学习活动进行选择和排序。从学生对差异尊重度层面的题项（如第 8 及第 16 题）的选择结果来看，绝大多数学生对其他文化都持有开放并尊重的心态。能粗略判断选修本课程的这些学生已经具有一定的跨文化敏感性，至少已经脱离对文化差异的否认和防御 / 倒转阶段。具体结果见下图 1 和图 2。

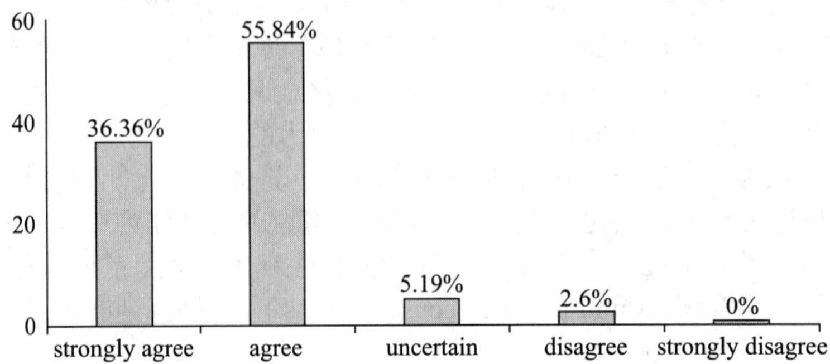

图 1　Q 8: I respect the values of people from different cultures.

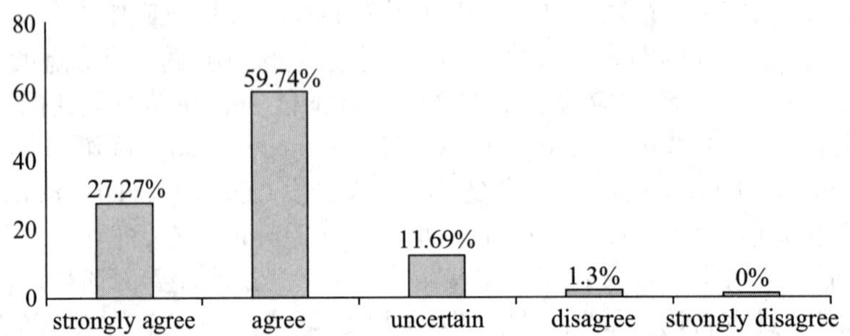

图 2　Q 16: I respect the ways people from different cultures behave.

从学生对其他一些题项的选择结果来看，超过 2/3 的学生对跨文化交流有专注意愿（如图 3），同时也有犹豫、不确定如何表达和沟通（如图 4、图 5）。

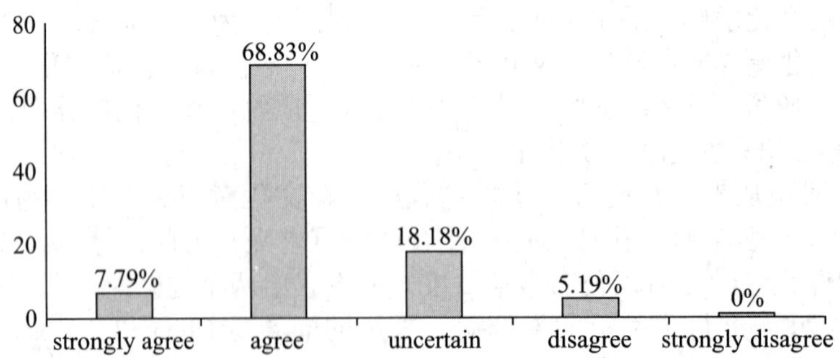

图 3　Q 17: I try to obtain as much information as I can when interacting with people from different cultures.

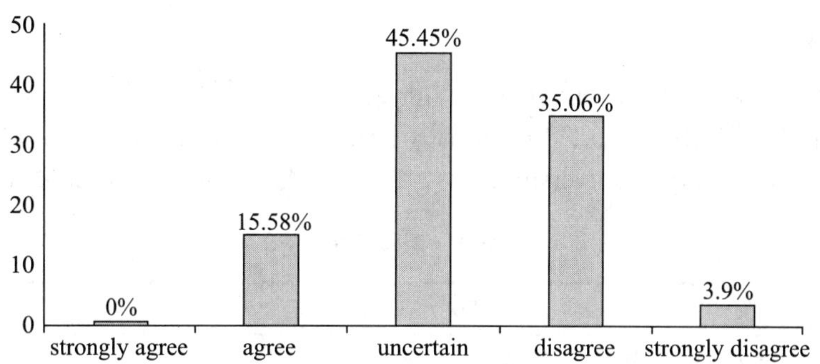

图 4 Q 5: I always know what to say when interacting with people from different cultures.

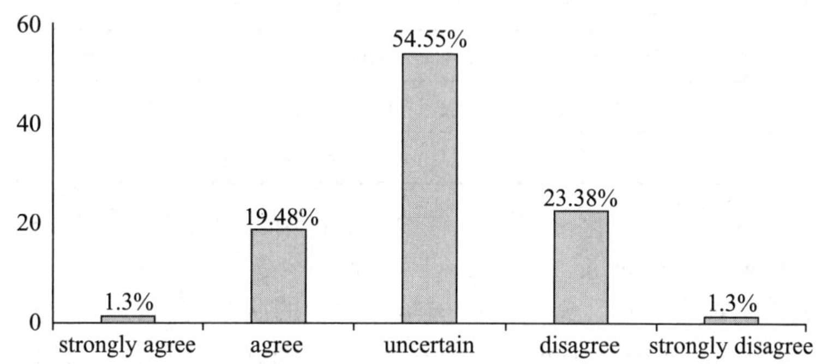

图 5 Q 22: I avoid situations where I will have to deal with culturally-distinct persons.

根据上述结果，可能是由于学生自身的跨文化敏感程度还不高，还没有达到 DMIS 模型中的适应阶段；也有可能是因为学生对自身用英语进行沟通的能力缺乏信心，出现所谓的中国文化失语现象，影响跨文化交际。

按照 Bennett 的划分，参与问卷的这些学生处于文化学习的中级阶段。处于这一阶段的学生通常有主动学习其他文化的意愿，不再盲目拒绝其他文化的观点，开始试着“认同不同世界观下的世界，同时维系自己的价值观”。他们需要利用在目标语（英语）语境中加深对文化差异的体验，学会从深层次上思考并区分本族文化和其他文化。另外，他们有能力承担更复杂的文化认知任务。

3. 目标设置

综合以上需求分析，笔者把本课程目标定位为：1. 磨炼英语读、写等基础技能，让学生能够从英文教材文本中识别并总结在具体主题领域中国和西方各自的核心观念；2. 锻炼思维能力，让学生思考如何从核心观念出发，对中西方文明差异及发生原因进行理性分析，懂得换位思考——站在西方人的角度理解文化现象背后的价值内涵；3. 反思自己以往对待文化差异的态度，能够在跨文化交际中有意识地克服文化本位与偏见，提升跨文化敏感性，增强中华民族的文化自信。

三、课程内容设计

根据既定教学目标，笔者对本课程的教学内容、教学过程、评价方式等做了以下设计。

1. 教学内容

一学期的选修课共 18 周。单双周平行班交替上课，每周 2 课时。基于课程目标一，选取了全英文的教材（Blair J G.，Mccormack J H. *Western Civilization with Chinese Comparisons* [M]. Shanghai：Fudan University Press，2007），分 6 个模块（详见表 1）：

表 1 课程模块

模块 / Modules
一、教育传统与理念方面的西中比照 Module 1. Learning
二、家庭与社会伦理关系方面的西中比照 Module 2. Humans in families
三、对人体 / 个体的认知方面的西中比照 Module 3. Humans themselves
四、人与周遭环境关系方面的西中比照 Module 4. Humans and their surroundings
五、人与社会规范及权威方面的西中比照 Module 5. Humans and authority
六、世界观与价值观方面的西中比照 Module 6. Values and worldviews

教材的两位作者在西中文化比较方面有很深的造诣，曾在北京外国语大学执教多年。北京大学的辜正坤教授（Blair & McCormack，2007：4-5）为教材作序，认为它是“读到的由欧美学者编著的最有特色、最适合中国学生使用的西中文明比较教材”，能够让学生“从理论性高度很快切入西中文明的核心领域”，“便于从比较的角度把握西方文明的真正价值”，“在较短的时间内很快抓住西中文明的整体外貌、基本特征和关键区别”。

教材的电子版会在开学初提供给学生。每个模块大概 40 页的篇幅，分传统（观念和行为）和现代（观念和行为）两部分，均含有经典中文文本，以及英译本。每一部分都包含四个内容：内容概览及核心概念解释；两到三篇西方经典文章节选；两到三篇中国经典文章节选（中文加英文翻译对照）；以及同话题的中西文章供类比。每个文本后面都设有思考问题。以模块一为例，详见下表 2。

表 2 教材模块 文本内容

Module 1.1 Learning: Traditional Ideas and Practices	
Introductory Overview	
Key Concept	Varieties of Knowledge
Western Texts	Education in Athens Spartan Alternative: Xenophon Walter Ong: Agon in Western Education
China Texts	Kongzi: On Learning and Teaching Zhuangzi: What Can Be Learned But Not Taught Zhu Xi: Training Children Sanzijing: Serious Advice for Children Père du Halde: Early Qing Schooling
Comparison Texts	Traditional Sayings as Knowledge Kongzi and Socrates: Two Models of Sagehood

续前表

Module 1.2 Learning: Modern Schooling	
Introductory Overview	
Key Concepts	Learner-centered versus Teacher-centered Education
Western Texts	Jean-Jacques Rousseau: Emile or, On Education Horace Mann: Justification for Free Public Schools John Henry Newman: The Idea of a University
China Texts	Quotations from Mao Zedong Qian Qing: Teaching English in a Modern Chinese University PRC Education in Recent Decades
Comparison Texts	Comparative Guidelines for Argumentative Writing Writing Matters: Copyright and Plagiarism

这样的编排方式十分适合研究生做扩展阅读，特别是中国经典文本的部分，对于学生思考并加深对中国文化的理解和塑造核心价值观有重要作用。同时，让学生阅读中国经典文本的英译本，也有助于他们在未来的跨文化交际中用英文准确深入地介绍中国文化，真正成为中西沟通的桥梁。

2. 教学过程

考虑到学生的课业负担，本课程不苛求学生课前通读每个模块的所有文章。学生可以根据自己的兴趣和知识储备来挑选文本阅读，并撰写反思日志。要求学生在期末时提交全部 6 个模块的日志汇总（电子版）至教师电子邮箱。

研究生自主性强，具备较高的学术研究能力。这就需要授课模式以学生为中心，丰富课堂活动，激发学生学习主动性。并且，根据前文所做的需求分析，学生有能力承担更复杂的文化认知任务。基于此，笔者设计把学生分成 6 个小组，每组负责一个模块主题。要求小组聚焦 Comparison Texts，共同讨论相关思考题，形成观点在课堂上展示。课堂上积极引导学生就小组展示进行互动，并要求小组成员根据反馈于课下对观点进行再加工，形成小组学期论文。

课堂上，教师会采取中英双语、核心概念讲解、课堂讨论、小组展示、视频资料观赏等相结合的授课方式。比如，在讲解第二模块（Humans in Families）时，计划从“孝”概念入手，与学生比较分析中国传统“孝”概念与西方传统 filial piety / honor thy father and thy mother 之间的异同，引导学生思考中国“孝”概念的独特性（不仅在于“事亲”，还有“事君”、“立身”、祭祀先祖、为家族延续香火等内涵）以及背后隐含的中式价值观（所谓“乡土中国”的“差序格局”）。准备有一段 10 分钟左右的视频（“Theories About Family & Marriage”），作为从传统到现代的过渡，让学生发现家庭模式的变迁及多样性。在小组展示和互动之后，如果课堂还有剩余时间，计划让学生就一些常见的婚姻家庭相关的话题对比中西之间的刻板印象（比如，“中国人讲求大家庭，注重家庭来历，家族祭祖或聚会等活动频繁；而西方人不去深思家庭来历，子女成年后就独立生活，比起家庭更注重朋友、同事的小集体”；“中国人对婚姻讲求父母之命媒妁之言、门当户对，而西方人婚姻自主，追求爱情和浪漫”）并进行讨论，破除文化偏见。

3. 评价方式

采取过程性评价和终结性评价相结合的方式。平时作业包括反思日志、小组展示以及小组学期论文。期末考试采取随堂撰写论文的方式，要求学生根据所提供的文化对比图片进行描述、形成观点并加以分析。考试开卷，允许学生带纸质版资料和教材。考试主要考察的是学生就文化差异不带偏见地进行客观描述与分析的能力。平时成绩占最终成绩的 70%，其中反思日志 30%、小组展示 20%、小组学期论文 20%；期末考试成绩占最终成绩的 30%。

四、结语

伴随国家“一带一路”国际战略的不断推进，培养具有国际视野和跨文化交际能力的高素质人才具有深远的意义。提升跨文化敏感性是培养跨文化交际能力的先决条件。本课程是在研究生公共英语教学中融入跨文化教学的积极尝试。不仅仅是单纯传授中西方文化知识，而是根据对学生需求的分析，判断学生目前的跨文化敏感阶段，并以此制定相应的教学目标，通过恰当的主题讨论、教材阅读和任务设计，切实提升学生的跨文化敏感性。需要注意的是，学生的跨文化敏感性具有动态性的发展特征。因此，要求教师在开展教学时根据学生的实际要求不断改进教学任务，提升教学效果。

参考文献：

[1] 北京师范大学．北京师范大学外国语学习管理办法（适用非英语专业学术学位研究生）[EB/OL](2016-09-02)[2018-03-14].http://graduate.bnu.edu.cn/ReadNews.aspx?NewsId=160902051221.

[2] 曹德明．高等外语院校国际化外语人才培养的若干思考 [J]. 外语教学理论与实践，2011(3)：1-5.

[3] 戴炜栋．中国高校外语教育 30 年 [J]. 外语界，2009(1)：2-4 + 13.

[4] 费孝通．乡土中国．上海：上海人民出版社，2006.

[5] 高一虹．跨文化交际能力的培养：“跨越”与“超越”[J]. 外语与外语教学，2002(10)：27-31.

[6] 胡文仲，高一虹．外语教学与文化 [M]. 长沙：湖南教育出版社，1997.

[7] (美) 霍尔．无声的语言 [M]. 刘建荣，译，上海：上海人民出版社：1991：65.

[8] 秦丽莉，戴炜栋．以培养“多元文化”意识为导向的跨文化交际学课程研究 [J]. 外语电化教学，2013(154)：56-65.

[9] 张红玲．跨文化外语教学 [M]. 上海：上海外语教育出版社，2007.

[10] 中华人民共和国国务院．统筹推进世界一流大学和一流学科建设总体方案 [R/OL](2015-10-24) [2018-03-14]. http://www.gov.cn/zhengce/content/2015-11/05/content_10269.htm.

[11] Bennett M J. A developmental approach to training intercultural sensitivity [J] // Martin J. (guest ed.) Special issue on intercultural training. International journal of intercultural relations，1986，10(2)：179-186.

[12] Bennett M J. Towards ethnorelativism：A developmental model of intercultural sensitivity [A] // Paige R M. Education for the intercultural experience. Yarmouth，Me：Intercultural Press，1993：21-71.

[13] Bennett M. Janet，Bennett M J. Developing intercultural competence in the language classroom [A] // Paige R M. Culture as the core：Integrating culture into the language curriculum. Minnesota：The Regent of the University of Minnesota，1999.

[14] Blair J G. Mccormack J H. Western Civilization with Chinese Comparisons [M]. Shanghai：Fudan University Press，2007：4-5.

[15] Byram M. Teaching and Assessing Intercultural Communicative Competence [M]. New York：Multilingual Matters，1997.

[16] Chen G M，Starosta W J. The development and validation of the intercultural communication sensitivity scale [J]. Human Communication，2000(3)：1-15.

[17] Fantini A. Language，culture and world view：exploring the nexus [J]. International Journal of Intercultural Relations，1995(19)：143-153.

[18] Prachi J. Competency Ice-Berg Model - Meaning and Its Components [EB/OL].[2018-03-14]. https://www.managementstudyguide.com/competency-iceberg-model.htm.

[19] Selmeski B R. Military Cross-cultural Competence: Core Concepts and Individual Development [M]. Kingston：Royal Military College of Canada Center for Security，Armed Forces & Society，2007.

[20] Spitzberg B H，Cupach R W. Interpersonal Communication Competence [M]. Beverly Hills，CA：Sage，1984.

[21] Taba H. Curriculum Development: Theory and Practice [M]. New York：Harcourt，Brace & World，1962.

[22] Tyler R W. Basic Principles of Curriculum and Instruction [M]. Chicago：The University of Chicago Press，1949.

基于 PBL 的《中西方文化比较》研究生选修课教学模式初探*

Teaching Mode of Postgraduate Elective of *Comparing Chinese and Western Cultures* Based on PBL

北京中医药大学人文学院　李怡然　赵　霞　李淑媛
沃佛德大学　Li Qing　Kinnison

摘　要： Problem-based Learning 教学法 (PBL) 是“基于问题式学习”的自主学习模式。通过介绍 PBL 的定义与特点，本文分析将 PBL 应用于《中西方文化比较》研究生选修课的必要性，讨论该课程基于 PBL 的教学模式，并从师生角色的转变以及问题的真实性与拟真性方面阐述 PBL 应用于该课程时需注意的问题，以期对 PBL 应用于《中西方文化比较》类课程有积极影响。

关键词： PBL　《中西方文化比较》　教学模式

Abstract: Problem-based Learning (PBL) is an autonomous learning mode of “problem-based learning”. By introducing the definition and characteristics of PBL, this article analyzes the necessity of applying PBL to the postgraduate elective of *Comparing Chinese and Western Cultures*, discusses the teaching mode of the course based on PLB, and elaborates on the problems in the application process from two aspects of the changes in the roles of teachers and students, as well as the authenticity of problems in PBL, in order to have a positive impact on the application of PBL in the courses about *Comparing Chinese and Western Cultures*.

一、引言

PBL 教学法是 Problem-based Learning 的简称，是“基于问题式学习”的自主学习模式。PBL 在西方教育发达国家和地区取得了良好的教学效果，是西方主流教学模式之一。为了培养研究生的跨文化交际能力，国内很多大学开设了中西文化对比类选修课。但是，由于部分授课教师自身跨文化交际能力不佳，无法从文化的本质方面进行授课，造成

* 本文由北京中医药大学 2017 校级教育课题项目资助：基于 PBL 的《中西方文化比较》选修课课程设计与实践研究，项目编号（XJY17009）。

照本宣科的现象，一定程度上降低了研究生的学习兴趣，导致教学效果不佳。本文将 PBL 教学模式引入《中西方文化比较》研究生选修课（以下简称“《中西方文化比较》”）的教学之中，通过介绍 PBL 的定义与相关特点，探讨将其运用于《中西方文化比较》的必要性，并以 sociopragmatic failures（言语交际中的社交语用失误）为例，探索具体教学实施步骤与方法，提出相关建议。

二、PBL 的定义与特点

PBL 是 1969 年由美国南伊利诺大学的神经病学教授 Barrows 在加拿大的麦克马斯特大学首先试行的一种新的教学模式 (李泽生，冼利青 2003：85-88)。Barrows 教授和他的同事 Kelson 博士给 PBL 下了这样的定义：PBL 既是一种课程又是一种学习方式。作为课程，它包括精心选择和设计的问题，而解决这些问题要求学习者能够获取关键的知识，具备熟练的问题解决技能，自主学习的策略，以及参与小组活动的技能；作为一种学习方式，学习者要使用系统的方法去解决问题以及处理在生活和工作中遇到的难题 (Barrows，Kelson 1993：27)。所以 PBL 有助于培养学生批判性思维和分析能力，以及查找和使用合适的学习资源的能力，是一种促进学生积极主动学习的学习策略。

PBL 是以问题作为学习的起点并围绕问题的解决而展开的。因此，深刻理解 PBL 的前提就是准确理解“问题”的特点。PBL“问题”最重要的特点就是问题是开放性问题，没有现成的解决方法，问题的答案没有标准答案，学生需要通过查阅大量资料，思考并讨论才能得出相对合理的答案。根据 Barrows 的模型，PBL 在实际实施过程中大致包括组织小组、开始一个新问题、后续行动、活动汇报、问题后的反思五个环节 (Hmelo，Ferrari 1997：401-422)。

三、将 PBL 应用于《中西方文化比较》的必要性分析

1. PBL 符合更新教学观念，培养问题解决能力的要求

PBL 的教学过程将学生看作主体，把教学看作是师生平等地交流思想，探讨知识的过程（王济华 2010：98-100）。中西方文化各有其精华和糟粕，如果学生能够通过主观能动性，讨论其对于精华和糟粕的理解，势必能增强其对中西方文化异同的感悟。PBL 教学能帮助学生从知识的表面进入对知识的思考和运用阶段。既然《中西方文化比较》的教学目标一部分为“提高学生的跨文化交际能力，促进东西方文化交流与沟通”，那么，仅仅理解中西方文化的表征是远远不够的，学生需要在 PBL 所提供的形成、思考和解决问题的过程中，充分思考、讨论，最终将结果运用于实际的跨文化交际中。在这过程中教师扮演的是一种统筹全局的幕后角色。教师不仅仅是知识的传授者，也是学生发展的促进者、指导者、领导者和有效的合作者 (Peterson 2004：630-647)。教师应通过 PBL 激发学生的学习兴趣，培养其思考和解决问题的能力。在此过程中，师生平等交流思想，互相学习，共同进步。

2. PBL 是西方成熟的教学模式

PBL 教学法是一种成熟的教学模式，在西方发达国家和地区取得了良好的教学效果 (Lohfeld 2005：189-214；Price et al. 2005：394-401)，是西方主流教学模式之一。日本、新

加坡及中国的香港、台湾地区引进 PBL 教学法也取得了较好的效果 (黄亚玲等 2007 :3-4)。在中国内地的一些高校，特别是医科院校，PBL 也逐渐被采用和接受（杨晗等 2016 : 120-122）。笔者于 2016—2017 在美国某高校访学，发现该校很大部分的文化类课程选用 PBL 教学模式，教学效果普遍良好，得到了绝大多数学生的喜爱。这些都是 PBL 得到应用和其良好的教学效果的有力证明。

四、基于 PBL 的《中西方文化比较》教学模式

基于 Barrows 提出的典型 PBL 教学模型，笔者以《中西方文化比较》中的言语交际中的社交语用失误为例，探索具体教学实施步骤与方法。

本章节的教学内容为从六个最常用的日常交际现象入手讲解言语交际中的社交语用失误及其在中英文中的异同：1. Differences in terms of relationships between America and China（人物关系），2. Saying hello and goodbye（问候与道别），3. Invitation（邀请），4. Offering（送礼收礼），5. Making and responding to compliments（赞美），6. Taboo topics and activities and euphemistic topics（禁忌与委婉语）。结合日常生活与学习中的实际情况，使学生了解中西方文化在言语交际中所涉及的内容方面的相同与差异，减少交流中的失误，避免造成不必要的误解，提高跨文化交际能力。教学时长为 6 个学时。

1. 组织小组

根据教学内容所涵盖的 6 个方面，学生自由组合形成 6 个小组。教师以小组为单位开展学习活动，每个小组选出一名促进者，即导师，在之后的步骤中导师将与小组成员建立合作的学习关系。教师通过邮件、微信、微课等方式向学生提供课程的相关资料，学生也需利用网络和图书馆资源查阅文献。

2. 设计问题

学生阅读相关材料，提出被称为学习要点 (learning issues) 的疑问，这些疑问就是他们对学习材料的不解之处，学生把这些疑问记录下来，并围绕其进行讨论和调研。如负责问候与道别方面的学生提出的问题是：After a good dinner with your friend at his/her house, you want to leave. What do you say to him/her? What do you think your parents would say to their host/hostess when they need to leave? 负责赞美方面的学生提出的问题是：Your good friend does not dress himself or herself well (i.e. tight pants, etc.), and you think he/she should change, what do you say? 这些问题都需要学生通过查阅资料并和其他同学讨论后得出恰当的答案。

3. 后续行动

学生通过初步的自主学习，对所负责的方面已有了一定的了解。这时，教师就每个方面提出基于实际生活案例的问题。针对已确立的问题，小组成员分工协作，共同寻求解决问题的方法和途径。通过自主学习，学生独立探索可能解决问题的方案，互相商讨、相互协作，最终确定解决问题的具体办法。如针对该课的禁忌与委婉语方面，教师提供的案例与相关问题为：Wang Ming lives in Salt Lake City next door to Bob and Helen. He has been invited to a dinner party at their home. Wang Ming knows that Bob was recently in hospital and is concerned about his health. When everyone is seated at the dinner table, Wang Ming turns to Bob and says, "Bob, how are you feeling?" Questions: What subject is discussed at the dinner table in this case that is not appropriate, especially in the US? Is this also a subject that is not discussed at the dinner table in our culture? 在此过程中，教师应监视各小组的活动，以确保所有的学生都能积极地参与到学习中来；帮助学生培养在问题讨论中协调、整合基本知识与实际的技能；鼓励学生对学习过程进行控制与调节，并建立良好的小组成员关系。

4. 活动汇报

学生回顾解决当前问题的具体步骤和过程，概括解决当前问题的方案，提炼出适应相似情境的问题解决办法和步骤。学生在教师的鼓励和帮助下，针对自主学习、沟通合作、探索创新等能力进行自评和互评。如针对以上案例和问题，学生通过自主学习和教师的指导后发现，西方人会避免讨论疾病的具体细节，讨论患病细节被认为是非常不礼貌的行为。中国文化和其他东方文化则相反，对疾病的讨论被视作是对患者的关心。两种文化差异很大。在此环节中，学生主要通过小组口头汇报的方式进行活动汇报。

5. 问题后的反思

教师在听取学生的汇报时，记录下学生汇报中的问题，尽量不要打断学生。很多情况下，学生针对某一问题的汇报并不能做到尽善尽美，这时就需要教师针对学生汇报的不足之处进行点评，以弥补学生知识的不足。

五、PBL 应用于《中西方文化比较》时需注意的问题

1. 师生角色的转变

不同于其他一些教学模式，PBL 是一种以教师为主导，学生为主体的教学模式，在将其运用于《中西方文化比较》时需要注重师生角色的转变问题，并通过课程的开展使师生双方不断适应、不断"成长"。PBL 以教师为"主导"体现在教学内容的选定、教学方案的设计、教学资源的提供、学习活动的组织、学习成果的评价等。PBL 强调学生的参与，这也要求教师随时监控学生的表现，并在学生自主学习和小组讨论时提供必要的指导。教师须有足够的知识储备，以面对学生各种各样的问题。这些都给教师的角色带来了新的挑战。《中西方文化比较》是一门侧重于培养学生跨文化交际能力的课程，会涉及许多中西文化的矛盾之处，因此更需要教师就学生面对不同文化时的态度给予正确的引导，帮助其形成科学的世界观和价值观。

其次，PBL 以学生为主体，也是对学生角色的新挑战。学生是 PBL 的中心，在该教学模式中需要担任多重角色，包括问题解决的参与者、设计者、操控者、组织者、自我反馈评价者等。这些都需要学生充分发挥主观能动性、团队协作精神以及自主学习能力才能实现。在《中西方文化比较》中，学生一方面需接纳中西文化的异同之处，另一方面需就这些异同之处提出有价值的问题、分析问题、找到解决问题的策略与答案，通过小组讨论等团队合作的方式将关于中西文化的新旧知识进行内化，在教师的引导下，形成积极的价值观与世界观。

2. 问题的真实性与拟真性

教学中提出的问题是 PBL 的核心，一切教学活动都是围绕着问题展开的。PBL 中的问题需要有一定的真实性，追求问题的绝对真实在教学中不太可能实现，但是具有一定真实性的问题可以激发学生对该问题的兴趣，进一步提高学习效率。根据问题的真实程度可将 PBL 中的问题大致分为两类（徐文娟，杨承印 2006 :47-50）:第一类问题来自现实生活，即学生在日常生活中经常会遇到的问题。如就言语交际中的社交语用失误中的人物关系实施 PBL，教师可以先让学生思考中文中的不同称谓，然后带领学生了解相对应的英文称谓，帮助学生了解中英文称谓的不同，并通过具体生活中的真实案例，向学生提出问题，组织学生进行问题的讨论。第二类是模拟真实情境的拟真性问题，即与学生生活密切相连，但不便于组织学生大规模展开的问题。如就该课程的第一单元“什么是文化”实施 PBL，由于文化是一个很抽象的概念，虽然学生每天都在日常生活中接触到文化，但是文化的概念却很少被思考。教师可将学生分组，从学生生活中最常见的文化元素入手，如建筑、文学、宗教等，设计一些较简单具体的问题，让学生在类似真实情境的模拟环境中学习相关知识。这两类问题都与学生息息相关，通过问题的解决可以使学生体验到学习的价值与意义，激发其学习兴趣。

六、结语

作为一种始于西方的教学模式，PBL 教学法虽然已在西方取得了突出的教学效果，但在中国的应用仍受到一定的阻碍，如班级学生人数众多、学生自主学习能力较弱、学生学习兴趣不浓等。近年来 PBL 在国内一些医学院校和工程学院的普遍应用使推崇该教学模式的教育者看到了曙光。然而，与传统教学模式相比，PBL 对教师提出了更高的要求：教师需花费大量时间准备教学材料、设计教学方案、组织学生讨论、时刻监控和引导学生，这些都给实施 PBL 的教师带来很大压力。再者，PBL 也给学生带来了新的挑战：学生需在讨论前消化学习材料、分析问题、积极参与讨论、形成正确的价值观与人生观等，这些都要求学生更多的投入与参与。因此，为了促进 PBL 在《中西方文化比较》类课程的更多应用，教师和学生都需付出更多的努力。笔者也希望本文能为倡导将 PBL 应用于《中西方文化比较》类课程的教育者提供一定的借鉴。

参考文献：

[1] 黄亚玲，刘亚玲，彭义香等．中国学生应用 PBL 学习方法可行性论证 [J]．中国高等医学教育，2007(1)：3-4.

[2] 李泽生，冼利青．麦克玛斯特大学“问题学习法”[J]. 复旦教育论坛，2003，1 (3)：85-88.

[3] 王济华．“基于问题的学习”（PBL）模式研究 [J]. 当代教育理论与实践，2010，2 (3)：98-100.

[4] 徐文娟，杨承印．论基于问题式学习（PBL）的有效实施 [J]. 教育学报，2006，2 (3)：47-50.

[5] 杨晗，张怡，李胜涛，李斌．PBL 教学在中医内科学课堂教学中的应用 [J]. 中国中医药信息杂志，2016(2)：120-122.

[6] Barrows H S，Kelson A M. Problem-based Learning：A Total Approach to Education [M]. Springfield：Southern Illinois University Press，1993：27.

[7] Hmelo C E，Ferrari M. The problem-based learning tutorial：Cultivating higher order thinking skills [J]. Journal of the Education of the Gifted，1997，20 (4)：401-422.

[8] Lohfeld L，Neville A，Norman G. PBL in undergraduate medical education：A qualitative study of the views of Canadian residents [J]. Advances in Health Sciences Education，2005，10 (3)：189-214.

[9] Price K J，Eijs P W，Boshuizen H P. General competencies of problem-based learning (PBL) and non-PBL graduates [J]. Medical Education，2005，39 (4)：394-401.

[10] Tim O Peterson. So you're thinking of trying problem-based learning：Three critical success factors for implementation [J]. Journal of Management Education，2004(5)：630-647.

第六部分

笔译与口译研究

中国古代法律英译中的问题与思考
——以《中华法制文明史》为例

Problems and Difficulties in Translating Ancient Chinese Law into English —A Case Study of the Translation of *The History of Chinese Legal Civilization*

中国政法大学外国语学院　刘瑞英

摘　要： 翻译对译者提出多学科多技能的严要求。法律翻译的特殊性在于既要求其非同一般的忠实性，又不能忽视在传递其文化内涵过程中译者必要的创造性。将中国古代法律译成英文，不仅需要关照古汉语的文法句式，用合适的现代英语表现其庄严紧凑的特点，还要根据需要采取不同的补偿手段完整传达其精神实质。

关键词： 中国古代法律　英译　创造性　忠实性

Abstract: Legal translation demands exceptional faithfulness. Meanwhile, it is also important for the translators to be creative in transmtting the cultural connotation inherent in the law. When translating ancient Chinese law into English, the translators need to consider the syntax of ancient Chinese language and try to convey the solemnity and conciseness of the language with appropriate modern English. They also need to understand and give full expressions to the spirit of the original text, using various compensation means when necessary.

几年前，笔者接受了《中华法制文明史》（张晋藩著，以下简称《法制史》）古代卷的汉译英工作。如今这项工作已获得国家社科基金中华学术外译立项，笔者负责的部分经电脑统计后的英文译稿字数已经超过 21 万，一遍又一遍的校对，每次都会发现可以改进之处，越发体会到“翻译是缺憾的艺术”这句话中所含的深意。用呕心沥血、字斟句酌来描述翻译的过程，一点儿也不为过。

随着最近几年中华文化成果的广泛外译，中华文明正以前所未有的速度和数量走向世界。呈现中国形象、传播中国声音，翻译工作者义不容辞。笔者希望通过反思自己在翻译《法制史》过程中发现的问题，抛砖引玉，最终达到让灿烂悠久的中华文化以最忠实的面貌展现于世人的目的。

一、翻译中的难点

1. 中国古代典籍书名的翻译

《法制史》大量引用《礼记》《周礼》《论语》《史记》等古代典籍原文，这些典籍的书名大多有约定俗成的英文译法，这就需要译者依照这些译法翻译，而不能根据自己的想法闭门造车。同一本典籍的译法在全书中保持一致也是必须的。

2. 原著中引用的非英语法律文献的翻译

由于《法制史》引用的外国文献都是中译版，译成英文之前需要查到这些文献的原名。这些文献有的原文是日语，如《日本新民法》；有的是德语，如《马克思恩格斯全集》，甚至有法语和越南语，这就需要找到原著比较可靠的英译名，如果可能，最好能找到原著的英译本。

3. 中国古代典籍的翻译

《法制史》古代卷主要依据中国古代典籍对中国古代法制进行梳理研究，因此大量引用了这些典籍的原文。对于译者来说，首先是对古汉语的理解，将原文本从古代汉语转换为现代汉语；接下来将现代汉语文本转换成英语文本。黄国文教授称之为“语内翻译和语际翻译”（王继恒 2014）。为了能够比较准确地把握并翻译文中引用的古代文化典籍，需要查阅相关的书籍，甚至相关的研究论文。例如，为了更好地理解《周礼》中的“以五声听狱讼，”笔者不仅借来中华书局版的《周礼》，还搜索以此为题的学术论文，以期对典籍原文有比较透彻的理解。

古代典籍翻译中的第二个问题是文化的差异。“法律不仅表现为国家制定的实证行为准则，它同时还负载着人文主义的价值理想和理性追求”（严存生 2005）。不同文化背景的法律体系存在很大差异，具体表现在法律术语、法律制度等各方面的不对等。我国古代各种法律类型，如律、令、诏、敕、科、比等在英文中很难找到对应的表达。古代的“敬天保民，明德慎罚”的立法思想在西方法律文化中没有对应物。“亲亲”“尊尊”等概念更是与西方法律思想背道而驰。罪名和刑名是《法制史》翻译中的另一大难点。探究诸如“群饮”、“舍弃穑事”和“弃灰于公道”之类的罪名是否在英语中有对等的翻译，是一项异常艰巨烦琐的任务，译者需要对英文法律进行一番深入全面的考察。遑论秦朝的十余种死刑！

一些学者提出，由于中国典籍是中国传统文化全面、集中的表现，对它的翻译必须兼顾文本和文化。而中西语言、文化之间的巨大差异使得任何翻译方法都可能造成或意义或文化或二者兼有的损失，必须根据情况采取不同的补偿手段（汪榕培，李正栓 2005）。

二、译者的创造性与译文的忠实性

严复曾提出“信、达、雅”的翻译标准，认为“信”占有最根本的地位。有评论者认为，“信”要求在翻译过程中，不论是理解和表达，都要做到“不改变原文的信息量，既不增也不减，并在译文中力求做到形式对应、功能对等、一一等值，实现译文与原文的“‘形似’和‘神似’”（熊荣敏 2012）。由于法律语言的特殊地位及法律语言庄重、严谨的特点，法律翻译对原文的忠实性方面的要求远高于普通翻译（黄巍 2002）。因此，张法连教授（2016）认为“准确性是法律文本翻译的根本。忠实于原文内容，力求准确无误是法律翻译区别于其他翻译的一个的重要特征。”

翻译自然需要寻找对等，但不可能总是找到对等，找到完全吻合的对等更是困难。于是，译作有时只能实现奈达提出的“动态对应”（dynamic equivalence）。诚如童明先生所言：“英汉语言文化在词汇、词性、句法、比喻、思维方式各方面差异众多。欣赏这些，差异成为展现翻译艺术的优势。”还有学者认为，翻译不仅要展示差异，更要“跨越”差异（李美 2016）。本雅明在《译者的任务》一文中指出：“一部真正的译作是透明的，它不会遮蔽原作，不会挡住原作的光芒，而是通过自身的媒介加强了原作。”这就对译者的创造性提出更高的要求。有学者认为，法律翻译理论发展到今天，已经超越了简单的代码转换，因为译者在保证原文意义不受损害的前提下，还要考虑如何使译文符合目标语言的表达习惯，因此译者完全有自由而且有必要对原文进行增删（黄巍 2002）。

与汉语相比，在英语里，尤其是在法律英语里，被动语态用得相当多。一般而言，在没有必要说出动作发出者，不愿意说出动作发出者，或者不清楚动作发出者是谁的情况下，英语都用被动语态表示。因此，在汉译英的过程中，能够恰如其分地使用被动语态，会使译文更加符合英语习惯，被英语读者理解和接受。

例 1

《法制史》第 44 页引用《春秋公羊传》原文：“西周继文王之体，守文王之法度。”

1. Western Zhou Dynasty “inherited and preserved the political as well as legal systems of King Wen of Zhou.”

2. In Western Zhou Dynasty “the political as well as legal systems of King Wen of Zhou were inherited and preserved.”

第一种译法在结构上更忠实于原文，用“西周”（Western Zhou Dynasty）作主语；第二种译法使用被动语态，而把“西周”转换成状语，更符合英语习惯。

在翻译过程中适当对原文本信息进行增删，使得表达更符合英语习惯，更易于读者理解是更高意义上的忠实。

例 2

由于官吏的任免奖惩均出自国王（《法制史》第 76 页）

1. Because the appointment, dismissal, award, and punishment of the officials all came from the king…

2. Because the tasks of appointment, dismissal, award, and punishment of the officials were all performed by the king…

从结构上看，第一种译法似乎更与原文接近，几乎是对汉语原文逐字翻译，但其中的“came from”可以说是错误的用法。第二种译法添加了“tasks”和“perform”，使得主语更为集中，更符合英语的表达习惯。

例 3

《法制史》第 30 页引用孔子对文王的赞誉：“仁哉文王，轻千里之国，而请解炮烙之刑；智哉文王，出千里之地，而得天下之心。”

1. How benevolent King Wen was to give up a territory of a thousand *li* and to abolish the penalty of ‘Pao-luo’; how wise King Wen was to win the world by giving up a territory of a thousand *li*.

2. How benevolent King Wen was to make light of a territory of a thousand *li* in return for

the abolition of the penalty of 'Pao-luo'; how wise King Wen was to win the heart of the people by giving up a territory of a thousand *li*.

从意义来看，第二种翻译比第一种更贴近原文，因为“轻千里之国”与“出千里之地”并非同义反复，而是意义的递进。但第二种翻译中的“in return for”与原文中“请解”并非完全对等，需要采取补偿手段（比如脚注）解释这个典故。

古汉语表达简洁，每个字都饱含寓意。翻译成英文时，要做到既保留原文的风格，又完整传达意义，必然需要增加适当的信息和语法成分。

例 4

《法制史》第 112 页引用秦律中的《徭律》:“失期，法皆斩。”

1. If people failed to provide labor service by deadline, according to the law, they shall all get beheaded.

2. Anyone who failed to provide labor service by deadline shall be beheaded in accordance with the law.

原文语言非常简洁，翻译成英文，则需要补充主语和连接词。第一种译法的语序与汉语原文基本一致，但读起来感觉拗口，原文的简洁明快风格也荡然无存。第二种译法使用了定语从句，anyone 既为句子补充了主语，也表达出了原文中“皆”的意义。

三、小结

翻译是以译者为中心的跨语言、跨文化的交际活动。作为翻译活动的主体，译者在整个翻译过程中始终起着决定性的作用（李美 2016）。法律英语研究学者张法连教授（2016）指出，一个成功的法律翻译工作者必须是双语语言学家，同时还必须具备充足的法律知识，两者缺一不可。而高度负责的态度也至关重要。细节决定成败。对字、词、句、段的处理都反映了译者的态度。使自己的译作成为西方研究中国文化、中国法律的专业人士及对中国文化感兴趣的人士可靠的资源，是译者的责任。法律翻译涉及的不仅是两种语言的问题，也不只是法律的问题，还有很多是文化的问题。《法制史》所引用的一些甲骨文甚至不知如何发音，除了以图片方式将其插入译稿，没有别的方法可以输入。另外，涉及中国古代法律的翻译，“双语语言学家”应当包括对中国古代文化和语言同样熟稔的双语学者。然而，国家对翻译的重视程度远远不够，许多学校科研考核不考虑译作，译者的付出与获得的回报严重不成比例，这又是译者不得不面临的现实问题。

参考文献：

[1] 本雅明 . 译者的任务（张旭东译）[J/OL]. https://www.douban.com/group/topic/11656375/.

[2] 黄巍 . 议法律翻译中译者的创造性 [J]. 中国翻译，2002：2.

[3] 李美 . 汉英翻译高级教程 [M]. 上海：华东理工大学出版社，2016.

[4] 童明 . 说西 - 道东——中西比较和解构 [J/OL]. https://wenku.baidu.com/view/587ded9cf46527d3250ce07e.html.

[5] 汪榕培，李正栓 . 典籍英译研究 [M]. 保定：河北大学出版社，2005.

[6] 王继恒 . 人文视野中的环境法：一个法的开放式内涵阐释的新尝试 [J]. 江西理工大学学报，2014：35(2).

[7] 熊荣敏 . 论汉英法律翻译中的“信”——以《唐律疏议》为例 [J]. 高等函授学报，2012 : 6.
[8] 严存生 . 西方法律思想史 [M]. 长沙：湖南大学出版社，2005.
[9] 张法连 . 法律英语翻译教程 [M]. 北京：北京大学出版社，2016.
[10] 张晋藩 . 中华法制文明史 [M]. 北京：法律出版社，2012.
[11] 赵长江 . 十九世纪中国文化典籍英译史 [M]. 上海：上海外语教育出版社，2017.

霍译《红楼梦》连动句翻译例析

Skills Applied to the Translation of Sentences with Verbal Structure in *The Story of the Stone* by Hawkes

山东农业大学外国语学院　倪庆行

摘　要：连动句在《红楼梦》中占有较大的比重，动词的铺陈使得描摹状物鲜活生动。霍克斯所译的《红楼梦》译文流畅，在翻译连动句这一特殊句式时，译者匠心独运地针对英汉语的不同特点，用重形合的英语信达雅地再现了重意合的汉语。分析连动句的翻译技巧及变通策略对翻译实践大有裨益。

关键词：红楼梦　连动句　形合　意合

Abstract: Sentences with serial verbs occupy a larger proportion in *The Story of the Stone* and the application of sentences with verbal structure in series makes the description vivid and true to life. When translating these special sentences, Hawkes, in accordance with the different characteristics between English and Chinese, ingeniously uses hypotaxis-centered English to express parataxis-centered Chinese faithfully, expressively and elegantly. Making an analysis of translating skills and maneuvering strategies employed by Hawkes in translating sentences with serial verbs will be of great benefit to the practice of translation.

一、引言

《红楼梦》的英文全译本 *The Story of the Stone* 是英国汉学家大卫·霍克斯（David Hawkes）的扛鼎之作。1970 年，霍克斯利用和企鹅出版社合作的机会，启动了《红楼梦》的全本翻译工作，耗时 10 年，翻译了红楼梦前八十回，分别在 1973、1977、1980 年出版了英文版《红楼梦》分册，后四十回由霍克斯的女婿汉学家闵福德完成。由此，西方世界第一部包含 120 回的英文全译本《红楼梦》诞生了。霍克斯不仅是世界闻名的汉学大师，对中国文化有着极深的造诣，而且还是红学大师，在红学研究领域颇有建树，霍译《红楼梦》英文版在西方世界拥有不可撼动的经典地位。

对于形合与意合，连淑能（2012）在著述《英汉对比研究》中提道："所谓形合，指的是词语或分句之间用语言形式手段（如关联词）连接起来，表达语法意义和逻辑关系。所谓意合指的是词语或分句之间不用语言形式手段连接，其中的语法意义和逻辑关系通过词语或分句的含义表达。"汉语重意合，言简义丰，概括灵活，追求语句各意群、成分的内在关系的连接与对应，不滞于形，以意统形，强调以时间顺序和事理顺序排序，没有形态变化，这些特点相互融合，体现在汉语的各个层次。一些句子或分句有时不分主从关系，而只是并列在一起，通过意义连接起来，功能词或连接短语用得较少。汉语无形态变化，因而只有靠语序和虚词来表示各种语法关系。动作的先后顺序与语序对称先发生的事先说，后发生的事后说，构成了一种线性横向排列式的结构，某一意义或意群往往依靠一系列的线性句法单位逐步加以展开叙述，构成“竹竿”型句式。而英语重形合，语法严谨，主谓结构中的主语不可或缺，谓语动词是句子的核心，统领各种关系，句子主次分明，层次井然。各句子成分之间或词语之间必须在人称、数、性、意义诸方面保持协调一致。各个句子、语段常由一定的功能词和规范的形式标记连接起来。在句法上，从句套嵌从句，修饰语接修饰语，句长而意不乱。英语句子往往以一个主谓宾结构为核心框架，然后以此为结构向外延伸与扩展，附上各种次要结构，构成“葡萄”型句式。牛保义（2009）在其主编的《认知·语用·功能——英汉宏观对比研究》编者札记中评述王寅教授撰写的《英汉语言宏观结构的区别特征》时指出：“文章粗线条地勾勒出了英语和汉语在遣词造句、谋篇构架等方面的九种区别性特征：形合法与意合法、葡萄型与竹竿型、后续性与前置性、正三角与倒三角、剪辑式与临摹式、名词化与动词化、虚用型与实说型、具体词与概括词、浓缩性与展开性。这一宏观把握既翔实全面又生动形象，对于提高英语表达水平和英汉翻译能力大有裨益。”鉴于此，翻译时译者要结合英汉两种语言的具体特点，调动各种手段，精心措辞，使译文更加顺畅，更加符合译入语的规范。

二、连动句的翻译

黄伯荣和廖序东（2010）在其主编的《现代汉语》指出：“由连谓短语充当谓语或独立成句的句子叫连谓句。连谓句内部的几个谓词不管语义关系如何，排列顺序大都是遵循时间先后，即先出现的动作在前，这些谓词都可以分别跟同一个主语发生主谓关系，即都是陈述同一主语的。”因为这些谓词大多为动词，所以连谓句亦称为连动句。汉语动词灵活多变，富有表现力。汉语在句法上，由于缺乏形态变化，采取了遵循时间顺序的相似原则，即时序与句序有较高的对应性。在表达一些复杂的思想时，按时间顺序层层铺开，逐层交代，因而动词的连用非常普遍。而英语有丰富的时态及各种连接词语来标示动作发生的时间，所以英语句子时序与句序之间可以没有对应性，即某一个动作可以先讲，也可以后讲，位置的自由度比较大。英语句子主要采用主谓结构，谓语动词受动词形态变化的约束，非谓语动词则要根据所作的句子成分灵活运用。汉语连动句动词量较多，而英语限定性动词较少，这就使得翻译连动句并非易事。下面就《红楼梦》出现的一些连动句，赏析一下汉学家霍克斯的精彩译文。

Osgood (1980) 区分出语言中有两种语序：自然语序与特异语序。自然语序依照时间发生叙事，特异语序则不依照时序组句，往往负载着说话人的句义重点、语气轻重等信息。汉语主要是自然语序，而英语则两种语序兼而有之。

霍译《红楼梦》在处理连动句时，有时亦步亦趋地照着汉语的句式，几个动词形式一样，罗列起来，作并列谓语，例如：

例 1. 说着一齐下了炕，整顿衣服，又教了板儿几句话，跟着周瑞家的，逶迤往贾琏的住宅来。（第六回）

Grannie Liu **got off** the kang, **adjusted** her clothing, **conducted** Ban-er through a rapid revision of his little stock of phrases and **followed** Zhou Rui's wife through various twists and turns to Jia Lian's quarters.（Chapter 6）

该句连用五个动词，译者将前四个动词依照原文的时间顺序排列，未作任何顺序的调整，译文用四个动词的一般过去时作并列谓语，而将最后一个动词很巧妙地用介词 to 来表达。

然而这种情形并不多见。更多的情形是，在翻译复杂连动句时，关键是要找出主干动词，厘清非主干动词与主干动词的关系，然后借助于英语丰富的形态，将非主干动词以适当的形式表现出来。正如刘士聪主编的《<红楼梦>翻译研究论文集》收录的刘艳丽撰写的论文指出:"这类句子的翻译，理清动词之间的关系，找出主干性动词译为 S-V 形式，然后将修饰性动词译为适当的形态，挂靠在主干是关键。"这些形式可以是介词、名词、形容词、副词、动名词、不定式、现在分词、过去分词等。

1. 借助于介词

例 2. 一面引人出来，转过山坡，穿花度柳，抚石依泉，过了荼蘼架，入木香棚，越牡丹亭，度芍药圃，到蔷薇院，傍芭蕉坞里盘旋曲折。忽闻水声潺潺，出于石洞；上则萝薜倒垂，下则落花浮荡。（第十七回）

He led them **out of** the 'village' and **round** the foot of the hill:

through *flowers and foliage,*
by *rock and rivulet,*
past *rose-crowned pergolas*
and rose-twined trellises,
through *small pavilions*
embowered in peonies,
where scent of sweet-briers stole,
or pliant plantains waved –

until they came to a place where a musical murmur of water issued from a cave in the rock. The cave was half-veiled by a green curtain of creeper, and the water below was starred with bobbing blossoms. (原文句子书写形式如此)（Chapter 17）

原句动词十四个，如果译者不作任何变通，直接将这些动词罗列过去，译文将会非常烦琐，不忍卒读。译者将 led 作为主干动词，其他非主干动词则以适当的形式依托在主干动词上。用介词 out of、round、through、by、past、through 分别翻译了"出来""转""穿""度""抚""依""过""入""越"，这样就减少了英语译文动词的数量，其余动词则出现在从句中，使得译文符合规范，行文顺畅。

2. 借助于名词

例 3. 黛玉自在枕上感念宝钗，一时又羡他有母有兄，一面又想宝玉虽素昔和睦，终有嫌疑。（第四十五回）

As she lay there alone, Dai-yu's **thoughts** turned to Bao-chai, at first with gratitude, because of her kindness, but afterwards a trifle enviously, because Bao-chai had a mother and brother and she had none. Then she began thinking about Bao-yu and herself: how they had been such good friends to start with, but how later on suspicion and misunderstanding had grown up between them.（Chapter 45）

译文将原文断为两个句子。第一个句子中，译者将"感念""羡"共同的东西 thoughts

抽取出来作主语，用 turned to 作谓语，即“思绪投向宝钗”，然后分别加以修饰，“感念”用了 with gratitude，“羡”用 enviously，这样译文非常符合英语重物称的习惯。第二个句子中，“想”作为主干动词，译者稍作调整译为 thinking about 作为 began 的宾语。

例 4. 妙玉忙命丫鬟引他们到那边去坐着歇息吃茶，自却取了笔砚纸墨出来，将方才的诗，命他二人念着，遂从头写出来。（第七十六回）

Adamantina told the little maid to take them round to the back where they could sit down and have some tea. She herself took paper, inkstone, brush and ink and began writing out the poem in linked couplets at the other two's **dictation**.（Chapter 76）

该句共计 46 个汉字，13 个动词共计 16 个汉字占了句子长度近 35%，动词非常集中。译者很巧妙地将这些密集的动词作了疏散分解。译者将原文译为两个句子。第一个句子主干动词为 told 将“命”译出，紧接着用不定式 to take 将“引”译出，用介词短语 round to the back 将“到那边去”译出，而“坐着歇息吃茶”则融入以 where 引导的定语从句中，其中“歇息”未译出。第二个句子用了两个并列谓语 took 和 began，最为出彩的是“命他二人念着”译为 at the other two's dictation，将“念”用名词 dictation 译出。

3. 借助于形容词

例 5. 贾瑞听了，喜之不尽，忙忙的告辞而去，心内以为得手。盼到晚上，果然黑地里摸入荣府，趁掩门时，钻入穿堂。（第十二回）

Jia Rui was beside himself with delight and hurriedly took his leave, **confident** that the fulfilment of all he wished for was now in sight. Having waited impatiently for nightfall, he groped his way into the Rong-guo mansion just before they closed the gates and slipped into the gallery.（Chapter 12）

译者在翻译该句连动词时运用了英语的多种形态。第一句中，“听”结合上下文省略未译，“喜之不尽”用一个固定的介词短语 beside himself 外加 with delight 修饰，“告辞而去”用 took his leave 译出，而“心内以为得手”则转变为形容词分句作状语，用 confident 接 that 从句。第二句中，译者以“摸”“钻”作为并列主干动词，用一般过去式 groped，slipped 译出，“盼”在主干动词之前发生，则用现在分词的完成形式 having waited impatiently 译出。“趁”则出现在以 before 引导的状语从句中。

例 6. 香菱拿了诗，回至蘅芜苑中，诸事不顾，只向灯下一首一首的读起来。（第四十八回）

Caltrop carried the book back with her to Allspice Court, and sitting down under the lamp, began reading the poems, **oblivious** to all around her.（Chapter 48）

译者将“拿”“读”作为主干动词，用一般过去式 carried 和 began reading 译出，“回至”则用介词 back to 译出，并根据句意添加了 sit 这个动词，以现在分词的形式作状语，将“诸事不顾”译为形容词短语 oblivious to all around her 置于句末作状语，非常巧妙。

4. 借助于副词

例 7. 贾芸赌气离了母舅家门，一径回来，心下正自烦恼，一边想，一边走，低着头，不想一头就碰在一个醉汉身上。（第二十四回）

Angrily leaving his uncle's house behind him, he was on his way back home, eyes fixed on the ground as he brooded miserably on his affairs, when he walked head-on into a drunkard.（Chapter 24）

译文将“回来”“走”体现在主句 he was on his way back home 之中，其余动词分别作了如下处理：“离”译为现在分词作时间状语，“赌气”译为副词 angrily，“烦恼”译为副词 miserably，“低着头”译为独立主格结构 eyes fixed on the ground，“碰”译为时间状语从句中的谓语 walked head-on。整句译文未囿于原文句式的限制，而是重新整合，在主句上依次挂靠相关信息，将原文流畅地表达出来。

例 8. 一面说，一面坐起来，挽了一挽头发，披了衣裳，只觉头重身轻，满眼金星乱迸，实实撑不住。（第五十二回）

So saying, she sat up again in bed, knotted up her loosely flowing hair, and drew a jacket on over her shoulders. Her body felt abnormally light and she was almost overcome with dizziness. It really did seem as if the effort would be **too much** for her.（Chapter 52）

原文六个连续的动词主语都是晴雯，但译文译为三个句子。第一个句子以 she 作主语，“坐”“挽”“披”译为并列谓语 sat，knotted，drew，而将“说”以现在分词形式 saying 作状语，表示伴随状况。第二个句子用了一个并列句，主语物称人称兼有。第三个句子则另起炉灶，以无人称代词 it 作主语，“撑不住”则体现在 as if 表语从句中的副词 too much。

5. 借助于动名词

例 9. 且说宝玉自进花园以来，心满意足，再无别项可生贪求之心，每日只和姊妹丫鬟们一处，或读书，或写字，或弹琴下棋，作画吟诗，以至描鸾刺凤，斗草簪花，低吟悄唱，拆字猜枚，无所不至，倒也十分快意。（第二十三回）

Life for Bao-yu after his removal into the garden became utterly and completely satisfying. Every day was spent in the company of his maids and cousins in the most amiable and delightful occupations, such as

reading,
practising calligraphy,
strumming on the qin,
playing Go,
painting,
composing verses,
embroidering in coloured silks,
competitive **flower-collecting**,
making flower-sprays,
singing,
word games and
guess-fingers.

In a word, he was blissfully happy. (原文句子书写形式如此)（Chapter 23）

汉语注重人称，英语注重物称，这种区别在该句的原文和译文对比中得到了很好的体现。原文的主语是宝玉，后面所有的动词都是说明主语的。而译文将人称换为物称，主语成了 life 和 Every day，并且 Every day 一句用被动语态，更符合英语被动思维的习惯。宝玉的所有这些活动，用 occupations 作统领，然后依次用动名词形式（最后两个用的名词 word games and guess-fingers）将这些动词列出，每项活动自占一行，读者一目了然。

例 10. 且往大观园中来，绕过群山，至北界墙根下往外听，隐隐绰绰听了一言半语。（第六十九回）

The ban did not however prevent her from **slipping** out into the Garden when everyone else had gone, **making** her way round it between the rocks and the perimeter wall to the foot of the wall that separated it from Pear-tree Court, and **eavesdropping** on what was going on inside.（Chapter 69）

原文中，该句这几个动词主语都是王熙凤，但译者另辟蹊径，将上文中的禁忌 ban 作主语，符合英语重物称的习惯，用了 prevent 作谓语，而将这几个动词以动名词的形式一起作介词 from 的宾语，译文连贯紧凑。

6. 借助于不定式

例 11. 原来这门子本是葫芦庙内一个小沙弥，因被火之后，无处安身，欲投别庙去修行，又耐不得清凉景况，因想这件生意倒还轻省热闹，遂趁年纪蓄了发，充了门子。（第四回）

Finding himself homeless after the fire, and bethinking himself that a post in a yamen was a fine, gentlemanly way of earning a living, and being furthermore heartily sick of the rigours of monastic life, the little novice had taken advantage of his youth **to grow his hair again** and **get himself a post** as an usher.（Chapter 4）

整个译文对原文重新架构，以三个并列的 finding，bethinking，being 现在分词短语作原因状语，将相关动词融入其中，主干动词"趁"译为过去完成时 had taken advantage of，而把"蓄""充"译为不定式 to grow his hair again 和 get himself a post 作目的状语。

例 12. 宝玉无精打采的，只得依他。晃出了房门，在回廊上调弄了一回雀儿，出至院外，顺着沁芳溪，看了一回金鱼。（第二十六回）

Bao-yu followed her advice, albeit half-heartedly, and went out into the courtyard. After visiting the cages in the gallery and playing for a bit with the birds, he ambled out of the courtyard into the Garden and along the bank of Drenched Blossoms Stream, pausing for a while **to look at** the goldfish in the water.（Chapter 26）

译文将原文翻译成了两个句子。"依""晃出"译成第一句的两个并列谓语 followed，went。第二句以主干动词"出" ambled 为参照，把"调弄"译为动名词 visiting 和 playing，放在介词 after 之后作状语，"顺"译为介词 along，"看"则译为不定式 to look at 作为译者添加的 pausing 的目的状语。

7. 借助于现在分词

例 13. 那小丫头子已经唬的魂飞魄散，哭着只管碰头求饶。（第四十四回）

The wretched girl, already half-dead with fright, now wept for terror and knocked her head repeatedly on the ground, **entreating** Xi-feng for mercy.（Chapter 44）

译文中把原文中的"哭""碰"作为主干动词采用一般过去式作并列谓语，将第一个动词"唬"转换为形容词短语 half-dead with fright 来修饰主语，而将最后一个动词"求"用了现在分词形式作状语，表示伴随状况。

例 14. 说着便将贾母的杯拿起来，将半杯剩酒吃了，将杯递与丫鬟，另将温水浸的杯换了一个上来。（第五十四回）

She took the cup that Grandmother Jia had just been drinking from and tossed back what remained of the wine in it, then, **handing** the cup to a maid to take away, she replaced it with a clean one that had been previously warmed in hot water.（Chapter 54）

译者将原文中的“拿”“吃”“换”均采用一般过去式作并列谓语，译为 took，tossed back，replaced，而将“递”译为现在分词 handing 作状语，表示伴随状况，整个译文衔接紧密。

8. 借助于过去分词

例 15. 史湘云一心兴头，等不得推敲删改，一面只管和人说着话，心内早已和成，即用随便的纸笔录出，先笑说道：“我却依韵和了两首，好歹我都不知，不过应命而已。”说着，递与众人。（第三十七回）

Xiang-yun was much too **excited** for careful composition. Having, even while they were all talking, concocted a number of verses in her head, she took up a brush and proceeded to write them down, without a single pause for correction, on the first piece of paper that came to hand.

‘There you are!’ she said, handing it to the others. ‘I’ve written two poems using the rhymes you gave me. I don’t know whether they’re any good or not, but at least I have done what was told!’（Chapter 37）

该句动词的处理上，译者将“兴头”用过去分词 excited 译出，用主系表结构 too…for…将“等不得”隐含译出。除主干动词用过去式外，余下的动词，有的用现在分词的完成形式 (having concocted) 表示动作在前，有的用现在分词一般形式 (handing) 作状语，表示伴随状况，还有的放在了时间状语从句中作谓语动词。

例 16. 刘姥姥越发感激不尽，过来又千恩万谢的辞了凤姐儿，过贾母这边睡了一夜。（第四十二回）

Overwhelmed by so much kindness, Grannie Liu went back into the other room to take her leave of Xi-feng, and after thanking her many times over, went off to Grandmother Jia’s apartment to spend the night.（Chapter 42）

译者用 overwhelmed by so much kindness 翻译“感激不尽”，运用过去分词短语作原因状语，主干动词 went back 和 went off 作并列谓语，“辞”则用不定式 to take her leave of 作目的状语，译文流畅自然。

三、结束语

通过以上连动句译例的分析，我们发现汉学家霍克斯并没有囿于汉语特殊句式的羁绊，而是灵活自如地运用英语的习惯表达方式，借助于英语形态的多样性，通过转换词性等手段，最大限度地传达了原文信息，使译文符合译入语读者的阅读习惯。悉心研读霍译《红楼梦》匠心独运的翻译，对比英汉两种语言的不同特征，摸索出其中的规律，将领悟到的翻译技巧运用到翻译实践，无疑是有益的。

参考文献：

[1] 黄伯荣，廖序东 . 现代汉语 [M]. 北京：高等教育出版社，2010.

[2] 连淑能 . 英汉对比研究 [M]. 北京：高等教育出版社，2012.

[3] 刘士聪 .《红楼梦》翻译研究论文集 [C]. 天津：南开大学出版社，2005.

[4] 牛保义 . 认知·语用·功能 英汉宏观对比研究 [C]．上海：上海外语教育出版社，2009.
[5] David Hawkes. The Story of the Stone. London：Penguin Group，1973.
[6] Osgood C E. Salience dynamics and unnaturalness in sentence production. In C E Osgood (ed.) Lectures and Language Performance. New York：Spring-Verlag Inc.，1980.

《骆驼祥子》四译本文化负载词翻译对比研究 *

Contrastive Analysis of the Translation of Culture-Loaded Words Among Four Versions of *Rickshaw Boy*

北京林业大学　吴增欣

摘　要： 翻译不仅是语言的转换，更是文化的传递。文学作品中文化因素的翻译是对译者最大的挑战。基于尤金·纳达文化因素的分类，对比不同类型文化负载词在《骆驼祥子》四个译本中翻译情况，探讨英译本再现原文京味文化和京味语言特色方面的效果，从而更好地推介中国传统文化。

关键词：《骆驼祥子》四译本　文化因素

Abstract: Translation is not only the process of language transformation, but also a way of culture transmission. The translation of culture-loaded words is one of the greatest challenges in literature translation. Based on the classification of cultural elements proposed by Eugene Nada, the study analyzes the translation of culture-loaded words among four versions of *Rickshaw Boy* to explore a better way to present the features of the Beijing dialect.

一、引言

《骆驼祥子》是中国现代文学史上的经典之作，也是京味小说的代表作。在这篇文学巨著中，老舍先生运用流畅的北京口语，精妙传神描绘了旧社会北京城下层市民的悲惨遭遇。小说问世后，被译成 30 多种文字。至今为止，该小说已有四个英译本。其中，最早的英译本是伊万金 1945 年的《洋车夫》；接着吉恩詹姆斯于 1979 年出版了新译本《东洋车》;继而，1981 年外文出版社出版了施晓菁的译本;时隔 30 年后，葛浩文教授翻译的《骆驼祥子》在 2010 年出版，小说也迎来了第四个译本（以下分别简称为伊译、吉译、施译、葛译）。

就内容而言，伊万金的译本对小说进行了改写，更改了小说情节，添加了人物；施晓菁的译文基于《骆驼祥子》1954 年修改版翻译，删掉了最后的部分内容；其他两个版本没有改变原文内容。在语言上，四个版本都自然流畅，有较强的可读性。然而，由于译者身份、文化背景、翻译目的等方面的差异，不同译者对小说独特的文化艺术特色所采用的翻译策略和文化缺省补偿策略不甚相同。在有的译本中，译者为了使译文更容易

*　本论文受中央高校基本科研业务费专项资金资助，项目编号：2015ZCQ-WY-01。

为目标读者所接受，消解原文中的异质，力求“去异求同”，很大程度上造成中国文化的失语（李娜 2012：43）。简言之，小说特有的语言风格和文化背景没能得到最大限度的保留。

本文根据尤金·纳达对文化因素的分类，对比不同类型文化负载词在四个译本中翻译情况，分析不同策略在再现原文京味文化和京味语言特色方面的效果，探讨如何在译文中最大限度地保留背景方言中原汁原味的文化意象，使京味文学走出去，更好地推介中国传统文化。

二、文化因素分类

所谓文化负载词是指某种文化中特有事物的词、词组和习语。这些词汇反映了特定民族在漫长的历史进程中逐渐积累的、有别于其他民族的、独特的活动方式（廖七一 2000：232）。美国翻译理论家尤金·纳达概括了五种文化因素：生态文化、物质文化、社会文化、宗教文化、语言文化（Nida 2004：91）。《骆驼祥子》作为京味儿小说的典型代表，用俗白的语言描绘出北京人的日常生活和民风民俗，尤金·纳达提到的五类文化负载词在小说中都有突出体现。

第一，生态文化负载词包括自然环境、地域特征、动物植物、气候状况等方面的词汇。不同民族存在认知差异，同一事物在中西方文化中所引起的联想也不尽相同。例如，某些动物在中西文化中的隐喻就有很大差异。比如“狗”这一形象在中英文化中存在差异：小说第 3 章，祥子欲将骆驼卖给一位老者，老者说道：“我要说这不是个便宜，我是小狗子。”第 4 章，车夫们起初对祥子有些成见，“初上来，大家以为他是狗事巴结人”。两处提到“狗”都有明显的贬义色彩。在汉语文化中，一些习语或惯用语如“狼心狗肺”“狐朋狗友”“狗急跳墙”“狗腿子”等都将狗和负面形象联系在一起。而在英语文化中，狗的形象并非如此。比如“lucky dog”，“don’t teach old dog new tricks”分别是“幸运儿”“老人”的意思，其感情色彩为中性。

第二，物质文化负载词包括衣食住行、日常用品、生产工具等方面的词汇。小说生动再现了北京城区大杂院内底层市民的生活。比如在人物服饰描写方面，小说第 1 章提到，“长袖小白褂”、“裤筒特别肥”、“千层底”，典型的车夫打扮，表明了人物身份。第 13 章刘四爷生日寿宴前特意要求车夫们要“穿上大褂”，不要穿“短撅撅（穿短褂或小褂）”来赴宴。由此，读者可以清晰体会到，在当时社会，短褂是底层劳动人民的形象，长褂是体面的打扮，也是身份的象征。再比如“甜浆粥、马蹄烧饼、小焦油炸鬼”等吃食生动地再现了二十世纪三十年代北京典型的早餐。“白菜帮子馅的煎包”“杂会面勾一锅粥”“窝窝头”等是穷苦人常有的吃食，而“酱鸡”“熏肝酱肚儿”则是有钱阶层享用的美味。23 章自甘堕落的祥子“吃豆汁多吃几块咸菜”，这样一个细节同样体现了“早餐店通常会免费提供咸菜”这一文化现象。当时的祥子已经不顾及体面，认为“多吃几块免费的咸菜”就是占便宜。缺少这些文化背景知识，译文读者很难体会作者字里行间的真正含义。

第三，社会文化负载词包括政治生活、社会习俗、礼仪方式以及行为习惯等方面的词汇。比如小说中在第 11 章、23 章、24 章多次提到“天桥”这一地名。第 11 章孙侦探恐吓祥子“天桥上见”；23 章祥子“奔了天桥，足玩了一天”；24 章，阮明被抓游街时提到“有的跟到天桥”，“在天桥倒在血泊中的阮明”；元宵节祥子和虎妞逛天桥，好吃的、好玩的琳琅满目。天桥在当时社会有其特定的功能和意义：一方面是最热闹、最繁华的城市中心，另一方面，它也是当时枪毙犯人的场所。就社会习俗而言，15 章祥子和虎妞的婚礼场面的描写，“敲鼓”“上轿”“红袄”“喜字”“红纸”等都是传统中国婚礼的必备要素，突出其红火和喜庆。而西方婚礼大多在教堂举行，新娘穿白色婚纱，可见中西方婚礼习俗截然不同。

第四，宗教文化负载词包括宗教信仰、思想观念以及价值体系等方面的词汇。西方大多为基督教徒，信奉耶稣，相信上帝，而在中国传统文化背景下，“天”是中国人对“神”的惯用称呼，具有无法抗拒的神秘力量。第 3 章，祥子拉着骆驼逃命的时候，自我安慰道：“不必再想谁是谁非了，一切都是天意”，“他放了心，自要老天保佑他，什么也不必怕”。另外，封建迷信是中国传统文化的糟粕，虎妞难产，祥子无奈请来陈二奶奶及其童儿，“画催生符”“磕头”“烧香”，这些体现了封建迷信对普通民众的蛊惑和欺骗。中国传统的宗教文化与译语宗教文化有很大差异。

第五，语言文化。语言、文化、翻译三者密不可分。翻译就是将一种语言所承载的文化信息用另一种语言表达出来。小说以清浅、俗白、活泼、鲜明的语言刻画出人物性格。要表现出原文的语言特色，对于译者来说是很大的挑战。比如，其他车夫嘲笑祥子高攀虎妞，“人家马上就要咚咚嚓了”，以象声词充当谓语，将说话者讥讽、揶揄的口气传神地体现出来；“一领席，埋在乱葬岗子上，这就是努力一世的下场”，“一领席”实际为“用一领席裹着”一句话，将说话者悲观和绝望展示无余；“留下吧，给多少是多少”，“老者，给多少是多少！”祥子的一句重复，道出了其忠厚老实，不善言辞的性格和恳请老者买骆驼的急切心情。

三、不同译本文化负载词翻译对比分析

通过分析小说中出现的历史典故、日常生活、社会风俗等方面的具体实例，我们对比四译本中对文化负载词的翻译策略的异同。

1. 传递历史人物形象和文学意义的文化负载词

（1a）刘四爷看出地面上的英雄已成了过去的事儿，即使黄天霸在世也不会有多少机会了。（老舍 2010）

伊译：全句省略未翻译

吉译：Even if those great old heroes Li K’uei and Wu Sung had still been alive, they wouldn’t have been able to carry on either.

施译：No one could set himself up any more as a local hero, and that even if Tyrant Huang were to come to life again, he would find little scope.

葛译：Even if the legendary Li Da and Wu Song were to reappear, their skills would find no outlet.

本句出自第 4 章，在介绍车场老板刘四爷时，用“黄天霸”这一历史人物来烘托和对比刘四爷这一重要人物。伊译中将整句话略去；施译中略去了对“黄天霸”的翻译，将其笼统概括为 a local hero；吉译对“黄天霸”添加了必要的解释，即 great old heroes Li K’uei and Wu Sung；葛译是 legendary Li Da and Wu Song。施译和伊译省去对“黄天霸”翻译是出于对译文读者便于理解的考虑，但是，过于灵活处理的代价是牺牲了原文中的文化负载信息，从文化交流的角度看，在很大程度上丧失了翻译的意义。相比之下，吉译和葛译

能够帮助读者了解中国历史人物形象，激发读者了解中国历史文化的兴趣。另外，great old heroes Li K'uei and Wu Sung 和 legendary Li Da and Wu Song 相比，legendary 更为准确，因为李逵和武松是出自文学作品《水浒传》中的英雄人物，并非在人们的现实生活中。由此可见，葛浩文对于此处的翻译最大限度地考虑到文化信息的准确传达。值得注意的是，《水浒传》中的英雄人物李逵在葛文中被误译为 Li Da（李达为李逵的哥哥），这对于国外读者有误导作用，这在翻译中应该避免。

（1b）（有急用钱的，有愿意借出去的），周瑜打黄盖，愿打愿挨。（老舍 2010）

伊译：Chou Yu and Hwang Kai in the story of "the Three Kingdoms" Chou struck his friend Hwang to prove to an enemy general that they were no longer friends; one was happy to strike and the other to be struck, so what could be wrong with it, whatever the bystanders thought?

吉译：There were those who needed the money and those who were willing to lend it. It was mutual aid!

施译：省略未翻译

葛译：Like Zhou Yu pretending to hit Huang Ga — one ungrudgingly gives; the other cheerfully takes.

第 8 章，高妈认为自己放高利贷合情合理，就是"周瑜打黄盖，愿打愿挨"。对于这一俗语，施译作了省略；吉译试图消除译语读者的理解障碍，用 mutual aid 对习语"周瑜打黄盖，愿打愿挨"进行解释和转换；伊译和葛译的译文保留了 Zhou Yu 和 Huang Gai 这一历史典故。所不同的是，伊译侧重对典故内容和背景的详细解释，而葛译重点在于典故的含义，即"one ungrudgingly gives; the other cheerfully takes."显然，伊译对典故本身的解释显得冗长、生硬，影响了译文的流畅性，也给译语读者造成不必要的理解障碍。由此看来，此处，葛浩文对于传统文化中习语和典故处理时兼顾了源语文化传播和译语可读性的平衡，达到了较为理想的效果。

（1c）徐庶入曹营，一语不发。（老舍 2010）

伊译：全句省略未翻译

吉译：I'll make like Hsu Shu in Ts'ao's camp and won't talk.

施译：He's sure to ask questions but I'll hold my tongue to begin with.

葛译：I'll remind him of Xu Zhe, who was brought as a prisoner to Cao Cao's camp, and not say another word.

四个译本中，伊译和施译都未提及徐庶，从而使译文读者失去了了解中国古代文化典故的机会。对比吉译和葛译，葛浩文添加了 prisoner 和 was brought to Cao Cao's camp 等对人物身份的必要注释，使译文读者对这一典故的人物身份以及故事发生的背景有了进一步了解，能够更有效地传递文化信息。但是，与上文中"李逵"的误译类似，葛文将"徐庶"翻译为 Xu Zhe，又一次在历史人物的翻译中出现错误。

2. 传递北京市民生活和文化习俗的文化负载词。

（2a）早八点半，先给你们摆，六大碗，俩七寸，四个便碟，一个锅子；……亲友们吃三个海碗，六个冷荤，六个炒菜，四大碗，一个锅子。（老舍 2010）

伊译：At eight-thirty in the morning I will spread out for you six main courses with as many large bowls and two seven-inch bowls, four small plates and one chafing dish; ...They will be served three large meat courses, six platters of cold meats, six bowls of vegetables roasted in a frying pan, four more large dishes, and a chafing dish.

吉 译：I'll have six main dishes, four side dishes, and one soup, all for you, at eight thirty that morning....They'll be fed three seafood courses, six cold meats, six stir-fried dishes, four main courses, and one soup.

施译：At eight-thirty in the morning, you'll get your meal. Six big dishes, two seven-inch platters, four small dishes and a dip.... They will be having three king-size bowls, six plates of cold meats, six cooked dishes, four large dishes and a dip.

葛译：You'll get fed at half past eight in the morning. Six large platters, two seven-inch platters four small platters and a hot pot.... I'll be entertaining friends and relatives with three extra-large bowls, six plates of cold meats, six stir-fired vegetable dishes, four large bowls, and a bot pot.

除了吉译，其他三个译本都尽量生动地再现了原文作者对餐具的描述："七寸"、"海碗"、"大碗"等，这些细节一方面表明当时物资匮乏，餐具尺寸意味着饭菜量的大小和宴请的档次，另一方面也反映出刘四爷财大气粗的炫耀神气。但是译文中普遍采用了platter, 但是事实上，海碗是指很深的大碗，而platter却是指大尺寸的浅盘子，由此看来，小说中的有些细节信息还需要更深入的考量。

（2b）都穿上大褂，谁短撅撅的进来把谁踢出去！（老舍 2010）

伊译：You must wear your long gowns, and the man who comes in dressed in a miserable short jacket is the man who will get kicked out.

金译：Everyone must wear a long gown and whoever comes with his rump showing gets kicked out!

施译：You're all to wear long gowns, anyone who shows up in a short jacket gets kicked out.

葛译：So I want you to wear long gowns. Anyone who shows up in a short jacket gets booted out. I'm telling you this so you won't gape at the food.

刘四爷口中的"短撅撅"是指车夫们平日穿的短褂，施译和葛译中的short jacket似乎不能将刘四爷好面子及对车夫们的居高临下很好地表现出来。另外对于译语读者来说，可能对jacket造成误解，无法理解源文体现的文化。

（2c）有人心的给我出十大枚的礼，我不嫌少；一个字儿不拿，干给我磕三个头，我也接着。（老舍 2010）

伊译：Those who have any sympathy in your hearts for your man can give me ten large coppers each as a birthday present, and I won't consider the amount too small; if you don't bring me a single copper, but only knock your head on the ground three times before me, I will still accept that.

吉译：Of course, those who are generous will give me ten cents and I won't grumble that it's too little. If you don't bring even a penny, just kowtow three times.

施译：Those with a heart can give me ten coppers as a present and I won't think it too little. If some of you just Kowtow to me three times without giving a single cent, I'll accept that too.

葛 译：Anyone with a heart can cough up ten cents, and I won't consider that an insult. If you prefer to kowtow to me three times instead of giving me money, I'll accept that.

本段文字依然是刘四爷在生日宴前讲给车夫们的话。短短一句话却蕴含丰富的中国传统文化元素。从礼仪上来说，与西方庆祝生日点蜡烛、许愿、送礼物的习俗不同，中国祝寿讲究随礼（送礼金）、磕头。对于译文读者来说，给寿星随礼不太容易理解，所以伊译中 ten large coppers（十个铜板）加上 as a birthday present（作为生日礼物）的翻译能够有效避免文化信息隐形，在帮助读者理解的同时，传递了中国文化。另外，随着中国文化的传播，磕头（Kowtow）已经成为新形成的英文词汇，不必像伊译解释成 knock your head on the ground，这也是翻译与时俱进的体现。再次，“十大枚的礼”完全没有必要像吉译中归化为“美分”cents；同样，“有心”归化为 generous 和 sympathy 也并不恰当，很多时候，归化处理阻碍源语文化和深层含义的传达。

（2d）大概字号还很老，至少也和瑞蚨祥，鸿记差不多。（老舍 2010）

伊译：Probably its firm name was very old, at least as old as the Auspicious Water Beetle or the Sign of the Wild Swan.

吉译：At least it wasn't much different from other long-established shops in Peking.

施译：省略未翻译

葛译：He suspected that Fang might have some sort of financial arrangement with the post office, which had established moneymaking enterprises all over town, including establishment like the Ruifuxiang Company and Hongji , which is why she was so eager to get him to open an account.

既然是老北京最负盛名、众人皆知的老字号店铺，此文化信息理应将其作为一种传统文化信息传递给异域读者。伊译将其翻译为 Auspicious Water Beetle or the Sign of the Wild Swan，失去了原文的文化含义。金译只是对两个老字号进行笼统的解释，相比之下，葛浩文更好地传递了这一文化现象。

四、结语

从上文的实例分析可以看出，相对于其他版本，葛浩文的译本能够更多地考虑到原文文化内涵。文学翻译的目的主要是进行不同文化之间的传递，因此好的译文应力求为目标读者表现出原文的文化特色，使目的语带有原汁原味的感觉，在翻译中尽量使用“异化”的翻译策略。当然，我们有时也需要“归化”来消除语言文化障碍，使译文更地道、生动。

参考文献：

[1] 老舍 . 骆驼祥子 [M]. 海口：南海出版公司，2010.

[2] 李娜 . 从《骆驼祥子》英译本看中国文学作品的异境之旅 [J]. 大学英语教学与研究，2012(4)：39-43.

[3] 廖七一 . 当代西方翻译理论探索 [M]. 南京：译林出版社，2000：232.

[4] Nida，Eugene A. Toward a Science of Translating[M]. Shanghai：Shanghai Foreign Language Education Press，2004：91.

论《红高粱》中专有名词的翻译

Translation of Special Terms in *Red Sorghum: A Novel of China*

北京石油化工学院外语系　邓文生　吴　艳

摘　要： 专有名词的翻译在文学翻译中往往起着画龙点睛的作用，其翻译的好坏对作品人物特性的表现、氛围的烘托、乃至主旨的形成均起着十分关键的作用。本文从《红高粱》的人名、地名和物名的翻译着手来讨论专有名词的翻译。翻译家葛浩文对含有特殊意义的人名的翻译在功能上忠实于原作，像原作一样表现了人物的性格特征；其地名翻译同样为作品营造了相关的气氛。葛译本中的专名翻译一方面表现了中华文化的特质；另一方面，又形成了自己新的特性——第三性，既不同于汉语又不同于英语的特征。因此，葛氏对小说《红高粱》的专名翻译对于传播中华文化、丰富英语的表现形式有一定的积极作用，是我们今后文学和文化专名翻译中值得借鉴和推广的。

关键词： 专有名词翻译　《红高粱》　文学翻译　第三性

Abstract: The translation of special terms plays a vital role and is the finishing touch in literary translation. Whether it is successfully rendered impacts the description of character's uniqueness, the creation of outstanding atmosphere, or even the thematic formation. The thesis, oriented from the translation of names, such as names of characters, places and entities in *Red Sorghum*: *A Novel of China* by Howard Goldblatt, is an exploration to the translation of special terms. And the translation of special terms in the novel, especially the names of characters with specific connotations which convey the character's uniqueness, is functionally faithful to the original; as to the places, whose rendition as well sets off the related setting as done in the source text. In all, Goldblatt's translation, on one hand, is a reflection on China's culture, and on the other, constructs something new—a third otherness, which is different from Chinese and English. Therefore, the translation of the special terms by Goldblatt both helps the spread of Chinese culture and enrich the English language greatly, therefore it is worth study.

一、引言

众所周知，无论小说《红高粱家族》还是电影《红高粱》都是十分成功的。电影《红高粱》曾获得 1988 年柏林金熊奖等一系列国际大奖；而小说《红高粱家族》的译本则被选入了 2012 年诺贝尔文学奖评委会的评选名录，最终助力莫言获得了当年的诺贝尔文学奖。这说明电影和小说都获得了世界的认可。显而易见，除了作品本身的优势和特性之外，翻译的作用也功不可没。因此，我们不禁要问：这样成功的译作是如何传递和表现中国文化特质的呢？显然，我们探讨这一问题具有理论和现实的双层意义。理论上我们可以对译学的发展，尤其是对文学翻译的发展做出一点新的探索和发现；现实上则和当前中国文化走出去的战略不谋而合，可以为中华文化走向世界尽绵薄之力。但是，本文并不打算探讨整个译本，因为这既非笔者学力所允许，也非一朝一夕可行。有鉴于此，笔者仅就其中的专有名词（下面简称专名）的翻译进行讨论。

二、问题的提出

谈到专名翻译，我们都知道一条基本的原则：即“名从主人，物从中国”。这就是说，在翻译人名时，我们必须考虑到主人，遵从主人的习俗；而在翻译物名时，则必须考虑到一个国家，遵从中国的习俗。在过去很长一段时间的翻译实践中，这一原则一直被认可并执行。如在杨宪益先生翻译的《红楼梦》中，对“宝玉”、“红玉”和“熙凤”等人名的翻译都是采取直接音译的方式。例如《红楼梦》第 27 回中有这样一节：

例 1. 又问名字，红玉道：“原叫红玉的，因为重了宝二爷，如今只叫红儿了。”凤姐听说将眉一皱，把头一回，说道：“讨人嫌的很！得了玉的益似的，你也玉，我也玉。”[1]

杨译：Next she was asked her name, “I was first called Hongyu.” She answered. “But because of the ‘yu’ in Master Bao’s name they call me Xiaohong now.” Xifeng frowned and tossed her head. “Disgusting! You’d think there was something special about ‘yu’, the way everybody wants that name. ”[2]

显然，这样的译文对于中国读者来说，理解是没有什么问题的。可问题的关键是西方读者并不了解和熟悉中国文化，笔者以为，这样的译文，尤其是专名翻译是难以理解的，虽译犹未译也。因为杨先生其实只是按照“名从主人”的翻译原则来处理的人名；对于这种音译，现在也有学者认为是“零翻译”，笔者也认为这种译文实际上是没有翻译。

而霍译本是这样处理的：

“And what’s your name?” “ ‘Crimson’. Madam. I used to be called ‘Jade’, but they made me change it on account of Master Bao.” Xi-feng looked away with a frown of displeasure. “I should think so too.” She muttered. “Odious people! One can hear them saying it: ‘we’ve got a Jade the same as you,’ or some such impertinence.”[3]

这里霍克斯（Hawkes）对人名“红儿”和“玉”的处理是采取意译的方式。此处的翻译，相较而言，笔者认为更加流畅，也更易于被西方他者的理解和接受。但是，我们也应看到，霍克斯并非一味地意译到底，其中对“熙凤”就没有意译而是音译。

对于以上的对比分析，笔者并非意在比较译本孰优孰劣，而只是想借此说明“名从主人，物从中国”这一专名的翻译原则确实深入人心，被译家广为采纳、接受。但是，这一原则是否应该成为我们文学翻译中一成不变的金科玉律呢？对于这一问题，只有通过翻译

1　此处引文请参见《红楼梦》第二十七回 滴翠亭杨妃戏彩蝶 埋香冢飞燕泣残红。

2　此处译文引自 Yang Hsicn-yi，Gladys Yang. A Dream of Red Mansions [M]. Beijing：Foreign Language Press，1994.

3　此处译文引自 Hawkes David. The Story of the Stone (Vol.2) [M]. London：Penguin Books，1977.

实践才能回答。

三、《红高粱》中专有名词的翻译

总体而言，葛译本《红高粱》中的专名翻译是非常成功的，其翻译既有鲜明强烈的特色，又恰如其分地发挥了自己的功用，承担了自己的角色。甚至可以说，其译文为小说原文增添了一抹炫目的亮色，而专有名词的翻译在其中起着画龙点睛的作用。一方面，其译文忠实于原文，像原文一样准确地传递了人物的特性，很好地营造和烘托了文本情节的氛围，甚至对文本主旨的形成都起着一定的关键作用。让我们来看看葛浩文（Howard Goldblatt）是怎样来处理其中的专名的。

在该小说文本中，专名大致可分为人名，地名和物名三类。对于这些专名，葛浩文分别采取了不同的翻译策略和方式。对于人名的译法，请见以下各表所示：

表 1：人名的译文

余占鳌	Yu Zhan'ao	单扁郎	Shan Bianlang
戴凤莲	Dai Fenglian	豆官	Douguan
王文义	Wang Wenyi		

表 2：呼语的译文

罗汉大叔	Uncle Arhat	单五猴	Five Monkeys Shan
占鳌大哥	Elder Brother Zhan'ao	小颜	Little Yan
刘大号	Bugler Liu	小陈	Little Chen
曹梦九	Nine Dreams Cao	老余	Old Yu
曹鞋底	Shoe Sole Cao	老杜	Old Du
曹二爷	Second Master Cao	刘婆子	Woman Liu
曹二鞋底	Second Shoe Sole Cao	晏婴	Master Yanying
吴老头	Old Man Wu	鲁班	the master carpenter Lu Ban
吴三老	Wu the Third	关爷	the swordsman Lord Guan
单老头	Old Man Shan	孔夫子	the wise Confucius
张二妹	Second Sister Zhang		

表 3：昵称的译文

九儿	Little Nine	顺儿	Harmony
倩儿	Beauty	恋儿	Passion
痨痨四	Consumptive Four	路娃	Road Boy

表 4：姓氏排行的译文

孙五	Sun Five	方六	Fang Six
方氏兄弟	the Fang Brothers	方七	Fang Seven

表 5：绰号的译文

余大牙	Big Tooth Yu	王大爪子	Big Claw Wang
冷麻子	Pocky Leng	小白羊	Little Lamb
疤眼子	Scar Eye	黑眼	Black Eye
花脖子	Spotted Neck	瞎子	Blind Eye
哑巴	Mute	江矮脚	Little Foot Jiang
凤凰三点头	Three Nod Phoenix		

表 6：头衔职务的译文

余司令	Commander Yu	八路爷	Eighth Route Master
任副官	Adjutant Ren	村长	Village Chief
冷支队	Detachment Leader Leng	县长	County Magistrate
王旅长	Wang Regiment		

表 7：地名的译文

墨水河	the Black Water River	曲阜	Qu Fu, the home of Confucius
东北高密乡	Northeast Gaomi Township	西凉界	the State of Xiliang
胶平公路	The Jiao-Ping Highway	盐水沟	Saltwater Gap
谭家坑	Tan Family Hollow	西村	West Village
蛤蟆坑	Toad Hollow	东村	East Village
白马山	White Horse Mountain	马庄	Ma Hamlet
平都大湿地山区	the Great Marshy Mountain Region of Pingdu County	三河山地区	the Three Rivers Mountain Region
梨花河	Pear Blossom Creek	乱冢地	All-Souls Grave
八角玻璃井	Octants, the glass well	鱼滩	Fish Beach
平都镇	the town of Ping Du Ping Du County	泰山	Mount Tai
		黄河	The Yellow River

表8：物名的译文[1]

牛郎	Herd Boy（Altair）	北斗勺子星	the ladle of Ursa Major
织女	Weaving Girl (Vega)	南头簸箕星	the basket of Sagittarius
银河	The Milky Way	齐家大院	the Qi compound
茂腔	Maoqiang arias	齐家翰林	the Qi-family Hanlin scholar
汉阳造	Hanyang rifles	伪军	Chinese puppet troops
大跃进运动	Campaign of the Great Leap Forward	婚葬社	the Wedding and Funeral Service Company
灶神	The Kitchen God	铁帮	Iron Society
土地庙	the Temple of Earth God	胶高团	Jiao-Gao regiment
国民党	Nationalist	八路军	Eighth Route Army
天齐庙	Tian Qi Temple	天齐寺	Tianqi Monastery
清明节	Qingming, the day set aside to attend ancestral graves		
中秋节	The Mid-autumn Festival, the fifteenth day of the eighth lunar month		

首先，我们来看人名翻译。从表1我们可以看到，葛浩文采取的是“异化”策略音译方式，而且完全遵从了“名从主人”的原则，即汉语的“姓+名字”的方式，而不是西方的命名习惯。表2则有两种不同的情形。第一种是把人物的特征、排行等采取意译的方式译出，如“罗汉大叔”译成“Uncle Arhat”，这样就很好地传递了人物的体态甚至性格特征；“曹梦九”译成“Nine Dreams Cao”，传递了人物工于心计的特征；“刘大号”译成“Bugler Liu”，传递了人物的职责；“张二妹”译成“Second Sister Zhang”传递了人物在家中的排行，等等。并且，此处译者采取的是归化策略，意译方式，译者没有遵从“名从主人”的原则，而是英美的姓名方式，即“名字+姓”。第二种情形是译者对中国历史文化名人的处理，采取了“解释加直译人名”的方式，如“晏婴”译为“Master Yanying”，“鲁班”译为“the master carpenter Lu Ban”，“关爷”译为“the swordsman Lord Guan”，“孔夫子”译为“the wise Confucius”；这些解释性的翻译让西方读者能够一看就知道这些人名所蕴含的文化意义。表3中的人名则是完全采取意译的方式；这里的译文同样传达了人物的特征。表4的人名，则是姓取“音译”名取“意译”的方式，如“孙五”译成“Sun Five”，“方六”为“Fang Six”，“方七”为“Fang Seven”。这种方式保留了中国的姓名习惯，即“姓+名字”。而表5对人物绰号的翻译，均采取“意译”，准确地传递了人物的特征。表6是对人物头衔、职务的翻译，除了“王旅长”译成“Wang Regiment”为中式的表达之外，其他译文基本上都是译界普遍认可的，没有什么特别。但是，译文“Commander Yu”并不是像我们通常的译法“Commander-in-chief Yu”，此处的译文更加简洁明了。

其次，让我们来看地名的翻译。对于表7中的地名，葛浩文都是采取意译的方式来传达其方位、内涵等特点。如“墨水河”译成“the Black Water River”，表明了河水的特

1　本文中表1~8中的专有名词均引自于莫言，2008. 红高粱家族 [M]. 上海文艺出版社；英文翻译均引自于 Mo Yan (Howard Goldblatt Trans.)，Red Sorghum：A Novel of China [Z]. New York: Viking Penguin，1993 .

质；“东北高密乡”译成“Northeast Gaomi Township”，表明了方位和规模；“谭家坑”译成“Tan Family Hollow”，表明此地谭姓者为多；“蛤蟆坑”译成“Toad Hollow”，表明此地蛤蟆多；“白马山”译成“White Horse Mountain”，则表明山的形状像马等等，不一而足。其次，对于那些非常重要、有着特殊历史或者文化内涵的地名，译者还作了适当的解释和补充，没有采取文外加注的形式。如“曲阜”译成“Qu Fu, the home of Confucius”，译家在音译之后还有简短的解释，这样就表达了“曲阜”最重要的、最有影响的内涵；译文不仅更加清晰明了，而且还呼应了前文的“the wise Confucius”，让西方普通读者对“曲阜”和“孔夫子”又多了一分了解，符合传播中华文化的目的。试想，如果在“Qu Fu”后面没有解释，那么译文就只传递了地名的语符或音符。众所周知，单纯的语符或音符翻译并不能解决地名翻译的实际问题。康志洪先生就认为在地名翻译中，源语——目的语的关系的重要特点之一是源语语符必须适应和服从目的语的社会语用环境和习惯（杨晓军，廖莉莎 1999）。地名翻译的关键不在于语符意义的对等或语音的对应，而在于译名究竟以何种合适的方式在目的语中指称源语名称之所指。在地名解释中，译者实际处理的对象是源语名称的所指而非名称本身，因而可译性在很大程度上与译者的主观能动性相关。译者在翻译的过程中实际上执行着一个对源语名称的所指进行重新命名的行为，从而实现语符——所指关系在目的语的重构。这说明音译之类的语符翻译根本达不到传递文化或历史内涵的目的，起不到桥梁的沟通作用，读者难以了解和接受，达不到宣传中华文化的目的。而如果译文加注，则可能打断读者的思路而不利于保持阅读的流畅性和整体感。在此，我们可以感受到葛译以读者为中心的良苦用心。美国翻译家奈达（Nida）也曾经说过，“Translation means translating meaning（翻译就是翻译意义）”。因此，对于那些具有丰富内涵和所指的地名，译者必须尽力以意译方式传达其内涵和所指，而采取语符翻译的译法似乎不能传递源文内涵。

最后，笔者暂且把其他专名全部归之为物名，尽管其中包括星座、节日、庙宇、帮派等等。首先，葛浩文对星座名的翻译并没有完全遵从天文学命名的方式，而是把握其在文本中或在中华文化中的独特内涵，如“牛郎”译成“Herd Boy（Altair）”，“织女”译成“Weaving Girl (Vega)”，并在译文后加以天文学名称来补称，这样既保留了源文的文化特色，又使得译语意义一目了然；而“北斗勺子星”译成“the ladle of Ursa Major”；“南头簸箕星”译成“the basket of Sagittarius”，译文虽取自天文学的名字，但准确地保留了源文意象；至于“银河”译成“The Milky Way”，一方面是因为译文形象和源文切合，另一方面是因为这已经是英语世界约定俗成的表达，读者已经接受。第二，葛氏对节日的翻译时采取保留源文文化内涵的做法。如“清明节”译成“Qingming, the day set aside to attend ancestral graves”；“中秋节”译成“The Mid-autumn Festival，the fifteenth day of the eighth lunar month”；尤其是“清明节”音译成“Qingming”而不是“Pure Brightness”、“Tomb-sweeping Day”之类加注的形式，或者如“Days of the Dead”之类纯西式的、归化式译文。这种译法既保留了汉语的特色，又为英语创造了新的表现形式，丰富了英语文化的内涵。第三，那些对原文读者来说意义清楚而对译语读者模糊的专名，译者则使译文明晰化。如对中国读者来说，都知道“汉阳造”是一种在汉阳兵工厂生产的步枪，因此译成“Hanyang rifles”；“伪军”显然是指那些充当日本侵略者的帮凶的中国傀儡部队，故译成“Chinese puppet troops”；这些添词不添意的译文都非常准确，让读者一看就能明白。另外，葛浩文还大胆创造新词。如“抃饼”译成“fistcake”，“茂腔”译成“Maoqiang arias”。“抃饼”是山东高密的一种地方小吃，用大饼卷大葱双手拿着吃；而“茂腔”是山东高密的一种地方戏曲。对于这些属于典型的富有民族特色的文化专有项，英语中显然缺乏与之对应的能指和所指。对此，葛氏自创词语来翻译，这样的译文富有中华民族文化特色，准确简明。最后，译者还敢于破旧布“新”。众所周知，对于“国民党”的译法，大家都习惯于译成“Kuomintang (KMT)”，但葛氏却译成“Nationalist”，这是需要勇气的，因为这一译法涉及政治意识形态的问题，这也许是译者的疏忽，或者有意淡化政治意识形态。

从葛氏的专名翻译来看，我们发现其第一大特点是准确简明、生动形象。准确是指其译文忠于源文。他的忠实是从审美意义来考虑的，而不是针对字符意义，或指称意义，最终是确保沟通的效果。当代翻译家林少华就曾说：“就文学翻译来说，审美忠实最重要”（张畅 2018）。这说明审美忠实是文学翻译的关键；简洁是指其专名翻译大多和源文形意相称，简短明了。而生动形象是指其专名翻译最大限度地保留了原文的意象。其人名翻译更多的是准确传递人物外貌、性格和内涵等特征；地名翻译则突显其历史、文化、方位和规模等内涵；物名翻译则是清晰地解释或传达其文化历史内涵和所指等。这和传播学从高语境文化向低语境文化传播的现象相似，因此他增加了一定的阐释。其翻译的另一特点是以译语读者为中心。如其专名翻译大多采取利于译者接受的方式，即遵从译语文化、话语方式、审美心理、习惯、甚至意识形态等，因此译语读者在阅读译文时感觉行文流畅，富有文学之美，唤起了他者对东方的遐想和建构。第三，葛氏的译文并不能以“归化”或“异化”来评判，而是介于二者之间。我们可以看出他的译文准确流畅、形象生动、形式多样；他对于汉语的文化专有项，不但没有消除异质，相反还尽量保持差异，为此他专门创造新词。因此，他的专名翻译一方面遵循了中国文化特色，向西方世界传播了中国文化，另一方面又有新的表现形式，从而丰富了英语文化。总体来看，葛氏的专名翻译很好地传递了原文的审美意义，既有汉语的文化特质，但又不同于二者，而是形成了自己的特性——第三性。《红高粱》译本获得多项国际大奖，并最终入选诺奖评委会，这就证明其翻译是成功的；我们可以想见其专名翻译也是如此。

四、结语

笔者认为葛氏的专名翻译也还存在某些值得商榷之处。如对人名的翻译就存在不一致的译法，有的遵从中国的表达法，如表 1；有的却遵从英美方式，如表 2。笔者认为还是采取一种方式为好。其次，还有一些人名译文的语体并不忠于原文，如“Beauty”之类。我们可以译成“Beautie”就可兼顾意义和语体。另外，还有几个不太清晰之处。如对“平都”的处理，在前面被译成“the town of Ping Du”，在后面则译成“Pingdu County”。这让读者难以辨别“平都”到底是一个镇还是一个县呢？可以改为“Pingdu Point”，因为在英、美等国的很多小镇都是以 Point 命名的，如 West Point 等；还有“Wang Wenyi”宜改为“Wang Wenyee”以利于西方读者的认读。另外，“吴三老”译为“Wu the Third”会让人误以为是“吴王三世”之类。因为在英语中，一般只有国王、皇帝、女王等专名可以这样译，可改为“Wu the Third Oldie”更加清楚；还有“the wise Confucius”并没有完全表达出“孔夫子”在中国文化中的重要性和内涵，可以改为“the thinker Confucius”。其他欠周的如“天齐庙”译成“Tian Qi Temple”，“天齐寺”译成“Tianqi Monastery”，这可能和原文有误不无关系。根据上下文语境，译者可以辨别原文应该为“天齐庙”。同一地名在译本中不应出现两种不同译文，以免造成误解。另外，“天齐庙”也可译为“Heavenly High Temple”以更好地传达其内涵。

虽然笔者在这里挑出了几个瑕疵，但是“瑕不掩瑜”，葛氏译作给文学翻译，尤其是文学的专名翻译提供了很好的借鉴。首先，我们不能一味遵从“名从主人，物从中国”的原则，而必须以文本语境出发，考虑译文的文学性、审美性，因地制宜，相时而动。因为“其实专有名词的翻译，是文学翻译中的重要环节，最近不少译者翻译外国名著时，看到人名地名，不管三七二十一，一概照着国内出版的种种“译名手册”，见招拆招，手起笔落，译起来快捷方便之至。这种做法，其实最适合新闻翻译，文学翻译是否应该把专有名词一律统一，而不顾及全书背景气氛的营造、人物性格的勾画，以及角色形象的描绘等重要因素，实在值得商榷。”这是翻译家金圣华（傅敏 2006）在 1990 年论述傅雷的翻译时所发表的观点，虽然时隔近 30 年，对文学翻译者来说，依然振聋发聩，堪之金玉良言。其次，我们必须以译文读者为中心，以交际效果（communicative effect）为驱动，在语符、文化和交际中权衡以取得理想的效果。

专有名词虽小，但是其译文在文学翻译中往往起着画龙点睛的作用，其翻译的好坏对作品人物特性的表现、氛围的烘托、乃至主旨的形成均起着十分关键的作用。因此，在翻译实践中，专名翻译不容忽视。

参考文献：

[1] 金圣华 . 傅译《高老头》的艺术 [C]// 傅敏 . 傅雷谈翻译 . 北京：当代世界出版社，2006：96.

[2] 杨晓军，廖莉莎 . 东西方地名文化比较及翻译策略 [J]. 湖南湘潭师范学院学报 (Vol.20，No.5)：1999：109-112.

[3] 张畅 . 最好的翻译，是该叛逆还是服从 [N]. 新京报书评周刊，2018-3-24（8）.

Nominalization in the Translation of Legal Texts*
—Transferring from Dynamic to Static State

中国政法大学外国语学院　徐新燕　刘　畅

Abstract: English and Chinese are derived from different cultures and thought patterns, which can be reflected from their different structures of wording and phrasing. The study of dynamic and static states, therefore, is an important branch of the research on Contrastive Linguistics between English and Chinese. Concluded from former scholars, the Chinese language is a verb-prominent language while English is a noun-prominent one. Translation from Chinese to English, accordingly, is actually a process of transferring from dynamic to static state, which is typically embodied in the English translation of verb-oriented words, phrases or sentence structures. Combining the linguistic theories and translation work and then conducting a comparative analysis between Dynamic Chinese and Static English, the article tries to show the differences of dynamic and static states between Chinese and English through bi-lingual texts of *Crime Ordinance* and is typically concerned with the application of nominalization in translation, expecting to provide new ideas concerning legal translation and relevant further studies.

Key words: contrastive linguistics　static and dynamic　C-E translation　legal texts

English and Chinese are respectively the member of the Indo-European family and Sino-Tibetan family that have different thought patterns and expression customs. In the field of English-Chinese contrastive studies and translation studies, it is widely recognized that English is static while Chinese is dynamic in linguistic presentation mode. In other words, English is featured by its predominance of nouns over verbs. Conversely, Chinese often employs verbs, adverbs, verbal phrases, repetition and re-duplication of verbs. According to Quirk (1973 : 43), nouns can be characterized naturally as "stative" in that they refer to entities that are seen as stable, whether these are concrete (physical), or abstract (of the mind). At the opposite pole, verbs are featured as "dynamic": they are fitted by their capacity to show tense and aspect, to indicate action, activity, and temporary or changing conditions.

To be clearer, the relations between the open classes are summarized as follows:

*　本文系中国政法大学教学改革立项项目"法律案例翻译实践教学模式研究"的研究成果。

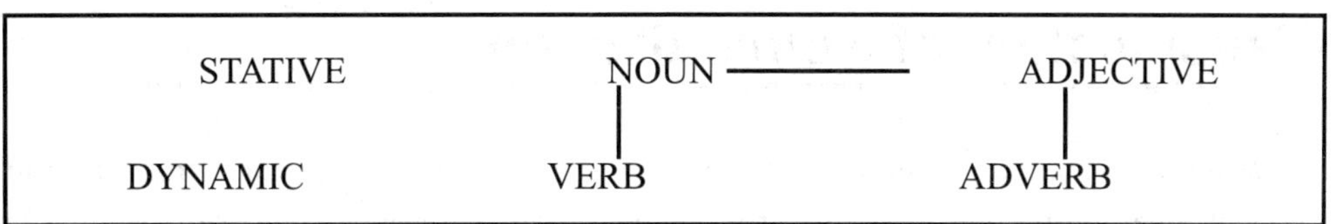

Figure 1 Relations between the classes of nouns and verbs

Diving to the bottom of such differences, R. Nisbett (2004) gave an explanation from the perspective of philosophy, believing that the ancient Chinese did not categorize the world in the same sorts of ways that the ancient Greeks did.

Basing on the conclusion given by Lian Shuneng (2010) in his monograph, *Contrastive Studies of English and Chinese*, Yin Zhenyu (2008) briefly summarized that English static presentation mainly manifests from five following aspects: nominalization, preposition-prominence, sentence pattern of "there be", delexicalization of English verbs and the nouns derivative from verbs, among which nominalization is the most common feature of static English and is hence the strategy with the highest frequency when translating from Chinese to English.

1. Definition of Nominalization

Looking up the term in *A Dictionary of Linguistics and Phonetics* (edited by David Crystal 2008: 328), the definition of nominalization is "the process of changing words from other word classes into nouns, or the derivative process of transforming a clausal pattern into a noun phrase." Hence, whenever one converts a verb or other expressions of movement, he/she is actually creating a nominalization. The word "nominalization" itself, in fact is a good and typical example of the process of "nominalization".

Hu Zhuanglin (1996), holding the similar opinion, regards nominalization as the process in which verbs at lexico-grammatical level and adjectives representing characteristics, rather than playing the role of action expressions and modifiers, are converted into nounal expressions in the sentences after metaphorization.

Briefly speaking, the nominalization of a verb is to staticize it gradually from dynamic to abstract conception. For instance, the sentence with the meaning "This act shall take effect on the day when it is promulgated" in *Crime Ordinance* can be transformed into the expression, "This act shall take effect on the date of promulgation".

Basing on the theory put forward by Zhu Yongsheng (2006), from the perspective of semantic functions, word formation is one of the strategy in order to realize nominalization. To be more specific, the subjects of nominalization at lexical level involve various parts of speech, including verbs, adjectives, modal verbs, conjunctions, and prepositions, etc., while nominalization relates to sentences as well. Under the context of the article, the term "nominalization" discussed equals to that of verbal expressions.

2. Classification of Nominalization

Systematic researches on nominalization have been conducted so far, some of which are from lexical level, while the others are from syntactic level. Various standards of classification are, therefore, concluded by different schools of linguists.

In accordance with English semantics, forms, and grammatical features, Langacher (1991) divided the nominalization into three categories: lexical nominalization, gerundive nominalization and sentential nominalization, respectively with the examples of taking verbal profiles as entities like create-creator, converting verbs into nouns by adding certain affix like retell-retelling and having sentence structures centered on verbs transformed into nominal phrases like perform the labor contracts-performance of labor contracts.

When it comes to the academic achievements by domestic scholars, Zhu Yongsheng (2006) has ever summarized three main classifications of nominalization basing on the theory of grammatical metaphor put forward by Halliday: having the word origins categorized into process (appearing as verbs), quality or attribute (appearing as adjectives), and assessments (appearing as modal verbs, adjectives, etc.). In addition, Zhu Qinghua (2013) has the similar categories to his. Emphasizing the objectiveness and preciseness of legal texts, it is concluded that the nominalization in legal translation focuses on those from verbs, phrases and sentence structures.

For the purpose of this study, the authors endeavor to explore the application of nominalization raising from the verbal expressions from the following four aspects: verbs, modal verbs, the pattern of "v+n" as well as clause or sentence structures centered on verbs.

3. Nominalization in Chinese-English Translation of Legal Tests

As for legal language, David Mellinkoff and Peter M. Tiersma hold similar opinion, respectively believing that "the law is a profession of words" (Mellinkoff 1963), and "our law is a law of words" (Tiersma 1999). Apart from the common features of language, legal language, especially the legislative language, has its unique features, such as precision, accuracy, rigorousness and so on. It is the application of nominalization that satisfies the requirements of legal language and strengthens the seriousness, formality and authority of legal texts. Various evidence of its application, hence, has been witnessed in legislation including *Crime Ordinance*, which is Cap. 200 in the Laws of Hong Kong.

Considering the historical background of the Hong Kong Special Administrative Region, both Chinese and English version of *Crime Ordinance* are authoritative. As a result, it could be a wonderful text for the analysis of nominalization in translation. The following is an analysis of how nominalization has been applied in the C-E versions of *Crime Ordinance*, basing on verbs, modal verbs, the pattern of "v+n" as well as clause or the verb-oriented structure.

3.1 Nominalization of verbs

a. Converting into nouns

In the cases of nominalization of verbs, the original verbs are usually transferred into its nominal forms, most of which are ended with suffix such as "-ence", "-ion", "-ment", "-ure" and so on. Furthermore, the result of nominalization sometimes appears following the pattern of "article (a/the) + n + of + object".

e.g. 1

Chinese: 对没收申请作出裁定

(1) 凡已根据第 153E(3) 条发出申索通知，而警务处处长并无根据第 153E(5) 条终止扣押，则警务处处长须向裁判官申请没收该船只。

- 刑事罪行条例 第 153 条 (f)

English: Determination of application for forfeiture

(1) Where a notice of claim is given under section 153E(3) and the Commissioner does not terminate the seizure under section 153E(5), the Commissioner shall apply to a magistrate for the forfeiture of the vessel.

-Section 153 (f) of *Crime Ordinance*

b. Converting into gerunds

A gerund is a common result of nominalization. Apart from its basic function of conversion into nouns, it can also convey the information, such as the acts or behavior's persistence and progression.

e.g. 2

Chinese: ...... 并检取在该处所或地方发现而该警务人员有合理理由怀疑是属犯第 10 条所订罪行证据的任何物品。

- 刑事罪行条例 第 13 条

English: ...and to seize anything found on the premises or place which the officer has reasonable ground for suspecting to be evidence of an offence under section 10.

-Section 13 of *Crime Ordinance*

3.2 Nominalization of modal verbs

As has been mentioned in Chapter 1 and 2, modal verbs like "应", "须" are frequently used in Chinese legal texts. Their implication of mandatoriness increases the authority of the text, especially the legislative ones. In general, in English version of the text, theses modal verbs in Chinese are directly translated into corresponding English words like "应" to "shall", "须" to "must", etc. Nevertheless, the nouns with similar meanings may omit the use of modal verbs. For instance, "permission", "duty", and so on.

e.g. 3

Chinese: 该作为或不作为如发生，会是由于该人在履行应尽职责相关的情况下，接受虚假文书为真文书或接受虚假文书的副本为真文书的副本所导致的。

- 刑事罪行条例 第 70 条 (f)

English: ...be the result of his having accepted a false instrument as genuine, or a copy of a false instrument as a copy of a genuine one, in connection with his performance of any duty.

-Section 70 (f) of *Crime Ordinance*

3.3 Nominalization of verbal phrases: the pattern of "v+n"

The pattern of "v+n" in China is usually transferred into English prepositional phrases centered on nouns. The most two common translation structures are "the + n + of + object" or "preposition + n". Since the verbal phrases take a large part in the Chinese version, the structures mentioned above appear with higher frequency in English and match this type of nominalization accurately.

e.g. 4

Chinese: 根据本条订立的规例，可订定凡违反该规例的指明条文，即属犯罪，并可订明不超逾罚款 $5000 及监禁 6 个月。

- 刑事罪行条例 第 23 条 (2)

English: Regulations made under this section may provide that a contravention of specified provisions thereof shall be an offence, and may prescribe penalties not exceeding a fine of $5, 000 and imprisonment for 6 months.

-Section 23 (2) of *Crime Ordinance*

e.g. 5

Chinese: 未经律政司司长同意，不得就本条所订罪行提出检控。

- 刑事罪行条例 第 8 条 (6)

English: No prosecution for an offence under this section shall be instituted without the consent of the Secretary for Justice.

-Section 8 (6) of *Crime Ordinance*

3.4 Nominalization of a clause or a structure within a compound and/or complex sentence

Clauses or other parts of the sentence in Chinese can also be nominalized, which will be condensed or transferred as a new constituent in English. As for the reason, it could be the different language customs and linguistic feature. Mostly, verbs work as the center of Chinese sentences from both perspectives of structure and meaning; while, nouns are emphasized and more significant in English.

e.g. 6

Chinese: 任何人制造虚假文书，意图由其本人或他人藉使用该文书而诱使另一人接受该文书为真文书，并因接受该文书为真文书而作出或不作某些作为，以致对该另一人或其他人不利，则该名首述的人即犯伪造的罪行，一经循公诉程序定罪，可处监禁 14 年。

- 刑事罪行条例 第 71 条

English: A person who makes a false instrument, with the intention that he or another shall use it to induce somebody to accept it as genuine, and by reason of so accepting it to do or not to do some act to his own or any other person's prejudice, commits the offence of forgery and is liable on conviction on indictment to imprisonment for 14 years.

-Section 71 of *Crime Ordinance*

"因接受" is an adverbial clause of cause in Chinese. The verb "接受" turns into "accepting" and is guided by "by reason of" and functions as a certain parenthesis of the whole English sentence after translation. "以致对该另一人或其他人不利" is an adverbial of result in the original sentence, whose translation with the same meaning and function in English is "to his own or any other person's prejudice", a preposition structure centered on nouns. In addition, "一经循公诉程序定罪", is an adverbial of time. The verb "定罪" is nominalized into "conviction", and "经循公诉程序" is nominalized into "on indictment". It is obvious that after nominalization, all the verbal expressions in Chinese are lessened in English, which is in accordance with the feature of conciseness for legal language.

4. Statistics and Analysis

According to Zhu Qinghua (2012), "the" and "of", two common words, play an important role in the process of nominalization. They can be regarded as the symbol of prep-object phrase, "the + n + of", a typical classification of nominalization.

Counting the word frequency of *Crime Ordinance*, the word "the" come up 2, 276 times, accounting for 5.72% of the total words, and "of" come up 2, 791 times, a proportion of 7.0%, depending on which the common application of nominalization in legal translation is guessed.

Table 1 Word frequency of "the" and "of" in *Crime Ordinance*

	The	Of
times	2, 276	2, 791
frequency	5.72%	7.0%

As e.g. 6 showed above, the Chinese version of the Section consists of 106 characters in total, among which there are 16 verbal expressions. Accordingly, in the English version with 66 words, there are 8 nominalized words or phrases. In other words, in this section, half of the verbs in Chinese have been transferred into nominalization, indicating that nominalization exists extensively in the C-E translation of *Crime Ordinance*.

5. Conclusion

A good knowledge of the verb-preponderance of Chinese and nominalization of English can help a smoother translation. From the perspective of translators, the awareness of the differences between Chinese and English can work as a tool to bridge the gap concerning thought patterns and language expressions with an aim to improve translation quality.

In conclusion, nominalization in legal texts, sampled from *Crime Ordinance,* includes verbs, modal verbs, verbal phrases, clauses/other sentence structures, with specific expressions quoted from *Crime Ordinance*. However, the article is mainly based on the qualitative analysis of the texts. Further quantitative research shall be conducted so that the application of nominalization in C-E translation can be more obvious and convinced before finally and officially regarding nominalization as an effective translation strategy when it comes to C-E legal translation.

References

[1] 胡壮麟 . 语法隐喻 [J]. 外语教学与研究，1996（4）: 1-7.
[2] 连淑能 . 英汉对比研究 [M]. 北京：高等教育出版社，2010 : 133-158
[3] 尹振宇 . 静态、动态的英汉对比与翻译 [J]. 柳州师专学报，2008，23（6）: 33-35.
[4] 朱清华 . 英译法律文本名词化研究 [J]. 科教导刊 (中旬刊)，2012（10）: 153-154.
[5] 朱清华 . 台湾环保法规英译文本名词化特征语料库调查研究 [D]. 武汉理工大学，2013 : 25-28.
[6] 朱永生 . 名词化、动词化与语法隐喻 [J]. 外语教学与研究，2006，38（2）: 83-90.
[7] 第 200 章《刑事罪行条例》: Cap. 200 Crimes Ordinance[Z/OL]. (2017-11-16) [2018-05-13]. https://www.elegislation.gov.hk/hk/cap200!en-sc(accessed 16/11.2017).
[8] Crystal D. A Dictionary of Linguistics and Phonetics (6th ed.) [Z]. Oxford : Blackwell Publishers Ltd，2008 : 328.
[9] Langacher R. Foundations of Cognitive Grammar [M]. Vol.2. Stanford，California : Stanford University Press，1991 : 22-50.
[10] Mellinkoff D. The Language of the Law[M]. Boston : Little : Brown and Company，1963.
[11] Nisbett R E. The Geography of Thought[M]. New York and London: Free Press，2004 : 137-155.
[12] Quirk R，Greenbaum S. A University Grammar of English[M]. Harlow : Longman，1973 : 43.
[13] Tiersma P M. Legal Language[M]. Chicago : The University of Chicago Press，1999 : 1-6.

从词语搭配视角看“订立合同”的英译——以中国《合同法》英译本和《美国合同法第二次重述》为例*

English Translation of “订立合同” from the Perspective of Collection —Taking *Contract Law of the People's Republic of China* and *Restatement (Second) of Law of Contracts* as Examples

北京工商大学 杨怀恩 张 森

摘 要：本文从词语搭配理论的视角探讨“订立合同”的英译。通过比较《中华人民共和国合同法》英译版本（*Contract Law of the People's Republic of China*）和《美国合同法第二次重述》（*Restatement (Second) of Law of Contracts*）中关于“订立合同”搭配形式的异同，发现中国译者在对我国《合同法》进行英译时，不注重对词与词之间搭配的研究，只保证译文在语法层面的准确性，会产生译文不自然、不地道的现象。

关键词：词语搭配 订立合同 翻译

Abstract: The study explores the English translation of “订合同” from the perspective of lexical collocation theory. By comparing the similarities and differences between *the Contract Law of the People's Republic of China* and *the Restatement (Second) of Law Contracts* on the collocation form of the phrase “make a contract,” it is found that Chinese translators do not pay attention to the lexical collocation when translating “Contract Law of the People's Republic of China” into English. Only guaranteeing the accuracy of the translation at the grammatical level, will result in unnatural and untrue translations.

Keyword: lexical collocation make a contract translation

* 本文为“北京工商大学学位与研究生教育项目（11000101010）：特殊用途英语课程体系改革的研究和实践——研究生法律英语课程建设”的部分研究成果。

一、引言

搭配已成为众多翻译学家和语言学家的研究热点领域,因此关于搭配的文章屡见不鲜,但在ESP专门用途英语领域进行搭配研究的文章并不多,尤其是法律英语(legal English)领域,考虑其专业的特殊性及其有限的受众群体,只有相关学科学习者、研究人员和涉外法律从业者才会特别关注。近几年随着“一带一路”倡议的实施,我国与其他国家的交流达到新的高度。由于不同文化、社会、经济等因素,伴随频繁交流而来的是不可避免的“摩擦”,但在更多情况下“摩擦”是由于法律制度和法律规则的不同而产生的,因此法律文本翻译的准确性尤为重要。本文以法律术语(legalese)“订立合同”为研究对象,依托现行的《中华人民共和国合同法》英译版本(*Contract law of the People's Republic of China*)和《美国合同法第二次重述》(*Restatement (Second) of Law of Contracts*),以Firth的搭配理论为指导进行研究,希望对于法律术语“订立合同”的英译形式能有所帮助。

二、Firth搭配理论

搭配(collocation)是语言学研究领域非常重要的组成部分,“搭配”的概念由Firth于20世纪50年代首次提出,因此Firth被学术界誉为“搭配之父”。Firth(1957)认为“You shall know a word by the company it keeps”. Firth指出,搭配是词项在长期使用过程中形成的习惯搭配,其并不是简单的词项组合,而词与词之间存在更深层次的内在联系。Firth认为通过collocation可以表达词义,并且将collocation称作一种“结伴关系”,Firth所指的结伴关系就是我们日常中提到的“词语习惯搭配”(钱瑗1997)。例如,在生活中常常会用“青山”“绿水”来形容景色之美,而不是“绿山”“青水”,这就是我们所说的“搭配”。现如今,学术界将英语搭配主要分为七种类型:句法搭配(syntactical collocation)、词汇搭配(lexical collocation)、语篇搭配(textual collocation)、变异搭配(deviational collocation)、临时搭配(provisional collocation)、废弃搭配(obsolete collocation)和语音搭配(phonological collocation)(李明1999)。

“结伴”说是Firth搭配概念的重要内容之一,Firth认为所谓“搭配”就是词与词之间的“结伴”使用,两个词项甚至多个词项相互搭配,以表示其特定的含义。Firth认为,结伴的词项体现了一种意义方式,词项有多种意义方式,可分别在正字法层面、语音层面、语法层面和搭配层面进行。而在搭配层面,词项的意义之一就是与别的词项结伴使用(卫乃兴2003)。以“run”为例,提到“run”人们最熟悉的概念应该是“run”表示“跑”,这也是“run”作为单个词项最常见的含义,但“run”在与不同词项“结伴”使用时,也有表示“闯”“使用”“运营”的意思,比如“run a red light”表示“闯红灯”、“run the computer”表示“使用电脑”、“run the company”表示“运营公司”,因此,“run”不仅仅只有“跑”的意思,其真实意思是由与之搭配的词项决定的,这就是Firth的“结伴”说。

Firth认为,搭配是词与词的“相互期待(mutual expectancy)”或“相互吸引”关系。但并不是所有的词都可以随意组合,每个词都有其搭配范围(collocational range)(唐义均,丁媛2016),在进行翻译的过程中,词汇搭配也是需要考虑的重要因素,以“物证”的英译为例,物证的正确英译形式为“physical evidence”而不是“material evidence”,在进行法律翻译的过程中切勿“望文生译”,在法律英语中,“material”是表程度词,不能跟

“evidence”搭配使用表示物证的含义，因此有些词项的搭配范围很大，而有些却恰恰相反，即词项“结伴”对象的数量是不确定，且受限程度也不相同，词项的搭配有利于在行文中更好地了解词项的正确含义，例如上文提到的“run”在与不同“词项”进行结伴使用时，词项的含义也发生了相应的变化，因此就不能再以先前的含义进行理解，否则会产生语义不明，含义不通的结果，在“Who runs this project?”中，“run”相对应的含义是“管理”，这是由结伴对象“project”决定的，不能以“run”本身的含义进行理解。

三、“订立合同”的英译

在各类法律文本中，尤其是涉及合同概念的法律文本，“订立合同”几乎是不可或缺的概念，笔者查阅了有关语料库，语料库中包括《中华人民共和国合同法》英文译本和《美国合同法第二次重述》(*Restatement (Second) of Law of Contracts*)，其中《中华人民共和国合同法》的英译版本仍然是目前具有时效性的译本。

笔者以“订立合同”为节点词对《美国合同法第二次重述》(*Restatement (Second) of Law of Contracts*)进行统计发现，“订立合同”在全文中共出现 32 次，其中包括 2 次“重新订立”，此处的“重新订立”是指“重新订立合同”，因此，笔者将“重新订立”也算作“订立合同”的出现次数。

表 1　“订立合同”在《美国合同法第二次重述》的统计

No.	“订立合同”搭配形式	次数
1	the contract was made	7
2	formation of contracts	6
3	a contract is made	5
4	the contract is made	3
5	the formation of a contract	2
6	reformation	2
7	by ratification of the contract	1
8	a contract may be formed	1
9	a contract was made	1
10	makes a contract	1
11	A separation agreement ...unless it is made	1
12	the time of its formation	1
13	the contract was induced by	1

由表 1 可知“订立合同”在《美国合同法第二次重述》(*Restatement (Second) of Law of Contracts*)中共有 13 种搭配形式，出现频率数最多的形式为“the contract was made”，忽略时态、语态等语法因素，仅从词汇搭配的角度来看，“contract”与“make”和“formation”搭配表示“订立合同”的频率数最高，分别为 18 次和 11 次，分别占索引出

词条的 56.25% 和 34.38%，笔者认为出现此结果的原因可能与法律英语的文本特征和词汇搭配有关，法律文本多被动结构，而 “the/a + contract + was/is + made” 正属于 “be + done” 被动结构，而 “contract” 与 “make” 和 “formation” 的搭配则为用语习惯范畴，在以英语为母语的美国法律文本中，“contract” 多与 “make” 和 “formation” 搭配来表示 “订立合同”，通过上述可知在《美国合同法第二次重述》(*Restatement (Second) of Law of Contracts*) 中 “订立合同” 的英译形式多是 “contract” 与 “make” 和 “formation” 的搭配。

如：

① If a fiduciary ***makes a contract*** with his beneficiary relating to matters within the scope of the fiduciary relation, the contract is voidable by the beneficiary.

如果受托人就信托关系范围内的事项与其受益人订立合同，则受益人可以撤销合同，

② If the existence of a specific thing is necessary for the performance of a duty, its failure to come into existence, destruction, or such deterioration as makes performance impracticable is an event the non-occurrence of which was a basic assumption on which ***the contract was made***.

如果对于义务履行所必要的事物不存在、被毁损或被破坏，则表明合同订立时的基本假定没有成就，因此义务的履行成为不可能。

③ Neither real nor apparent intention that a promise be legally binding is essential to ***the formation of a contract***, but a manifestation of intention that a promise shall not affect legal relations may prevent ***the formation of a contract***.

当事人有关允诺具有法律拘束力的意图无论是真实的还是表面的，对于合同的缔结并不重要，但是如果当事人作出允诺并不影响当事人法律关系的意思表示，则当事人之间的合同并不成立。

使用同样的方法对《中华人民共和国合同法》英译版本进行统计，结果如下：

表 2 “订立合同”在《中华人民共和国合同法》英译版本的统计

No.	“订立合同”搭配形式	次数
1	a contract is concluded by	10
2	enter into a contract	9
3	conclusion of the contract	7
4	entered into a contract	6
5	entering into a contract	4
6	the contract was concluded	3
7	of concluding the contract	3
8	a contract is to be concluded by	2
9	enter into a technology contract	2
10	the conclusion of the proposed contract	2
11	enter into a patent licensing contract	1
12	enter into an agency appointment contract	1
13	a contract was executed	1
14	the formation of the proposed contract	1

续前表

No.	"订立合同"搭配形式	次数
15	a contract concluded in	1
16	a contract for... shall be concluded	1
17	the contract was grossly...at the time of its conclusion	1
18	forms of contract	1
19	formation of contracts	1
20	legality in concluding or performing a contract	1

由表 2 可知，在《中华人民共和国合同法》英译版本中，表示"订立合同"的搭配形式共有 20 种，其中出现频率数最高的形式为"a contract is concluded by"，忽略语法、语态等因素，仅从词汇搭配的角度来看，"contract"与"enter into"和"conclude"的搭配形式最多，分别为 23 次和 31 次，分别占索引出词条的 39.66% 和 53.45%，通过上述可知，在《中华人民共和国合同法》的英译版本中"订立合同"的英译形式多是"contract"与"enter into"和"conclude"的搭配。

如：

① Article 4 : Right to ***Enter into Contract*** Voluntarily A party is entitled to ***enter into a contract*** voluntarily under the law, and no entity or individual may unlawfully interfere with such right.

第四条：当事人依法享有自愿订立合同的权利，任何单位和个人不得非法干预。

② Article 7 : Legality In ***concluding or performing a contract***, the parties shall abide by the relevant laws and administrative regulations, as well as observe social ethics, and may not disrupt social and economic order or harm the public interests.

第七条：当事人订立、履行合同，应当遵守法律、行政法规，尊重社会公德，不得扰乱社会经济秩序，损害社会公共利益。

③ When ***a contract is concluded*** by the exchange of electronic messages, if the recipient of an electronic message has designated a specific system to receive it, the time when the electronic message enters into such specific system is deemed its time of arrival; if no specific system has been designated, the time when the electronic message first enters into any of the recipient's systems is deemed its time of arrival.

采用数据电文形式订立合同，收件人指定特定系统接收数据电文的，该数据电文进入该特定系统的时间，视为到达时间；未指定特定系统的，该数据电文进入收件人的任何系统的首次时间，视为到达时间。

将表 1 和表 2 进行对比可知，在《美国合同法第二次重述》(*Restatement (Second) of Law of Contracts*) 和《中华人民共和国合同法》英译版本中，表示"订立合同"的搭配不相同，在《美国合同法第二次重述》(*Restatement (Second) of Law of Contracts*) 几乎不使用"contract"和"enter into"搭配表示"订立合同"的形式，而在《中华人民共和国合同法》英译版本中，也几乎不使用"make"与"contract"的搭配表示"订立合同"的形式，但在《美国合同法第二次重述》中，"make"表示"订立"出现的频率数最高。

参照《元照英美法词典》的解释，"make"的含义共有四种：a. 制作；制造；建造；

创造；b. 制定；订立（法律）等；c. 获取；d.（通过执行、签署或交付等）（合法）履行（合同等）。“make a contract”表示订立合同；缔约，指当事人达成合意，并使之生效而对当事人具有约束力。如订立书面合同时，指将协议条款写成书面形式，并签名盖章使之生效。

“enter into”在《元照英美法词典》中表示的含义为“加入；（与他人）联合”，“enter into a contract”表示（与他人）签订合同；缔约。“conclude”作为动词共有四种含义：a. 缔结；订立（条约、公约、合同）；b. 结束；c. 断定；推断；d.（古）约束；防止；禁止，但在《元照英美法词典》中，虽然并没有明确出现“contract”与“conclude”的搭配表示“订立合同”的形式，但从其第一种含义可知，conclude 可表示订立合同。

为了验证 conclude 表示“订立”含义的正确性，笔者在《朗文英语词典》对其进行了检索，“conclude”常用词义有三种，即“总结”、“完成”和“终止”，但当其后与“协议条约义类词”搭配使用时，具有签订的含义，如：That same year, France concluded a trading agreement with Spain. 由此可知，“conclude”可与“contract”搭配使用，表示“订立合同”。

因此，“enter into”和“make”与“contract”搭配都能表示订立合同的含义，并且搭配形式符合语法结构，这是分别在两种合同法中检索的结果，现将两个节点词相互对调，得到的结果如下：

表 3 “enter into”在《美国合同法第二次重述》的统计

No.	enter into 搭配形式	次数
3	enter into the proposed contract	3
4	entering into a transaction	2
5	enter into a bargain	2
6	judgment can properly be entered with	1

由表 3 可知，“enter into”在《美国合同法第二次重述》（*Restatement (Second) of Law of Contracts*）中出现 8 次，且只有 3 次是与“contract”进行搭配使用。

如：

① Revocation by Communication From Offeror Received By offeree An offeree's power of acceptance is terminated when the offeree receives from the offeror a manifestation of an intention not to ***enter into the proposed contract***.

要约人通知受要约人撤回要约，如果受要约人收到了要约人不愿缔结计划中的合同的意思表示，则受要约人的承诺能力终止。

② An offeree's power of acceptance is terminated when the offeror takes definite action inconsistent with an intention to ***enter into the proposed contract*** and the offeree acquires reliable information to that effect.

如果要约人采取了明确的、与缔结合同的意思表示不一致的行为，并且受要约人获得了有关此事实的可靠信息，则受要约人的承诺能力终止。

③ An offeree's power of acceptance is terminated when the offeree or offeror dies or is deprived of legal capacity to ***enter into the proposed contract***.

如果受要约人或要约人希望或被剥夺缔结合约的法律能力，则受要约人的承诺能力终止。

而“make”与“contract”的搭配在《美国合同法第二次重述》（*Restatement (Second)*

of Law of Contracts）出现了 18 次；但在《中华人民共和国合同法》英译版本中，“enter into”与“contract”的搭配形式出现了 23 次。由此可知，以英语为母语的美国人更习惯使用“make”和“contract”的搭配形式表示订立合同。

表 4　“make”在《中华人民共和国合同法》英译版本的统计

No.	make 搭配形式	次数
1	make payment	5
2	make a claim	3
3	make emergency repair	3
4	make the loan amount available	2
5	make loan amount available	1
6	make an offer	1
7	makes a material change	1
8	make restitution of	1
9	makes it difficult to render	1
10	make improvement	1
11	makes such a claim	1
12	make such materials available	1
13	make alteration free of charge	1
14	make up	1
15	make investment	1
16	make a declaration	1
17	make such declaration	1
18	makes any care-taking arrangement	1
19	make any sale	1

由表 4 可知，“make”在《中华人民共和国合同法》英译版本中共出现 28 次，与“payment”搭配的次数最多，但“make”与“contract”的搭配形式为“0”。

如：

① Article 181：Obligation to ***Make Emergency Repair*** in Case of Power Outage Where a power outage is caused by reasons such as natural disasters, etc., the power supplier shall timely make emergency repair in accordance with the relevant stipulations of the state. Where the power supplier failed to timely make emergency repair, thereby causing loss to the power customer, it shall be liable for damages.

第一百八十二条：用电人应当按照国家有关规定和当事人的约定及时交付电费。用电人逾期不交付电费的，应当按照约定支付违约金。经催告用电人在合理期限内仍不交付电费和违约金的，供电人可以按照国家规定的程序中止供电。

② Article 263：Time of Payment of Remuneration The hirer shall pay the remuneration at the prescribed time. Where the time of payment was not prescribed or clearly prescribed, and cannot be determined in accordance with Article 61 hereof, the hirer shall ***make payment*** at the time of the hiree's delivery of the work product; where the work product is partially delivered, the hirer shall ***make payment*** accordingly.

第二百六十三条：定作人应当按照约定的期限支付报酬。对支付报酬的期限没有约定或者约定不明确，依照本法第六十一条的规定仍不能确定的，定作人应当在承揽人交付工作成果时支付；工作成果部分交付的，定作人应当相应支付。

③ Where the trustor gives special pricing instruction, the trustee-trader may not ***make any sale or purchase*** in contravention thereof.

委托人对价格有特别指示的，行纪人不得违背该指示卖出或者买入。

至此，我们可以断定，在《中华人民共和国合同法》英译本中，几乎不使用“make”与“contract”进行搭配表示“订立合同”。

四、结语

依照《元照英美法律词典》和《朗文当代词典》的解释，通过对“订立合同”、“make”和“enter into”等相关节点词在《美国合同法第二次重述》（*Restatement (Second) of Law of Contracts*）和现行《中华人民共和国合同法》英译版本中进行检索，《中华人民共和国合同法》英译版本中对于表达“订立合同”这一相同概念与《美国合同法第二次重述》（*Restatement (Second) of Law of Contracts*）中的表达形式有着较大的差异，甚至会出现完全没有交集的情况，通过检索分析，“make”、“enter into”和“conclude”都能与“contract”搭配使用表示“订立合同”，他们之间的搭配是符合语法规则和结构含义的，都是正确的形式。但在《美国合同法第二次重述》（*Restatement (Second) of Law of Contracts*）中频繁使用的“make”和“contract”的搭配形式，《中华人民共和国合同法》英译版本中几乎不用，而《中华人民共和国合同法》英译版本中的“enter into”和“conclude”与“contract”的搭配形式在《美国合同法第二次重述》（*Restatement (Second) of Law of Contracts*）中也极少出现。这一发现表明，我国《合同法》的英译者在翻译时没有对词语的搭配形式予以足够的重视，译文是根据词典的解释说明进行翻译的，虽然形式正确，符合语法规则，但会使译文显得不地道、不自然，给外国读者的理解造成了一定的障碍。

参考文献：

[1] 李明．英语搭配的七种类型 [J]. 山东外语教学，1999(4)：17-20.

[2] 钱瑗．对 COLLOCATION 的再认识 [J]. 外语教学与研究，1997(3)：46-50.

[3] 唐义均，丁媛．从词语搭配视角看“法定代表人”的英译 [J]. 中国科技翻译，2016，29(3)：43-46.

[4] 卫乃兴．搭配研究 50 年：概念的演变与方法的发展 [J]. 解放军外国语学院学报，2003(2)：11-15.

[5] Firth J R. Modes of Meaning. In Papers in Linguistics 1934-51. London：OUP，1957.

Information Accuracy in Business Style C-E Simultaneous Interpreting

首都经济贸易大学外国语学院　葛卫红

Abstract: The accuracy and loyalty of interpretation is an important parameter of interpretation quality. However, compared with other interpretation modes, simultaneous interpreting (SI) is of greater difficulties, and business style SI can be even so if to pursue the approximate natural equivalence of the source and target texts as a result of its own features. This paper takes the SI of a press conference during the NPC and CPPCC sessions in China in 2011 as an example to argue that business SI shall pursue the completeness and loyalty of the whole discourse to deliver accurate interpretation of the key information.

Keywords: business SI　loyalty　discourse　key information

1. Introduction

The accuracy and loyalty of interpretation is an important parameter of interpretation quality. As one of the interpretation modes, SI also needs to be accurate and loyal, but compared with other interpretation modes, SI is of greater difficulties, and business SI can be even so if to pursue the approximate natural equivalence of the source and target texts as a result of the features of business style discourse which include terminologies and intense emergence of numbers. This paper takes the SI of a press conference during the NPC and CPPCC sessions in China as an example to argue that the loyalty principle of business SI shall be subject to the goal of communication by ensuring the completeness and loyalty of the whole discourse while achieving the accuracy of the key information.

2. German Functionalist Translation Theory

Functionalist Translation Theory was put forward in Germany in the 1970s. Centering around Skopos Theory, it stresses the functions of the texts and translation. As one of the leading exponents, Christiane Nord recognizes the function and purpose of target text. In her book *Text Analysis in Translation*, Nord (2006) pointed out that "it is not the source text as such, or its effect on the ST receiver, or the function assigned to it by the author, that operates the translation process, as is postulated by equivalence–based translation theory, but the intended function or skopos of the target text as determined by the initiator's needs." However, as she sees the weaknesses of "Skopos Theory", she puts forward the concept of "loyalty" as she thinks that "loyalty commits the translator bilaterally to the source and target sides, taking account of the difference between culture-specific concepts of translation prevailing in the two cultures involved" . Nord holds that "the loyalty principle…obliges the translator to take into account prevailing concepts of translation in different cultures…and induces the translator to respect the sender's individual communicative intentions." As to the relationship between the skopos and loyalty principles, she believes that once there is conflict, loyalty shall be subject to skopos.

3. Accuracy of Business Style in Chinese to English SI

Compared with others, business Chinese to English SI has its own features in certain sense. First, the interpreter has to be well acquainted with much business knowledge, particularly in such special areas as finance, insurance and investment as the speakers may use a great array of terminologies which may incur great difficulties for the interpreter if he/she is not fully prepared. Second, international business conferences usually involve intense occurrence of numbers which poses another headache for SI as Chinese and English use two different numeration systems. The interpreter needs to be quick in shifting between the two systems and the job will be especially tough when they are bombarded with a number of them. The situation will be even worse if the speaker speaks really fast with strong accent. In addition, as there is no logic in numbers, they are very difficult to remember in several seconds. So in order to guarantee the overall communication effect of the conference, the loyalty principle shall be subject to the skopos principle to ensure the overall loyalty and completeness, but with the priority on the accuracy of key information.

To argue the loyalty principle, this paper selects examples from the real SI of the Press Conference on the 12th Five-Year Plan held on March 6, 2011. The interpreters were in-house professionals for the Chinese government, and three of them rotated every 15 minutes. As the source language was Chinese, the listening comprehension burden of the interpreters was relatively small with only a little local accent from the speaker who spoke at a moderate speed with about 120 Chinese characters per minute. Therefore, the interpreting was quite credible.

3.1 The Accuracy and Completeness of the Overall Discourse

SI is interpreting by listening, rather than by reading, and the interpreter can only listen for once and in most cases, interpret once without the possibility of undoing what they have already said and starting all over again. In addition, the interpreting goes on in parallel with the speaker with only several seconds of delay, and the interpreter does not have much autonomy in controlling the every detail of their performance. For example, they have to be fast if the speaker is fast and they cannot stop the speaker for clarification if any confusion arises as a result of various factors, e. g. disturbance from others, strong accent of the speaker, homophonic words, defective microphone, etc. Therefore, the interpreters shall not pay too much attention to the trifle details which may affect the overall performance, but rather try to ensure the completeness and loyalty of the overall discourse. As Chinese and English have great differences in language structure, the interpreters usually use different techniques to make adjustment including word order adjustment, prediction and correction & make-up.

3.1.1 Word Order Adjustment

e.g.1:

SR[1]: 解决这些问题、矛盾，应对这些风险、挑战，这无疑对我们在“十二五”期间能不能继续保持经济平稳较快发展，实现我们预期的目标，应该说是一个巨大的挑战。

SI: In order to address these difficulties, problems, risks and challenges, **whether we can succeed in doing so will decide whether we will achieve a fast and steady economic growth in the 12th Five-Year Plan period. I believe this is a big challenge for us.**

The bold words are a typical structure of the Chinese language which means “it’s a huge challenge for us to continue to maintain the steady and fast economic development and realize our expected goal during the 12th Five-Year Plan period”. However, the Chinese words for “a huge challenge” comes out at the very end, and it is impossible for the SI interpreter to wait until the last word of it and start interpreting, but the information at the beginning seems a bit incomplete to start a sentence. Therefore, the interpreter was bold enough in rendering it as “whether we can succeed in doing so will decide whether we will achieve a fast and steady economic growth in the 12th Five-Year Plan period”, and then adding another sentence “I believe this is a big challenge for us” to guarantee the complete meaning of the speaker. But probably because of time constraint, the meaning of “realize our expected goal” was lost. However, the goal may also be understood as a specific target concerning “maintaining the steady and fast economic development”. As a result, the overall completeness is achieved.

3.1.2 Prediction, Correction & Make-up

e.g.2:

SR: 不能再走过去粗放型发展的老路，要使得我们从上到下各个方面都把节能减排、建设“两型”社会、应对气候变化作为我们发展的一个重要目标。

SI: We should no longer follow the beaten track of extensive growth. **We need to make sure that all the aspects of the Chinese society give priority to energy conservation and emission control to addressing climate change and build a green society as… and make it an important target of all of our efforts.**

Sentence structure with “ 把 ” or “ 将 ” is another difficulty for C-E simultaneous interpreting as it puts the object before predicate and usually the object is long and complicated. For SI, it is impossible to wait until the very predicate at the end. For this sentence, its complete meaning following the original structure is “we should make it our important goal for development to have the whole Chinese society to give priority to energy conservation and emission control, and building an energy-efficient and environmental-friendly society to addressing climate change”. As the interpreter cannot wait until the last word of Chinese which means “important goal”, he made successful prediction and use “give priority to” as the predicate to start the sentence. When he heard the part of “as our important goal for development”, he started another sentence “make it an important target of all of our efforts” to ensure the overall coherence and completeness.

Another important issue for this sentence is “ 两型社会 ” which literally means “two types

1 SR refers to “Source Remark”.

of society". Here it refers to "energy-efficient and environmental-friendly society" promoted by the Chinese government. The difficulty is that the Chinese word " 两型 " has only two syllables and can be said very fast, but the English translation of "energy-efficient and environmental-friendly" is too long to keep pace with the speaker. The interpreter at first lost it. After saying "addressing climate change", he later added it, but made it shorter to "a green society" to save time, which refers to basically the same concept though it is not the exact meaning. It is a solution if there is much difficulty then.

3.2 Accuracy of Key Terms & Information

The stress of the loyalty and completeness of the whole discourse does not mean that inaccuracy is justified, but the accuracy of key information, not every word, is required. For SI, it is never possible to interpret every word in a literal way, but the accurate interpretation of the key information is of the greatest importance. The key term or information may be terminologies, numbers, political terms and proper nouns. At the same time, when the speaker speaks really fast with intense information or when there are great structural differences between Chinese and English, the interpreter shall prioritize the coherence of the overall delivery and the accuracy of key information. In certain situations, if the speaker is wordy or illogic, the interpreter needs to systemize and adjust the information that he/she has received and only interprets the key information, leaving out the unnecessary ones. By doing this, it can not only guarantee the smoothness of the delivery, but also save a great amount of time.

3.2.1 Key Terms: Terminologies, Numbers, Proper Nouns

e.g.3:

SR: 第五，要提高住房保障的水平，未来五年，要建设城镇保障性安居工程 **3 600** 万套，今年 **1 000** 万套，明年 **1 000** 万套，后面三年还有 **1 600** 万套，使保障性住房的覆盖率达到 20%。同时在"十二五"规划纲要中，也明确提出对于城镇低收入住房困难家庭要提供廉租房，实行廉租房制度。对城镇中等偏下收入住房困难家庭，要提供公共租赁住房保障。对于中高收入家庭，将实行租赁和购买相结合的商品房制度。

SI: Then we will also improve our support of housing. In the next five years, we will provide **36 million social security housing**, which is **10 million for this year, 10 million for next year, and 16 million for the remaining 3 years**. By the end of these five years, the coverage of **social security housing** will reach 20%. At the same time, in our plan, we have identified very clearly that for the low income households, families in urban areas with housing difficulties, we will provide them with **affordable housing**. For those media to low income urban families, we provide them with **rental housing**. And for the medium to high income urban families, we will combine the approach of renting and **commercial housing**.

The information in this part is quite intense with many numbers and important terminologies, for example "36 million, 10 million for this year, 10 million for next year, and 16 million for the remaining 3 years". The interpreter got them all correct. There are also four important terms about housing " 保障性住房 ", " 廉租房 ", " 公共租赁住房 " and " 商品房 ". However, the English version of the government work report of China puts "保障性住房" into "government-subsidized housing", the English website of Xinhua "low-income housing" and China Radio International "government-subsidized urban housing units". " 保障性住房 " focuses on solving the housing problem of the lowest-income residents and therefore has a limited coverage. It includes " 廉租房 " (low-rent housing), and " 公共租赁住房 " (public-rental housing); whereas " 商品房 " (commercial housing) is for medium to high-income urban residents. The accuracy of these terminologies is every important, as the speaker is talking about the housing plan and is outlining the target for different income groups. The SI puts " 廉租房 " into "affordable housing" which was not accurate, as "affordable housing" can also mean "housing purchased at an affordable price", but here it means "housing rented at a low cost". Inaccuracy of these key terminologies may cause confusion to the audience.

3.2.2 Key Information

e.g.4:

SR: 刚才张主任说“十二五”规划的一个突出特点就是把保障和改善民生摆在一个十分重要和突出位置。

SI: Just like what Chairman Zhang said just now, is that a highlight of the 12th Five-Year Plan is that we **give priority to people's wellbeing**.

The literal meaning of the sentence is "just now, Chairman Zhang said a prominent feature of the 12th Five-Year Plan period is to put high on the agenda the efforts to ensure and improve people's livelihood". The SI puts it into "give priority to people's wellbeing". Though words like "ensure and improve" was not said, it is already hidden in "give priority to people's wellbeing". The key information of this sentence is "12th Five-Year Plan prioritizes people's wellbeing". As long as it is represented accurately in the target language, the rendition is considered at least acceptable.

3.2.3 Unnecessary Information Such as False Opening and Wordy Remarks

Some speakers, especially those speak impromptu, always talk while thinking, and as a result their remarks can be unorganized, illogic, wordy, repetitive or random, which adds on the difficulties for interpreters. Some speakers start their remarks, but before finishing it, they think of something else and switch to another meaning group with a totally different subject. So if the interpreters follow the speaker too closely or are too loyal by interpreting everything they hear, including the "false opening", they may fall into trouble afterwards. For the wordy and illogic speakers, the interpreter needs to have the capability in distinguishing the key information to guarantee the best interpreting results.

e.g.5:

SR: 第五，要控制好流动性。那么现在市场的资金还是比较充裕，这里当然包括我们自身基础货币的供给、这两年贷款的规模比较大。

SI: Fifthly, we also will control liquidity. The money on the market is very sufficient, and this is **attributed to the supply of basic money and also the lending scale as well**.

The literal meaning of the sentence is "Fifthly, we also will control liquidity. The money on the market is sufficient. Of course it includes our own supply of basic money and the big lending scale". There is cause-effect relationship here as the reason for sufficient capital in the market is our own supply of basic money and big lending scale, but the Chinese does not make the logic clear there, and the literal translation of the word " 包括 " or "include" will only make the listeners more confusing. The interpreter got the logic here, and rendered the bold words into "this is attributed to the supply of basic money and also the lending scale as well". It's a better way of handling this. The interpreter shall have a very good command of the background knowledge; otherwise, it is risky to interpret it this way while just listening to half of the sentence. So we can see that SI shall not pursue the equivalence of words, but rather the key information and the whole meaning group or discourse.

4. Conclusion

Accuracy and loyalty is definitely important to ensure interpretation quality; however, as a result of special constraints, SI encounters greater difficulties in achieving natural equivalence between source and target languages. Business style SI can be more difficult as a result of the terminologies and intense emergence of numbers. Therefore, based on the loyalty principle, it shall ensure the overall completeness and loyalty of the meaning group and discourse on one hand, and have accurate and loyal interpreting of the key terms and information on the other.

References

[1] Marianne Lederer. La Traduction Aujourd'hui Le Modele Interpretatif (translated into Chinese by Liu Heping in 2002). Beijing：China Translation Corporation，1994.

[2] Nord, Christiane. Translating as a Purposeful Activity, Functionalist Approaches Explained 1997. Shanghai: Shanghai Foreign Language Education Press，2001.

[3] Zhang Weiwi. English-Chinese Simultaneous Interpreting. Beijing：China Translation Corporation，1999.

[4] http://www.china.org.cn/china/NPC_CPPCC_2011/2011-03/07/content_22074856.htm.

交际翻译理论在口译中的应用研究

Application of Communicative Translation Theory in Interpreting

国防大学国际防务学院　边菲斐　高　波

摘　要： 口译在吸收及引进外国的先进科技知识和加强国际交流与合作方面发挥着桥梁和纽带的作用。交际翻译法有归化、意译和地道翻译的优势，使交际顺利进行，具有相对性。口译中应正确使用交际翻译法，使译文通顺易懂、清晰直接、规范自然、符合特定的语域范畴。口译中还要注重发挥文本的抒发功能、信息功能、呼唤功能、审美功能、应酬功能和元语言功能，从而达到更好的跨文化交流的效果。

关键词： 交际翻译　口译　翻译理论

Abstract: Interpretation plays a role of bridge or tie in absorbing and introducing advanced scientific and technological knowledge and strengthening international exchanges and cooperation. Communicative translation has the advantages of domestication, free translation and idiomatic translation, so that the communication can be carried out smoothly with relativity. Communicative translation should be used correctly in interpreting. It can make the translation clear, straightforward, natural and conforming to specific register categories. In interpreting, functions of the text, including expressive function, informative function, vocative function, aesthetic function, phatic function and metalingual function should be applied, so as to achieve better cross-cultural communication effect.

一、引言

著名的语言和翻译学家尤金·奈达 (1964) 曾提出："语言在文化中的作用以及文化对语义、习语含义的影响具有很大的普遍性，以至于读者在不认真考虑语言文化背景的前提下，对于任何文本都无法有效地加以理解。"文化是某一群体的历史沉积物，包括价值观、知识、信仰、风俗习惯等。交际受语境制约，所以它与文化息息相关。而"文化背景的差异和语言习惯的不同往往会影响人们的交际行为"(Nida 1993 : 85)，这就是"跨文化交际"。而跨文化交际活动往往离不开翻译，奈达认为"翻译就是在译入语中再现与原语信息最切近的自然对等物，首先就意义而言，其次就文体而言"。(杨司桂 2016：67) 巴尔胡达罗夫认为翻译是把一种语言的语言产物在保持内容方面（也就是意义）不变的情况下改变为另一种语言的语言产物的过程（蔡毅 1982：12-17）。纽马克提出通常（虽然不能说总是如此），翻译就是"把一个文本的意义按作者所想的方式移译入另一种文字（语言）"（贾文波 2012 : 49)。秦志伟 (2018) 认为在翻译实践中要根据语义翻译和交际翻译的不同，选择正确的翻译方法。曾海玉 (2015) 以目的论为理论框架，探讨商务口译策略，分析了语义翻译策略和交际翻译策略在商务口译中的具体应用。冯玉波 (2015) 以纽马克的关联翻译理论为基础，先后阐释了外事口译中英汉交替传译的研究现状、关联翻译理论的构架，认为外事口译的特点决定了英汉交传的首要任务是使源语内容最大程度上与目标语相对应，从而达到预期的外事交际目的。张舒 (2015) 以纽马克交际翻译原则为指导，结合口译的标准和原则，说明交际翻译原则在口译中具有宏观指导意义，可用来指导口译实践。秦璐璐 (2014) 利用纽马克理论，分析口译员如何使用翻译策略来忠实传达源语的意义，进而提取出一些外事口译的策略和技巧。交际翻译理论对口译实践有重大指导意义，跨文化交际活动中的口译必须遵循交际翻译理论的原则，因此在口译实践中如何正确运用交际翻译理论值得深入探讨和研究。

二、交际翻译基本理论

1. 西方翻译理论学派

西方翻译理论研究分为三个学派，包括文艺学派（Philological School）、语言学派（Linguistic School）和文化学派（Cultural School）。其中语言学派重视分析原文本，侧重译文与原文的等值。语言学派在 20 世纪六七十年代逐步成熟，此时产生的奈达、纽马克等翻译理论家对翻译理论的发展有深远的影响。但语言学派的局限性在于它将翻译当作语言学的一个分支，过于侧重对原文文本分析，不考虑审美和文化因素，这些局限性影响了翻译学的全面发展。到 20 世纪八十年代后期，翻译理论家们提出将翻译作为一门独立的学科，并突出翻译的文化因素。尤金 • 奈达 (2001) 根据各流派所关注的焦点将当代翻译理论分为四个基本流派，即语文学派、语言学派、交际学派和社会符号学派。

2. 奈达交际翻译理论

20 世纪七八十年代出现了以奈达和雷伯恩为代表的交际学派，其理论基础是信息论和社会语言学。交际学派的主要观点是：人类语言是一种复杂的信息系统，而翻译是一种特殊的信息传递活动；与其他种类的信息传递相似，翻译也遵循着信息理论中的一些基本原则。例如，在译语读者的接受能力一定的情况下，为了降低信息的难度，必须用明显的形式表示出其中暗示的部分，这会增加信息的长度，因此译文往往会长于原文。交际学派根据社会语言学理论对语言功能的区分，提出了判断译文有效性的标准，即实现原文中相应功能的程度。交际学派提出了“翻译即交际”的观点，突出了接受者的重要性，详细分析了翻译中信息传递的多种困难。交际学派的局限性是缺乏研究不同话语层面上语言符号的特点，对语言和文化间深层关系的分析不足。

3. 纽马克交际翻译理论

著名的翻译家和翻译理论家彼得 • 纽马克将语言学的相关理论应用于翻译实践中，把翻译研究和英语语言研究相结合，在《翻译研究途径》中提出“翻译理论的两种基本策略是语义翻译（Semantic Translation）和交际翻译（Communicative Translation）”（Newmark 1981 : 10）。语义翻译法具有绝对性，以原文为基础，只解释原文的含义。交际翻译法有归化、意译和地道翻译的优势，尽量为目的语读者排除阅读或交际上的困难与障碍，使交际顺利进行，具有相对性。交际翻译的两个重要概念是：第一，交际翻译是指视翻译为“发生在某个社会情境中的交际过程”（Newmark 1981：12），任何一种翻译方法或途径，它完全以目的语读者或接受者为导向，达到保留原文的功能和使其对新的读者产生作用。第二，交际翻译的目的是“努力使译文对目的语读者所产生的效果与原文对源语读者所产生的效果相同”（Newmark 1981：15），其重点是根据目的语的语言、文化和语用方式传递信息，而非尽量忠实地复制原文的文字，强调译文的“效果”。

三、交际理论在口译中的应用

翻译工作是我国对外交流和国际交往的桥梁和纽带，发展翻译事业也是我国对外改革开放的必然要求。口译（又称传译）是一种翻译活动，是指“译员以口语的方式，将译入语转换为译出语的方式”（刘和平 2005：37），包括交替传译和同声传译，交替传译多用于规模较小且只涉及两种工作语言的场合，例如“外交会晤、双边谈判、访问考察、小范围磋商、记者采访、司法和准司法程序、宴会致辞、新闻发布会以及时间短的小型研讨会等”（张维为 1999：50）；同声传译由于具有不占用会议时间的优势，已发展成为会议口译中最常用的模式，广泛应用于各种国际场合，几乎所有正式的国际多语言会议以及国际组织（如联合国和欧盟）都采用了同传作为标准口译模式。下面我们从纽马克交际翻译理论中文本的表达功能 (Expressive Function)、信息功能 (Informative Function)、呼唤功能 (Vocative Function)、审美功能 (Aesthetic Function)、应酬功能 (Phatic Function) 和元语言功能 (Metalingual Function) 角度分析其在口译中的应用（Newmark 1981：80）。

1. 表达功能（Expressive Function)

语言表达功能是讲话人运用话语表情达意，而不考虑读者的反应，其核心是讲话人。在口译表达型文本时，要遵循“讲话人第一”的原则，以讲话人为核心，忠实原讲话人表达的思想内容和语言风格。在这类口译中译者不能对原文进行修饰和修正，必须尽可能以词、短语和分句作为基本翻译单位。例如：同传过程中的“顺句驱动”翻译方法，即译员按听到的原语的句子顺序，把整个句子切成意群单位或信息单位，再使用连接词把这些单位自然连接起来，译出整体的意思。例如：“所有人 // 都可以借助互联网资源 // 来学习，不论他们是哪个民族、// 何种性别、// 何种肤色、// 只要他们可能接入互联网。”此句翻译时，将全句分成 6 个部分来翻译，译文为“All can study// by relying on Internet resources// regardless of their race, nationality and sex// providing that// they could have access to the Internet.”又如“Nothing is impossible for a willing heart.”在翻译成汉语时可分为两部分，全句译为“心之所愿，无所不成。”

2. 信息功能（Informative Function）

语言信息功能主要考虑外在的语境、话题的事实或语言之外的因素等，因此口译时不受原文结构的束缚，打乱原文的叙述顺序，采用自由的方式，以原文信息加以充实。例如：“Wet paint！”如果用语义翻译方法，此句译为“湿油漆。”这显然不符合汉语的表达习惯，因此使用交际翻译方法译为“油漆未干，请勿触摸。”又如“Whatever is worth doing is worth doing well.”这句话可译为“任何值得做的，就把它做好。”译文将原文分成两句来译，更准确地表达出了原文的意义。

3. 呼唤功能 (Vocative Function)

呼唤型文本的对象是听众，意在号召听众按照讲话人的意图去行动、思考、感受或做出反应，所以在口译时，译者要考虑源语的语言文化背景，以及目的语的语用效果。例如："Onlookers see most of the game." 此句应译为"旁观者清。"这样充分遵循了汉语文化背景，使听众更好地理解句子的含义。又如"All for one, one for all." 全句可译为"人人为我，我为人人。"译文用地道的汉语表达出了原文的含义。

4. 审美功能 (Aesthetic Function)

审美功能是令人得到美感的语言，口译时应注意这类文本常用声音和比喻的方式，句子、小句、词语的节奏、平衡和对比也有审美功能的作用，例如文学类文本，诗词和某些广告宣传。例如：朱自清《荷塘月色》中"叶子出水很高，像亭亭的舞女的裙。"此句运用比喻的手法将"叶子"比作"舞女的裙"，非常形象地描绘出了叶子的美丽，相应地译文表达为"rising up like the skirts of a dancing girl"。整句译文为"The leaves lay high in the water, rising up like the skirts of a dancing girl." 又如《荷塘月色》中"微风过处，送来缕缕清香，仿佛远处高楼上渺茫的歌声似的。"此句将"缕缕清香"比作"远处高楼上渺茫的歌声"，其英文可表达为"like strains of a vague melody sent over from distant towering buildings"。全句可译为"A gentle breeze floated by, bringing with it waves of a crisp fragrance like strains of a vague melody sent over from distant towering buildings."。

5. 应酬功能 (Phatic Function)

应酬语言用来与受话者保持友好接触而不是用来传递信息。口译中应注意有些应酬话因文化而异，应该用标准的对等词来翻译。例如：许多会议的开幕式中都会出现这样的套话："……我谨代表……对与会代表表示热烈的欢迎！并预祝本次大会取得圆满成功！"翻译此句时注意"我谨代表"应对等译为"Please allow me to be on behalf of"，"预祝本次大会取得圆满成功"对等译为"I wish this meeting a great success"，整句可译为"Please allow me, on behalf of, …to extend to our warmest welcome to the participants of this conference…I wish this meeting a great success."。又如"祝福您，新年快乐。"此句中"祝福您"可对等译为"Season's greetings"，全句可译为"Season's greetings and best wishes for the New Year."。

6. 元语言功能 (Metalingual Function)

元语言功能是用一种语言来解释、标示、批评它自己的特征。例如："linguistics"表示"语言学"，"book"表示"书"这个词。

口译中需要注意的是，六种功能里前三项是主要的功能，同一文本很少是纯粹的表达型、信息型或呼唤型文本，通常兼备三种功能但侧重点有所不同，例如：多数信息型文本全篇都具有呼唤色彩，或是在单独的段落里通过提出建议、观点或评判来表现呼唤功能；表达型文本基本都有信息功能，但呼唤功能可多可少，需要注意的是在口译抒发类文本尤其是诗词时，抒发功能和审美功能常常有冲突。

四、结论

总之，口译专业人才在我国经济发展和社会进步中起着非常重要的作用，特别是在吸收及引进外国的先进科技知识和加强国际交流与合作方面，口译起着桥梁和纽带的作用。口译人员的政治素质和业务素质的提高，对于我国在政治、经济、科技等领域全方位加强国际合作起着关键的作用。口译中应正确使用交际翻译法，这样产生的译文通顺易懂、清晰直接、规范自然、符合特定的语域范畴。如果口译的是难度较大的语篇，在交际翻译法中也应尽量使用通用的词汇。上海外国语大学教授、中国比较文学译介学创始人谢天振(1999) 认为“翻译的本质是促成两种不同语言的国家或民族之间的交际”；翻译成功与否，应该看它是否促成了有效的跨民族、跨国界、跨语言的交际。因此口译中还要注重发挥文本的抒发功能、信息功能、呼唤功能、审美功能、应酬功能和元语言功能，从而达到更好的跨文化交流的效果。所以应重点培养兼具跨文化交流、传媒新技术应用等多方面能力的高端翻译人才，尤其是小语种翻译人才。

参考文献：

[1] 蔡毅 . 翻译理论的语言学派——介绍巴尔胡达罗夫的《语言与翻译》[J]. 北京：中国翻译，1982（6）：12-17.

[2] 冯玉波 . 从关联翻译理论角度论述外事口译中英汉交传策略——以 2013 习近平主席与奥巴马庄园会晤为例 [D]. 内蒙古大学，2015：33-36.

[3] 贾文波 . 应用翻译功能论 (第二版)[M]. 北京：中国对外翻译出版公司，2012：49.

[4] 刘和平 . 口译理论与教学 [M]. 北京：中国对外翻译出版公司，2005（5）：37.

[5] 奈达 . 语言与文化：翻译中的语境 [M]. 上海：上海外语教育出版社，2001：156.

[6] 秦璐璐 . 纽马克翻译理论观照下的外事口译策略研究——以新浪独家专访法国外长法比尤斯为例 [D]. 广东外语外贸大学，2014：38-50.

[7] 秦志伟 . 浅谈纽马克翻译理论在翻译实践中的应用 [D]. 辽宁大学，2018：39-45.

[8] 谢天振 . 译介学 [M]. 上海：上海外语教育出版社，1999：68.

[9] 杨司桂 . 语用翻译观：奈达翻译思想再研究 [M]. 四川：四川大学出版社，2016：67.

[10] 曾海玉 . 从目的论原则看商务口译中的语义翻译和交际翻译 [D]. 福建师范大学，2015：78-85.

[11] 张舒 . 交际翻译原则指导下的交替传译 [D]. 兰州大学，2015：61-65.

[12] 张维为 . 英汉同声传译 [M]. 北京：中国对外翻译出版公司，1999（10）：50.

[13] Nida，Eugene A. Towards a Science of Translating [M]. Leiden：Brill，1964：93.

[14] Nida，Eugene A. Language,Culture and Translating [M]. Shanghai：Shanghai Foreign Language Education Press，1993：85.

[15] Peter Newmark. Approaches to Translation[M]. Pergamon Press，1981：10，12，15，80.

第七部分

书评与语言研究

Emerson's Individuality Claim in *Self-Reliance*

中国政法大学外国语学院 谢 娟

Abstract: In *Self-Reliance*, Emerson advances the individuality claim most eloquently against what he deems to be a social conspiracy to deprive modern man of his MANHOOD. To preserve an ampler intellectual and spiritual space for self-fashioning, Emerson explores the tripartite resources available to modern average man: the use of independent judgment, the use of history, and the use of inner spiritual resources.

Key words: Emerson *Self-Reliance* history individuality claim

1. Introduction

In his article "Emerson — The Philosopher of Democracy", John Dewey argues that one of Emerson's major concerns is to secure for average modern man, despite the onslaught of various kinds of hostile forces, an ampler intellectual and spiritual space for self-fashioning:

> *Against creed and system, convention and institution, Emerson stands for restoring to the common man that which in the name of religion, of philosophy, of art, and of morality, has been embezzled from the common store and appropriated to sectarian and class use.*

In *Self-Reliance*, the individuality claim is accentuated most eloquently. At the very beginning of this article, Emerson appeals to his reader to "believe your own thought" and "speak your latent conviction", so that "the inmost in due time becomes the outmost". In other words, conviction via expression becomes a reality. Otherwise, if our own conviction remains un-expressed and un-realized, the result shall be most humiliating: "In every work of genius we recognize our own rejected thoughts: they come back to us with a certain alienated majesty", so much so that "we shall be forced to take with shame our own opinion from another". Confronted with such embarrassing situation, one cannot help feel like being deprived of his or her intellectual property, just because he/she fails to "express" and "realize" it. Hence, Emerson concludes that we should "abide by our spontaneous impression with good-humored inflexibility then most when the whole cry of voices is on the other side."

Emerson argues that to be a self-reliant person, one must first realize that "envy is ignorance; imitation is suicide". "Envy is ignorance", as envy testifies to one's lack of self-knowledge, i.e., the incapacity of knowing "what that is which he can do". A man devoid of such self-knowledge will be reduced to the grumbling, green-eyed monster. Without knowing how to raise themselves up, they derive pleasure from obstructing other's progress. Without the initiative and creativity bolstered by self-knowledge, they are reduced to a copying machine, which can bring about disastrous consequences. The reason cannot be plainer. Imitation is suicide, as indulgence in imitation is arch-enemy to the promotion of creativity and cultivation of one's individuality. The development of one's intellectual faculties shall be arrested if they are not given sufficient mental practice, as John Stuart Mill argues in *On Liberty*. Imitation is also an indicator of immaturity. Those who dare not use their own judgment are minors in need of a "guardian" from without, whether it be in the form of religion, philosophy, or science. Therefore, Emerson says, instead of being "minors and invalids in a protected corner", we should be our own "guides, redeemers, and benefactors". Be your own guide, and listen to the voice from within, instead of being harnessed to the guardian's dictations. Be your own redeemer, instead of waiting for a savior.

2. The Use of Independent Judgment

Emerson laments that despite the importance of those voices from within, they usually "grow faint and inaudible as we enter into the world". Our original aspirations tend to get drowned in the everyday routine, in the daily hustle and bustle, in our anxiety over "daily necessities", especially when complicated by various temptations and distractions. The oft-quoted metaphor from *Self-Reliance*, "Society everywhere is in conspiracy against the manhood of every one of its members", is not so much an exaggeration when it comes to the pervasive effect of the social pressure for conformity, as Emerson goes on to argue that "The virtue in most request is conformity. Self-reliance is its aversion. It loves not realities and creators, but names and customs". The "social conspiracy" boils down to the request of conformity and the suppression of nonconformity (i.e. aversion to self-reliance, to the audacity of using one's own judgment). To fulfill these two goals, society advocates "names and customs" and condemns "realities and creators". Therefore, Emerson argues that "Whoever would be a man must be a nonconformist. He who would gather immortal palms must not be hindered by the name of goodness, but must explore if it be goodness. Nothing is at last sacred but the integrity of your own mind." In other words, we should use our own judgment to seek and find the true nature of the object under our scrutiny, instead of accepting ready-made moral judgment passed on it by previous generations or by our contemporaries. In his debunking of the superstition and obsession with "name", Emerson's argument merits being quoted in full length:

> *What have I to do with the sacredness of traditions, if I live wholly from within? My friend suggested, "But these impulses may be from below, not from above." I replied, "They do not seem to me to be such; but if I am the Devil's child, I will live then from the Devil."No law can be sacred to me but that of my nature. Good and bad are but names very readily transferable to that or this; the only right is what is after my constitution, the only wrong what is against it. A man is to carry himself in the presence of all opposition, as if every thing were titular and ephemeral but he. I am ashamed to think how easily we capitulate to badges and names, to large societies and dead institutions. Every decent and well-spoken individual affects and sways me more than is right. I ought to go upright and vital, and speak the rude truth in all ways. If malice and vanity wear the coat of philanthropy, shall that pass?*

According to Emerson, names of "good" and "bad" are but social constructs, dictated by a given cultural and social milieu, and subject to the social changes. A more reliable guide is to abide by your own inner convictions, to "live wholly from within", instead of surrendering your own judgment and subscribing to handed-down convention. About the de-obsession with name, a comparative reading of Alexander Pope's argument in *An Essay on Man* can be of some help. Pope argues that wrath, avarice, sloth, lust, gluttony, envy, pride — the "deadly sins" can also be put to good use as long as they're properly harnessed and administered. As no such Vices can be completely eliminated, they should better be recognized and harnessed. Verbal denunciations and invectives against Vices only serve to accentuate their intimidating presence in man's mind, which can only result in two consequences. The first, by shrouding Vices with a forbidding air, one renders it all the more tempting. The second, by overplaying Vice's prevalence, it tends to breed a familiarity and hence a take-for-granted-ness with Vice's presence. Neither of the two results is what we would like to see. Pope's caution is quite to the point. Vice, the "monster" with a " frightful mien", "to be hated, needs but to be seen; / Yet seen too oft, familiar with her face, / We first endure, then pity, then embrace" (II, 217-20). Pope's message is that an appropriation of Vice's constructive side and harness of its destructive side is more recommendable than a fruitless and potentially injurious name-obsession.

To be self-reliant necessitates not only independent judgment, but also the courage contradict one's own previous statement or position. In Emerson's words,

> *Why drag about this corpse of your memory, lest you contradict somewhat you have stated in this or that public place? Suppose you should contradict yourself; what then?... A foolish consistency is the hobgoblin of little minds, adored by little statesmen and philosophers and divines. With consistency a great soul has simply nothing to do.*

Emersion's denunciation of "foolish consistency" intends at giving modern man's latent capacity full play, so that one does not hesitate to modify, or even contradict, his previous assertions, and is encouraged to see life as it is, complex and paradoxical. It is easy to be aware of the inadequacy — due to mortal being's limited cognitive abilities — of one's previous assertions, but it is not so easy to contradict, or even subvert, their previous statements or judgments for fear of undermining their authority and reputation, which is why Emerson denounces the "foolish consistency" as the "hobgoblin of little minds, adored by little statesmen and philosophers and divines". Only a soul comprehensive and receptive enough in its scrutiny of life in its various forms can be called truly great.

3. The Use of History

To encourage modern men's confidence in their latent capacities, Emerson maps out what an enormous difference a visionary hero can make,

> *An institution is the lengthened shadow of one man; as, the Reformation, of Luther; Quakerism, of Fox; Methodism, of Wesley; Abolition, of Clarkson. Scipio, Milton called "the height of Rome"; and all history resolves itself very easily into the biography of a few stout and earnest persons.*

"An institution is the lengthened shadow of one man" testifies to the crucial role played by visionary heroes in history. Institutions are the fulfillment of these great men's visions. Conceive, then achieve. Conviction via expression becomes a reality. The age can be modeled upon a few great individuals' visions, hence the significance of an individual's power, and the necessity for cultivation of one's inner landscape. Sometimes the unfolding of an ambitious vision will necessitate a considerable spatial and temporal span, and entail the joint efforts of more than one generation, even more than one century. To comprehend the great man's ambitious vision, the public must be imaginative and daring enough to conceive the intangible dimension and yet-to-be-realized prospect of life.

However, Emerson has to acknowledge the inconvenient truth that nowadays far from being such movers and shakers, "Man is timid and apologetic; he is no longer upright; he dares not say 'I think,' 'I am,' but quotes some saint or sage." By "apologetic", Emerson alludes to the self-defensive stance adopted by modern man, which is the manifestation of lack of self-confidence. This means the legitimacy of what one defends is not deemed self-evident enough, hence the necessity to come up with some kind of justification, so as to endow it with significance. Descartes's assertion, *cogito ergo sum*, i. e., "I think, therefore I am", which foregrounds the subjectivity and autonomy of the speaker, no longer inspires the same self-confidence in the bosom of modern man. In quoting the words from sages and saints, man gives up the opportunity to voice their private thoughts in their own words, which evidences their lack of confidence in the value of their own assertions.

This intellectual timidity must be removed for one to erect one's own house of thoughts. In Emerson's words, "history is an impertinence and an injury, if it be any thing more than a cheerful apologue or parable of my being and becoming." Therefore, history is for nothing but to inspire. One must guard against the insolence and presumption of the dead to govern beyond the grave. One's easy capitulation to "badges and names, to large societies and dead institutions" constitutes a self-betrayal and accomplice in this social conspiracy against manhood, or rather, individuality. Emerson uses the metaphor of reading to illustrate his approach towards intellectual and spiritual legacies: "I had better never see a book than to be warped by its attraction clean out of my own orbit, and made a satellite instead of a system".

To build one's own "system", one builds from inside out, because as Emerson argues that "It is as easy for the strong man to be strong, as it is for the weak to be weak." Our life can be a self-fulfilling prophecy. If we may appropriate Descartes's *cogito ergo sum* to contemplate the significance of active soul, we will find more often than not one's mode of being is shaped by his or her own mode of thinking. Hence the importance of cultivating one's internal landscape, or in Emerson's words from *Self-Reliance*, "put(ting) itself in communication with the internal ocean". Devoid of self-reliance and spiritual autonomy, the soul is vulnerable to the manipulation of alien, external authority. People subjected to the manipulation of alien forces slide readily into tunnel vision. That is, they will become paranoid, and obsessed with one particular "fact", sometimes a manufactured one, to the exclusion of anything else. This pessimistic prospect usually result in tragic consequences, not only for the misguided individual, but also for the society at large. That is why Emerson asserts that "the soul is light; where it is, is day; where it was, is night".

4. The Use of Inner Spiritual Resources

Emerson uses "traveling" as a metaphor to illustrate the futility of traveling away from "internal ocean" to seek external help,

> *Travelling is a fool's paradise. Our first journeys discover to us the indifference of places. At home I dream that at Naples, at Rome, I can be intoxicated with beauty, and lose my sadness. I pack my trunk, embrace my friends, embark on the sea, and at last wake up in Naples, and there beside me is the stern fact, the sad self, unrelenting, identical, that I fled from. I seek the Vatican, and the palaces. I affect to be intoxicated with sights and suggestions, but I am not intoxicated. My giant goes with me wherever I go.*

Without the substantial transformation of internal landscape, both aesthetic redemption and religious consolation fail to work miracles. The savior dwells within.

Even if one wakes up to the significance of "internal ocean", there is still one more obstacle to be surmounted,

> *But man postpones or remembers; he does not live in the present, but with reverted eye laments the past, or, heedless of the riches that surround him, stands on tiptoe to foresee the future. He cannot be happy and strong until he to lives with nature in the present, above time...Life only avails, not the having lived. Power ceases in the instant of repose; it resides in the moment of transition from a past to a new state, in the shooting of the gulf, in the darting to an aim...Power is in nature the essential measure of right. Nature suffers nothing to remain in her kingdoms which cannot help itself.*

"To live with nature in the present, above time" means one must know how to bestow his efforts on the plot of ground that is given to him, and the transcendence gained via soaring above time also entails more perspectives, more flexibility, and much ampler space for self-fashioning. Not only the physical world is in a perpetual flux, the soul is also in a constant becoming. As the stagnant water gets stale, so is the soul. Emerson's power claim testifies to the unfinished quality of human life which perpetually compels individual beings to surpass their present attainments to do justice to their future potential. The expression that "Nature suffers nothing to remain in her kingdoms which cannot help itself" cannot but remind us of the proverb, "God helps those who help themselves". To be self-reliant is a call of the nature, whether it be the innate request of human nature, or the way of the world as it is.

5. Conclusion

In his article "Emerson — The Philosopher of Democracy", John Dewey pays high tribute to Emerson for his staunch advocacy of individuality in an ever-increasingly homogeneous society, "For thousands of earth's children, Emerson has taken away the barriers that shut out the sun and has secured the unimpeded, cheerful circulation of the light of heaven, and the wholesome air of day". That is the very reason why we should read Emerson today.

References

[1] Descartes, Rene. Descartes : Selected Philosophical Writings[M]. Cambridge, New York : Cambridge University Press, 1988.

[2] Dewey, John. Emerson — The Philosopher of Democracy[J]. International Journal of Ethics. Vol.13, No.4, 1903 : 405-413.

[3] Emerson, Ralph Waldo. Emerson's Prose and Poetry : Authoritative Texts, Contexts, Criticism[M]. NY : W.W.Norton, 2001.

[4] Mill, John Stuart. On Liberty and Other Essays[M]. Oxford : Oxford University Press, 1991.

[5] Pope, Alexander. An Essay on Man[M]. London, New York : Routledge, 1993.

Devotion to Democracy: the Federalists and Their Political Ideas

中国人民大学出版社　王　琼

Abstract: This paper examines the background and implications of *The Federalist Papers*, written by Alexander Hamilton, James Madison and John Jay in support of the ratification of the Constitution. Although over 200 years have passed, the political ideas reflected in *The Federalist Papers* are still relevant today.

Key words: *The Federalist Papers*　Constitution　Hamilton　Madison　Jay

During the founding period of the United States of America, there was a huge debate and battle over the Constitution. A group of people, who named themselves Federalists, supported the ratification of the Constitution whole-heartedly. At last, they won the battle, and their reasoning became classic literature on democracy in American politics, which has influenced generations of Americans up to now.

1. The Federalists and Antifederalists

The debate over the Constitution divided Americans into two groups. Those who supported it were known as Federalists, while those who opposed it were known as anti-Federalists. It is difficult to generalize about the members of these two groups. The Federalists tended to be substantial individuals, members of the professions, well-to-do, active in commercial affairs, and somewhat alarmed by the changes brought about by the Revolution. They were more interested in orderly and efficient government than in safeguarding the maximum freedom of individual choice. Alexander Hamilton and James Madison rendered them powerful leadership (Bailey 1998: 182). By contrast, the anti-Federalists were more often small farmers, debtors, and people to whom free choice was more important than power and who resented those who sought power. Therefore they distrusted the idea of a strong central government. Giving too much power to the president, the Congress and the courts, they said, and citizens would no longer be free. They would lose the liberties gained in the war for independence from Britain. However, they lacked both coordination and unified leadership; "their principles," wrote Oliver Ellsworth, "are totally opposite to each other, and their objections discordant and irreconcilable" (Anderson 1999 : 154). During the ratification process, the Federalists were well organized, energetic and effective, in contrast with the disorganization and inertia of the anti-Federalists, which contributed a lot to their final success.

2. The Federalist Papers

The leaders who supported the new Constitution understood quickly that to win ratification, they must speak out. Therefore, just a few weeks after the document was signed, they began writing statements supporting the proposed Constitution. Their statements, called *The Federalist Papers*, appeared first in newspapers in New York. These papers were written by Alexander Hamilton of New York (who was to be the first U.S. Secretary of Treasury), James Madison of Virginia (who was to be the fourth U.S. president), and John Jay (who was to be the first Chief Justice of the Supreme Court). Hamilton asked Madison and Jay to join him in this crucial project. Their purpose was to persuade the New York convention to ratify the just-drafted Constitution. They would separately write a series of articles to New York newspapers, under the shared pseudonym, "Publius" (Mei 2002 : 18). In the articles they would explain and defend the Constitution. Hamilton was not only the organizer of the project, but also its leading contributor. Among the 85 articles of *The Federalist Papers*, written between October 1787 and August 1788, 51 were contributed by Hamilton, 29 by Madison, and only 5 by Jay.

3. Fundamental Ideas of the Federalist Political Theory

3.1 Indirect Democracy

Madison distinguished between a democracy and a republic in *The Federalist Papers* No. 10. To him, a "democracy" meant a society "consisting of a small number of citizens, who assemble and administer the government in person" (Hamilton 2003 : 51). A "republic" meant an indirect democracy, which allowed citizens to vote for their representatives who make governmental policies. The Founders opposed a direct democracy for the whole country. They believed that human nature was such that people could not withstand the passions of the moment and would be swayed by a demagogue to take unwise action. Eventually, democracy would collapse into tyranny. "Remember," John Adams wrote, "Democracy never lasts long. It soon wastes, exhausts, and murders itself. There never was a democracy yet that did not commit suicide" (Quinn 1997 : 89). The Founders favored an indirect democracy — a republic, because it can "refine and enlarge the public views, by passing them through the medium of a chosen body of citizens, whose wisdom may best discern the true interest of their country, and whose patriotism and love of justice, will be least likely to sacrifice it to temporary or partial considerations" (Wood 1969 : 167). In other words, the people would have a voice but one filtered through their presumably wiser representatives.

3.2 Extended Republic

Madison favored the idea of an extended republic in *The Federalist Papers* No. 10: "If the proportion of fit characters be not less in the large than in the small republic, the former will present a greater option, and consequently a greater probability of a fit choice." Besides "the greater number of citizens and extent of territory" in a republic, there exists "the greater variety of parties and interests". Hence, it will be "less probable that a majority of the whole will have a common motive to invade the rights of other citizens; or if such a common motive exists, it will be more difficult for all who feel it to discover their own strength, and to act in unison with each other"(Sun 2006: 85-86). Although an impassioned and factious majority could not be formed in the new federal government, Madison had by no means abandoned the idea that the public good was the goal of government, a goal that should be positively promoted. He did not expect the new federal government to be neutralized into inactivity by the pressure of numerous conflicting interests. Nor did he conceive of politics as simply a consensus of the various groups that made up the society. The peculiar advantage of the new expanded national republic for Madison lay not in its inability to find a common interest for such an enlarged territory, but rather "in the substitution of representatives whose enlightened views and virtuous sentiments render them superior to local prejudices and to schemes of injustice" (Sun 2006: 87).

3. 3 The Separation of Powers

Madison expressed the American view of the need for separation of powers: "Accumulation of all powers, legislative, executive, and judiciary, in the same hands may justly be pronounced the very definition of tyranny" (Lowi 1994: 55). Therefore, the power to make, administer, and judge the laws was split into three branches — legislative, executive, and judicial. But *The Federalist Papers* saw another virtue in the separation of powers, namely, an increase in governmental efficiency and effectiveness. By being limited to specialized functions, the different branches of government develop both an expertise and a sense of pride in their roles, which would not be the case if they were joined together or overlapped to any considerable degree.

3.4 Checks and Balances

The Federalist Papers is the first American political literature in which the idea of checks and balances was expressed as a way of restricting governmental power and preventing its abuse. Madison suggested that "The great security against a gradual concentration of the several powers in the same department, consists in giving to those who administer each department, the necessary constitutional means, and personal motives, to resist encroachments of the others.... Ambition must be made to counteract ambition" (White 1987: 147). Therefore, each branch was given some authority over the others, if one branch abused its power, the others could use their checks to thwart it.

3.5 Bicameralism

The Federalists knew well that it is impossible to give to each department an equal power. In *The Federalist Papers* No. 51, Madison wrote, "In republican government the legislative authority necessarily predominates, the remedy for this inconveniency is, to divide the legislature into different branches; and to render them by different modes of election, and different principles of action, as little connected with each other, as the nature of their common functions, and their common dependence on the society, will admit" (Sun 2006: 88-89). "A division of the power in the legislative body itself," said James Wilson, was "the most useful restraint upon the legislature, because it operates constantly" (Wood 1969: 123). Bicameralism was thus increasingly defended as simply another means of restraining and separating political power. Guided by this principle, the House of Representatives was "to be the grand depository of the democratic principle of the Government" and thus was to be elected directly by the people. The upper house, the Senate, was expected to be a body that would act "with more coolness, with more system, and with more wisdom, than the popular branch" (Anderson 1999: 101). Its members would be older and fewer in number, and somehow refined through a filtration process of election to ensure that the wisest and most experienced in the society were selected.

3.6 The Primal Power of the People

The anti-Federalists charged the Federalists with the argument that there cannot exist two independent sovereign taxing powers in the same community. The Federalists refuted that the supreme power resides in the people, as the fountain of government. Wilson said, "They have not parted with it; they have only dispensed such portions of power as were conceived necessary for the public welfare" (Quinn 1997: 99). The sovereignty always stayed with the people-at-large; "They can delegate it in such proportions, to such bodies, on such terms, and under such limitations, as they think proper" (Wood 1969: 211). A consolidate government could never result unless the people desired one. For only the people-at-large could decide how much power their various governments should have.

3.7 Elite Rule

Hamilton and Madison both took great pains to explore the problems presented by the disparity of property and influence in revolutionary America. Hamilton argued that it was only right that the wealthy and powerful should control government unconditionally. He said:

> *All communities divide themselves into the few and the many. The first are the rich and well-born, the other the mass of people. The voice of the people has been said to be the voice of God; and however generally this maxim has been quoted and believed, it is not true in fact. The people are turbulent and changing; they seldom judge or determine right. Give therefore to the first class a distinct permanent share in the government* (Lowi 1994: 8).

This idea was elaborated on as the elite rule theory. Hamilton in *The Federalist Papers* No. 35, put into word the Federalists' often held assumption about the organic and the hierarchical nature of society. The various groups in the landed interest were "perfectly united, from the wealthiest landlord down to the poorest tenant," and this "common interest may always be reckoned upon as the surest bond of sympathy" linking the landed representative, however rich, to his constituents. In a like way, the members of the commercial community were "immediately connected" and most naturally represented by the merchants. That the people were represented better by one of the natural aristocracy "whose situation leads to extensive inquiry and information" than by one "whose observation does not travel beyond the circle of his neighbors and acquaintances" (Hamilton 2013: 167-168) was the defining element of the Federalist philosophy. "The Federalists meant to restore and to prolong the traditional kind of elitist influence in politics that social developments, especially since the Revolution, were undermining," (Wood 1969: 513) through the artificial design of the Constitution. For example, neither the Senate (until the 17th amendment changed this provision) nor the presidency was elected by popular vote. In short, the Federalists offered the country an elitist theory of democracy. They did not see themselves as repudiating either the Revolution or popular government, but saw themselves as saving both from their excesses. If the constitution were not established, they told themselves and the country over and over, then republicanism was doomed, the grand experiment was over, and a division of the confederacy, or worse would result.

4. Conclusion

The Federalists' achievement was not in creating a totally new set of ideas. Rather their achievement lie in their ability to bring together a comprehensive system of thought, to make the tangles and confusions of previous American ideas intelligible and consistent. They conserved the principle of democratic government through a redefinition of popular sovereignty. Unlike the anti-Federalists, who believed that the sovereignty of the people resided in a single branch of government — the legislature — the Federalists contended that every branch — executive, judiciary, and legislature — effectively represented the people. By ingeniously embedding the doctrine of self-rule in a self-limiting system of checks and balances among these branches, the Constitution reconciled the potentially conflicting principles of liberty and order. It represented a tremendous achievement of the Federalists, one that promoted the ideals of the American Revolution even while setting boundaries to them. Professor Jack Racove, from Stanford University, remarked: "We typically read *The Federalist Papers* as the one American work that unequivocally belongs in the great canon of Western political theory — a work we can compare, with some caution, to the writings of Thomas Hobbes, John Locke, Montesquieu, or other luminaries" (Hamilton 2003: 3). The influence of the Federalists can still be felt today and their legacies remain to be interpreted under new circumstances.

References

[1] Anderson Lisa. Transitions to Democracy[M]. ed. New York：Columbia University Press，1999：101，154.

[2] Bailey Thomas A et al.. The American Pageant：A History of the Republic[M]. Boston：Houghton Mifflin Company，1998：182.

[3] Hamilton Alexander et al.. The Federalist[M]. ed，Jack Racove. Boston：Bedford/St.Martin's，2003：3，51.

[4] Hamilton Alexander et al.. The Federalist Papers[M]. Beijing：China Renmin University Press，2013：167-168.

[5] Lowi Theodore J et al.. Readings for American Government[M]. ed. New York：W.W.Norton & Company，1994：8.

[6] Mei Renyi. American Studies Reader[M]. ed. Beijing：Foreign Language Teaching and Research Press，2002：18.

[7] Qinn Frederick. The Federalist Papers Reader and Historical Documents of Our American Heritage[M]. Santa Ana，Calif.：Seven Locks Press，1997：89，99.

[8] Sun Youzhong. American Intellectual History[C]. ed. Center for American Studies，BFSU，2006：85-86.

[9] White Morton Gabriel. Philosophy，The Federalist，and the Constitution[M]. New York：Oxford University Press，1987：147.

[10] Wood Gordon. The Creation of the American Republic：1776–1787[M]. New York：W.W.Norton，1969：123，167，211，513.

犹太复国主义及其在美国的影响

The Rise of Zionism and Its Influence in the United States

北京化工大学文法学院　王梅英

摘　要： 犹太民族在历史上饱受欺辱，反犹主义思想和行为在古代和近代欧洲以及沙皇俄国时期多次泛滥，犹太人多次受到所在国家的歧视、隔离、驱逐和灭绝。犹太复国主义产生于十九世纪末的中东欧地区，1897 年欧美的犹太复国主义者们在瑞士的巴塞尔组织召开了首次世界犹太复国主义者大会，成立世界犹太复国主义组织，其宗旨和纲领就是：要在犹太人的先祖圣地——英属巴勒斯坦建立一个能得到国际社会承认的、犹太人完全自治的国家。

目前美国有 500 万至 800 万犹太人，占美国总人口的 1.7% 至 2.6%，他们的教育和收入水平在美国各族裔中最高，犹太裔美国人在美国的政治、经济和文化领域中具有重要的影响，尤其在华盛顿的政治影响力是其他族裔望尘莫及的。美国在中东的政策最突出的就是美国对以色列的偏袒政策，美国一直坚持对以色列的政治支持和军事援助，支持以色列一再进行侵略战争，是导致中东形势更加复杂、紧张的重要因素。

关键词： 反犹主义　犹太复国主义　犹太裔美国人　中东政策

Abstract: From ancient times to the Second World War, Jewish people had been discriminated, persecuted and even slaughtered in Europe and Russian Empire. Zionism emerged in the late 19th century in Central and Eastern Europe as a national revival movement. The primary goals of Zionism were the liberation of Jews from the antisemitic discrimination and persecution that they experienced during their diaspora, and re-establishment of Jewish sovereignty in the Land of Israel.

Depending on religious definitions and varying population data, the United States has the largest or second largest Jewish community in the world, after Israel. In 2012, the American Jewish population was estimated at between 5.5 and 8 million which constitutes between 1.7% and 2.6% of the total U.S. population.Today, American Jews are a distinctive and influential group in the nation's politics, economics and cultures. American Jews have displayed a very strong interest in foreign affairs, especially those regarding Israel since 1945. Israel-United States relations are a very important factor in the United States government's overall policy in the Middle East, and U. S. Congress has placed considerable importance on the maintenance of a close and supportive relationship with Israel. In addition to financial and military aid, the United States also provides political support to Israel, having used its United Nations Security

Council veto power 42 times with respect to resolutions relating to Israel. The military foothold in the region offered by the Jewish State justified the military aid that the United States grants Israel every year.

一、前言

2017年12月6日（北京时间7日凌晨2点），在美国总统特朗普正式在白宫外交厅宣布美国承认耶路撒冷为以色列首都并准备将美国驻以色列使馆迁往耶路撒冷之后，联合国秘书长古特雷斯随即召开记者会宣读有关声明，表示反对任何可能危害巴以和平前景的单边措施，强调实现巴以和平的“两国方案”不可替代。巴勒斯坦总统阿巴斯表示，特朗普宣布把美国使馆从特拉维夫迁至耶路撒冷意味着美国不再参与中东和平进程。埃及外交部谴责美国承认耶路撒冷为以色列首都。欧盟外交和安全政策高级代表莫盖里尼6日致电巴勒斯坦国总统阿巴斯明确欧盟立场，她强调耶路撒冷这个城市的性质应该通过谈判来予以定义，她还重申，欧盟致力于恢复有意义的和平进程，实现两国解决方案。英国首相特蕾莎·梅不赞同美国总统特朗普承认耶路撒冷为以色列首都的决定，宣布英国大使馆仍将设在特拉维夫。形成强烈反差的是以色列政要赞扬特朗普决定，以色列总统、总理分别发表声明。以总统里夫林在声明中称，特朗普的决定是对以色列明年建国70周年“最合适、最美丽的礼物”,也是“承认犹太人对其土地权利的一个里程碑,是通往和平之路的里程碑。”

美国和以色列有什么共同利益？我们翻开历史就会发现从1948年以色列建国开始，美国驻联合国大使为袒护以色列42次投下反对票，并给予以色列大量的军事援助和经济援助，为什么历届美国政府如此青睐以色列？我们需要追溯历史上的反犹主义，研究犹太复国主义兴起，剖析犹太裔美国人对美国政治、经济、文化的影响。本文在阅读相关资料的基础上进行了综述。

二、历史悠久的反犹主义

犹太人自古以来就是一个饱受迫害的民族，在历史上饱受各种欺辱。反犹主义（Anti-Semitism）是对仇恨犹太人或犹太教的思想与行为的总称，在各个不同历史时期有不同的动机和表现形式。虽然犹太人与阿拉伯人同属闪族，但通常反闪族主义指的是反犹太主义，表现为统治阶级对犹太人的歧视、限制和隔离，乃至排斥、驱逐和灭绝。反犹太主义可上溯到古代，波斯帝国和罗马帝国在征战巴勒斯坦期间，对犹太人进行剥削和压迫，犹太人从此开始迁离故土，流散异国。

反犹主义在各个不同历史时期有不同的动机和表现形式，但是其中也不乏共通性和延续性，例如将犹太人视为“谋杀救世主基督的人”,“贪婪、阴险”的民族，“企图控制世界”的集团，需对世界一切政治和经济问题负责的“幕后黑手”等。反犹主义的思想和行为自产生至今导致了无法弥补的灾难性后果。欧洲和沙皇俄国历史上充斥着针对犹太人的暴力行为，犹太人受到歧视、侮辱、压迫和屠杀，例如1096年十字军对犹太人的掠夺与屠杀，1290英国驱逐犹太人法令，1492年西班牙王国对犹太人的彻底驱逐，1648至1657乌克兰哥萨克对犹太人大屠杀，1821至1906年沙皇俄国多次泛滥的反犹浪潮。而反犹主义的最高潮则公认是1933年至1945年之间纳粹大屠杀，造成约600万犹太人死亡（维基百科[1][2][3]）。

三、犹太复国主义兴起

犹太复国主义 (Zionism) 是犹太人发起的一种民族主义政治运动和犹太文化复兴思潮，旨在支持或认同于以色列地带重建“犹太家园”的行为，也是基于犹太人在宗教思想与传统上对以色列土地之联系的一种意识形态。散居世界各地的犹太人要求回到古代故乡巴勒斯坦，重建犹太国的政治主张与运动称为犹太复国运动（维基百科 [4]）。这种运动追求的是自身民族的自由，然而却忽视了其他民族的合法权益。

上古时代，巴勒斯坦曾存在着以色列国和犹太国两个犹太人国家，分别于公元前 8 世纪和公元前 6 世纪被亚述和巴比伦所灭。公元 135 年犹太人起义失败后，犹太人即被罗马帝国逐出耶路撒冷以至整个巴勒斯坦，流落到世界各地，近两千年没有自己的国家。

1881 年沙皇亚历山大二世遇刺身亡，在沙皇俄国全境出现反犹主义浪潮，大量犹太人被屠杀、殴打和强奸，200 万犹太人移民至美国和英国，暴徒的肆虐、政府的敌视、甚至信奉自由主义的知识分子的冷漠，导致了强烈的犹太复国主义的思潮和运动。同时，在沙皇俄国出现了犹太复国主义组织比路，并开始了犹太人向巴勒斯坦有组织的移民。

1895 年奥匈帝国犹太人记者西奥多·赫茨尔 (Theodor Herzl) 撰写《犹太国》(*Der Judenstaat*) 一书，提出了犹太复国主义的理论和纲领。赫茨尔在《犹太国——现代解决犹太人问题的一种尝试》书中严正指出：其实，犹太问题不是一个宗教问题，也不是一个社会问题，而是一个民族问题。而解决犹太人问题的根本出路，就是要建立一个犹太人完全自治的国家。这本书一问世，就受到了犹太人的热烈追捧，以至于犹太人将西奥多·赫茨尔赞誉为犹太人的“新摩西”，把这部书赞誉为“神的新启示”。1897 年 8 月，在西奥多·赫茨尔领导下，欧美的犹太复国主义者们在瑞士的巴塞尔组织召开了首次世界犹太复国主义者大会，在这次大会上，决定成立世界犹太复国主义组织 (World Zionist Organization)，西奥多·赫茨尔当选为该组织的第一任主席。这个组织的宗旨和纲领就是：要在犹太人的先祖圣地——英属巴勒斯坦建立一个能得到国际社会承认的、犹太人完全自治的国家（维基百科 [4]）。

1917 年 11 月英国外交大臣贝尔福代表政府发表《贝尔福宣言》(*Balfour Declaration*)，声称“英王陛下政府赞成在巴勒斯坦为犹太人建立一个民族之家，并为达到此目的而竭尽努力”（维基百科 [4]）。在大英帝国的支持下，犹太复国主义者不顾阿拉伯人的强烈反对，采用政治、外交、财政以及军事手段，强行组织犹太人向阿拉伯人聚居的巴勒斯坦西部地区移民。1922 年 6 月 30 日，美国国会正式通过了一项支持《贝尔福宣言》的决议，支持犹太人在英国殖民地——巴勒斯坦地区建国。于是，在英、美等国的支持下，屡遭屠戮、几乎已经走入绝境的犹太人犹如凤凰涅槃般浴火重生。然而，时间过了没多久，纳粹德国便发生针对犹太人种族灭绝的大屠杀，使得 600 多万犹太人命丧黄泉。德国纳粹法西斯这种种族灭绝的惊天暴行大大推动和加剧了“犹太复国主义”的步伐。欧洲的犹太人为了躲避德国纳粹的屠杀，潮水般地涌入英国统治下的殖民地——巴勒斯坦地区。

在 1882 至 1948 年间的 6 次移民浪潮中，有 60 万犹太人移居巴勒斯坦。1947 年 11 月 29 日，联合国通过决议，决定在巴勒斯坦分别建立阿拉伯国家和犹太国家，并使耶路撒冷国际化。此后，犹太复国主义者立即用武力抢占了拟议中所谓犹太国的领土，同时强占了分治计划中属于阿拉伯国家的部分地区，在 4 个月内迫使 30 多万阿拉伯人离乡背井，成为难民。1948 年 5 月 14 日，犹太复国主义者宣布建立以色列国。犹太人向巴勒斯坦地区大量移民和建立以色列国，此举大大激化了同整个阿拉伯民族的矛盾，成为以后中东局势长期动荡不宁的重要根源。

1975 年 10 月联合国大会 3379 号决议获得通过，认为“犹太复国主义是一种种族主义和种族歧视”（维基百科 [4]）。1991 年在美国总统布什压力下该决议被联合国大会撤销。

四、犹太裔美国人的影响

1820 年至 1870 年间，大约 20 万来自德国等地的欧洲犹太人进入美国。这些犹太移民多数是从事零售业的小商贩,散居于全美各地。更多的犹太人移民美国始于 1880 年前后，那一段大约 12 年的时间里，他们在东欧国家受到了残酷的迫害。接下来的 45 年里，200 万犹太人移民到了美国。这些来自东欧的犹太移民既贫穷又不懂英语，多数居住在纽约和芝加哥等大都市，进入工厂做工或者从事手工业和经营小店铺。如今犹太裔美国人有 500 万至 800 万之间，大概占美国总人口的 1.7% 至 2.6% 之间，其中半数以上居住在纽约州、加利福尼亚州和佛罗里达州，绝大多数居住在都市和市郊地区，主要是中产阶级，教育和收入水平均较高，在美国的政治、经济和文化领域中具有重要的影响。

1. 犹太人可以左右美国政治

犹太人在美国参政历史悠久。美国的政治分析家米切尔·巴德 (Mitchell Bard) 曾说过，“犹太人是以一种宗教式的热情参与政治，他们的投票率比其他任何族裔都高”（维基百科 [5]）。他们主要支持民主党总统候选人，例如第 28 任总统威尔逊、第 32 任总统罗斯福、第 35 任总统肯尼迪、第 42 任总统克林顿、第 44 任总统奥巴马等民主党总统候选人都得到犹太裔选民的大力支持。犹太裔美国人影响了 20 世纪 30 年代美国对德国的外交政策，50 万犹太裔美国人 (18 岁至 50 岁美国犹太裔男性的一半人口) 参加了第二次世界大战的欧洲战役。犹太裔美国人积极支持罗斯福总统实施的“新政”，他们还支持了 20 世纪 60 年代非洲裔美国人的民权运动。

在立法系统，自从 1845 年以来，犹太人先后在美国担任联邦参议员的有 30 人，担任联邦众议员的有 60 人 (美国的联邦参议院共有 100 个席位，联邦众议院共有 435 个席位)，在 114 届国会中就有 10 位犹太裔的联邦参议员和 19 位犹太裔联邦众议员，犹太裔议员的比例大大超过了犹太裔人口比例。在司法系统，联邦最高法院先后有 7 位大法官是犹太人，其中 1916 年上任的布兰代斯 (Louis Brandeis) (任期 1916 — 1939) 大法官是第一个进入美国最高司法殿堂的犹太人，任职达 23 年之久。在行政系统，奥巴马的白宫办公厅主任伊曼纽尔 (Rahm Emanuel)、白宫国家经济委员会主席萨默斯 (Lawrence Summers) 都是犹太人，尼克松时代的国务卿基辛格 (Henry Kissinger)、克林顿政府中的女国务卿奥尔布赖特 (Madeleine Albright)、国防部长科恩 (William Cohen)、财政部长鲁宾 (Robert Rubin) 等六位是犹太裔内阁成员。

除了直接从政，犹太人也通过游说来影响美国政治决策。美国的犹太游说组织数以百计，犹太人积极进行政治捐款，自 20 世纪 80 年代犹太人成立了全美最大的游说活动团体——“政治行动委员会”，对美国政治生态影响力日益增强，他们对美国的国内外政策尤其是中东政策有至关重要的影响。通过游说，犹太人既能把他们喜欢的人送上台，也能把他们厌恶的人拉下马。

在外交政策中美国一直坚持对以色列的政治支持和军事援助，在联合国安理会美国曾经 42 次投下反对票，阻止对以色列不利的草案。例如 1948 年 5 月 15 日第一次中东战争爆发不久，美国立即给予以色列 7 500 万美元的武器援助，利用联合国投票权给以色列以喘息的机会，最后使以色列转败为胜，并且占领了巴勒斯坦 4/5 的土地，共计 20 700 平方公里，致使 96 万巴勒斯坦人被赶出家园，沦为难民。在 1973 年的 10 月中东战争中，以色列之所以能从埃及军队的重创中走出来，完全仰仗美国的全力支持，为扭转战局，美国向危难中的以色列实施了紧急援助，10 月 19 日，美国国会批准了给以色列 22 亿美元的紧急军事援助（维基百科 [6]/[7]）。

2. 美国的财富在犹太人口袋里

与犹太人的政治影响相比，他们的经济实力更为人所熟知。人们常说美国的钱在犹太人口袋里。大部分犹太人不是经商，就是从事科研、学术工作，要不就是当律师和医生，这些职业的薪酬都很好，所以在美国，犹太人的收入要高于其他族裔。

人们对犹太富商的印象首先是他们善于理财。犹太人在金融领域的影响举足轻重，高盛 (Goldman Sachs)、雷曼兄弟 (Lehman Brothers) 等多家投资银行都是犹太人办的，包括在国际金融界呼风唤雨的“金融大鳄”索罗斯 (George Soros) 等在内的投资家都是犹太人。无论是倡议兴办美联储的瓦博格 (Paul Warburg)，还是近年来三任的美联储主席格林斯潘 (Alan Greenspan)、伯南克 (Ben Bernanke)、耶伦 (Janet Yellen) 都是犹太裔。

犹太人在科技和商业领域表现突出。今日美国犹太人中最富有的包括酒店大亨谢尔顿·阿德森 (Sheldon Adelson)，他是拉斯维加斯威尼斯人大酒店的老板，身价 240 亿美元，甲骨文公司的老板拉里·埃尔森 (Larry Ellison) 身价 215 亿美元，微软公司总裁兼首席执行官史蒂夫·鲍尔默 (Steve Ballmer) 也是身价过百亿，拥有 756 亿美元股神巴菲特 (Warren Buffett) 也是犹太人。2006 年《福布斯》美国富豪前三名中第一名是比尔·盖茨，第二名是巴菲特，第三名是阿德森，后两人都是犹太人，拥有 560 亿美元的犹太裔扎克伯格 (Mark Zuckerberg) 在 2016 年《福布斯》美国富豪排行榜上排名第四，是全球最年轻的富豪。

3. 教育文化领域的犹太声音

犹太人在美国教育的精英层面影响极大。美国常春藤 8 大名校有多位犹太裔校长，例如理查德·莱文 (Richard Levin)，1993 年至 2013 年任耶鲁大学校长，时间达 20 年之久，1994 年至 2004 年朱迪斯·罗定 (Judth Rodin) 任宾夕法尼亚大学校长，哈罗德·萨皮罗 (Harold Shapiro)1992 年至 2000 年任普林斯顿大学校长，劳伦斯·萨默斯 (Lawrence Summers)2001 年至 2006 年任哈佛大学校长。美国著名大学的犹太学生数量惊人，康奈尔大学有犹太裔学生 3 500 人，占全校比例 25%, 哥伦比亚大学犹太裔学生 2 000 人，占全校学生比例 29%, 哈佛大学犹太裔学生 2 000 人，占全校学生比例 30%, 布兰迪斯大学 (Brandeis University) 犹太裔学生 1 800 人，占全校学生比例 56%（维基百科 [5]），在哈佛、耶鲁、斯坦福的法学院，大约三成的学生是犹太人，这些学生毕业后大部分成为律师、法官、检察官和政客，一代代传承着犹太人在上层社会中的影响力。1901 至 2017 年在全世界的诺贝尔奖得主中，201 名获奖者或者说 22.5% 是犹太裔，在美国各族裔中比例最高（维基百科 [8]）。

犹太人也有很强的“文化软实力”。米高梅电影公司老板梅耶 (Louis B. Mayer)、派拉蒙电影公司老板雷石东 (Sumner Redstone)、著名导演斯皮尔伯格 (Steven Spielberg)、华纳影业公司的四兄弟 (Harry, Albert, Sam and Jack Warner)、环球电影公司多位老板等等，这些犹太人都是好莱坞举足轻重的人物，犹太人在二战中的苦难，不断在电影银幕上得到展示，这不是没有原因的。传媒也是犹太人的天下，《纽约时报》三代掌门人苏尔茨伯格

(Sulzberger) 家族是犹太裔，《纽约时报》《华盛顿邮报》《华尔街日报》以及美国三大电视网中都有大量犹太裔编辑和记者，专业财经圈最重要的媒体彭博新闻社就掌握在犹太裔亿万富豪和纽约市长布隆伯格 (Michael Bloomberg) 手中，美国的“主流舆论”其实很大程度上体现了犹太裔美国人的观点。

为何犹太人在美国生活中起到如此重大的作用？首先，犹太民族重视教育。在美国，犹太人比例越高的地方，学校的教育质量往往越高，犹太人也不惜在教学质量高的地区高价购屋、安居，通过教育，犹太裔得以进入社会精英阶层，彼此提携，形成了强大的势力。其次，犹太人深谙美国社会的游戏规则，了解“政商互动”的道理，通过犹太游说团体和政治募捐，以及犹太精英直接参政，犹太人很早就在美国的国家机构中扮演重要角色，在华盛顿的政治影响力是其他族裔望尘莫及的。再次，犹太民族有较强的凝聚力，他们对自身的犹太人角色都有强烈的认同感。

五、美国与以色列共同利益

美国在中东的政策选择最突出的就是对以色列的偏袒政策。中东问题除内部矛盾极为尖锐复杂外，美国的介入，特别是对以色列的偏袒政策，支持以色列一再进行侵略战争，是导致中东形势更加复杂、紧张的重要因素。

首先，以色列地处亚、非、欧三大洲的交通枢纽附近，西临地中海，陆上与埃及的西奈半岛相接，距苏伊士运河不远，南濒亚喀巴湾通红海，是连接东西部阿拉伯国家的纽带，也是西亚石油运往地中海的必经之地，四周都是阿拉伯国家。以色列的地理位置，使它成为美国在中东扩张的基本立足点。美国为了战后的扩张和与苏联争霸，抓住了以色列建国这个千载难逢的机会，插手中东。

其次，美国为谋取世界霸权而重视中东。美国的经济利益决定了它必须控制中东的石油。进入 20 世纪后，石油成为经济发展最主要的能源，而拥有世界三分之二石油储量的中东地区成为二战后美苏争夺的重点。对于美国来说，以色列地理位置优越，能为美国提供良好的军事基地、战略物资的储备地和转运站。一旦苏伊士运河对美国关闭，以色列的海法、特拉维夫和埃拉特港可以沟通地中海、红海和印度洋之间的海陆运输。美国为获得尽可能多的利益，把以色列作为其在中东的忠实的代理人。因此，美国对以色列的支持首先是以以色列的战略资源为前提的。

第三，1985 年以来美国每年援助以色列 30 亿美元，以色列是自二战以来接受美国援助最多的国家，累积接受援助金额高达 1 210 亿美元（维基百科 [7]），美国一手扶植下的以色列经济实力雄厚，国防巩固，拥有着现代化军事装备和后勤设施，都是美国在紧急时刻可以借用的力量。以色列的军事力量是美国在中东最可靠的依赖。以色列的海空军事基地可供美军集结，也可作为美国补充它在欧洲及中东地区部队后勤的通道和转运点，以色列的情报机构，可给美国搜集中东及地中海地区的情况派上大用场，以色列的军火工业发展很快，能独立地制造核武器，这样规模的军火工业也是美国在紧急时刻可以利用的。以上这些由美国一手扶植起来的军事力量是美国在阿拉伯国家中寻求不到的，因此可以说，以色列是美国在中东地区的航空母舰。

第四，在美国，犹太人亲以色列势力非常强大，他们往往具有能够严重影响甚至左右美国对中东政策的能力。目前美国犹太人约 600 万，占世界犹太人总数的 38%，居世界首位或者第二，美国的犹太人势力已渗透到美国社会经济、政治、文化的各个方面。美国犹太人的经济实力使他们能为两大党的总统竞选提供巨额资金和重要选票。为了获得犹太人的捐助和选票，两大党的总统候选人竞相表现出亲以色列的姿态，当选后也都无一例外地采取偏袒以色列的政策措施。我们熟悉的美国各届政府中，身居要职的犹太人有前国务卿基辛格（任期 1973 — 1977 年）、前国务卿奥尔布赖特（任期 1997 — 2000 年）、前国家安全顾问布热津斯基（Zbigniew Brzezinski）（任期 1977 — 1981 年），前国防部长施莱辛格(James Schlesinger)（任期 1973 — 1975 年）、前国防部长科恩（任期 1997 — 2000 年）、前联邦储备银行主席伯恩斯（Arthur F. Burns）（任期 1970 — 1978 年）、美联储主席格林斯潘（任期 1987 — 2006 年）等等（维基百科 [9]）。这些犹太人往往是美国政策的直接策划者，因而能最有力地保护以色列的利益。此外，为了直接影响政府决策，美国犹太人和亲以势力还组成强大的犹太人复国主义游说集团，来影响美国对以政策，保护以色列的利益。总之，犹太人是美国制定与以色列的外交政策的一个影响因素。

六、结束语

第五次中东战争之后中东的相对和平是美国对以色列的支持、阿拉伯国家内部的分裂、欧洲的中立、亚洲的旁观及以色列人勤劳勇敢智慧的综合结果。一个相对强大的以色列处于阿拉伯世界的包围之中才有势力平衡。但随着欧洲受伊斯兰文化的影响及根置于欧洲的反犹太主义的复兴，以色列将面对阿拉伯世界和整个欧洲的反犹势力冲击，德国、奥地利、波兰、意大利、俄罗斯等等都是反犹太主义的国家。与此同时，美国由于自身的利益、人口结构的改变及相应的美国综合国力的衰退，整个世界的格局和力量对比将发生深刻的变化，在这样的背景下，中东的战火将再起，而以色列与阿拉伯世界和欧洲的对局中很明显将处于非常不利的境地。

参考资料

[1] 维基百科 犹太人 Jews

[2] 维基百科 犹太教 Judaism

[3] 维基百科 反犹主义 Anti-Semitism

[4] 维基百科 犹太复国主义 Zionism

[5] 维基百科 犹太裔美国人 Jewish Americans

[6] 维基百科 阿拉伯国家与以色列冲突 Arab-Israeli conflict

[7] 维基百科 以色列与美国关系 Israel-United States relations

[8] 维基百科 犹太裔诺贝尔奖获得者 List of Jewish Nobel laureates

[9] 维基百科 犹太裔美国政治家 List of Jewish American Politicians

美国“后种族”幻觉的破灭*

Disillusion of America’s “Post-racial” Fallacy

中国政法大学　蔺玉清

摘　要：2008 年奥巴马当选总统后，美国主流媒体称他为第一任“后种族”总统，认为种族主义不再是社会的主要问题，美国已经进入了“后种族”时代。通过分析“后种族”理论的源头及其漏洞，归纳美国的种族问题和矛盾，本文指出，“后种族”不过是媒体和大众的“集体臆想”，美国的种族问题非但没有解决，反而成为更突出的社会矛盾。

关键词：“后种族”　奥巴马　种族政治

Abstract: Upon the election of President Baraka Obama, he was hailed as the first “post-racial” president by the mainstream media and America was celebrated for entering the “post-racial” era where racism was not a major issue any more. By analyzing the source and vulnerability of “post-racial” theory and summing up the racial issues and conflicts in the United States, it is clear that “post-racial America” is nothing but a “collective delusion” of the public and media, and the race issues have only been highlighted as social conflicts since the Obama era.

2008 年巴拉克·奥巴马当选为美国第 44 任总统，成为美国历史上第一位黑人总统，他宣誓入职的当天，有近 200 万人到华盛顿国家广场观看他的就职典礼。2008 年 Pew 数据调查显示，52% 的美国人认为奥巴马的当选给美国的种族关系前景注入了一针强心剂，会有助于改进种族关系。从那时起，包括《纽约时报》在内的主流媒体称奥巴马为第一任“后种族”总统，认为种族主义不再是社会的主要问题，美国已经进入了“后种族”时代，一个“无视肤色差异”（color-blind）的社会。但是，在奥巴马 8 年任职期间，种族矛盾不断凸显，而随着唐纳德·特朗普的上台、白人民族主义者和右翼极端势力的明朗化，我们清楚地看到，美国所谓的“后种族”幻觉已然破灭，不过是一种“集体臆想”，美国的种族问题成为更突出的社会矛盾。

一、“后种族”概念的来源

早在 1996 年，保守派学者迪索萨（Dinesh D’Souza) 在《种族主义的终结》里就宣称美国已经超越了种族和种族主义，以他为代表的保守派知识分子用超越种族的论点，推

* 中国政法大学校级人文社会科学研究项目伊什梅尔·里德的文化批评思想研究（15ZFQ75001）资助。

动“肯定性行动”（Affirmative Action）的终结。他们的观点是：既然美国已经不再是一个种族社会了，那么“肯定性行动”——这一为了弥补过去犯下的种族和性别错误而出台的政策——就该结束了。媒体中的保守派紧接着不断强化“后种族”的观念，更多的白人接受了这一观点，而选择性地忽视社会中的种族主义问题，“罗德尼·金事件、洛杉矶骚乱、辛普森审判以及卡特琳娜飓风都是遥远而短暂的，是走向新自由主义‘无视肤色差异’的种族极乐世界过程中的一点点挫折，许多白人真诚地认为我们已经到了这一极乐世界”（Metcalf & Spauding 2015：166），实际上，“无视种族差异”的机制否认种族差别的同时保护了白人的特权，简单地否认了种族主义的行径。

视“种族”观念为“社会建构”的观点在一定程度上导致了“后种族”的概念。黑人学者阿皮亚 (Appiah 1995：213) 认为，种族本身并没有具体的生理学和文化上的界限，因此“种族”的观念并不具有实际意义，既然种族本身不具有意义，那么种族主义的说法也并无根据，“真相就是没有种族”这种说法利用后结构主义对“种族”进行解构，质疑“种族”观念的本身。阿皮亚认为我们无法对“种族”概念进行连贯、确定的解释，共同的历史和文化并不能成为界定人身份的标准，“我们必须先明确人群之后才能明确历史，”所以与其谈论种族，我们应该谈论文化，以文化作为个人身份的基础（Appiah 1995：205）。

后结构主义视“种族”为社会建构而非现实的生理学概念，为解构种族观念和种族主义提供了一种视角，但是黑人评论家伊什梅尔·里德（Reed 2002：120）指出，社会建构论的缺陷在于学院派知识分子的理论与黑人的社会现实存在巨大的差异，学院派的黑人“精英十分之一”生活的环境是“像马萨诸塞州的剑桥或者康涅狄格的纽黑文这样的白色飞地”，他们和普通黑人、下层黑人阶级的生活隔离。

另一种观念认为种族主义如今不再是过去那样明显、恶劣的形式，只要没有对其他人造成实质的伤害，就不算是种族主义。有人认为，既然随着“吉姆·克劳”种族隔离政策的结束不再有明确的种族主义法律，就没有了种族主义的事实，进而说明人们已经超越了种族的观念。只要没有基于种族的触犯法律行为，那就说明进入了“后种族”社会，这是把法律规范和现实混淆的结果。

尽管种族主义不再是赤裸的、公开的种族迫害，但是日常偏见仍然持续存在并破坏社会关系。如今，种族主义的逻辑发生了变化，不再是明显的、戏剧化的暴力行为，但从行为理论来看，社会中仍然存在明目张胆的种族主义歧视和各种“微歧视”（micro aggression）。

以上两种观点从理论和实际上都存在明显的不足，并不能正确地描述美国社会的现实状态。然而，媒体和新闻评论员们则高唱“后种族”的凯歌，他们陷入了一场集体性的自我陶醉，当黑人坚持认为种族主义在美国盛行时，媒体却斥责他们是在“打种族牌”，或者是为自己的失败“找借口”。

二、“后种族”的真相

奥巴马的当选具有巨大的象征意义，他是由白人、黑人和各族裔美国人联合选举出来的总统，但是白人和黑人对奥巴马怀有根本不同的期望。美国黑人急切地期待他表达黑人过去和现在在这个种族社会中遭受的痛苦，而白人和主流媒体更倾向于“后种族”的表达，他们把奥巴马的当选视为一种赦免，表明美国洗脱了种族罪恶的历史，实现了人人平等。

在奥巴马任期结束的时候，更多人清醒地认识到：“奥巴马激起了人们的希望，尤其是在非裔美国人中间——但是更多的期待等来的是更多的失望”（Keeanga-Yamahtta 2017）。早有黑人学者和进步派在2008年指出，奥巴马的政治观点是“中间派”，有些问题上甚至偏保守，他们对于奥巴马这种中间派能否给社会带来改变、带来多少改变持有疑虑。里德当时就断言，很多人不久之后会觉得幻灭，“我并不期待在他任期之内有激烈、彻底的改革”，并且“经济大权仍然掌握在少数白人的手中”（Reed 2010：9）。里德更是讽刺媒体欢呼“后种族”来临的动机，在他看来，媒体的说法不仅不会出现一个摆脱种族界限的民主社会，并且会模糊关于种族问题的有益讨论。

普通黑人群体对于“后种族”、“后黑人性”的那套理论并不认同，毕竟种族主义并非过去的历史，而是过去和现在发生在他们身上的社会现实。在社会经济、司法和教育等领域，非裔美国人作为一个群体仍然备受歧视，他们和白人主流社会之间的差距甚至越来越大。黑人中产阶级是非常脆弱的一个阶层，在收入、房产等方面，他们的保障远不如白人中产阶级。由于住房、劳动力和借贷市场上存在体制性的种族主义，黑人和白人中产阶级家庭的财富和收入差距不断拉大。就像马尔科姆·X在演讲中所说的，“对美国人来说，收垃圾的黑人和黑人博士没什么区别。”尽管种族关系相较之下取得了进步，像奥巴马这样哈佛名校毕业、受精英教育的政治家确实存在，但是他们的数量远不足以说明黑人作为一个群体已经走出了种族主义的阴影。

2012年特雷沃恩·马丁案[1]把人们从对奥巴马第二届任期的过分庆祝中惊醒，迫使美国社会正视“后种族”社会的虚伪和荒诞。2013年射杀马丁的凶手乔治·齐默曼被宣判无罪，引发了更大规模的抗议和游行，进而兴起了“黑人性命有所谓”（Black Lives Matter）的运动及政治口号。同时，一系列警察暴力事件把美国的种族关系不断地推向风口浪尖。“根据卫报的调查结果显示，2015年在执法人员手中死亡的人数为1134人，年轻黑人男子的死亡率比其他美国人高出9倍。正在进行的一项关于警方使用致命武力的调查显示，尽管15至34岁之间的非洲裔美国男性只占美国总人口的2%，他们占今年死亡人数的15%以上，在死亡原因涉及警察的案例中，他们的死亡率比同年龄的白人高5倍”(Swaine & McCarthy 2017)。随着一系列针对黑人的警察暴力事件频频曝光，越来越多的黑人意识到美国的“后种族”社会完全是海市蜃楼，种族关系仍然是突出的社会问题。

更重要的是，白人顽固的种族主义观念仍然明显地存在，那些极右翼保守组织对于“无视肤色差异”的社会并不感兴趣，他们想要阻止种族融合，防止白人的基因被腐蚀。尽管2012年的总统大选中，奥巴马比对手多了500多万票，但是具体到人口统计上，他在白人群体中的得票都被对手碾压。在2016年的总统大选之前，种族主义反弹的种子已经埋下了，极右翼势力和白人至上主义者随着特朗普的竞选开始反扑。

特朗普的当选加剧了美国的种族分裂，他曾是“奥巴马出生地质疑者运动”（the Birther Movement）的领导者，竞选中他有关种族分裂和种族主义的言论受到3K党及其前头目大卫·杜克（David Duke）的支持。正如塔那西斯·科茨（Coates 2017）所说，“特朗普如果不是白人男性的话，他当不了总统”，他的意识形态是“白人至上主义”。然而，媒体为了不得罪白人观众，把特朗普的支持者包装成“被遗忘的人群”，长期被华盛顿政府和1%的特权阶层所“忽视”的人群。

随着特朗普上台，极右翼势力和新纳粹势力也逐渐崛起，2017年弗吉尼亚州夏洛特

1　2012年2月26日，17岁的非裔男孩特雷沃恩·马丁 (Trayvon Martin) 在佛罗里达州的桑福德被当地社会的看护人乔治·齐默曼 (George Zimmerman) 枪杀，普遍认为这和马丁的黑人种族身份有关。

茨维尔市的暴力冲突体现了右翼纳粹在美国的逐渐公开化。[1]在所谓“自由民主”的国家，新纳粹和白人至上主义者可以招摇过市，总统对此事件的评论居然是“双方都有好人”，而拒绝谴责极右翼民族主义者。在接下来的一段时间里，美国各地爆发了一系列的种族冲突，种族问题越来越明显地暴露出来。

三、结论

2008 年媒体大肆地鼓吹、欢迎所谓“后种族”社会的到来，但是奥巴马的两届任期结束之后，随着“第一任白人总统”特朗普的上台（Ta-Nehisi Coates 2017），美国社会中暴露出更加分化的种族问题，更具有讽刺意义的是，种族主义反弹的种子早就在奥巴马时代就生根发芽。不管是从后结构主义的理论上还是从现实上，“后种族”观念都存在明显的漏洞，不管媒体如何兜售这种说法，它不过是媒体和大众的“集体臆想”，美国的种族问题非但没有解决，反而成为不平等的教育、经济和法制领域内更突出的社会矛盾。

参考文献：

[1] Appiah K A. The uncompleted argument：Du bois and the illusion of race [M]// Mosley A G. African Philosophy：Selected Readings. Englewood Cliffs，NJ：Prentice Hal，1995：202-231.

[2] Coates, Ta-Nehisi. The first white president[EB/OL]. [2017-10]. https://www.theatlantic.com/magazine/archive/2017/10/the-first-white-president-ta-nehisi-coates/537909/

[3] D'Souza D. The End of Racism：Principles for a Multiracial Society [M]. New York：Free Press，1995.

[4] Keeanga-Yamahtta T. Barack Obama's original sin：America's post-racial illusion[EB/OL]. [2017-01-13]. https://www.theguardian.com/us-news/2017/jan/13/barack-obama-legacy-racism-criminal-justice-system.

[5] Metcalf J，Spaulding C. African American Culture and Society After Rodney King[M]. New York：Routledge，2015.

[6] Reed I. Another Day at the Front: Dispatches from the Race War[M]. New York：Basic Books，2002：120.

[7] Reed I. Barack Obama and the Jim Crow Media：The Return of the Nigger Breakers[M]. Montreal：Baraka Books，2010.

[8] Swaine J. McCarthy C. Young black men again faced highest rate of US police killings in 2016[EB/OL]. [2017-01-08]. https://www.theguardian.com/us-news/2017/jan/08/the-counted-police-killings-2016-young-black-men.

1 2017 年 8 月 12 日，在弗吉尼亚州的夏洛特茨维尔市，白人至上主义者和新纳粹势力手持火把集会，抗议市议会关于移除邦联将军罗伯特·李的雕像的决定，并与反种族主义者发生冲突，造成 1 人死亡 20 多人受伤。

论《白噪音》中形而上之衰落与死亡恐惧

The Fall of Metaphysics and the Fear of Death in *White Noise*

中国政法大学外国语学院　张　磊　占才立

摘　要： 美国作家唐·德里罗的成名作《白噪音》一经发表便获得美国“全国图书奖”，被誉为“美国的死亡之书”。人类对死亡的关注、恐惧始于文艺复兴时期便开始的形而上之衰落与人类的物化，而到了后现代时期，这种恐惧程度更是被大大加剧。小说中的主要人物无时无刻不生活在死亡的恐惧之中，他们采用各种方式加以抵挡。吊诡的是，不论是何种方式，他们的尝试最后都以失败收场。

关键词： 唐·德里罗　《白噪音》　形而上　死亡恐惧

Abstract: Upon its publication, *White Noise*, the American writer Don DeLillo's famous novel, won the National Book Award of the year, and was praised as the "American Book of the Dead". The dread or fear of death originates from the fall of metaphysics and the reification of human beings formed during the Renaissance. Such fear has greatly intensified all the way to post-modern times. In the novel, the protagonists have been endlessly taking actions to fight against the fear of death which envelopes their lives. However, their trials all fail to take effect.

美国作家唐·德里罗（Don DeLillo，1936—）的代表作《白噪音》于 1985 年面世之际便斩获当年美国“全国图书奖”，作者也因其后现代主义特色被誉为“后现代主义的典范作家”（朱叶 2002：159）。该小说以杰克·格拉迪尼为视角，讲述了一个重组家庭经历的一次空气毒物事件，以及杰克妻子巴比特与死亡恐惧相抗争的故事。

作为一部后现代主义杰作，国内外批评家均对该小说进行了诸多阐释，主要聚焦于两个方面：一是小说的后现代性。其中，托马斯·菲拉罗通过分析小说中家庭的组成以及家庭成员共同购物这一情节，鲜明地指出：后现代家庭成员的联系不再依靠血缘关系，而由共同购物以及观看电视节目的行为得以实现（Ferraro 2007：15-38）。另一方面则是小说中的死亡主题。该小说的中文译者朱叶就曾深入剖析小说中的死亡主题，认为“人类对于死亡的意识和关于自身生存的认识，是贯穿该小说的一个悖论”（朱叶 2002：162）。然而，小说中的后现代性与死亡恐惧不是彼此分离的，小说中所体现的死亡恐惧正是后现代主义语境下特有的人类对自身存在的思考，而这一死亡恐惧的后果在文艺复兴时期便已埋下伏笔。几百年来，形而上学的不断衰落使之成为后现代人类挥之不去的噩梦。而小说中的主人公杰克·格拉迪尼与巴比特恰恰终日受到死亡恐惧的侵扰，想尽办法试图摆脱这一噩梦，最终却徒然收场。这充分证明了后现代社会死亡恐惧问题的难解性。

一、形而上的衰落与人的物化

在小说《白噪音》中，杰克家的儿子海因利希作为后现代环境中成长起来的儿童，在其身上明显体现了形而上的衰落。在杰克送儿子海因利希上学的路上，杰克询问海因利希是否希望到母亲的嬉皮士村去。对于这样一个具有意向性的问题，海因利希无法确定答案，并将其归结为一个脑化学问题："这一切不就是一个脑化学的问题，一个大脑皮层中的电能问题，一个来来往往的信号问题？你怎么知道某件事情真是你想做的，或者仅仅是大脑中某种神经冲动呢？"（德里罗 2013：49）。在此，海因利希明显向传统的人类存在形式提出了挑战。若将一切感情、愿望、理想等抽象的心理机制进行分解，都可以归结为大脑皮层中的信号传递，即只要能控制大脑皮层的信号传递，就能控制个人。虽说这一看法产生于后现代社会，其根源却可以追溯到文艺复兴时期。

在这一时期，人们从中世纪基督教的桎梏中挣脱出来，关注的重点从死后的世界转移到现世。如果说中世纪以及中世纪以前死亡都有其独特的意义，高尚的死亡是一件值得追求的目标，那么从文艺复兴开始，死亡逐渐成为人们避之不及的生命终点。现世的重要性不断得到强化，伴随这一过程的是形而上的不断衰落。而到了 19 世纪末尼采"上帝已死"的呐喊，直至 20 世纪福柯"人已死"的言说，人存在的意义更是不断被消解，死亡的意义被架空，人最终只落得海因利希所描述的、与动物无异的一个有机体，只靠大脑信号的传递行事。这一过程可以称之为人的物化。与此同时，生的意义不断被加强，即意味着现实的目标是：要活得更优越，感官的愉悦不再受到压抑。从弗洛伊德的潜意识理论到福柯将权力与身体联系起来的论述，无一不在说明人类基本需求的重要性。而后现代则更进一步，在欲望的基础上，利用媒体及科技制造出鲍德里亚式的"拟像"，制造并控制人的欲望。

小说第二章就提到，"厨房和卧室是这儿的主要活动天地，动力所在，一切的源泉"（德里罗 2013：6）。这两个场域满足的当然是人类基本的食色之需。只有在这里，杰克和巴比特才能真正感受到自己的存在。其后现代的意味可谓不言而喻：身体需求的重要性不断被提升，而形而上精神追求的非实体性质导致其让位于对身体愉悦的追求。在小说中，来自纽约的访问教师默里讨厌城市的理由便是："我要摆脱城市和性的纠缠。热量——这就是城市对我的意义，你下了或者步出车站，就会被热浪所袭。空气、交通和熙来攘往的人群的热量。食物和性的热量"（德里罗 2013：10）。在默里看来，城市是欲望的集结处，食物和性成了其他所有行动围绕的核心。正是在这一基础上，后现代社会通过构筑欲望达到获取利润的目的。其中，媒体起着至关重要的作用。古典经济学中的供给平衡的关系被打破，依靠媒体科技，制造商通过广告赋予产品符号价值，从而创造购买欲，达到供给的不断循环。这正是鲍德里亚所讲的"拟像世界"——由媒体所构筑的欲望掩盖了真实。在媒体的操控下，人们在购买行为中完成对自己的认知。这是巴比特总是购买不食用之食物的原因："如果她不断地买这东西，为了解决它，她就不得不吃。就好像她是在哄骗自己"（德里罗 2013：7）。商品的价值不再仅限于使用价值和交换价值，而是包括了符号价值，是商品在定义人。人只有通过购买行为才能完成对自己的定位，感受生命的活力。也正是在超市的购物过程中，杰克一家的沟通变得顺畅，家人之间的感情更加深厚。斯泰菲在超市中，通过握手的方式让杰克放心。结账时，杰克在收银台处与巴比特的亲密动作也彰显了购物这一行为对拉近人际关系所起到的巨大作用。

二、死亡的恐惧

在后现代社会，对生的弘扬达到了极致，以至于人每一个微小的欲望都被无限放大。相反，人存在的精神意义却不断被消解，逐渐等同于与动物无异的有机体，依靠大脑中信号的传递行事。不过，人与动物至少还保留着一个最重要的区别，那就是：人有死亡意识。这也正是小说中抑制死亡恐惧的药物戴乐儿的实验对象要选择人类的原因。这一区别决定了后现代的人对死亡的恐惧愈加严重，死亡的阴影无处不在："每到晚上，当我们歇息躺倒黄铜床上时，就能听到稀稀拉拉的车辆飞驰而过，遥远、平稳和低沉的声响萦绕在我们的睡眠中，好像死去的灵魂在梦际喋喋不休"（德里罗 2013：4）。不仅如此，主人公杰克甚至会在睡梦中怀疑自己已经死去而突然惊醒。一天夜里，岳父的到访竟被杰克误以为是死神要把他带走。

不过，面对这种挥之不去的死亡恐惧，后现代的人也有其"特殊"的应对之法，即：将死亡展示出来，让这一过程为人所熟知。譬如，在一次集体观看电视节目的过程中，杰克一家"寂静无声地看着房屋在大团流动的火山熔岩中被冲进海洋，一座座村庄整个儿倒塌、起火。每一场灾难都让我们希望看到更多的灾难，看到更大、更宏伟、更迅猛移动的东西"（德里罗 2013：71）。电视节目中反复出现的都是死亡场景。然而，由于电视机的特殊效果，观众却不用担心自身的危险，而是于"安全"的距离之处体验死亡。在这一过程中，死亡不再是一件恐怖的事情，它是一件在家中就可以观看的过程。这种对死亡的看法使得死亡成为一件观赏性的事件，从而希望能有更多更震撼的类似场景来缓解个人的死亡恐惧。这也正是杰克一家希望看到更多灾难的原因。这一死亡恐惧的缓解使得杰克相信空气毒物事件不会侵害其家庭，因为自己拥有电视机中所鼓动的一切：美满的家庭、一定的社会地位和经济条件。电视节目中展现的死亡场景只可能与穷人相关。直到空气毒物的威胁已经近在咫尺，杰克才决定从家中逃离。

在此，德里罗再一次以文学的方式再现了鲍德里亚式的死亡意识。死亡在媒体中的反复出现，结合广告造成的温馨场面，使人误以为死亡只与底层人民有关。而像杰克一样的大学教授，家庭美满，经济宽裕，是不会在空气毒物事件中死亡的。这种面对灾难的麻木状态源自于对电视媒体制造的"拟像"的完全信任。然而，死亡的阴影仍然真实存在。正如小说题目所表明的，"白噪音"即是这种死亡恐惧的映照。这种"始终如一，白色的"（德里罗 2013：215）噪音就暗示了死亡的无处不在。"杰克和其他一些人物，将此现象与死亡经验相联系"（德里罗 2001：4）。同样，小说中的另一意象——美得让人无福消受的夕阳也暗示了后现代的死亡性质，后工业社会的夕阳仿佛也受到科技的渲染，变得美丽无比，而背后的危险与危害却是实实在在的威胁。最终，在空气毒物事件中，由于暴露在尼奥丁这种化学毒物之中两分半钟，杰克被宣布生命受到威胁，他感受到了死亡的恐惧进一步加剧。面对这种无处不在的死亡恐惧，杰克和巴比特尝试了诸多办法，但最终都无功而返。

三、对死亡恐惧的反抗

面对不可逃脱的死亡恐怖，巴比特和杰克采取了不同的方式加以抵抗，正如有批评家指出的，"《白噪音》在揭示人们死亡恐惧心理的同时也呈现了人们对死亡做出的种种反抗"（马群英 2009：93）。不同的是，巴比特仍然采取现代主义的方式对恐惧进行学理上的分析并寻找追根溯源的解决方式，而杰克采用的是掩盖的方式，用更加宏大的命题来掩盖恐惧，可以说是一种中世纪信仰的方式，犹如相信希特勒的力量可以掌控生死。

面对死亡的恐惧，巴比特采取了一种极其理性的方式。她曾说："我认为一切都是可以改正的。只要有了正确的态度和做出适当的努力，一个人就可以把有害的症状分解到它最简单的成分。你可以列出单子，分类，设计图表和制作图片。这就是我何以能够教我的学员站、坐和行走的，即使我知道你认为这些题目过于平淡无奇，过于模糊朦胧，过于笼统，因而无法分解成各个组成部分。我不是一个非常机灵的人，但是我知道怎样分解、怎样分离和分类。我们能够分析姿势，分析吃，喝甚至呼吸。你还怎么用别的方法去理解这个世界，是我对待这问题的方式"（德里罗 2013：208）。

可以看出，这是一种科学家式的态度。对于巴比特来说，任何事物都可以用理性的思维进行分解并逐步解决。理性占有绝对的主导权，任何事物都可以放到理性的法庭中进行检视，自康德以来的理性主义在巴比特身上得到了淋漓尽致的体现。而这一方式最终导向了利用药物阻断恐怖在大脑中传递的解决方法。小说中的戴乐儿就是一种精心设计的药物，可以精准地作用于大脑，阻止恐怖的传递。在单个程序上，这种科学家式的分解问题的办法可能行得通。然而，从宏观来看，可能会造成众多的副作用，也就是脑死亡，或者无法分辨词语和实物。当事物之间的联系被忽视，问题的解决必然具有片面性的特征。

第二种对抗死亡的方式便是杰克的"拿来主义"。通过研究希特勒，杰克似乎获得了抵抗死亡的力量。当丹妮斯问杰克为什么给海因利希如此起名的时候，杰克说："我认为这个名字中有一股力量，是个叫得响的名字，其中有某种权威性"（德里罗 2013：69）。也正是希特勒这一人物中所包含的力量，促使杰克将其作为研究对象。默里在小说中曾对杰克说："这是绝对显而易见的，你想得到帮助和庇护……你在一个层次上要把自己隐藏到希特勒和他的业绩中去；在另一个层面上，你想利用他增强你自己的重要性和力量"（德里罗 2013：316）。对于杰克来说，希特勒仿佛掌握了生死大权，对希特勒的研究可以让杰克认为自己在变得强大。正如他按校长的建议将自己的名字改成 J·A·K·格拉迪尼并增加体重一样，这些都让杰克觉得自己可以掌握自己的生死。然而，当死亡的威胁在空气毒物事件中得到加强之后，这种方法却失去了效力。

小说的最后一章描写了三件事情，即杰克家的小儿子怀尔德横穿危险的马路、杰克和家人欣赏日落以及超市货物顺序被打乱后人们惊慌失措的反应。在这一章里，唐·德里罗用寓言般的语言暗示着：人类就像怀尔德一样，对身边的死亡危险懵懂无知。而面对这种死亡的威胁，人类为自己构建了美得犹如夕阳一样的幻景，人们"不明白自己在观看的是什么，或者它表明了什么……也不知道它是否永恒、是否属于经验的某个层次"（德里罗 2013：357）。人类对夕阳背后的真相一无所知，这种能指和所指的脱离是后现代主义的一大特点。而面对这种构建的意义，人们只能紧紧抓住。稍有变动，便不能适应，就像超市中货物换了位置一样惊慌失措。这一悲剧在于，人类是依靠意义、寻找意义的动物，但这意义可能有不同的形式，其背后的真实其实不可抵达。

四、结语

作为一部"后现代主义杰作"，《白噪音》将从文艺复兴以来便挥之不去、到后现代社会更是愈演愈烈的死亡恐惧决定性地联系起来。生活在死亡阴影中的小说主人公杰克和巴比特虽然极力采取不同的方式抵抗这一恐惧，最终却都无功而返。就连后现代社会中媒体和科技创造出的“拟像”也无法消除这种恐惧。死亡是真实存在的，是潜藏在表面之下的“白噪声”，人类无从认识它也不可真正将其摆脱。

参考文献：

[1] 德里罗 . 白噪音 [M]. 朱叶译 . 南京：译林出版社，2013：4，6，7，10，21，49，69，208，215，316，357.

[2] 德里罗 . 唐·德里罗致译者信 [A]. // 朱叶 . 白噪音 . 南京：译林出版社，2001：3-4.

[3] 马群英 . “谁会先死？”——《白噪音》中杰克夫妇死亡恐惧心理分析 [J]. 集美大学学报，2009，12（2）：92-97.

[4] 朱叶 . 美国后现代社会的“死亡之书”——评唐·德里罗的小说《白噪音》[J]. 当代外国文学，2002（4）：159-163.

[5] Ferraro T. Whole Families Shopping at Night [A]//Frank Lentricchia，New Essays on White Noise [C]. Beijing：Peking University Press，2007：15-38.

9·11创伤下的美国现状——解读小说《楼梯口的门》

The Present Situation in the United States Under the 9·11 Trauma —Interpretation of *A Gate at the Stairs*

北京林业大学外语学院　秦　宇　朱红梅

摘　要：洛丽·摩尔（Lorrie Moore，1957—），当代小说家、随笔作家、文学评论家。她的长篇小说《楼梯口的门》（*A Gate at the Stairs*）于2009年问世，是一部以女性成长为题材的有关9·11事件的小说。本文主要以9·11事件后美国面临的重重危机作为切入点，根据创伤理论，探析洛丽·摩尔《楼梯口的门》中的9·11主题，解读9·11事件后美国社会、家庭及个体所面临的创伤、身份困惑及消极心理等问题，挖掘9·11事件后美国存在的社会现状，对当今社会所存在的危机进行了反思。

关键字：洛丽·摩尔　楼梯口的门　9·11　小说　危机

Abstract: Lorrie Moore is an American novelist, essayist, and literature critic. Her novel *A Gate at the Stairs,* a feminine upbringing novel with 9·11 as the social background, was published in 2009. This paper mainly takes numerous crises faced by American society after 9·11 as the starting point, probes into its theme of 9·11 according to the trauma theory, and reveals the trauma suffered by the society, family and individuals as well as identity confusion. It puts the emphasis on current social situation of the United States after the 9·11 event, and reflects on the crisis in the present American society.

洛丽·摩尔（Lorrie Moore，1957—）是美国当代女作家、文学评论家。她凭借长篇小说《楼梯口的门》（*A Gate at the Stairs*，2009）黑色幽默的语言、独特的叙事风格奠定了作为美国当今最优秀的小说家之一的地位。该作品被评为2009年度《纽约时报》十大好书之一，并成为畅销书，风靡一时。《楼梯口的门》作为9·11主题小说的重要代表作，受到了广大学者的热切关注。这部小说主要通过主人公塔西·柯尔津（Tassie Keltjin）的视角展开叙事，描述的是9·11事件前后美国几个家庭的变迁。

"美国9·11事件后，全球性的反恐和后冷战思维逐渐催生了一种具有反思意义，将历史和现实交融的文学，被称之为后9·11文学。美国后9·11文学集想象与反思与一体，具有宽广的全球化意识，揭示了遭受恐怖袭击后普通美国人的创伤记忆、心理承受和救赎轨迹"（杨金才2013：1）。"创伤"泛指各类天灾人祸给人造成的意外伤害（金鸿宾2003：

1）；精神创伤指创伤所引起的心理、情绪甚至生理的不正常状态（薛玉凤 2008：1）。创伤理论（trauma theory）始于 20 世纪 90 年代，这一术语首先由美国学者凯西·卡鲁斯（Cathy Caruth）在《沉默的经验》（*Unclaimed Experimence*，1996）中提出来。她将“创伤”定义为某些人“对某一突发性或灾难性事件的一次不寻常的经历”（Caruth 1996：11）。灾难给人类造成的巨大心理创伤很难在短期内消除，甚至会留在人们对灾难的回忆中。在《楼梯口的门》这部小说中，9·11 事件给几个家庭留下的阴影和伤害，直接影响了他们生活和价值观的变化，使他们对未来充满了迷惘与挣扎的选择。《楼梯口的门》正是在 9·11 事件发生后的社会大背景下，从个体和家庭的角度出发，描绘了美国普通民众所遭受的心理创伤，从而揭示了美国当今社会所面临的社会、家庭和个人危机。

一、环境的隐喻：“家”的不安全

《楼梯口的门》以 9·11 事件为背景，围绕主人公柯尔津的成长经历展开故事，描写 9·11 事件后美国普通民众的家庭生活。时代大背景赋予了小说更多的关注度，也提供给读者更多的思考空间。小说中的故事与 9·11 事件没有任何直接的联系，却通过隐喻以及意象的方式将 9·11 造成的焦虑、悲伤和恐惧的氛围笼罩在整部作品中，战争给美国社会带来的创伤仍然在蔓延，却没有人能摆脱战争所带来的阴影。

文中开头作者通过对“飞鸟”这一意象进行了具体的描述：“那年的秋天冷得较迟，令鸣鸟们猝不及防，太多的鸟不得不滞留于此，它们未能飞往南方。多得可怖的灰褐色鸠鸟成群啄着冻土显得惊恐无助。那些鸟消失了，想象着它们死去，在城外某片地里堆积成山，令人瞠目”（摩尔 2009：1）。从以上的内容可以推测出鸣鸟、鸠鸟这些意象都是无数民众对恐怖主义袭击环境下的恐惧和焦虑，使得人们内心对于死亡的恐惧以及战争带来的创伤进行了间接性的表达。“消失的鸟”暗指 9·11 事件中民众丧命的悲惨场景。

小说结尾也运用了鸟的隐喻。当弟弟死于阿富汗战争中时，柯尔津发现了一封他在入伍前发给她的电子邮件。在读完邮件信息后，柯尔津向窗外望去，看到“秃鹰的秋季迁徙，它们有嗅到死亡的神秘能力，能赶来替你清理一下”（摩尔 2009：312）。由此可以看出作者通过秃鹰描绘了死亡带给民众的心理阴影以及人类对战争的恐惧。小说中柯尔津从纯真走向自我成长的人生历程，表明当一个国家处于重重危机之时，这个“家”就不再安全了。

天气以及环境灾难的隐喻与小说故事也紧紧联系起来。在小说中有一段有关天气的描写：“这些雷雨似乎和我小时候的不同。他们布满天空，撼倒树木，带着掠夺者的愤怒横扫全州——倾盆大雨和狂风能改变溪流的流向”（摩尔 2009：276）。摩尔就用这种意象烘托灾难后的狼藉以及战争的恐怖，并增强“家”的不安全和不稳定的概念。

小说在最后也揭露了危险以及死亡等一些意象。柯尔津雇主家的小儿子车祸事故场景在小说中这样描述到：“在每个人眼前，加布里埃尔变成了一个飞翔的金色天使。当他们靠过来的时候，加布里埃尔就躺在公路对面的左边”（摩尔 2009：246）。一个小男孩被抛到空中然后致命性地降落到路面上的那一场景是很容易让人联想到 9·11 事件，具体地说就是人们从世贸中心的塔楼上跌落到下面的街道上时的画面，小男孩父母无力保护好自己的儿子这样的意境就暗含着是国家无能力保障公民的安全一样，也暗含了美国社会已经变得不安全了。

柯尔津从纯真到成熟的人生转变，以及过去的生活和全新的生活都揭露了美国这个“家”的分裂与不安，明喻和其他意象贯穿整部作品始终，在某种程度上暗示着 9·11 袭击事件和反恐战争已经普遍渗透到美国人的生活中，这次事件给美国社会造成了巨大的创伤和心理阴影，引起人们对创伤足够的关注，并对美国社会现状有所反思和启示。

二、他者的阴影：信仰危机与身份困境

《楼梯口的门》描述了9·11事件给美国民众以及家庭带来的整体性创伤问题，进一步加剧了美国与其他文明之间的种族矛盾与冲突。在恐惧中他们排斥打击异族，在焦虑中他们信仰分歧，矛盾加深，美国民众的这种身份困惑和焦虑给美国家庭造成了很大的伤害。

小说首先描述了这样的情节：一次大学课堂上柯尔津与英俊男孩雷纳尔多结识并相恋，但他却因穆斯林教徒的身份被怀疑是恐怖分子，在严厉打击“他者”的背景下，他不得不了断恋情，离开美国。9·11事件后的美国移民政策把像柯尔津男友这样的穆斯林视为“他者”，据统计，美国当局以国家安全的名义逮捕、拘留、审讯、驱逐2 000多名穆斯林和阿拉伯人（Peek 2011：28）。除此以外，在种族主义压力下，排犹问题也仍愈演愈烈。在小说中，柯尔津的母亲是犹太人，却嫁给了非犹太人，柯尔津渴望母亲能够给予自己关爱与照顾，但母亲因为宗教信仰差异以及生活习惯不同而对生活感到困惑，对子女更是冷漠。小说中柯尔津从特洛伊城回家过圣诞节时，有这样一段描述：“母亲从不热衷欢度圣诞夜，所以我节日回家时，妈妈招呼我就像招呼一个星期天去完教堂后路过的邻居，一个她成天看见、对她没有什么不敬的邻居而已”（摩尔 2009：42）。“母亲从来不叫我亲爱的，几乎从没有过”（摩尔 2009：43）。从主人公的这些描述中可以看得出犹太母亲与家人的关系疏远，对子女敷衍，并没有正常母女间亲昵的行为，描述中还暗含一种反讽的口吻。文中还提到“母亲喜欢用湖藻覆在花根部作肥料，而父亲对他种的土豆更引以为傲，连海藻都不肯用”（摩尔 2009：20）。由此看出父母亲的生活习性也不同，这或许也是导致犹太母亲对家庭生活感到身份迷惘的一个原因。从创伤角度来看，犹太母亲与家人的关系疏远投射出了后9·11时期的社会对家庭的政治影响，彰显了创伤性焦虑主导下的身份困惑，个体与他者的心理距离也成为一个美国社会需要反思的核心。

创伤可能是由一连串生活经历、一种持续的状态造成的，也可能是由某一个突发的个别事件所引起的（Caruth 1995：185）。同样对于作为犹太母亲的莎拉而言，她所遭受的创伤始于中年丧子，而后又被剥夺养女收养权，最终婚姻也走向失败，她对这样的身份认同充满了矛盾、困惑与无奈，也遭受了家庭生活的极大创伤。

三、成长的痛楚：自我迷失与救赎

在《楼梯口的门》中，个人感受是叙事主体。该部作品以主人公柯尔津在经历爱情的破灭，友情的离去，亲人的死亡等一系列创伤事件之后进行自我救赎与寻找自我的过程，从而表达美国在经历9·11恐怖袭击事件之后个体所面临的危机问题，进而强调作者对个体心理创伤的关注以及对美国社会现状的反思。

在主人公求学的中西部特洛伊小镇，9·11恐怖袭击和阿富汗战争等重大事件看似很遥远，但给这个纯真的女大学生带来了很多人生变故和不堪。在20岁的花季年龄，她爱上了在同一个大学课堂上的男生雷纳尔多，却他却在9·11这个敏感时期被怀疑为恐怖分子，最终不得不离开柯尔津，感情破灭。此外，与柯尔津感情最好的弟弟意外地死于阿富

汗战争后，她无意中看到了弟弟生前发来的征求是否应该去入伍参军的邮件，由于忙自己的事务这封邮件却被自己忽略，从而柯尔津悔恨不已、责备自己“我想让超人带着我和他一起嗖地沿着地球倒飞回去，只为发一封邮件，仅此而已”（摩尔 2009：312）。而在弟弟阵亡之后，柯尔津一时无法接受这样的事实，产生了无穷无尽的自责，负罪感束缚了柯尔津的意识，精神上出现了幻境。文中描述了她与弟弟在梦中相遇的场景：第一次半夜醒来发现他在黑暗的房间里来回踱步，他在说话，“我一直等着痛，可是还没痛，也许以后会痛”（摩尔 2009：313）。还有一次主人公发现在战场上被炸飞手臂的弟弟“无言地坐在床尾，他手里拿着那只人体模型的假手，不停地将它翻来覆去”(摩尔 2009：313)。由此可见，这种精神创伤会以补偿性的梦境记忆如影随形，在这样的精神压力下，柯尔津沉浸在创伤困境中，开始变得不再与人交流。

朱迪斯·赫尔曼（Judith Herman）指出：只有在与他人的联系中，创伤才有可能康复，创伤主体才能重建被创伤经历所毁灭或畸变的心理，建立与外部世界的联系是创伤复原的基础（Herman 1992：187）。在小说中，柯尔津在经过一段时间的自我封闭状态期后，她通过自己特定的方式突破了精神上的困扰，重新寻找自我，并重塑自我价值，开始正面地面对曾经发生的一切创伤经历，积极地自我调节。在这个过程中，她先回到家乡帮父亲打理农场；在步入正常轨道后，她开始学习新的大学课程；积极地兼职工作；而且开始关注那些深色皮肤的小女孩，这是因为内心依旧想念曾照顾过和离开的人，包括弟弟；也开始有能力与同学谈论这些战争。通过这些举动可以看出，柯尔津敢于积极地面对自我和社会，努力走出故步自封的状态，开始有能力接受曾经经历过的悲伤事件，通过讲述和倾听的过程，柯尔津走出了创伤的心理阴影，重新获得了活下去的勇气。作者在小说主人公讲完故事最后总结性地写道：“我在大学里就学到了这么多”（摩尔 2009：326）。由此可以看出作者在向读者呼吁，通过创伤主体在经历过一系列不堪与恐惧后进行的反思，留给读者思考的空间，并对 9·11 事件后对个体造成的危机给予启示。

四、结语

小说《楼梯口的门》以 9·11 恐怖袭击事件作为历史背景，以年轻的女主人公柯尔津的视角，对美国普通民众的家庭生活和心理创伤进行了隐喻式的表述，描写了两个家庭在 9·11 事件前后周遭环境的变化以及在种族政治和宗教冲突矛盾下，美国民众在亲情、友情、爱情关系中所面临的生活困境与抉择问题。在故事的结尾，主人公的男友因他的真实身份被迫离开小镇，终结了与柯尔津的短暂恋情；莎拉夫妇曾遭遇中年丧子、被剥夺为人父母的权利，改名换姓，隐藏过去，之后又被剥夺养女权，最终婚姻解体，餐馆停业；柯尔津弟弟战争中离世，母女关系冷淡紧张，她再次面临失业，将继续找兼职工作。对于柯尔津来说，她不可避免地和周围的世界建立着紧密联系，但她伤感地认识到，身边的人都在刻意隐藏着真实身份，这个世界充满了变数和不真实，也充满了欺骗和伪装，这无疑是个悲剧，柯尔津自嘲自己的墓碑上将会刻着“她不会死于幸福”的碑文。在经历了人生的跌宕起伏后，柯尔津用这种冷幽默的视角观察着社会，并折射出社会潜在的危机，给予读者一定的反思和想象空间，所以摩尔以主人公的视角在小说最后写道：“这就是我在大学里学到的”（摩尔 2009：326）。这突出了主题小说的意义，揭示了恐怖袭击事件以及战争带给美国民众的深远影响，反思了当前美国社会仍面临着信仰危机、种族矛盾、社会撕裂以及灾后创伤阴影等现状，并给予灾后创伤的恢复足够的关注。认识到这些社会矛盾，可以为分析者对当前美国频繁爆发的枪击案等极端行为有所了解，并为解决社会矛盾、抚平社会裂痕、保障民众安全提供解决方案。

参考文献：

[1] 金鸿宾 . 创伤学 [M]. 天津：天津科技技术出版社，2003：1.

[2] 洛丽·摩尔 . 门在楼梯口 [M]. 张晓晔，译 . 济南：山东文艺出版社，2014.

[3] 薛玉凤 . 美国文学的精神创伤学研究 [M]. 北京：科学出版社，2008：1.

[4] 杨金才 . 9/11 之后美国文学发生了什么 [N]. 文艺报，2013(6)：1.

[5] Caruth C. Trauma：Explorations in Memory[M]. Baltimore：The Johns Hopkins University Press，1995：185.

[6] Caruth C. Unclaimed Experience：Trauma，Narrative，and History[M]. Baltimore and London：The Johns Hopkins University Press，1996：11.

[7] Herman J. Trauma and Recovery[M]. New York：Basic Books，1992：187.

[8] Peek L. Behind the Backlash：Muslin Americans After 9/11[M]. Philadelphia：Temple University of Press，2011：18.

从“生存死亡感”异化到“神”
——生态女权主义视角对艾米丽进行再解读
From “Live Death” Alienated to “Goddess”
—Reinterpretation of Emily from the Perspective of Ecofeminism

北京林业大学外语学院　武立红　柴晚锁

摘　要： 威廉·福克纳是美国南方文学的代表作家之一。《献给艾米丽的玫瑰》是福克纳最负盛名的短篇小说。尽管小说篇幅不长，福克纳却采用了多种叙事手段，因而吸引了众多学者对它的研究。本论文从生态女权主义的视角，对女主人公艾米丽进行再解读，详细阐述艾米丽一生的精神变化，分析她从“生存死亡感”异化到“神”的嬗变轨迹。

关键词： 生态女权主义视角　艾米丽　再解读

Abstract: William Faulkner is a distinguished writer of American Southern literature. *A Rose for Emily* is one of the most influential short stories among his works. With complicated narrative means by Faulkner, the short story attracted many Chinese scholars researching from diversified perspectives. This paper intends to reinterpret Emily from a new perspective—ecofeminism, and illustrates the spiritual and physical changes of Emily from the state of “live death” alienated to “Goddess”.

威廉·福克纳（William Faulkner，1897 — 1962），1949 年度诺贝尔文学奖获得者，美国南方文学的代表作家之一。他的小说以南方社会的历史和现实生活为题材，运用意识流的创作手法，风格独特、谋篇布局引人入胜，故事情节跌宕起伏、悬念丛生。《献给艾米丽的玫瑰》（*A Rose for Emily*）是福克纳 1930 年 4 月发表的最负盛名的短篇小说。故事发生在美国内战后的南方小镇约克纳帕塔法县的杰弗逊镇（Jefferson）。小说篇幅不长，福克纳在叙事时采用了多种手段，如隐喻象征、时序颠倒、多角叙事，讲述了美国南北战争后的南方人，尤其是没落贵族们的生存状况。这篇小说持续吸引了众多的学者对其从多角度进行了分析和解读，如矛盾的南方人（刘卓，彭昌柳 2004）、可悲的“替罪羊”（李杨 2004）、语言象似性（潘学权 2008）、荣格“个体化”心理原型分析（路庆梅 2010）、空间叙事学（张景发,钟慧 2011）、“诡异性”和“双重性”（何庆机,吕凤仪 2012）、象征意义（张石俊 2013）、几组重要关系的解读（张小宁 2014）等等。本论文将从生态女权主义视角对福克纳的小说《献给艾米丽的玫瑰》中的艾米丽进行重新解读，尤其是从精神生态女权主义视角分析解读艾米丽的一生如何从“生存死亡感”异化到“神”的嬗变。

一、生态女权主义

生态女权主义 (ecofeminism) 起源于 20 世纪 70 年代，何怀宏（2002）、金莉（2004）和苗福光（2005）对生态女权主义进行了系统和全面的分析与阐释。生态女权主义这个术语及其基本思想首先出现于法国作家弗朗西丝娃·德奥博纳 (Francoise d'Eaubonne) 在 70 年代早期的两本著作：1974 年出版的《女权主义或死去》(*Feminisme ou la mort*) 和 1978 年出版的《生态女权主义：革命或变化》(*Ecologie feminisme*：*Revolution ou mutation*)。尽管在德奥博纳作品发表后的 30 年中生态女权主义理论和实践已有长足的发展，但她的作品仍然被视为西方生态女权主义观点的重要先驱。德奥博纳认为，要想改变对妇女和地球生态的压迫、忽视和蹂躏，就需要转变西方的思考模式和价值观，生态女权主义的目的是生存，让历史和自然得以继续，而不是让其消失，只有把女权主义和生态学结合起来才能使得地球变“绿”，让其生机勃勃。

80 年代初，生态女权主义蓬勃兴起，90 年代初进入文学批评领域。它以女性与自然的联系为核心，借鉴了生态批评和女性主义批评的方法，以独特的视角去看待各种社会问题以及解读各类文学文本，加深了人们对女性问题与生态问题及两者间关系的认识。

生态女权主义的重要观点有两个：一是女性与自然的认同。生态运动试图为自然说话，因为自然在西方文明发展史中被视为没有发言权的他者和被征服与统治的对象，成为被人类开发的“自然资源”，用以服务于人的需要和目的，这与自然自身的需要和目的相悖。另一点是对于西方现代科学观的批判。欧洲科学的整体模式是父权的、反自然和殖民的。这种通过科学技术来控制和占有的欲望，包括对于女性生殖能力和自然繁殖能力的控制和占有，有力地揭示了压迫女性和压迫自然之间的相互关系（金莉 2004：58-59）。简言之，生态女权主义认为男性对女性的压迫和人类对自然的压迫是紧密联系在一起的，倡导人与自然以及人与人之间和谐共生的关系。

生态女权主义作为一种多元化和开放的学术理论，流派分支众多。精神生态女权主义（spiritual ecofeminism）在考察了远古时代的女神崇拜和自然宗教后，试图为现代精神生态女权主义找到历史根源。其代表人物斯普林特纳克对当代女神精神运动进行了阐述，认为女神精神运动应包括三个方面：1. 神性置身于我们自身和我们周围的宇宙过程中。它弥漫在自然之中，而非集中在某些遥远的力量拥有者或超越的上天之神的身上。2. 强调内在力量的获得 (empowerment)。人作为宇宙自我拥有的遗产和本质，还会参与到更大的实在中去，由此人会获得某种内在的力量，它是个人主体力量的强化和宇宙本质的展开。3. 从存在的死亡感 (父权文化的根基) 走向再生意识，这种再生意识把生命当作创造性的再生循环过程、当作对无限过程的动态参与来拥抱（何怀宏 2002：246；苗福光 2005：183）。

二、生态女权主义视角下艾米丽一生的嬗变：从“生存死亡感”到“神”

“在西方的思想文化传统中，人与自然的关系是二分的，以对立为主。自然和女性在男权面前同处于被压迫、被主宰的地位”（乔以钢，李晓丽 2011：116）。这两句话具有透视性，可以视为对小说《献给艾米丽的玫瑰》的高度概括。美国南北战争中，资本主义的工业文明的北方打败了种植园经济的南方。代表着自然的南方约克纳帕塔法县小镇杰弗逊与生活在小镇中的艾米丽小姐有着相似的命运：受到人类中心主义和男性中心主义思想的统治和摧残，原有的社会秩序和自然风貌遭到摧毁，艾米丽家的房子所坐落的街道曾经是小镇最考究的地段，但是随着汽修厂和轧棉机渐渐侵进，工业文明不断侵蚀小镇，其扩张和侵犯势力不断加强。镇子上签署了铺设人行道的协议，承包的建筑公司带来一批黑人、几头骡子和一些机器。小镇居民面对工业文明对小镇的入侵和改造，被动无力，但在精神上怀念小镇的原有面貌和秩序，因而他们在精神上和情感上把格里尔森家族后代艾米丽小姐看成是“纪念碑”式的人物。

1. 生存死亡感

艾米丽出生在南方贵族世家，从小生活在父亲的掌控和教育之下。在她芳龄之际，身材苗条，素衣清纯，有很多求婚者，但是艾米丽一直到了 30 岁还是单身。起初人们认为，“格里尔森一家总想摆出一副比其出身更为高贵的姿态。艾米丽小姐一类的人看不上眼任何一个年轻人。”但是，人们渐渐地认识到，艾米丽小姐的命运操控在其父亲手里，正如她家的画中所示，“艾米丽小姐站在背后，身段苗条，一袭白衣，背朝她站在前景的是她父亲，手持马鞭，跨立侧影示人，两个人被框在向后开的前门里”。

事实上，艾米丽的父亲为了维护其贵族等级和门第，赶走了所有向艾米丽求爱的追求者，无情地剥夺了女儿享受青春、爱情和幸福的权利，艾米丽被规训成了一个没落贵族淑女的典范，她没有声音，没有话语权，不能按照自己的喜好生活，只有被动接受父权制操控统治下的一切，她的生活是父权制男性对女性要求的反射，并不是按照自己意愿的一种真实、快乐的自我生活，是一种无意识的“生存死亡感”的精神状态。生态女权主义认为，男权思想的根本是控制、统治他人。压制女人是男权追求控制的一部分，他们总是以明的或暗的方式迫使女性就范，让女性为男性的利益服务和牺牲（沈睿 2012）。

小镇杰弗逊与艾米丽的现状恰如莫国芳（2010：81）所总结的：“女性必须服务于父权社会的利益需要，正犹如自然必须造福于人类文明进步一样，女性沦为男性的附属，自然变成待开发的资源。”

2. 精神的第一次死亡

艾米丽的父亲去世的时候，那座房子是她继承的全部家当。她拒绝承认父亲离开她了，长期受其控制，已然成为习惯，没有父亲，她一无所有，本能地“死死抓住那个抢走她所有的人不放。”父亲的死亡，意味着父权制在艾米丽精神生活中的消亡，被父权制控制的那个艾米丽也随之死亡。在父亲走后，艾米丽大病一场。之后，一个新的艾米丽诞生了，她的精神生活有了新的意义。艾米丽妆容也发生了变化，头发剪短了，看起来像个姑娘，“跟教堂彩窗上的那些天使不无相像——带着几分悲情，几分恬静”。

3. 文化生态环境的压力

重新唤起艾米丽生活欲望和对未来有幸福憧憬的是个开朗强壮的北方佬霍莫·巴隆，他肤色黝黑，性格外向，声音洪亮，利落爽快，充满生机。很快艾米丽对他产生情愫，坠入爱河。她不顾等级观念和南方淑女的规矩，与他乘着轻便马车双进双出，享受着浪漫的爱情。霍莫来自北方，标志着强悍的北方工业文明和文化侵入南方上流社会，北方新思想渗透到了南方社会，他的到来和言行颠覆了南方传统道德标准与价值观念。自然，镇子的生存环境和文化生态环境对艾米丽进行了精神上的约束和操控。他们之间门第的悬殊招致了镇上人的非议，这个北方佬没有高贵的出身，没有良好的教育，是个“拿日工资的人”，和艾米丽的贵族背景相差甚远，镇子里的文化生态环境对艾米丽实施了强大的舆论压力。她的行为违反了旧南方的传统道德准则和价值观念，因为她“是一个传统的化身，是义务的象征，也是人们关注的对象。”女人们认为“格里森家的人肯定不会跟北方人来真的，逢场作戏罢了。”还有一些年纪大一点的人说，“即便是悲伤也不能让一个真正的贵妇忘掉范儿”，他们希望艾米丽的亲戚应该过来管管她。对镇子里的人来说，艾米丽是一位高贵的淑女，是南方贵族女性的代表，他们不允许有人践踏、摧毁他们秉承的、但又岌岌可危的传统文化的“纪念碑”。艾米丽对爱情追求必须满足镇子里人们的传统道德准则。

4. 从爱情中获得内在力量

尽管小镇的生存环境和文化生态环境对艾米丽施加了种种的精神与舆论压力，但是艾米丽听从了自己的心声，依自己的意愿生活，勇敢地捍卫着自己的爱情，仍然和这个北方佬我行我素。艾米丽的头在百叶窗后面高昂着，霍莫竖戴着帽子咬着根雪茄，戴着黄手套的手勒着马缰持着鞭子。镇子的女人们认为他们的举止有悖贵族的行为规范，“这简直是小镇的耻辱，给年轻人做了个坏样子”。女人们动用了代表着道德和权威的浸信会牧师拜会她，用宗教力量来干涉她、约束她，但是此举没有成功。他们仍然不肯放弃，牧师的妻子给艾米丽在亚拉巴马的亲戚写信，要求她们来说服艾米丽放弃自己的爱情，中断艾米丽和这个没有相似贵族背景和教养的北方佬的恋爱关系。依照南方传统规范而言，艾米丽是个叛逆者。虽从未离开过小镇，艾米丽却不愿意受小镇文化及其价值观的约束，她以自己的方式对小镇的文化进行了反抗，坚决捍卫着自己的爱情。

5. 精神的第二次死亡

艾米丽异常坚决、甚至固执地捍卫着自己最后的幸福，不屈服于生存环境和文化生态环境所施加的强大舆论压力，她依旧高昂着头，“摆出副不食人间烟火的样子来重申她的百毒不侵。”就这样，他们的关系维持了一年，人们认为他们要结婚了，艾米丽去过珠宝店定制了一套银制男用盥洗器具，每一件上都刻着 H.B.（霍莫·巴隆的名字缩写）。然而，霍莫最终坦言他喜欢男人，喜欢跟年轻人们去艾克俱乐部喝酒，“他不是要结婚的那种人”，他不想和艾米丽结婚，厮守终身。艾米丽又一次被男人摧毁了她对生活和爱情的全部渴望和信念。

男性处于掌握和操纵自然法则的位置，认为自身优越于女性。生态女权主义批判这种两分法的不当（莫国芳 2010：81）。艾米丽以自己的行为践行了生态女权主义的批判，霍莫不能在相处了一年后独自掌握和操控他与艾米丽的恋爱与分手。艾米丽执着和勇敢地追求自己的幸福，但是她还是没有逃脱男性中心主义以及她生长的环境给她的影响，没有超越南方传统文化道德和清教主义给她的种种精神束缚。她曾力图打破生存和文化生态的父权制、妇道观和种族主义传统束缚及社会所维护的法则，但最终以失败告终。在当时的南方小镇里，清教文化雾霭浓重，人们的传统观念顽固不化，妇女的贞洁被认为远比她们的生命或作为人的价值更为重要（刘卓，彭昌柳 2004：224）。南方的文化伦理道德观束缚、压制、扭曲了妇女的灵魂。绝望中，艾米丽用砒霜毒死了自己爱的人，也杀死了自己的生活欲望和信念，她成为男权和南方“传统”和“法则”的牺牲品。

6. 从天使到神

小说中的美国南方社会，清教思想占统治地位，骑士道德精神和淑女行为风范曾经傲然于世。种植园主昔日的威严和荣耀没落之后，其残存的余辉仍然纠缠着南方人，造成他们精神和现实的错位。艾米丽与父亲一同生活，居住在一幢曾经漆成白色的方形木头房中。房子“穹顶饰以尖头，涡旋花纹的阳台是七零年代常见的轻盈风格。房子坐落的街道曾经是小镇最考究的地段”。此种描述暗示了艾米丽家族在镇子里曾经的辉煌和显赫的地位。艾米丽小姐是南方贵族世家仅存的为数不多的淑女之一，她在父权制和文化生态环境的教育和驯服下，柔弱、隐忍、服从，没有话语权，一切任凭父亲决定。

父亲去世后，她在大病的洗礼之后净化成了天使的容颜，“带着几分悲情，几分恬静”。然而，在捍卫爱情时，她高昂着头，“百毒不侵”；在决定以极端的手段留住爱情时，她咄咄逼人、傲慢冷酷，用眼神制服了药剂师。在她毒杀了爱人之后，自己的精神生命也一同死亡了。在后来拒绝缴税时，人们看到她原本娇小的身材如此赘腴，看上去有些浮肿，身体像在静水中浸久了的模样，颜色那么苍白，在多脂的面脊里陷于无形的一对眼，象征着艾米丽生活欲望和肉体的死亡。然而，在杀死自己相爱之人后，艾米丽的精神得到了再生和升华，变成了神的化身。她不再畏惧男权和生态文化环境对其的压制和约束，男人和生态文化在她面前丧失了控制权。

在艾米丽面前，男人们只会躲躲闪闪，不敢直面她。尽管邻居抱怨气味，却屈服于艾米丽的威严和神性，不敢打扰四个男人也只是在午夜后，穿过艾米丽家的草坪，像夜盗一样沿着砖基和地窖口鬼鬼祟祟地洒石灰。他们再次穿越草坪的时候，窗子亮了，艾米丽坐在里面，“躯干像尊神似的挺直不动”。他们不动声色地爬过草坪，躲到了沿街的洋槐树荫里。同样，对于纳税一事，她的冷静和威严让镇议员特别代表团人员在她面前说话“结结巴巴”，她的声音冷淡且无动于衷。“去找沙多里斯上校。在杰弗逊我无需纳税”就“把他们打败了，片甲不留，就像三十年前为了气味的事情她把他们的父亲们打败一样。”

艾米丽的后半生是一个新的精神和心理面貌，是一种具有神性威严的化身，她的头发到“七十四岁死的时候都还是那种生机勃勃的铁灰，跟活人一样”。在外人眼里，她的姿态永远是“挺着神龛里塑像似的躯干，似在看我们又似在不看，我们分不清。她就这样度过一代又一代，高贵、宁静、无处不在、不为所动”。

艾米丽去世了，整个镇子里的人们都去参加了她的葬礼。“男人们带着一种不失敬意的爱，去悼别一座倒下的‘纪念碑’”，即镇子里人们珍视的传统，南方的旧秩序、旧观念，艾米莉的离世象征着这种南方的种植园自然经济传统价值观及其生活方式的消亡。

“艾米丽小姐代表着一个传统，一种义务和关爱；从 1894 年镇长沙多里斯上校的时代开始到如今，仿佛是祖辈传习给小镇的责任。”就是这种“纪念碑”式的看法和“传统、义务、关爱和责任”，即艾米丽的生存环境与文化生态环境对她实施的精神压迫。她父亲去世后，她被父权压迫的精神死亡了，蜕化成了天使，摆脱了父权的压迫和束缚，但是仍然无法摆脱男性中心主义和其文化生态环境对其无处不在的精神压迫，最终导致肉体的死亡，精神异化成神。

三、结束语

金莉（2004：59）指出，一个人的生命依赖于整个世界的完整和健康，人类的生存与生态的平衡和稳定密切相关。但资本主义男权统治与破坏切断了构成一个具有生命力的宇宙整体。父权主义的统治态度及其对自然、对女人、对有色人种的征服、掠夺，使女人和自然在精神和肉体上受到了双重的压迫和折磨，摆脱男性的统治才能使女性和自然都同时得到解放，从而构建起男性与女性、人与自然的和谐、平等的良性生态环境。

艾米丽的悲剧命运不免让人心酸叹息。早年父权对其精神和身体的控制、父亲去世后生存环境和文化生态环境，即镇子里人们对其施加的精神压力、霍莫对其感情的玩弄和不忠彻底毁了艾米丽。当霍莫想甩掉她时，她以极端的手段结束了自己爱人的生命，由此，艾米丽也结束了自己受父权压迫、受男性中心主义玩弄、受文化生态环境摆布的前半生，结束了自己对爱情和美好生活的追求。总之，父权制、男性中心主义、南方文化生态环境所施加的种种精神压迫两次扼杀了艾米丽，也促使艾米丽精神的两次解放和再生，从天使到神的转化，而非完整、健康的人的生活。

参考文献：

[1] 何怀宏 . 生态伦理—精神资源与哲学基础 [M]. 河北大学出版社，2002：246.

[2] 何庆机，吕凤仪 . 幽灵、记忆与双重性解读《献给艾米丽的玫瑰》的“怪异”[J]. 外国文学研究，2012(6)：127-136.

[3] 金莉 . 生态女权主义 . 外国文学 [J]，2004(5)：57-64.

[4] 李杨 . 可悲的“替罪羊”——评《献给艾米丽的玫瑰》中的艾米莉 [J]. 山东大学学报(哲学社会科学版)，2004(2)：33-37.

[5] 刘卓，彭昌柳 . 艾米丽：矛盾的南方人 [J]. 东北大学学报(社会科学版)，2004(3)：223-225.

[6] 路庆梅 . 面具与阴影的原始舞蹈—福克纳《献给艾米丽的玫瑰》荣格“个体化”心理原型分析 [J]. 文学界，2010(2)：1-3.

[7] 苗福光 . 欧美生态女权主义述评 [J]. 学术论坛，2005(10)：181-184.

[8] 莫国芳 . 美国电影中的生态女权主义逻辑 [J]. 湖北广播电视大学学报，2010(6)：81-82.

[9] 潘学权 . 从语言象似性角度解读《献给艾米丽的玫瑰》[J]. 湖北第二师范学院学报，2008(3)：20-22.

[10] 乔以钢，李晓丽 . 论生态女性主义批评及其本土实践 [J]. 天津社会科学，2011(2)：114-116.

[11] 沈睿 . 生态女权主义：生命的民主与平等 [N]. 中国妇女报 /10 月 /16 日 / 第 BO1 版，2012.

[12] 张景发，钟慧 . 空间叙事学视角下的《献给艾米丽的玫瑰》[J]. 时代文学，2011(4)：54-55.

[13] 张石俊 .《献给艾米丽的玫瑰》象征意义之解读 . 辽宁师范大学学报(社会科学版)，2013(6)：896-899.

[14] 张小宁 . 解读《献给艾米丽的玫瑰》中的几组重要关系 [J]. 西安航空学院学报，2014(2)：41-44.

[15] Faulkner，William. A Rose for Emily. 田园，赵秀芳(编著). 英文短篇小说赏析 [M]. 西北工业大学出版社，2015：39-46.

Samson and His Women
—"Hero" and Victims in the Bible

中国科学院大学外语系　陈　玮

Abstract: The Bible is the most famous piece of writing in the Western world. It becomes a more profound text when it is read through the lens of Gottcent's interpretive review and Bal's feminist analysis. The interpretation of the identity of Samson as a hero and the victimization of his women has shed light on a more comprehensive reading of this great literary work.

Key words: Bible　Samson　hero　victims

1. Samson's Heroism: Three Heroic Traits

The Bible, in the Jewish tradition, is considered a prophetic book. While in the Western culture at large, it is best known as the canon of heroes. Samson is doubtless among the famous ones. The Bible, or rather *The Book of Judges*, as a transparent, immaterial medium, has opened a window through which we can get a glimpse of the reality of the hero and his women.

Gottcent's book *The Bible: A literary study* has given us a totally new slant on heroes. In his book, Samson does possess several traditional heroic traits. First is the physical strength Samson demonstrates repeatedly: killing of a lion bare-handed; uprooting the doors of the city gate of Gaza; slaughtering a thousand men with a donkey's jawbone.... However, "after each flexing of his muscles, sooner or later the Philistines solve his riddle, burn his wife and father-in-law, or capture and enslave him. In the long run, Samson's antics help neither Israel nor himself" (Gottcent 1986 : 27). As for me, Samson indeed shows us the true nature of the heroic spirit. However, it is merely from physical aspect or rather ironically, only bodily. It allows him to slaughter, not to understand. He is full of the might of blindness, which, to some extent, fails to put him up to the ideal heroic standard.

The second, of Samson's "heroic trait", Gottcent said, is vengeance, which is well included in the traditional Western ideology. "It is easy to imagine how a culture might immortalize a hero who wreaks vengeance on their enemy, but Samson's avenging gets nowhere" (Gottcent 1986 : 27). When his bride is given by her father to another man, he is annoyed and takes revenge on Philistines by burning their cornfields with torches attached to three hundred fox-tails. Thus, the Philistines are filled with hatred and burn his bride and her father. Samson pays back by fiercely killing many of them. Although afterwards the Philistines go on chasing him, with the power from the Lord, Samson breaks the ropes around him and kills a thousand men. The series of revenges have "led from destination of property, to immolation of two human beings, to mass slaughter, to betrayal, and eventually to mass slaughter again." (Gottcent 1986 : 27). Quite beyond our imagination, the result is catastrophic. Vengeance, which brings forth a vicious circle of wrack and ruin, is unquestionably without the merit. What is waiting for Samson is doomed to be "a hollow victory" — there is no good in it.

The third heroic trait that Gottcent has mentioned is cleverness, which, according to his perception, is demonstrated by Samson's ability to propose an unsolved riddle. The author also takes the ancient hero Oedipus for example who saves the city from a curse by solving the Sphinx's riddle. Samson is thought to be "good enough to stump the Philistines for a while and they eventually solve it only by cheating." "Out of the eater came something to eat; out of the strong came something sweet." — his riddle, is rather weird than cunning. He makes up his riddle merely from his own personal experience which no one has any knowledge of. Therefore, such a riddle could not be eligible because unless through his own mouth no one could guess it. His cleverness, should not be represented by his riddle. Or I would rather say he is stupid and arrogant to a great extent. He thinks that he has made a perfectly self-entitled riddle to make fun of others, blindly relying on his great physical strength. He makes three times of "tall tales" about how he can be captured, and finally leaks the secret out which leads to his own ruin. More accurately, his strength in body is far more than that in mind.

From the illustration in the three aspects above, Gottcent has naturally come to this conclusion — although Samson possesses such traditional human heroic traits encompassing physical, emotional, and mental faculties — each proves of little use in the long run, he has put forward his doubt about the heroic identification of Samson — can we call him a hero? If the answer is "yes", then in what way? Gottcent further points out that Samson's heroic identification might be given by his spiritual quality — "because he is specially chosen by the Lord, who stands behind his as the real driving force" (Gottcent 1986 : 28). We could find a lot to support his remark. God chooses Samson to fight the Philistines even before his birth — the angel tells Samson's mother that from the day of her son's birth, he will be dedicated to God. Samson marries the woman of Timnah in spite of his parents' opposition and just with this woman he has begun to be involved with the Philistines either for the love with a woman or for the outrageous revenge. All these seem that Samson behaves for his own purpose and interest. But the Lord already has everything in mind — providing him with water when he needs to protect himself; planning in advance his marriage with the Timnah woman; giving him strength to kill a thousand Philistines. The confrontation between Samson and the Philistines really comes from the antagonism between the Lord and his enemy — Dagon who is worshipped by the Philistines.

Samson's unawareness of the Lord's "higher purpose" is stressed in Gottcent's book. Moreover, he makes a pungent remark about the essence in *The Book of Judges*, that is, "the human role is to remain faithful to the divine; to do otherwise leads to temporary, though never permanent, rejection." The human hero is an unwitting tool of the divine, achieving goals of which he is not aware. The human role is not to act heroic in the usual sense, but to remain faithful to the divine. That faithfulness is reciprocated, and a major function of the hero — to stand for his people against their enemy fulfilled (Gottcent 1986 : 30).

Samson, like a chessman in God's hand, has no power over his own fate. If God wants him to go right, he could not go left. Otherwise, he will get severe or fatal punishment. Being cut off his seven locks of hair in which he is endowed with his power, Samson eventually loses God's favor. Regrettably, he does not even realize it. When God has left him, he is captured and destined to death.

2. Samson and His Women: "Hero" and Victims

In the world of Samson, the sharp contrast between the authority of God and the incapability of the so-called hero is clearly exhibited. The related women in Samson's life are no exception of this doomed fate. Man, the hero, can not even be the true master of his life, let alone women. They are much more miserable than men for they are really the most powerless group in that world — victims against the "might" of man under the almighty God.

From the narrative in Samson's story, there are four women excluding his mother — his bride, the bride's sister, the prostitute of Gaza and finally the famous Delilah. They are almost nameless; most of them are without a voice; their compromise to men is not a mindless subordination. They have no choice; they belong to the public property in essence.

First, let's take up the specific case of Samson's bride. She is a Philistine girl down at Timnah who has appealed to Samson's attention. She is burnt to death, however, by her own people in respond to an act of Samson — her groom, one of the greatest heroes *The Book of Judges* offers.

Such a nameless woman is the object of the hero's desire. She is given to Samson. But just before the marriage is completed, she is taken back by her father who immediately gives her to another man. Both her father and Samson regard her as their property and neither would give up. The struggle over her as property ultimately causes her death.

The sequence of events between the first sight and the final ruin of this woman might not be ignored. The fight and the slaughter result from the antagonism between Samson and the Philistines. She is a victim from the very beginning to the end.

"The killing of this young woman fulfills no military function and is accompanied by other forms of violence against women. Since her murder is not militarily useful, the question whether it is socially useful for other reasons is addressed " (Bal 1988 : 26). Just think of the almighty God in the hero's case, you might find a clue. Samson's falling in love with her is arranged in advance by God who "uses humans to act out his larger aims unawares" (Gottcent 1986 : 28). The occurrence of the girl from the foreign tribe provides a great chance which God has sought. Samson, in order to win back his bride, takes continual squabbles with the tribe. During their confrontation, a thousand Philistines are killed as well as his bride and father-in-law. The Philistines have undergone fierce attacks as God has wished, while the woman in fact becomes the burnt victim, the tool thrown away. She stands alone between the men who make deals over her. Or rather, she stands before the God who manipulates destinies of both Samson and herself. No one protects her — no father, no husband, no God.

Another nameless woman in Samson's story is the bride's younger sister. There are almost no words depicting her, only a dialogue between the girl's father and Samson in mention of her.

The following is from her father's part: "I really thought you hated her, so I gave her to your friend. But her younger sister is prettier, anyway. You can have her, instead." The meaning in such a short simple message is quite self-evident, which shows how irrelevant the sister herself is when the competition between men is being acted out.

Women, like free gifts, are passed between men, even without their own knowledge. The verb's "give" and "have" indicate that woman, either Samson's bride or her younger sister, is handed over from one owner to the other, in mutual agreement between the two men. Absolutely, these two women lack the subject-position. During the course of being given and taken, voicelessness characterizes the two. "The silencing of their voices (how do they think about the marriage?) signifies them as ideologically silences" (Bal 1988：32). On the level of discourse, they do not speak. They could not be the subjects. Moreover, they, do not act either. They are only the objects of men's action — given away or taken.

Like the case of her elder sister, Samson doesn't kill her with his own hands. In the revenge on father's refusal to give back his bride, he sets fire to the torches which are attached to three hundred fox-tails. This big fire not only consumes the cornfield but also leads to the ultimate death — "the Philistines went and burnt the woman to death and burnt down her father's house." Her younger sister is probably among the victims in this outrageous fire.

Another woman Samson has an affair with is the Prostitute in Gaza. She is between his first marriage and the last relationship with Delilah. Only few lines give her a brief episode of that. She still has no name. The title of "prostitute" lends to her the notorious reputation of treachery. It is Samson who "goes to bed with her". However, the betrayal on Samson's part is often ignored or minimalized by the modern man. As Gottcent (1986) sharply puts it: "that modernity is in no way superior, more advanced, or more rational than the ancient culture it proudly adopts as its predecessor, but just as equally and proudly considers as less advanced or as, to use Freud's own terms, 'primitive'." This remark drives home the truth.

She is not the lucky exception. After taking hold of the city gate and pulling it up, Samson puts the Philistines on his shoulders and devastates them on the top of the hill. She would probably be either among these people, or killed in the form of another vengeance. She passes unnoticed in the war brought forth by men. There is no happy ending for her, surely.

The last and also the best-known woman in Samson's story is Delilah. It is through his sexual relationship with Delilah that Samson gets into trouble in allowing her to know the secret vow at his birth, losing his strength and consequently losing his own life.

Modern readers tend to take it as a story of sex, laying much emphasis on the sexual aspects. How Delilah lulls Samson to her bed, how she tricks him into releasing the secret, and how she acts out her cruelty on him are rendered a detailed narrative on the discourse level. "Thus the underlying claim is that women's identity can be simply derived from their sexuality, or rather, from that of men. It is only through sex that women gain access to men at all. And since, in this perspective, the identification of men depends heavily on their control over women as sexual beings, this reversal of power is what threatens them most. This is the strongest motivation of the survival of these stories as ideostories" (Bal 1988：27).

Although her feminist conclusion is radical to some extent, in it there does exist the very truth we could not disagree with. Delilah, is also a tragic role who deserves reader's sympathy. Like the above three women, she is again utterly powerless with what is happening. She is submitted to Samson in the sexual aspect, and at the same time, submitted to her tribal men in tribal obligation.

A man or a group of men are entitled to have power over her body, her sexuality and her whole life. Samson can keep her for himself, while Philistines can make use of her as a tool for their further revenge. Neither of the two sides really cares about her safety. She is compelled to perform the unwilling task to help kill the powerful hero.

After resorting to the almighty God, Samson gains his strength back to bring the fatal destruction on nearly all Philistines in the last scene — the building falls down. Delilah serves as another victim in the irrelevant fight between men. She pays heavily for the improper behavior of the men around her, as well as for the notorious reputation attached to her.

3. Conclusion

In discussing women related to Samson, we note that their powerlessness goes through the whole series of the stories. It is not a totally mindless subordination. "The young woman shows, at some point of the story, some autonomy of action. It is not a lack of initiative or capacity that condemns them, but the 'might' of the men, the hero, who is socially entitled to exercise power over them"(Bal 1988 : 23). As we follow Gottcent's idea, Samson's heroism does not work actually. God, who might be called a hero, is the real hero standing behind the human beings. Man is so weak under the almighty God. Samson is just a case in point. He commits "almost every imaginable crime, from arson to dalliance with women to mass murder"(Gottcent 1986 : 29). Most of them are instigated by his own imprudence and personal willingness without knowing that God has already determined his fate — just from his birth, he is destined to serve the larger aims of God unawares. Yet when he breaks the vow imposed by God, he loses his strength and his God leaves him, which leads to his final ruin. What a miserable "hero" he is!

Even man or hero lives such a life, how could woman's be better? Subordination resulting from powerlessness is her inescapable fate. Her subjectivity is undermined by male fear — father, husband or any man who gets control of her. She cannot know what awaits her even the next minute. In the world of man, she has to deal with everything merely for surviving. In Samson's narrative, a woman has no name, nearly no voice, and is always given and taken as public property. She stands lonely in the middle of war between men, losing herself for irrelevant crazy of men.

Bal's remark deepened the understanding — "if the chaos in the land is expressed through the absence of a king and the selfishness of the men's behavior, then the contempt for the women's lives and bodies and the desire to take absolute power of them, may very well be the cause rather than consequence of this chaos"(Bal 1988 : 28). Wondering in this chaotic world of God and men, as well as that of men and women, no doubt, the inspiration from reading the story of Samson and the related critic masterpieces has provided a deeper and more fascinating insight into the Bible's world and the real life itself.

References

[1] Bal，Mieke. Death & Dissymmetry：The Politics of Coherence in the Book of Judges[M]. London：The University of Chicago Press，1988：23，26-28，32.

[2] Good News Bible[M]. New York：The United Bible Societies，1976.

[3] Gottcent，John H. The Bible：A literary study[M]. Boston：Twayne's Masterwork Studies，1986：27-30.

企业信任修复的话语分析
——以“海底捞”公司为例
Discourse Analysis on Trust Repair of Enterprise —Taking Haidilao as Example

北京林业大学　王　涵　姚晓东

摘　要：近年来，食品安全事件频发，各个餐饮企业面临严重的信任危机。本文借助 Fuoli et al.（2014）提出的信任修复话语模型，以“海底捞”公司两篇危机公关通告为例进行分析，研究其信任修复策略并以此验证该模型的适用性。研究表明，以此信任修复话语模型来分析企业的信任修复策略是可行的，只是不同的语境会导致信任修复策略的部分差异。

关键字：信任　信任修复　话语模型

Abstract: In recent years, food safety incidents have occurred frequently and various catering companies are facing a serious crisis of trust. This article uses the trust-repair discourse model proposed by Fuoli et al. (2014) to analyze two crisis public relations announcements of Haidilao company as an example to study its trust repair strategy and verify its applicability. The research shows that it is feasible to analyze the enterprise's trust repair strategy with this trust repair discourse model, but different contexts will lead to some differences in the trust repair strategy.

一、前言

信任是一个企业最有价值的“资产”之一 (Barney et al. 1994)。对于一个企业来说，能否赢得消费者的信任至关重要，消费者只有信任一个企业才会与它建立紧密的关系（李想，石磊 2014）。信任不是固有的或一成不变的，客户对企业的信任也是经历了一个从无到有的构建过程，并且随着信任的进一步发展，客户会逐渐产生对该企业的忠诚。这个过程相当漫长且艰难，然而，信任本身却是很脆弱，很多因素会对信任造成破坏。而且在这样一个“坏事传千里”的新媒体时代，信任的缺失和破坏将会给企业造成不可挽回的损失。信任与风险承担息息相关（Schoorman et al. 1995）。信任的构建是一个动态的过程（Schoorman et al. 1995）。信任本身也不是一成不变的，各种各样的因素都会导致信任被破坏，而话语在信任构建和修复中起到了至关重要的作用 (Linell et al. 2013)。近来，信任研究出现和话语相结合的趋势，但一部分前人研究只考虑到信任构建，没考虑到修复的层面（Candlin et al. 2013）；另一部分学者发现了话语在信任修复中的作用，但由于学科局限性

（心理学和管理学），其研究并未进入文本（Gillespie et al. 2009；韩平，宁吉 2009）。Fuoli et al. 在 2014 年提出了信任修复话语模型，弥补了前人研究的空缺，但其使用的案例是 BP 公司对当年墨西哥湾石油泄漏问题的弥补，由于此类问题之前很少发生，而且情况相当严重，公众或多或少会对其有一定的容忍度，而对于像食品安全这种反复发生的问题，此模型是否具有适用性还需进一步研究。但是，Fuoli et al.（2014）的模型在分析的部分对于话语策略的分析比较笼统，需要进一步的研究来弥补。本文借助 Fuoli et al.（2014）的模型，选取了当前的"海底捞"食品安全案例进行研究，通过文本分析的方法，解读"海底捞"公司在食品安全事件发生后两天内发出的两篇公告，来分析"海底捞"的信任修复策略及 Fuoli et al.（2014）信任修复话语模型的适用性，并在话语策略方面进行补充。

二、信任修复话语模型

Fuoli et al.（2014）的信任修复模型将信任修复策略分为两个方向：1. 处理好潜在的会导致不信任的话语，即中和消极因素。2. 构建一个值得信任的话语身份，即强调积极因素。两大策略都是通过话语实现的，其最终目的都是提高消费者一方对企业的"信任值"的评估。

"信任值"包括三大维度：能力、口碑、善意。其中，能力是指一个组织拥有某种技能、实力、以及特点使得另一个组织能在特定领域发挥作用；口碑指的是一个组织过往行为的一致性，对自己诺言的实现程度，以及责任感和正义感；善意则是指一个组织愿意对另一方的友善程度，或在不考虑自身利益的情况下，愿意为另一方而付出的程度。此定义非 Fuoli et al. 首创，而是 Schoorman et al.（1995）提出的。其中的能力、口碑、善意三大维度也是 Schoorman et al.（1995）基于前人关于信任的研究而总结出来的，经过经济管理学界近 10 年的研究而受到广泛的认可。Fuoli et al.（2014）的模型就是基于此而来，他分析了 BP 公司关于墨西哥湾石油泄漏事件的 CEO 信件，采取一个三步的流程，即文本→交际行为（策略）→达到效果（强调能力、重塑口碑、表达善意），将文本中的句子以三大维度进行归类，然后逐步分析。本文依旧采取三步流程，通过阅读"海底捞"通告的文本，以定性研究的方法，分类分析其信任修复的策略，但在每个维度上增加语言策略的分析。

三、数据收集

以"服务好到变态"著称的"海底捞"，近日被曝后厨老鼠乱窜、火锅漏勺掏下水道垃圾，在让人后怕的同时，又将中餐后厨卫生安全问题推上了舆论的风口浪尖。

"手切羊肉直接放在地上，切水果案板未消毒，员工手抓垃圾桶后直接操作食品……"这些触目惊心的卫生安全问题，均出自海底捞官方公布的食品安全检查处理公告（凤凰网新闻 2017 年 8 月 31 日）。事发之后的 3 天内（8 月 25 日至 8 月 27 日）"海底捞"官方微博发出的两篇公告进行危机公关。本文的语料即来自于这两篇共 942 字的公告。

四、数据分析

表一整合了对"海底捞"两篇通告分析的全部结果，是根据通告中话语的功能和交际

目的整理的。从中可以看出海底捞信任修复策略的主要方向。后续部分则是对研究结果的详细分析。

表 1 海底捞公司信任修复话语

	强调积极因素	中和消极因素
强调能力	聘请第三方公司，对下水道、屋顶等各个卫生死角排查除鼠。 迅速与我们合作的第三方虫害治理公司从新技术的运用，以及门店设计等方向研究整改措施	聘请第三方公司，对下水道、屋顶等各个卫生死角排查除鼠。 迅速与我们合作的第三方虫害治理公司从新技术的运用，以及门店设计等方向研究整改措施
修复口碑	北京劲松店，北京太阳宫店主动停业整改、全面彻查。 组织所有门店立即排查，避免类似情况发生。 海外门店依据当地法律法规，同步进行严查整改。 主动向政府主管部门汇报事情调查经过及处理建议。 欢迎顾客、媒体朋友和管理部门前往“海底捞”门店检查监督，并对我们的工作提出修改意见	
传达善意	涉事停业的两家店的干部和职工无须恐慌，你们只需按照制度要求进行整改并承担相应的责任。该类事件的发生、更多的是公司深层次的管理问题，主要责任由公司董事会承担。 本着对消费者和社会负责的态度，把整改措施落实到位，用我们的实际行动来赢得广大消费者和社会公众对我们公司的认可，维护好企业的品牌	

1. 强调能力

经媒体报道，“海底捞”出现严重的卫生安全隐患问题，包括出现老鼠、餐具清洗不当、以及用客人使用的漏勺疏通下水道等。在通告一开始，“海底捞”公司就正面承认问题属实，并直截了当地提出采取的解决措施。其中有：

1）聘请第三方公司，对下水道、屋顶等各个卫生死角排查除鼠。

2）迅速与我们合作的第三方虫害治理公司从新技术的运用，以及门店设计等方向研究整改措施。

“海底捞”公司采取的这两项措施，都表明自己有能力处理好此次事件，通过“聘请”和“合作”等字眼，指出本公司有资源有财力解决此事。而且两项措施皆提到了“第三方”，这其实表明了在事件发生之处，即信任破坏之际，公众对“海底捞”公司的信任已降低很多，“海底捞”公司自己发出的言论都显得十分苍白，因此需要“第三方”或是说另一个更客观中立的组织来提高自己的信服力。这与 Bourrne（2013）提到的建立信任时与第三方结盟，来增加自己的信服力不谋而合。这些方面都属于强调积极因素的策略。而两条措施的后半部分，对“各个死角”排查以及提及“门店设计”等客观的方面，但这与新闻报道出来的情况有所差异，实际情况要更加严重且是由人为造成的。这潜藏的含义是说，鼠害虫害等问题是由门店构造产生的死角导致的，把问题的原由部分地推给客观因素，将问题淡化。这其实是中和消极因素的策略。

2. 修复口碑

修复口碑的部分占了两篇公告的绝大部分，其策略主要有两个方面：1）防止食品安全隐患再度发生。2）重塑（强调）自己良好企业的形象，以及顾客为上帝的宗旨。前者通过一系列具体措施体现出来，强调“整改”和“排查”等字眼。后者表示自己遵守法律法规，愿意依法解决问题，并接受社会各界的监督。这两者相互照应，又单独体现出各自的功能。

3）北京劲松店，北京太阳宫店主动停业整改、全面彻查。

4）组织所有门店立即排查，避免类似情况发生。

5）海外门店依据当地法律法规，同步进行严查整改。

除了排查整改事发的两家门店，海底捞此次的公告中还强调所有门店进行排查，如例4）中所提。而且，就连海外门店也要进行同步整改，如例5）。三条措施分轻重缓急，又在功能上层层递进，让公众看到“海底捞”公司的整改决心，也从侧面试图重塑良好的企业形象。

6）主动向政府主管部门汇报事情调查经过及处理建议；积极配合政府部门监督要求，开展阳光餐饮工作，做到明厨亮灶，信息化、可视化，对现有监控设备进行硬件升级，实现网络化监控。

7）欢迎顾客、媒体朋友和管理部门前往海底捞门店检查监督，并对我们的工作提出修改意见。

就像强调能力部分提到的那样，在事发之际信任破坏之初，公众对“海底捞”的信任降到了冰点，“海底捞”自己发声会显得很苍白，想重塑自己的企业形象，必须请出一个客观公正的“第三方”来帮助自己，提高信服力，如：政府部门，法律法规等。这在一定程度上契合 Bourne（2013）提出的，与第三方联盟提高自己可信度。Bourne 的研究语境是金融环境下的信任构建，构建和重构都是建立信任这个动态过程里的重要环节，因此与第三方联盟的策略不可忽视。随后，“海底捞”公司再度把身份降到最低，主动接受消费者和顾客的检查监督，并接受其意见，与之前其顾客至上的企业形象相得益彰，大大提高了此次公关的效果。而且在每条措施后面，“海底捞”公司都落实到责任人，甚至是联系方式，体现出自己此番作为不是空话的交际意图。

3. 传达善意

两篇通告中，传达善意的话语占的比重不大。主要在第一篇通告结尾以及第二篇通告之初，且都是以强调积极因素为策略。两条转达善意的话语对象各不相同，但最终交际目的和重塑口碑一样，都是要树立一个负责的企业形象。

8）涉事停业的两家店的干部和职工无须恐慌，你们只需按照制度要求进行整改并承担相应的责任。该类事件的发生、更多的是公司深层次的管理问题，主要责任由公司董事会承担。

“海底捞”向来强调对员工的照顾，但从新闻报道来看，相关员工对食品安全问题有相当大的责任，可是通告中公司却表示将主要责任归于高层。在危机公关之际，“海底捞”还不忘安抚员工情绪。这与之前出现财政危机而对员工不管不问的乐视公司形成鲜明对比。其关怀备至的形象再度进入公众视野，一定程度上分担了食品安全形象崩坏的压力。从深层来看，这两句话也可以看成中和消极因素的策略。

9）本着对消费者和社会负责的态度，把整改措施落实到位，用我们的实际行动来赢得广大消费者和社会公众对我们公司的认可，维护好企业的品牌。

同样是传达善意，例9）与例8）的员工关怀相比相对平淡，简单地表明公司会承担社会责任，维护企业品牌。但例9）发布时间节点选取十分巧妙，是在北京市食品药品监督管理局与“海底捞”公司华北地区负责人约谈，并通报了“海底捞”各门店监督检查的情况后发出的，而且在第一篇，也就是事发当天的公告中，这种传统意义上的“漂亮话”却只字未提。无形中为自己树立起办实事，不说空话的企业形象。

五、研究发现

研究发现，以此模型分析“海底捞”公司的信任修复策略是可行的。在此信任修复话语模型下，“海底捞”公司的公告把主要重心放在修复口碑上，而在强调能力和传达善意方面占比重较少。在交际行为方面，“海底捞”公司则基本没有中和消极因素的话语。这是由语境导致的，两个案例在危机的严重程度上有所差异，不同的语境下公众和消费者对不同危机的认知是不同的，如果说石油泄漏问题还可以归因于自然等客观因素的影响，那食品安全问题就是绝对的主观因素导致的，而且在中国消费者对食品安全问题十分敏感的大背景下，何况“海底捞”公司还有过“前科”（2011年的底料勾兑问题），这次的问题就显得更加不可饶恕，网友们的讨伐声不断。语境更是影响到了消费者的信任倾向，信任倾向优先于对企业信任值的评估，倾向越高，消费者越容易信任企业（最高级是盲目信任）；反之，倾向越低，消费者越是防范企业，会使其在信任修复的一开始就受到了极大阻力。正如通告所说，此次纯属自身管理问题，无法归咎于其他外界因素。尽管所有资料来自记者暗访，但通告中已经承认问题属实，因此并不存在竞争对手的抹黑。在这样的语境下，此时若“海底捞”公司大篇幅的强调客观因素而去逃避责任只会适得其反。具体情况具体分析，“海底捞”公司反其道而行之，直截了当地承担责任，大量的口碑重塑以及表达善意的策略，将众多董事的姓名曝光给公众，并请第三方（食品安全局）作证，诚心诚意接受公众监督，把态度放到最低，反而会起到意想不到的效果。这实际与Dreyfus（2017）提出的话语中责任的承担不谋而合，大量的主动语态表明话语主体将承担自己行为的最大责任。与此同时又适度表明，虽然此次问题是由“海底捞”公司本身承担责任，但在强调能力方面，其有意的将话语的焦点转移到门店设计，死角等虽然是主动行为、但却是无意为之的问题。这无形地降低了公众对“海底捞”公司的谴责。

六、结语

本文通过Fuoli et al.（2014）提出的信任修复话语模型分析了“海底捞”公司两篇危机公关通告，解读了其中的信任修复策略。在和Fuoli et al.（2014）的研究结果进行一般对比后发现，语境对信任修复起到了相当大作用，尤其是语境导致了消费者信任倾向的变化，所以企业的信任修复策略必须因地制宜根据语境的变化而做出改变。Schoorman et al.（1995）也看出了语境对信任的影响，但提到的并不多，本文发现了不同语境导致了信任修复策略的不同，但研究并不充分，仍旧需要更全面研究来完善。并且，由于此次研究的案例是中文话语，而 Fuoli et al.（2014）的话语分析模型的对象是英文，因此，此影响是否是由中英文差异导致的还需要更多的研究。

参考文献：

[1] 韩平，宁吉 . 基于两种信任违背类型的信任修复策略研究 [J]. 管理学报，2013，10(3)：390-396.

[2] 李想，石磊 . 行业信任危机的一个经济学解释：以食品安全为例 [J]. 经济研究，2014(1)：169-181.

[3] Barney J B，Hansen M H. Trustworthiness as a source of competitive advantage[J]. Strategic Management Journal，1994，15(S1)：175-190.

[4] Bourne C. Producing trust in country financial narratives[M]// Discourses of Trust，2013.

[5] Candlin C N，Crichton J. Discourses of trust[M]. Palgrave Macmillan，2013.

[6] Dreyfus S. 'Mum，the pot broke': Taking responsibility (or not) in language[J]. Discourse & Society，2017，28(1)：095792651770322.

[7] Fuoli M，Paradis C. A model of trust-repair discourse[J]. Journal of Pragmatics，2014(74)：52-69.

[8] Gillespie N，Dietz G. Trust repair after organization-level failure[J]. Academy of Management Review，2009，34(1)：127-145.

[9] Linell P，Marková I. Dialogical approaches to trust in communication[M]. Information Age Pub，2013.

[10] Schoorman F D，Mayer R C，Davis J H. An integrative model of organizational trust：Past，present，and future[J]. Academy of Management Review，1995，20(3)：709-734.

生物语言学视域下的双语习得与二语习得*

Study of Bilingual Acquisition and Second Language Acquisition from a Biolinguistics Perspective

中国政法大学　史红丽

摘　要： 双语习得与二语习得展现出迥异的习得路径，对此，"关键期假说"理论未能充分解释清楚两者之间的本质差异。本文在梳理以往研究的基础上，根据生成语法中前沿生物语言学理论，尝试探讨双语习得与二语习得各自的习得条件和规律。本文发现，二语习得过程中所遇到的习得困境、习得低效等诸多问题在双语习得中并未出现；经多维度对比，双语习得表现更接近于一语（母语）习得；最后，本文论证了人类语言的生物性特征是揭开语言习得密码的关键因素。

关键字： 双语习得　二语习得　生物性

Abstract: Bilingual acquisition and second language acquisition (SLA) seem to follow diverging learning patterns. "The Critical Period Hypothesis", however, fails to provide an adequate explanation for these differences. Based on recent researches, this paper, from a biolinguistics perspective, attempts to investigate the conditions under which bilingual learning and second language learning take place. The paper reveals that the difficulties accompanying SLA learning are not experienced by bilingual learners, and that bilingual learning approximates first language leaning in many aspects. Finally, the paper argues that a biolinguistics approach is essential for solving the mysteries surrounding language learning.

一、前言

人脑在处理一语习得、二语习得和双语习得时，似乎启动了不同的程序，由此导致了三者在习得时长、习得效果、以及习得方式等方面的差异。一语习得是指母语习得，是每个在正常环境下成长起来的儿童都具备的语言能力。双语习得是指出生在双语家庭环境中的儿童语言习得。可以说，所习得的两种语言都是母语，因为它们最终都达到了母语或近似母语的水平，尽管其中一个会发展成为优势语言。二语习得是指儿童或成人在习得母语之后，再另行学习一门外语。通常情况下，多数二语习得者不能达到母语水平，并会长期

* 本文得到 2017 年国家留学基金委项目资助。

地、甚至是永久地停留在“中介语”[1]阶段，难以再有所进展。

关于二语习得的低效费时有大量研究，其中大部分是上述三者进行对比分析。比如，“关键期”[2]曾一度被认为是造成这种差异的主要根源。该理论认为一语习得和双语习得都始于关键期之前，确切地说是从婴儿期开始。而二语习得一般都始于“关键期”之后，由此造成最终学习差异。近年来，随着相关研究的不断深入，这种基于语言学习时间起点的解释不断受到质疑。在 MIT（2018）最新发布的一则相关研究报告中，研究者将二语习得“关键期”的年龄推迟至 17.4 岁。本文同意“关键期”只能解释语音习得方面差异而不能解释语法习得差异的观点。外在的学习环境，如学习时间、学习方式等并不能从本质上解释二语习得的特殊性。本文认为，二语习得的生物学基础，如大脑的语言加工过程、大脑处理语言的模块等是解释二语习得规律的关键因素。大脑是语言习得的内驱力，是内因，而语言习得时间和方式是外因，是配合内因而存在和发挥作用的辅助力量。基于语言生物学理论，本文试图就造成双语者与二语习得者之间的显著学习效果差异的主要原因进行分析和解释。

二、语言习得条件

无疑，语言习得会受到外部语言环境的限制。时间上，语言习得起始时间不同、总学习时长不同、学习的时间连续性也不同；在习得方式上，有显性习得和隐性习得，前者主要是指课堂内学习，而后者是指非课堂环境下发生的习得；在语言应用环境上，又有真实语言环境和模拟语言环境之分。真实语言环境是指母语环境或近似于母语的环境，模拟环境多指在课堂上构建的语言环境和其他类似的模拟环境。

1. 语言习得时间

首先，双语者与二语习得者的语言学习起始时间不同。双语者通常自婴儿期起就同时接触到两种语言。双语环境可能来源于他 / 她们双亲所持的母语不同，或者是由于长期负责照顾婴儿的其他家庭成员持有另一种母语。在这一点上，双语婴儿与一语婴儿一致，都同样浸泡在母语环境中。但有趣的是，这两种语言并不会平行发展。一般来说，双语儿童大多会逐渐发展出一门优势语言。优势语言是指在应用时更加得心应手的语言，更多使用于一些重要场合，如学校、会议、职场等；另一种发展较弱的语言被称为非优势语言，出现于非正式场合，如亲朋聚会、私人之间交流等，其主要功能是为了增进情感沟通、获得身份认同等。优势语与非优势语都具备母语般的完整语法体系，但非优势语会在词汇量、书面写作能力方面略逊于优势语。

其次，双语习得与二语习得在学习时长上有较大差异。双语可以在学校和家庭两处学习（包括使用），而二语习得似乎只发生在课堂时间里，课外一般不再会有学习（包括使用）该语言的机会。因此，大部分二语习得者的学习时长要少于母语学习时长，常常也会少于非优势语的学习时长。如果学习时长与学习水平成正比的话，学习时间不足似乎也能部分解释二语习得的低效性。

再之，学习的持续性和频率不同。作为只在课堂上发生的二语习得来说，习得的持续

1 “中介语”是指二语习得者在学习过程中形成的语言体系，是一种接近目的语的过渡语。

2 “关键期”是指语言发展关键期，一般认为发生在 2~ 12/14 岁之间。

性和频率都低于母语学习。即使同非优势语相比，二语的使用频率也要更低一些。二语的学习时间短，使用时间更短，这也造成了二语习得的低效发展。二语习得者没有机会练习已经掌握的语言知识，久而久之甚至会遗忘所得知识，最终不得不重复学习。

2. 语言习得方式

语言习得方式大体可以分为两种：显性学习和隐性学习。体现在语法习得上，显性学习是指在课堂上学会语法知识。通过老师的教授讲解，语言学习者学习掌握所学内容。此外，学习者通常还需要通过理解、背诵、复习等环节巩固已学知识。通过这种途径获得的语言知识与其他知识的获得途径相同，如数学、物理、生物等学科的知识也是通过这一方式获得的。隐性学习是指不需要课堂学习或者其他正式的学习环境就可以进行的学习，如母语习得。儿童在学习母语时，并不需要正式的学习过程。通常只要让儿童生活在某个正常的语言环境中，他／她就能自己学会那门语言。母语习得者不需要专门有人讲解就能学会母语语言的全部语法知识。大约在 5 岁左右，儿童掌握的核心语法知识已与成人没有太大区别。当儿童升入小学之后，还会继续学习母语，但是这一阶段的语言任务主要以词汇学习为主，语法为辅。

显性学习和隐性学习相为促进。苏建红（2012）认为二语语法呈显性语法向隐性语法过渡的趋势，也就是说隐性语法知识比显性语法知识重要。Ellis 也认为二语语言能力主要取决于隐性知识，二语习得实际上是隐性知识的发展，同样，Krashen 也认为二语教学要以隐性知识为重（转引自周文美 2012：187）。曾永红（2009）指出隐性语言知识内化了显性知识，隐性知识是直觉知识，是那些不能清楚表述，但又能使用的知识，隐性知识越多，语言使用的熟练程度越高。可见，隐性学习要比显性学习更为重要、也更加有效。由此可见，母语学习以隐性学习为主，则学习效果明显；二语习得以显性学习为主，则学习效果不佳。

3. 语言应用环境

语言应用（使用）是语言习得的重要环节。语言使用要有外部环境和内部环境。其中，外部环境包括社会大环境和家庭微环境。社会大环境涉及国家语言政策、教育体系中的官方教育语种以及语言的社会承认度等宏观方面；家庭微环境涉及家庭成员之间交流时使用的语种，是一语、双语还是多语。语言使用的内环境包括语言思维、语言情感认同等方面。总的来说，内外语言环境相互作用。儿童越是认同一门语言，使用它的频率也越高，学习动力也越强。某种语言是否是官方语言、是否代表较高的社会地位和阶层也会在很大程度上影响到社会成员个体学习该语言的积极性。以上所示的因素会在不同层面、不同阶段影响到语言习得。

三、语言习得的生物语言学基础

语言习得的外部客观条件会在一定程度上推进或者抑制语言习得的过程，但并不能决定语言习得的成败。决定语言习得成败的关键性因素是语言的生物学基础。

1. 认知科学、神经学的相关证据

儿童展现出语言习得方面的天赋，比如，他们似乎可以毫不费力地学会任何语言，即

使是同时学习两门语言，也能够全部达到母语水平。鉴于此，有观点认为儿童比成人学习者有更多优势。实际上，这个观点并不完全正确。首先，婴儿出生时，大脑尚未发育完全。从婴儿期到幼儿期，大脑发育迅速且明显。但这期间一些常见疾病会影响大脑的发育（封志华，李丽华 2012：826）。儿童大脑尚在发育中有弊也有利。正是因为儿童的大脑处于发育生长期，儿童的记忆力才会显著胜于成人。由于语言习得对记忆力要求较高，因此，儿童语言习得就显得更为轻松。然而，也有研究表明，如果综合考虑，儿童语言习得并不占据绝对优势，如戴曼纯（1994）指出在认知水平、技能应用、习得速度等方面，儿童并不能超过成人。

2. 生物语言学视域下的双语习得、二语习得

生物语言学是生物学和语言学的交叉学科，它主张把语言看作是一种自然现象（维基百科）。乔姆斯基认为“从生物语言学的视角来看，我们可以从本质上把语言看作一种‘身体的器官’”（转引自司富珍等 2010：114）。其他学者也提出类似观点，如 Lenneberg 提出“儿童语言发育是一个受到发音器官、大脑神经机能制约的自然成熟过程”（转引自李慧 2013：8）；S.Pinker 也赞成语言是人类本能而不是文化产物的观点，指出“语言是人脑独有的生物禀赋，是儿童自发发展而成……是如蜘蛛知道如何知网一样的‘本能’”（转引自李慧 2013：9）。基于一语习得是“成长”而非“习得”这一理论前提，乔姆斯基提出语言习得机制（LAD）概念，用于解释语言生成的计算系统。在过去近 70 年的探索中，生成语法研究者陆续验证了部分语言生成机制，如“无限连续合并、递归性、层级性被确立为语言生成的最基础特征”（丁立福 2014：475）。以上论述表明，一语（母语）习得并非是一个常规意义上的“学习”过程，而更是一个生物学意义上的“成长”过程。双语儿童的语言习得也被称为双语第一语言习得（bilingual first language acquisition）（Houwer 2014：35）。根据这一观点，双语习得几乎等同于一语习得，属于母语习得，两者的区别仅在于所接触的语言数量不同而已。如果双语习得被定性为母语习得的话，它与二语习得就有显著差异，也就是说，二语习得是一个学习过程，而双语习得是一个成长过程。

3. 模块理论和普遍语法可及性

立足于生物语言学的生成语法发展出了模块理论。乔姆斯基提出大脑中存在专司语言的官能（Language Faculty），即语言区。这一说法得到布洛卡区（Broca's area）以及脑损伤方面研究的支持。脑部区域的损伤会导致部分或全部语言能力的丧失；某些家族遗传疾病也会造成家族成员的语法能力的丢失等问题。如果假定语言区存在的话，就要解释双语习得、一语习得和二语习得过程是否在同一区域发生，或者是否作用于同一区域。很明显，据前文论述，双语与一语习得过程相同，而二语习得与前两者都不相同。在这里，就不得不探讨普遍语法可及性问题。

普遍语法是由乔姆斯基提出的理论体系。普遍语法是人类语言习得的生物基础，是“一系列条件，用来限制人类语法的可能范围”（维基百科）。既然普遍语法是每个语言习得者与生俱来的语言禀赋，那么就可以解释儿童如何能够轻而易举地学会自己的母语。毫无疑问，母语习得和双语习得都激活了普遍语法，但是关于二语习得是否也同样激活了普遍语法存在很大争议。目前大概有三种观点，戴曼纯（1998）将其总结为：一是不可及论，该观点认为二语习得者无法直接利用普遍语法；二是间接可及论，该观点认为二语习得者通过母语语法间接利用普遍语法；三是直接可及论，该观点认为二语习得仍然可以利用普遍语法。根据二语习得的大量实验结果（戴曼纯，高海英

2004；戴曼纯，郭力 2007；戴曼纯，柴栾 2007；戴曼纯，王严 2008；高见，戴曼纯 2009；刘艾娟，戴曼纯 2009；刘艾娟，戴曼纯，李芝 2013）表明，普遍语法在二语习得中是可及的，但可及的程度和范围尚需进一步确定。以上证据至少表明，二语习得与双语、一语习得并不能完全等同。二语习得过程中存在的很多问题在一语、双语习得中并未出现。根据这一现象，也可以推断双语习得与二语习得的生物学基础并不完全相等。不同的生理基础造就了学习过程中的种种差异。的确，二语习得与双语习得之间有很多类似之处，这也是普遍语法可及论的理据之一，但是这种差距要大于一语和双语之间的差距。即使二语习得者最终可以掌握核心语法知识，但双方在学习过程、学习方式等方面表现出来的差距仍让我们不敢简单地将两者等同起来。

四、结语

生物语言学理论比“关键期假说”更好地解释了双语习得与二语习得之间的差异。语言习得的生物基础也为语言变化提供了更好的解释。不过，目前学界尚未能全部破解语言习得机制（LAD）的密码，理论探讨和实证研究需要并行发展、互为助力，以期解释更深层次的语言现象和规律。

参考文献：

[1] 陈亚平 . 有意识的言语输出 [J]. 解放军外国语学院学报，2011(4)：61-65.
[2] 戴曼纯 . 浅谈第二语言习得的年龄差异 [J]. 外语界，1994(2)：18-22.
[3] 戴曼纯 . 普遍语法可及性三假说 [J]. 外语教学与研究，1998(1)：35-41.
[4] 戴曼纯 . 二语习得的“显性”与“隐性”问题探讨 [J]. 外国语言文学，2005(2)：101-111.
[5] 戴曼纯，高海英 . 从英语限定性关系从句看“外置”与不移动 [J]. 外语学刊，2004(3)：69-75.
[6] 戴曼纯，郭力 . 中国英语学习者 BE 动词的习得规律 [J]. 外语教学，2007(3)：41-45.
[7] 戴曼纯，柴栾 . 二语功能语类习得研究 [J]. 外语与外语教学，2007(11)：1-4.
[8] 戴曼纯，王严 . 中国学生英语 have 的习得研究 [J]. 外语教学理论与实践，2008(4)：9-18.
[9] 丁立福 .《人类语言进化：生物语言学视角》评介 [J]. 外语教学与研究，2014(3)：474 -478.
[10] 封志纯，李丽华 . 新生儿疾病对脑发育影响 [J]. 中国实用妇科与产科杂志，2012(11)：826-829.
[11] 高见，戴曼纯 . 英语学习者主题结构的习得研究 [J]. 解放军外国语学院学报，2009(1)：62-48.
[12] 李慧 . 后基因组时代的生物语言学研究 [J]. 外语学刊，2013(1)：8-14.
[13] 刘艾娟，戴曼纯 . 中国学生英语主语习得研究 [J]. 现代外语，2009(4)：378-437.
[14] 刘艾娟，戴曼纯，李芝 . 特征组装视角的英语冠词习得研究 [J]. 外语教学与研究，2013(3)：385-397.
[15] 乔姆斯基，N 著，司富珍译 . 如何看待今天的生物语言学方案 [J]. 语言科学，2010(2)：113-123.
[16] 苏建红 . 二语习得中显性知识与隐性知识关系的实证研究 [J]. 外语与外语教学，2012(1)：26-30.
[17] 曾永红 . 英语专业学生隐性语法知识应用实践研究 [J]. 外语教学与研究，2009(4)：298 -302.
[18] 周文美 . 认识视角下二语习得中显性知识与隐性知识关系的研究 [J]. 内蒙古农业大学学报，2012(5)：187-189.
[19] Cantone K. Code-Switching in Bilingual Children[M]. Springer，2007.
[20] Gruter T et al.. Language Exposure and Online Processing Efficiency in Bilingual development：Relative

versus absolute measures，Input and Experience in Bilingual Development[C]. John Benjamins Publishing Company，2014：15-36.

[21] Hernandez A E. The Bilingual Brain[M]. Oxford University Press，2013.

[22] MIT News. Cognitive scientists define critical period for learning language[Z].

[23] http://news.mit.edu/2018/cognitive-scientists-define-critical-period-learning-language-0501，2018.

[24] Paradis J，Gruter T. Introduction to "Input and Experience in Bilingual Development", Input and Experience in Bilingual Development[C]. John Benjamins Publishing Company，2014：1-14.

图书在版编目（CIP）数据

现代外语教学与研究 . 2018 / 吴江梅，鞠方安，彭工主编 . —北京：中国人民大学出版社，2018.10
ISBN 978-7-300-26120-1

Ⅰ.①现… Ⅱ.①吴… ②鞠… ③彭… Ⅲ.①英语—教学研究—研究生教育—文集 Ⅳ. ①H319.3-53

中国版本图书馆 CIP 数据核字（2018）第 191082 号

现代外语教学与研究 (2018)
北京市高等教育学会研究生英语教学研究分会
主　编　吴江梅　鞠方安　彭　工
副主编　张永萍　罗凌志　张　程
校　核　张　程
Xiandai Waiyu Jiaoxue yu Yanjiu (2018)

出版发行	中国人民大学出版社		
社　　址	北京中关村大街31号	**邮政编码**	100080
电　　话	010-62511242（总编室）		010-62511770（质管部）
	010-82501766（邮购部）		010-62514148（门市部）
	010-62515195（发行公司）		010-62515275（盗版举报）
网　　址	http://www.crup.com.cn		
	http://www.ttrnet.com（人大教研网）		
经　　销	新华书店		
印　　刷	北京玺诚印务有限公司		
规　　格	185 mm × 260 mm　16开本	**版　　次**	2018 年 10 月第 1 版
印　　张	23.75	**印　　次**	2018 年 10 月第 1 次印刷
字　　数	570 000	**定　　价**	58.00元

中国人民大学出版社外语出版分社读者信息反馈表

尊敬的读者：

感谢您购买和使用中国人民大学出版社外语出版分社的 ______________ 一书，我们希望通过这张小小的反馈卡来获得您更多的建议和意见，以改进我们的工作，加强我们双方的沟通和联系。我们期待着能为更多的读者提供更多的好书。

请您填妥下表后，寄回或传真回复我们，对您的支持我们不胜感激！

1. 您是从何种途径得知本书的：

□书店　□网上　□报纸杂志　□朋友推荐

2. 您为什么决定购买本书：

□工作需要　□学习参考　□对本书主题感兴趣　□随便翻翻

3. 您对本书内容的评价是：

□很好　□好　□一般　□差　□很差

4. 您在阅读本书的过程中有没有发现明显的专业及编校错误，如果有，它们是：

____

____

____

5. 您对哪些专业的图书信息比较感兴趣：

____

____

____

6. 如果方便，请提供您的个人信息，以便于我们和您联系（您的个人资料我们将严格保密）：

您供职的单位：______________________________

您教授的课程（教师填写）：______________________________

您的通信地址：______________________________

您的电子邮箱：______________________________

请联系我们：贾乐凯　黄婷　程子殊　鞠方安

电话：010-62515580，62512737，62513265，62515576

传真：010-62514961

E-mail：jialk@crup.com.cn　huangt@crup.com.cn　chengzsh@crup.com.cn　jufa@crup.com.cn

通信地址：北京市海淀区中关村大街甲 59 号文化大厦 15 层　邮编：100872

中国人民大学出版社外语出版分社